劳动法与社会保障法

(二稿)

曹明睿　主编

郑州大学出版社

图书在版编目(CIP)数据

劳动法与社会保障法/曹明睿主编. —郑州:郑州大学出版社,2017.1
(卓越法律人才教育培养系列教材)
ISBN 978-7-5645-2177-6

Ⅰ.①劳… Ⅱ.①曹… Ⅲ.①劳动法-中国-高等学校-教材 ②社会保障-行政法-中国-高等学校-教材 Ⅳ.①D922.5 ②D922.182.3

中国版本图书馆 CIP 数据核字(2015)第 222548 号

郑州大学出版社出版发行
郑州市大学路40号　　　　　　　邮政编码:450052
出版人:张功员　　　　　　　　　发行部电话:0371-66966070
全国新华书店经销
虎彩印艺股份有限公司印制
开本:710 mm×1 010 mm　1/16
印张:21
字数:426千字
版次:2017年1月第1版　　　　　印次:2017年1月第1次印刷

书号:ISBN 978-7-5645-2177-6　　　定价:42.00元
本书如有印装质量问题,由本社负责调换

本书名单

主　编　曹明睿
副主编　王　利　马明华
编　委　(以姓氏笔画为序)
　　　　　丁慧敏　马明华　王友恩　王　利　李伟敏
　　　　　李　彦　陈　敏　谷景志　秦文献　徐业尧
　　　　　曹明睿　董　鑫

内容简介

本书包括劳动法与社会保障法两部分内容。每一部分分别从历史、理论和具体制度的结构展开阐述。历史和理论部分构成各自的总论部分,具体制度则是依据现行劳动法和社会保障法的实际制度构成依序论述。劳动法编重点阐述劳动法理论、劳动合同制度、劳动标准制度、劳动争议处理制度;社会保障法编重点阐述社会保障法理论和社会保险制度。该教材凸显卓越法律人才教育培养计划的具体要求,以突出案例教学,突出理论界和实务界的深度合作,突出教学内容与司法资格考试内容对接为己任,强调针对性和适用性,强调新颖性和简洁性,以期给学习者、研究者和法律使用者有效的助益。

前　言

本书是"卓越法律人才教育培养系列教材"中的一种。应用型、复合型法律职业人才是卓越法律人才培养目标的核心。该教材编写突出体现卓越法律人才教育培养计划的要求，坚持厚基础、宽口径的理念，强化学生法律职业伦理教育和法律实务技能培养，提高学生运用法学与其他学科知识解决实际法律问题的能力，促进法学教育与法律职业教育的深度衔接。本教材强调针对性和适用性，知识结构简明清晰，其显著特色表现在突出案例教学，突出高校专业教师和法律实务部门人员的深度合作，突出法学教学内容与司法资格考试内容的有效对接，并有计划地推进立体开发配套教材建设，以期持续推进该教材体系的不断丰富和完善，成为学习者、研究者和法律适用者的有益参考资料。

劳动法与社会保障法属于目前七大法律部门中社会法的子部门法，一般也可以认为其系狭义社会法的范畴。随着我国社会主义市场经济的不断发展和完善，劳动法与社会保障法在法律体系中的地位也日益重要，其与公民日常生活的关系也愈益密切。近些年来，国家又陆续颁布很多劳动与社会保障方面的法律、法规、规章及司法解释等，现实生活中涉及劳动争议、社会保障权益争议的纠纷也不断增多，人们对于劳动法与社会保障法的需求也更趋强烈。由于劳动与社会保障行为的政策性极强，制度变迁日益频仍，人们面对这方面的制度规定经常模糊不清，给人们维护自己的合法权益带来了很大的困扰。本教材紧密结合人们的现实需要，对部门法的历史、理论和具体制度规定进行简明清晰的论述，并以现实的司法案例为依据，融合司法考试的考核内容，冀望给读者带来一幅劳动法与社会保障法理论与制度应用的全景图，以期可以一目了然地了解、掌握和运用劳动法与社会保障法的相关知识，给读者提供有益和高效的帮助与收获。

为保证教材质量，共有11所院校从事劳动法与社会保障法教学与研究的老师及一位从事劳动争议实务的同事共同参加本教材的编写工作。参编同人齐心合力，认真勤勉，都按时提交了各自承担任务的初稿，并根据主编的意见和建议，不断进行修订和完善，至今终于定稿。其间的辛苦和考验，参编诸君自是深知，主编也是深为感动和不胜感激。

本书由曹明睿担任主编,王利、马明华担任副主编,各章撰稿人(按撰写内容的先后顺序排列)为:曹明睿(前言、第一章)、马明华(第二章)、李伟敏(第三章)、丁慧敏(第四、五章)、李彦(第六章、第十章第一、二、四节)、王利(第七、十四章)、秦文献(第八章)、徐业尧(第九、十一章)、王友恩(第十章第三节)、董鑫(第十二、十八章)、谷景志(第十三、十七章)、陈敏(第十五、十六章)。全书由曹明睿定稿。

本书可供高等学校法学专业的学生作为教材使用,亦可以作为人力资源和社会保障行政部门、民政部门、劳动人事仲裁部门、司法部门、律师以及法律爱好者的学习参考用书,同时还可以作为全国司法考试的参考指导用书。

本书的编写工作得到了郑州大学出版社和郑州大学法学院的大力支持,尤其是郑州大学出版社王卫疆编辑给予了很多指导、协助和督促,在此深致谢忱。由于编者的学识所限,错误和疏漏之处在所难免,恳请读者批评指正。

编者

2016 年 8 月

目 录

上编 劳动法

第一章 劳动法历史 … 3
第一节 外国劳动立法 … 4
第二节 中国劳动立法 … 7
第三节 国际劳工立法 … 11

第二章 劳动法理论 … 14
第一节 劳动法概念和调整对象 … 15
第二节 劳动法地位和基本原则 … 19
第三节 劳动法渊源和体系结构 … 25
第四节 劳动法中的法律关系 … 29

第三章 就业促进制度 … 33
第一节 概述 … 34
第二节 公平就业 … 36
第三节 促进就业 … 42

第四章 劳动合同制度 … 48
第一节 概述 … 49
第二节 劳动合同的订立 … 54
第三节 劳动合同的履行和变更 … 61
第四节 劳动合同的解除和终止 … 63
第五节 劳动合同的特别规定 … 71

第五章 集体合同制度 … 76
第一节 概述 … 77
第二节 集体协商代表、内容和程序 … 82
第三节 集体合同运行、审查和争议处理 … 85

第六章 工作时间和休息休假制度 …… 89
- 第一节 工作时间制度 …… 90
- 第二节 休息休假制度 …… 94
- 第三节 限制延长工作时间制度 …… 98

第七章 工资制度 …… 101
- 第一节 概述 …… 102
- 第二节 最低工资制度 …… 110
- 第三节 工资支付保障制度 …… 114

第八章 劳动安全卫生制度 …… 121
- 第一节 概述 …… 122
- 第二节 劳动安全制度 …… 125
- 第三节 劳动卫生制度 …… 128
- 第四节 特殊劳动保护制度 …… 131

第九章 职业培训制度 …… 136
- 第一节 概述 …… 137
- 第二节 职业培训机构和种类 …… 140
- 第三节 职业技能鉴定 …… 145

第十章 劳动争议处理制度 …… 149
- 第一节 概述 …… 150
- 第二节 劳动争议处理体制 …… 154
- 第三节 劳动争议处理机构 …… 156
- 第四节 劳动争议处理程序 …… 158

第十一章 劳动监督制度 …… 166
- 第一节 概述 …… 167
- 第二节 劳动保障监察制度 …… 170
- 第三节 其他劳动监督制度 …… 177

第十二章 劳动法律责任制度 …… 180
- 第一节 概述 …… 180
- 第二节 用人单位的法律责任 …… 183
- 第三节 劳动者的法律责任 …… 192
- 第四节 其他劳动法主体的法律责任 …… 194

下编　社会保障法

第十三章　社会保障法历史 …………………………… 201
第一节　外国社会保障立法 ……………………………… 202
第二节　中国社会保障立法 ……………………………… 206
第三节　《社会保障最低标准公约》 …………………… 210

第十四章　社会保障法理论 …………………………… 214
第一节　社会保障法概念和调整对象 …………………… 216
第二节　社会保障法地位和基本原则 …………………… 219
第三节　社会保障法渊源和体系结构 …………………… 225
第四节　社会保障法律关系 ……………………………… 228

第十五章　社会保险制度 ……………………………… 241
第一节　概述 ……………………………………………… 242
第二节　养老保险制度 …………………………………… 246
第三节　医疗保险制度 …………………………………… 255
第四节　失业保险制度 …………………………………… 263
第五节　工伤保险制度 …………………………………… 266
第六节　生育保险制度 …………………………………… 276

第十六章　社会救助制度 ……………………………… 280
第一节　概述 ……………………………………………… 281
第二节　社会救助制度主要内容 ………………………… 283

第十七章　社会福利制度 ……………………………… 295
第一节　概述 ……………………………………………… 296
第二节　社会福利制度主要内容 ………………………… 301

第十八章　社会优抚制度 ……………………………… 307
第一节　概述 ……………………………………………… 307
第二节　社会优抚制度主要内容 ………………………… 311

劳动法

● 上编

第一章

劳动法历史

知识结构图

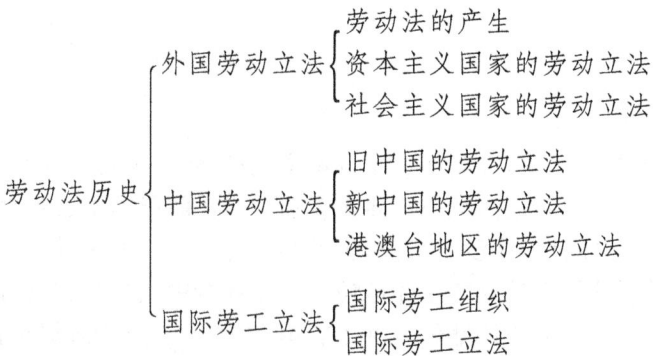

本章导读

本章对劳动法历史进行梳理,分为三节,包括外国劳动立法、中国劳动立法和国际劳工立法。本章重点是外国"工厂立法"、新中国改革开放以来的劳动立法、国际劳工组织及国际劳工公约;难点是现代意义上的劳动法起源。

司考重点

劳动法的产生;外国劳动法的发展;中国主的要劳动立法;国际劳工立法的类型与主要内容。

问题导入

工厂法从一个只在纺织业和织布业中实行的法律,发展成为一切社会生产中普遍实行的法律,这种必然性,正如我们已经看到的,是从大工业的历史发展进程中产生的。[①] 工厂里的情形又怎样呢?在这里,厂主是绝对的立法者。他随心所欲地颁布工厂规则;他爱怎样就怎样修改和补充自己的法规;即使他在这个法规中加上最荒谬的东西,法官还是会对工人说:"你们是可以自己做主的,如果你们不高

---

① 参见《资本论》第1卷,人民出版社1975年版,第537页。

兴,就不必订这样的契约;但是现在你们既然自愿地订了这个契约,那你们就得履行它。"①结合材料,请思考下列问题:

1. 工厂法是怎么产生的?
2. 劳动法的变迁经历了什么样的过程?

第一节 外国劳动立法

一、劳动法的产生

(一)产生的前提

劳动法规范与立法最早产生于外国,诞生于资本主义社会。"劳动力和生产资料分别归属于不同主体,才会有劳动法赖以产生的前提。"②在前资本主义社会,不具备劳动法产生的前提。原始社会中没有法律,也不会有劳动法。奴隶社会中,奴隶仅是会说话的工具,没有法律上独立的主体地位。封建社会中,农奴人身依附于封建主,同样也没有法律上独立的主体地位。到了资本主义社会,资产阶级革命打破了封建社会的等级制度和生产关系,提倡天赋人权,人人生而平等,劳动者第一次获得了独立的主体法律地位,但同时他们除拥有自己的劳动力所有权外几乎别无所有,并没有占有进行社会化大生产的生产资料,这些生产资料被集中于少数人即资本家手中。这样,劳动者为了维系自己和家人的生存与生活,不得不出卖自己的劳动力给资本家使用,以获得维持生活的微薄收入;资本家为获得资本的剩余价值,通过支付一定工资的形式购买劳动者的劳动力,使劳动力与其占有的生产资料相结合,从而实现劳动过程,在劳动过程中压榨劳动者的劳动,获得剩余价值,赚取相应的利润。这样随着资本主义生产关系的确立和不断发展,才大量出现了现代意义上的劳动关系,从而催生了现代意义上的劳动法。

(二)产生的过程

劳动法的产生经历了"劳工法规"阶段、"工厂法"与民法调整阶段和正式的劳动法部门诞生阶段。

最早的"劳工法规"是由英皇爱德华三世于1349年颁布的,之后英国等欧洲国家制定了许多"劳工法规"。"劳工法规"对劳动关系的调整具有如下两个特点:一是以国家强制手段迫使被剥夺土地的农民到资本家的工厂做工,强迫劳动者与资本家建立劳动关系;二是规定最低工时和最高工资,强化雇佣剥削。因此

---

① 参见《马克思恩格斯全集》第2卷,人民出版社1957年版,第464页。
② 王全兴:《劳动法》,法律出版社2008年版,第1页。

"劳工法规"实际上是反劳工的法规,与现代意义上劳动法的宗旨背道而驰,所以"劳工法规"尽管调整的是劳动关系,但并不被认为是劳动法产生的标志。

随着资本主义生产方式的发展和壮大,资产阶级国家意识到了对劳动者加以保护的必要性,因为劳动者是生产要素中最为活跃的要素,劳动者权益的适度保障对于资本主义生产关系的发展具有积极的价值和意义,能够更加有利于资本主义社会财富的生产和增加。因此,在最早的资本主义老牌国家英国,于1802年制定和实施了《学徒健康与道德法》。该法规定:纺织厂不能雇佣9岁以下的学徒;童工每天工作不得超过12小时,并且限于清晨6时至晚间9时之间,禁止夜工。该法仅适用于从救济院出来的贫苦儿童。该法保护劳动者的对象、范围、程度等虽然与现代劳动法相比仍然有巨大的差距,但至少已经体现出来资产阶级国家对劳动者权益进行保护的理念转变与确立,是法律对劳动关系调整的一次根本性理念飞跃。因此,该法被公认为现代劳动法产生的标志。在英国工厂法的影响下,其他一些资本主义国家如法国、德国、瑞士、美国等也相继颁布了工厂法。

同时,随着资本主义进入自由竞争阶段,资本主义生产关系已经日渐壮大和强盛,单靠经济实力的优势就可以实现资本家对工人的支配和剥削,不再需要借助国家的强制手段了。因此这一时期,也有资本主义国家通过民法来实现对劳动关系的调整。1804年诞生的第一部资产阶级民法典《法国民法典》中,将雇佣关系称为"劳动力的租赁",指"当事人约定,一方为他方完成一定的工作,他方支付报酬的契约",并将劳动力的租赁适用租赁的一般规定。同一时期的资产阶级各国民法典都将雇佣关系作为一种自由的契约关系加以规定,统一适用调整平等主体间人身和财产关系的私法规范,按照一般商品的交换规则进行劳动力商品的买卖。

劳动关系同时由工厂法和民法调整,反映出了资本主义商品经济对劳动力商品的双重需要。一方面,需要将劳动力作为一种特殊商品,由国家出面对劳动力商品买卖中的劳动者进行必要的保护,以维系资本主义社会大生产持续进行的需要;另一方面,又需要按照一般商品交换的规则进行劳动力商品买卖,以保证资本家对劳动者进行剥削的自由。之后随着社会的发展和文明的进步,更由于工人阶级的长期斗争和争取,民法中规定的"劳动力租赁"内容和工厂法的内容融为一体,进一步形成了一个兼有"当事人平等协商"和"适度国家干预"特点,以保护劳动者为宗旨的独立法律部门——劳动法,回应了"从契约到身份"保护的现代法律观在部门法中的理性诉求。

二、资本主义国家的劳动立法

(一)自由资本主义阶段

这一时期劳动法的发展主要表现在以下几个方面。

(1)工厂法的发展。制定工厂法的国家不断增加,欧美等主要资本主义国家差不多都制定了工厂法或者类似的法规,有些殖民地和附属国也开始制定工厂法。同时工厂法的适用范围也在不断扩大,从仅适用于纺织工业到普遍适用于所有工矿业。工厂法的内容也逐渐充实,逐渐增加了安全卫生、工人教育、工资支付等方面的规定。

(2)工会法的演变。工会法的产生经历了绝对禁止、相对禁止和完全承认的三个阶段。这一时期欧洲各国大多已承认工会为合法组织,对工会的行动也给予了一定的自由,工会已经能够发挥出保护劳动者权益的积极作用。

(3)劳动争议法的出现。这一时期英国、法国、新西兰、美国等陆续设立了劳动争议调解和仲裁的专门机构,也陆续制定了相应的法律法规,为劳动争议的解决提供了专门的解决制度与机构。

(4)社会保险法的出现。1880年,德国率先实行了社会保险制度,先后制定了劳工疾病保险、伤害保险、老年和残疾保险的专门法规,随后其他资本主义国家也制定了相关的一些社会保险方面的法律法规,给劳动者提供了相应的社会保障。

(二)垄断资本主义阶段

这一阶段劳动法的发展具有如下特点。

(1)劳动法已经遍及大多数国家。尤其是以前没有制定劳动法的亚洲、非洲、拉丁美洲等国家,也先后制定了本国的工厂法和相关的劳动法规。

(2)劳动法体系逐步完善。劳动合同已经由民事立法转入劳动立法的范围,疾病、老年、残疾保险制度逐步在各国建立,出现了失业保险制度,有些国家还增设了劳工部,劳动法的适用范围已经扩大到了工业、交通、商业等更多的领域,劳动法的形式中已经出现了作为最高形式的劳动法典,如《法国劳动法典》等。

(3)主要资本主义国家在工会和劳资关系方面的立法出现趋向民主和趋向反动的不同趋势。前一趋势如法国承认工会有与雇主进行谈判和缔结集体合同的权利,承认工人代表有参加企业民主管理的权利;后一趋势如德意日等法西斯国家在立法上对工会和劳资争议进行了更为严厉的控制。

(4)两次世界大战前后,劳动立法发生了几次较大的波动。在前进时期,各国都制定过一些向工人阶级让步的法律法规;在倒退时期,各国都不同程度上制定了一些限制工人阶级权利的法律法规。

(三)国家垄断阶段

20世纪之后的发展时期,主要资本主义国家都发展到了国家垄断阶段。这一时期的劳动立法发展具有如下特点。

(1)劳动法的体系进一步完善。由于两大阵营的对立和相持,资本主义国家也学习了社会主义国家的一些保护劳动者的做法,在劳动法体系中规定了就业保障、劳动合同、学徒合同、工资、工时与休假、妇女和儿童保护、安全与卫生、社会保障、劳动争议处理、劳动执法监督等新的内容,基本上涵盖了资本主义劳动关系的各个方面,形成了较为完善的资本主义劳动法的体系,劳动者权益保护的水平有了很大的提高,也缓和了工人阶级和资产阶级的阶级矛盾,促进了资本主义社会的经济发展。

(2)劳动法的内容出现了反动和进步的不同趋势。反动的方面表现在那些限制工会权利和镇压罢工运动的规范之中。进步的趋势表现在那些改善劳动条件和扩大社会保障的规范之中。但总体上看,当代资本主义国家的劳动法体系加强了对劳动者的保护程度和水平,劳动者的生活水平不断提高,劳动条件不断改善,其为国家的各项事业发展做出的贡献率日益上升,成为主要资本主义国家综合国力强盛的重要支撑因素。

三、社会主义国家的劳动立法

(一)苏联

苏联是世界上第一个社会主义国家。1922年苏联颁布了《苏俄劳动法典》,一直沿用到20世纪60年代。这部法律取消了为适应战时需要而普遍施行的义务劳动制,改行劳动合同制。20世纪50年代后期,苏联先后颁布了15部联邦和加盟共和国的劳动立法纲要,其中1970年颁布的联邦《劳动立法纲要》规定了劳动关系的各个方面,包括总则、集体合同、劳动合同、工作时间和休息时间、劳动报酬、劳动纪律、劳动安全与卫生、妇女和未成年人劳动、职业培训、工会和民主管理、社会保险、劳动争议、监督检查以及附则等,内容完整,体系庞大,极大地完善了社会主义国家的劳动立法。之后出台了新的苏俄劳动法典,内容更为详尽。随着苏联的解体,代表社会主义国家最高劳动立法水平的劳动法典也失去了效力。

(二)东欧等社会主义国家

二战结束后,东欧等地也出现了一些社会主义国家。这些社会主义国家以苏联为学习对象,经过较短的发展过程,其劳动立法也逐渐完备。这些国家普遍重视劳动法典的制定,立法上对劳动者权益给予了更高程度的保护,以体现工人阶级的领导和主体地位。同时这些国家还颁布了一些单行的劳动法规,尤其是劳动保险立法和职业技术培训立法等。不过这些国家在20世纪90年代实现了体制转变和社会转型,原有的体现社会主义特点的劳动立法都纷纷予以废止,陆续建立起了与资本主义体制相适应的劳动法体系。

第二节　中国劳动立法

一、旧中国的劳动立法

(一)中国工人阶级争取劳动立法的斗争

1840年鸦片战争以后,中国进入半殖民地半封建社会,随着近代工业的出现,中国工人阶级正式产生。在五四运动以前,中国工人阶级的斗争处于自发状态。五四运动之后,特别是1921年中国共产党成立以后,中国工人阶级的斗争进入自觉阶段。中国共产党领导的工人运动推动了旧中国劳动立法的肇始。1921年8月,中国共产党成立了中国劳动组合书记部,作为领导中国工人运动的总机关。1922年5月,第一次全国劳动大会通过了《八小时工作制案》。1925年第二次全国劳动大会上,成立了中华全国总工会,通过了全国总工会章程和《经济斗争决议案》。1926年、1927年分别组织召开了第三次和第四次全国劳动大会,都通过了一些决议案。这些相关的活动对后来的中国劳动立法都产生了积极的影响。

(二)北洋政府和国民政府时期

(1)北洋政府时期。1923年北洋政府颁布了《暂行工厂规则》,这是中国政府颁布的第一部调整劳动关系的法律,在中国劳动立法历史上具有重要的地位,标志着中国劳动法的正式产生。

(2)广州、武汉国民政府时期。1924年11月,孙中山以大元帅的名义颁布了《工会条例》。1926年1月,国民党第二次全国代表大会上通过了《工人运动决议案》。同年国民政府还颁布了《劳工仲裁条例》等法规。不过这一时期国民政府也颁布过《取缔工潮法》等违背"扶助农工"政策的法规。

(3)南京国民政府时期。1927年至1929年,南京国民政府完成了《劳动法典草案》的各篇内容。到抗战爆发时止,已经颁布了《工会法》《工厂法》《劳动争议处理法》《团体协约法》《劳动契约法》等13项法规。之后陆续颁布的还有《职工福利金条例》《职工福利委员会规程》,修订了《工会法》等。1949年之后,这些法律法规仅在台湾地区产生效力,大陆已经废除了所谓的"六法全书"的效力。这一时期的相关劳动立法公开限制工会并剥夺工人的民主权利,以为国民党的统治服务,立法模式上基本效仿欧洲国家的做法,实施的是大陆成文法传统。

(三)革命根据地的劳动立法

(1)土地革命时期。中央苏区于1931年制定了《中华苏维埃共和国劳动法》,其内容较为全面,对劳动者的保护水平也比较高,是苏区的第一部劳动法。1933年做了部分修改,以更加适应根据地的实际情况。其间,江西省行政委员会也制定了《赤色工会法》,湖南工农兵政权也制定了《暂行劳动法》等。

(2)抗日战争时期。1942年制定了《陕甘宁边区劳动保护条例(草案)》,其中规定了最高工时、最低工资、女工特殊保护、工会、企业内部管理规则、劳动争议调解和仲裁等方面的内容。

(3)解放战争时期。出现有东北行政委员会制定的《东北公营企业战时暂行劳动保险条例》,上海市军管会制定的《关于私营企业劳动争议调处程序暂行办法》等。1948年8月哈尔滨举行的第六次全国劳动大会上通过了《关于中国职工运动当前任务的决议》,其中关于劳动立法的建议为新中国成立初期制定劳动政策和法律法规奠定了基础。

二、新中国的劳动立法

（一）新中国成立初期至十一届三中全会时期

（1）1949年到1953年的国民经济恢复时期。这一时期的重要劳动立法是1950年制定的《工会法》和1951年制定的《劳动保险条例》。前者有效地保障了工会的法律地位，后者则建立了新中国的劳动保险制度。

（2）1953年到1958年的"一五计划"时期。这一时期颁布的主要劳动立法有《国营企业内部劳动规则纲要》《关于工资改革的决定》《工厂安全卫生规程》等，主要是企业劳动管理、工资制度改革和劳动保护方面的制度。

（3）1958年到1966年的"三五计划"时期。这一时期颁布的主要劳动立法有《关于工人、职员退休处理的暂行规定》《关于企业、事业单位和国家机关中普通工和勤杂工的工资待遇的暂行规定》《防止矽尘危害工作管理办法》等，主要是退休、职工管理、劳动保护方面的制度。

（4）1966年到1979年的"文革"时期。这一时期的劳动立法基本停止，相关的执法和司法工作也都陷于停顿。

（二）十一届三中全会以来

（1）1979年到1985年的改革初期。这一时期的劳动立法工作一方面是恢复并适当改进"文革"之前的劳动法律制度，另一方面是开展劳动制度改革的试点和探索。主要的立法包括：1982年《宪法》中有关劳动者权利保障的条款、《关于安置老弱病残干部的暂行办法》《关于工人退休、退职的暂行办法》《矿山安全条例》《企业职工奖惩条例》《关于积极试行劳动合同的通知》《工人技术考核暂行条例》《关于职工探亲待遇的规定》等。

（2）1985年到1994年的全面改革时期。这一时期的主要劳动立法都是紧密围绕劳动制度改革进行的。主要的立法有《国营企业招用工人暂行规定》《国营企业实行劳动合同制暂行规定》《国营企业辞退违纪职工暂行规定》《国营企业职工待业保险暂行规定》《国营企业劳动争议处理暂行规定》《女职工劳动保护规定》等。

（3）1995年到2007年的成熟时期。1995年1月1日，《中华人民共和国劳动法》正式实施。这是我国劳动立法的一个重要里程碑和标志性事件。之后国家又出台了一系列劳动立法，主要有《工会法》《职业病防治法》《安全生产法》等，极大地丰富和完善了我国的劳动法体系，初步建立了与社会主义市场经济体制相适应的劳动者权益保护体系，为劳动者依法维权和企业的合法用工提供了较为全面的制度保障。

（4）2008年以来的继续充实丰富时期。2008年1月1日，《中华人民共和国劳动合同法》正式实施,之后又颁布和实施了一系列的劳动法律法规,主要有《就业促进法》《劳动争议调解仲裁法》《劳动合同法实施条例》《社会保险法》《职工带薪年休假条例》《女职工劳动保护特别规定》,修订了《劳动合同法》《安全生产法》《职业病防治法》《工伤保险条例》,出台了《最高人民法院关于审理劳动争议案件适用法律若干法律问题的解释》(三、四)等。随着我国社会的快速发展和对民生问题的愈益关切,劳动立法的前景会更加美好,劳动者权益保障的程度会更加提高,和谐的劳动关系会更好地得到实现。

三、港澳台地区的劳动立法

港澳台地区是中国的有机组成部分,其劳动立法的现状与发展也属于中国劳动立法构成中的应有组成部分。

(一)香港地区

1840年以前,香港受中国法律管辖,1840年后,英国法律进入香港,逐步形成了香港法律体系。1997年香港回归中国,但依然是独立的法律治理区域。香港的劳工法渊源主要有三种:一是香港立法机关制定的劳动立法;二是国际劳工公约;三是习惯法。20世纪60年代之前,香港政府并不重视成文法的制定,强调不干预的劳动政策,对劳工标准持放任态度,由劳资双方自行确定,体现的是自由资本主义体制的特点。60年代之后,香港政府非常重视劳工立法,逐渐形成了一套较为完备的劳工法体系。其中最重要的是于1968年制定的《雇佣条例》,之后又多次进行了修订,成为目前规范香港劳资关系的基本法。目前香港政府在劳工立法方面,日益重视实体法条例的制定,重视劳资关系协调体制的完善,重视劳工规范的配套,已经建立起了一套较为完备的劳工保护法律体系,为香港劳动者提供给了较高水平的法律保护。

(二)澳门地区

1849年之前,澳门受中国法律管辖,1849年之后,葡萄牙法律进入澳门,逐渐形成了澳门法律体系。1999年澳门回归中国,但依然是独立的法律治理区域。澳门劳工立法起步较晚,1984年才颁布了第一部《劳工法》,此后以该法为基础制定了一系列的法规,形成了澳门的劳工法体系。该《劳工法》确立了三项原则,分别是平等原则、较有利原则和传统制度优先原则,体现出鲜明的对劳动者倾斜保护的劳动法宗旨。

(三)台湾地区

自古以来,台湾受中国法律管辖,1895年台湾被割让给日本,基本适用日本的法律;1945年台湾回归中国后,适用当时的南京国民政府的法律;1949年国民党退踞台湾,此前的南京国民政府的法律仍在台湾施行,同时又不断颁布一些新的劳动立法,逐步形成了自己的一套劳动法体系。至今海峡两岸仍处于分裂状态,台湾地区的劳动立法仅在台湾地区有法律效力。1987年台湾解除戒严之前的阶段,台湾当局根据戒严统治下政治稳定、社会安宁和经济发展的需要,进行了相应的劳动立法。这一时期的主要立法有《动员戡乱期间劳资纠纷处理办法》《劳动安全卫生法》《职工训练法》《劳动基准法》,修正了《工厂法》《职工福利金条例》《劳工教育实施办法》等。1987 年台湾解除戒严之后,以往不为法律所允许的以工会为主的劳工集体行动成为合法,组织工会也获得较多自由,1988 年废止了《动员戡乱期间劳资纠纷处理办法》,并对《职工福利金条例》《劳工教育实施办法》《劳动基准法》《工会法》《就业服务法》《劳动契约法》等进行了修订。目前台湾地区劳动者权益的法律保护已经达到了较高水平。

第三节　国际劳工立法

一、国际劳工组织

(一) 成立与发展

1919 年第一次世界大战参战国在巴黎召开和平会议,会议通过的《凡尔赛和平条约》中的第 13 篇为"国际劳工组织章程",该章程被称为"国际劳动宪章"。据此,1919 年 6 月,国际劳工组织正式宣告成立。1944 年 5 月在美国费城召开了第 26 届国际劳工大会,会议通过了《费城宣言》,其中正式确立了 10 项活动原则。

国际劳工组织自成立以来经历了三个发展阶段:①1919—1939 年,作为国际联盟的一个带有自治性的附设机构存在和工作;②1940—1945 年,国际联盟解体,作为独立的国际组织开展工作;③1946 年至今,作为联合国的专门机构之一继续工作。其总部设在瑞士的日内瓦,现有 185 个左右的会员国。

(二) 主要机构

国际劳工组织主要有三个机构:

(1) 国际劳工大会。这是国际劳工组织的最高权力机构,由每个会员国委派的代表团组成。各代表团由 4 名代表组成,其中政府代表 2 名,工人和雇主代表各 1 名,各位代表的权利平等。每年召开一次会议,主要任务就是进行国际劳工立法,即讨论和通过国际劳工公约和建议书。

(2) 理事会。这是国际劳工组织的执行机构,在大会闭会期间决定该组织的各项重大问题。理事会由 56 人组成,其中政府理事 28 人,工人和雇主理事各 14 人。理事会每届任期 3 年,每年举行 3 次会议。

(3) 国际劳工局。这是国际劳工组织的常设工作机构,也是大会、理事会及其他会议的秘书处,对理事会负责。局长由理事会任命。国际劳工局设在日内瓦。除了这三个机构外,国际劳工组织还设有一些技术性委员会来协助国际劳工局进行工作。

(三) 与中国的关系

中国是国际劳工组织的创始成员国,1944 年成为该组织的常任理事国。新中国成立后,由于台湾国民党政府继续占据着中国在该组织的席位,中国拒绝参加该组织的活动。1971年10月联合国恢复了中国的合法席位,同年11月16日,国际劳工组织理事会恢复了新中国的合法席位。旧中国政府曾批准了14个国际劳工公约,新中国政府后来予以承认。台湾当局批准的23个公约,新中国政府宣布为非法和无效。新中国政府恢复合法席位后,又陆续批准了10余个国际劳工公约。同时根据《香港特别行政区基本法》和《澳门特别行政区基本法》的规定,在回归祖国前适用于香港和澳门的国际劳工公约继续有效。香港和澳门都可以以中国代表团成员的身份参与国际劳工组织的活动,也可以以中国香港和中国澳门的名义自行参加不限于国家才可以参与的国际劳工组织的活动。

二、国际劳工立法

(一) 形式与特点

国际劳工立法的具体形式是制定国际劳工公约和建议书,统称国际劳工标准。其主要特点有三个。

(1) 立法机构的组成具有"三方性"。这是其他国际机构所没有的独特特点。政府、劳工和雇主三方代表都参加国际劳工大会,都可以自由讨论,独立表决。

(2) 立法规范的范围具有"国内性"。公约和建议书绝大部分是调整会员国的内部劳动关系的,只有极少数制度会涉及会员国之间的问题。

(3) 会员国接受立法约束具有"自愿性"。国际劳工公约和建议书通过后并不直接发生效力。公约需要经过会员国批准才对该会员国产生约束力,而会员国是否批准则完全是自行决定,国际劳工组织无法干涉。建议书则不需要批准,成员国完全根据自己的需要来决定是否采用,并且在采纳时可以任意取舍。

(二) 类型与内容

国际劳工公约可以分为基本国际劳工公约、优先国际劳工公约和一般国际劳工公约三大类。其中最重要的是基本国际劳工公约。基本国际劳工公约是指已经被国际劳工组织理事会确认,无论成员国经济发展水平如何,为保护工作中的人权都应该遵守的8项国际劳工公约。这8项基本国际劳工公约又可以分为四类,分别是关于自由结社与集体谈判的公约(两项)、关于废除强迫劳动的公约(两项)、关于平等权方面的公约(两项)及关于禁止使用童工方面的公约(两项)。优先公约是指其内容对于各国劳动制度与政策的形成具有重要影响,成员国应该加以特别注意的公约,其地位仅次于基本公约,但比一般公约重要。

国际劳工公约和建议书都采取单行法的形式,每个公约或建议书只包括某一项劳动问题或者问题的某一个方面的规定。它们所规定的事项大致包括10类:基本政策、产业关系、就业与失业、工作时间和休息时间、女工、童工和未成年工、职业安全卫生、工资、社会保障、职业培训及其他方面内容等。

相关知识链接

1. 史尚宽.劳动法原论.台北:正大印书馆,1977年重刊.
2. 黄越钦.劳动法新论.北京:中国政法大学出版社,2003.
3. 王全兴.劳动法.北京:法律出版社,2008.
4. 杨燕绥.劳动与社会保障立法国际比较研究.北京:中国劳动社会保障出版社,2001.
5. 林燕玲.国际劳工标准.北京:中国工人出版社,2002.

思考与分析

1. 为什么说前资本主义社会中没有劳动法?
2. 劳动法产生的前提是劳动法产生的充分条件吗?
3. 谈谈劳工法规与工厂立法的联系与区别。
4. 资本主义国家中存在着资产阶级和无产阶级的矛盾,为什么劳动者的保护水平还会比较高?
5. 结合中国国情,谈谈劳动法在中国的发展前景。
6. 谈谈对WTO规则中"社会条款"的认识。

第二章

劳动法理论

知识结构图

劳动法理论
- 劳动法概念和调整对象
  - 劳动法的概念
  - 劳动法的调整对象
  - 劳动法的适用范围
- 劳动法地位和基本原则
  - 劳动法地位
  - 劳动法基本原则概述
  - 劳动法基本原则的内容
- 劳动法渊源和体系结构
  - 劳动法的渊源
  - 劳动法的体系结构
- 劳动法中的法律关系
  - 劳动法律关系的概念及种类
  - 劳动法律关系的构成
  - 劳动法律关系的产生、变更和消灭

本章导读

劳动法是一个独立的、重要的法律部门,在社会主义市场经济体制中具有重要作用。正确认识劳动法上的劳动及劳动关系的特征,有助于我们深刻理解劳动法的概念和调整对象;保护劳动者的合法权益是劳动法的永恒主题,也是我们必须遵循的最高准则;劳动者和用人单位是劳动法主体中最基本、最重要的两个主体;劳动法的基本原则、劳动法律关系等是劳动法基本理论的重要组成部分。全面了解和掌握劳动法的基本理论知识,是我们学好劳动法的前提和基础。

司考重点

正确区分劳动关系和劳务关系。

案例导入

龙某系某市从事货物运输经营活动的个体经营者,长期雇佣3个人为其工作,并为3人缴纳社会保险费。2015年11月,龙某承接了一项运输水泥电线杆的业务。11月12日开始运输后,龙某认为3人无法完成预定的运输任务,其雇工之一张某介绍自己的邻居钟某参加运输,龙某同意,并与钟某约定完成这次运输任务后即不再雇佣钟某,费用一次性付给钟某。钟某在卸车过程中,由于不慎被水泥电线杆压死。2016年1月9日,钟某家属向某市劳动局申请,要求对钟某死亡做出工伤事故认定。在上述案例中,龙某与钟某的关系是劳务关系,还是劳动关系?

第一节 劳动法概念和调整对象

一、劳动法的概念

劳动法有广义和狭义两种理解:狭义的劳动法是指由国家最高立法机关制定的关于调整劳动关系及与劳动关系有密切联系的其他社会关系的法律规范。广义的劳动法既包括全国人大及其常委会,还包括国务院、国务院各部门和地方国家机关制定的关于劳动关系及与劳动关系有密切联系的其他社会关系的行政法规、规章、地方性法规等法律规范的总和。

关于劳动法的概念,英国牛津法律大辞典的解释是:"与雇佣劳动相关的全部法律原则和规则,大致和工业法相同。它规定的是雇佣合同和劳动或工业关系法律方面的问题。"[1]旧中国法学界最有影响和代表性的表述是:"劳动法为关系劳动之法。详言之,劳动法为规范劳动关系及其附随一切关系之法律制度之全体。"[2] 新中国法学界比较一致的表述是:"劳动法是调整劳动关系以及与劳动关系密切联系的其他社会关系的法律规范的总和。"

二、劳动法的调整对象

法律的调整对象是成为一个独立法律部门的依据,也是确立该部门法适用范围的标准。劳动法作为独立的法律部门,其调整对象也是特定的。根据《劳动法》的规定,我国劳动法的调整对象是劳动关系及与劳动关系密切联系的其他社会关系。[3]

(一)劳动关系

劳动关系是劳动者在劳动过程中发生的社会关系,但并非所有在劳动过程中发生的社会关系都属于劳动法调整的对象。由于法律所调整的社会关系通常体现

---

[1] 《牛津法律大辞典》,北京:光明日报出版社1988年版,第511页。
[2] 史尚宽:《劳动法原论》,台北:正大印书馆1977年重刊,第1页。
[3] 《劳动法》第一条:为了保护劳动者的合法权益,调整劳动关系,建立和维护适应社会主义市场经济的劳动制度,促进经济发展和社会进步,根据宪法,制定本法。第二条:在中华人民共和国境内的企业、个体经济组织(以下统称用人单位)和与之形成劳动关系的劳动者,适用本法。国家机关、事业组织、社会团体和与之建立劳动合同关系的劳动者,依照本法执行。

为法定的权利与义务,那么劳动法意义上的劳动也就有别于一般意义上的社会劳动,法律为劳动法意义上的劳动设定了法定条件。

1. 劳动和劳动力

马克思说劳动具有双重属性:自然属性和社会属性,这也是人区别于动物的本质特征,而其社会属性更为重要。人类劳动不仅仅是改造自然的过程,也是在劳动过程中与其他社会成员、组织发生关系的一个过程。劳动法所说的劳动不同于生活中一般意义上的劳动,在社会生活中的劳动是指人们为了满足自己的生活需要所进行的有目的、有意识的活动,是人类生存的基本条件。劳动法意义上的劳动则是指劳动者以获取劳动报酬为目的而从事的、履行劳动法及劳动合同规定的权利与义务的活动。因此劳动法意义上的劳动体现为一定的权利义务关系,其是基于法律与契约产生的,劳动者与用人单位就劳动内容、劳动条件、劳动报酬等进行平等协商,意思表示一致,并且要符合劳动法律规范的强制性规定。劳动法中的劳动具有人格从属性,劳动者要从属于用人单位,劳动者的劳动时间、地点、工作内容要服从用人单位的安排,接受用人单位的监督与管理,遵守用人单位的有关规章制度。劳动法意义上的劳动是有偿的,劳动者提供劳动,用人单位要支付相应报酬。劳动法中的劳动具有职业性,劳动者就业后在某一行业从事工作,就职于某一工作岗位,所领取的报酬为其生活主要来源。劳动法意义上的劳动区别于民法上基于家庭关系而发生的劳动,也有别于国家公务人员基于公务关系而发生的劳动。

劳动力是人所具有的并在生产使用价值时运用的体力和脑力的总和。其特点有:①其存在具有人身性;②其形成具有长期性;③其储存具有短期性;④其再生产具有不可间断性;⑤其投入使用具有不可分割性;⑥其支出具有可重复性。

2. 劳动关系

劳动法调整的劳动关系是指劳动者在劳动过程中运用劳动能力,与用人单位之间发生的社会关系。其具有以下几个特征。

(1) 当事人身份的特定性。劳动关系的双方当事人一方是劳动者,另一方是用人单位。同时对于劳动者而言原则上在同一时间只能和一个用人单位签订劳动合同,形成劳动关系,但法律规定可以有兼职的除外,也不包括一些特殊职业,譬如自由职业者、小时工等。

(2) 内容的恒定性。劳动关系以劳动为内容,劳动者一方提供劳动,用人单位一方支付劳动报酬。

(3) 劳动关系的人身性和财产性。劳动关系中劳动者所提供的劳动力具有人身专属性,特定劳动力与特定劳动者相联系,因此基于劳动合同形成的劳动关系决定了劳动关系的人身性。作为劳动关系一方的劳动者依法付出劳动后有权利获得用人单位支付的劳动报酬,也可以说劳动者正是通过劳动来换取满足本人及其家庭的生活资料,劳动者在年老、疾病及丧失劳动能力时有权利获得社会保障,体现了劳动关系的财产性。

(4)劳动关系主体的平等性和隶属性。劳动关系主体在劳动关系成立之前,劳动者与用人单位是平等的主体,在订立劳动合同确定劳动关系时,双方互相选择、平等协商以明确劳动内容、工资福利、工作条件等,充分体现了双方主体的平等性。而一旦签订劳动合同确立了劳动关系,劳动者就要服从用人单位的管理,遵守用人单位的规章制度,原则上只能与一家用人单位签订劳动合同,体现出劳动者对用人单位的隶属性特征。

(二)与劳动关系密切联系的其他社会关系

(1)管理劳动力方面的关系。国家劳动行政主管部门及其他有关部门与用人单位和劳动者之间,在对劳动力的管理、使用、教育和培训等方面发生的社会关系。

(2)输送劳动力方面的关系。劳动力资源管理机构、职业教育培训机构、职业介绍机构等与用人单位、劳动者在劳动力输送、使用、管理方面发生的社会关系。

(3)社会保险方面的关系。参加社会保险的用人单位、劳动者(死亡职工的直系亲属)与社会保险经办机构之间发生的社会关系。

(4)集体谈判和协商方面的关系。企业工会与企业行政、政府主管部门等在集体谈判和协商过程中发生的社会关系。

(5)监督、检查劳动法律法规执行方面的关系。国家有关机关和部门因监督检查劳动法律法规的执行情况,与用人单位发生的社会关系。

(6)处理劳动争议方面的关系。劳动争议处理机构与用人单位、劳动者在调解、仲裁、审判劳动纠纷案件时发生的社会关系。

司考真题

关于劳动关系的表述,下列哪些选项是正确的?

A. 劳动关系是特定当事人之间的法律关系

B. 劳动关系既包括劳动者与用人单位之间的关系也包括劳动行政部门与劳动者、用人单位之间的关系

C. 劳动关系既包括财产关系也包括人身关系

D. 劳动关系既具有平等关系的属性也具有从属关系的属性

【答案】ACD

【解析】本题考核劳动关系。选项 A 正确。劳动关系的当事人是特定的,一方是劳动者,另一方是用人单位。选项 B 错误。劳动行政部门与劳动者、用人单位之间的关系属于与劳动关系密切联系的其他社会关系。选项 C 正确。劳动关系具有人身属性,用人单位有权依法管理和使用劳动者。劳动关系具有财产关系的属性,劳动者有偿提供劳动力,用人单位向劳动者支付报酬。选项 D 正确。双方当事人在建立、变更劳动关系时,应依照平等自愿、合法原则进行,因而劳动关系具有平等性。

同时,劳动关系具有从属性,劳动关系一经确立,劳动者成为用人单位的职工,与用人单位存在身份、组织和经济上的从属关系,用人单位按照其劳动规章制度管理和使用劳动者,双方形成管理与被管理、支配与被支配的关系。

三、劳动法的适用范围

劳动法的适用范围是指劳动法的效力范围。包括劳动法的空间适用范围、时间适用范围及人的适用范围。

(一)劳动法的空间适用范围

我国劳动法的空间适用范围是指在什么样的地域范围内适用劳动法,即劳动法的地域效力。根据《劳动法》第2条的规定,在中华人民共和国境内的企业、个体经济组织和与之形成劳动关系的劳动者,适用本法。也就是说凡是中华人民共和国境内形成的劳动关系及与劳动关系密切相关的其他社会关系都适用我国劳动法。法律、行政法规、部门规章在全国范围内发生法律效力,地方性法规、地方规章、自治条例、单行条例等则在地方行政区域范围内发生法律效力。

(二)劳动法的时间适用范围

我国劳动法于1994年7月5日由第八届全国人民代表大会常务委员会第八次会议通过,1995年5月1日起正式实施(2009年8月27日修正),之后,《就业促进法》《劳动争议调解仲裁法》《劳动合同法》等劳动领域的法律相继通过,在具体实施上发生冲突时,依新法优于旧法、特别法优于一般法的原则处理。

(三)劳动法对人的适用范围

根据《劳动法》《劳动合同法》的规定,劳动法对人的适用范围是劳动法所调整的劳动关系的双方当事人,即劳动者与用人单位。具体包括企业、个体经济组织、民办非企业单位等组织和与之形成劳动关系的劳动者,国家机关、事业单位、社会团体和与之建立劳动合同关系的劳动者。

司考真题

1.下列劳动合同或劳务合同,哪些属于劳动法的调整范围?
 A.某私营企业与职工之间的劳动合同
 B.某国家机关与工勤人员之间的劳动合同
 C.某公司董事长与公司之间的聘用合同
 D.甲公司与乙公司之间的劳务合同

【答案】AB

【解析】本题考查劳动法调整范围的知识。根据《劳动法》第2条规定,劳动法的适用范围是在中华人民共和国境内的企业、个体经济组织和与之形成劳动关系的劳动者。首先,选项D是两个公司之间签订的合同,尽管名称是"劳务合同",但二者之间并没有劳动者一方,故可先行排除。选项 A、B 中一方均是劳动者,另一方是用人单位,符合《劳动法》第 2 条的规定。本题的难点是对选项 C 的理解,从该选项的表述上应该有两种意思:一是公司董事长作为公司的法定代表人,与公司之间是代表与被代表、支配与被支配的关系,因此其与公司之间的聘用合同也不属于劳动法的调整范围;二是从形式上看,公司董事长与公司之间签订的聘用合同属于劳动合同的一种。但从出题者的意图揣摩来看,本选项应该考查的是第一种意思。故排除选项 C。

2. 下列哪一事项所形成的法律关系由劳动法调整?
A. 甲厂职工陈某操作机器时不慎将参观的客户蒋某致伤,蒋某要求陈某赔偿
B. 汪某因身高不足 1.70 米而被乙厂招聘职工时拒绝录用,汪某欲告乙厂
C. 丙公司与劳务输出公司就 30 名外派劳务人员达成的协议
D. 丁公司为其职工购房向银行提供的担保

【答案】B
【解析】本题考核的是劳动法的适用范围。劳动法律关系是当事人依据劳动法律规范,在实现劳动过程中形成的权利和义务关系。狭义的劳动法律关系的当事人只包括劳动者和用人单位。劳动法规定劳动者有平等就业权,不得遭受歧视,故 B 为正确答案,其他三种关系均应受民法调整。

第二节 劳动法地位和基本原则

一、劳动法地位

关于劳动法的地位,通常有两种理解:一是指劳动法在法律体系中的地位,即是否属于一个独立法律部门及它与其他法律部门有何关系的问题;二是劳动法在社会中,尤其在经济建设中的地位,实际上是指劳动法的重要性而言。我们这里说的劳动法的地位主要是从前者来探讨的。

劳动作为一种社会现象受法律规范约束始于资本主义工业革命后。劳动者在失去生产资料后不得已接受资本家所开出的条件为其提供劳动,以换取基本的生活资料,在私法契约自由基础上的劳动关系被认为是雇员与雇主之间平等的民事法律关系,政府对此持放任自由的态度。然而经济上居于强势的雇主一方在劳动关系中占主导地位,引发了一系列恶劣的社会现象:延长劳动时间、缺乏安全的劳动条件、雇用女工童工替代失业工人、缺乏社会保障等,导致劳动者的基本生存权都难以得到保障。19 世纪产业革命的兴起及工人运动的蓬勃发展,使得对劳动者的劳动保护日益引起社会的重视,政府开始以法律手段来干预基于私法的劳动关系,通过了限制劳动时间、禁止雇佣童工等法律,逐渐地劳动者在劳动条件、最低工资、劳动保护、社会保障及劳动纠纷的解决等方面都有了相关的规范,劳动法作为作独立的法律部门也应

运而生。可以说劳动法是劳动者在维护自己合法权益的过程中日渐形成的,现代的劳动法已不再是单纯的私法关系,而是融入了公法规范的新型法律部门。

我国劳动法学界认为,劳动法有自己的调整对象、基本原则、调整方法、功能和作用,因此,劳动法在我国社会主义法律体系中是一个独立的重要的法律部门。我们认为劳动法是独立的法律部门,在于劳动法是社会法的重要组成部分,是宪法之下的独立的法律部门。社会法是在公法与私法之外的,重在保护公民的社会权利,特别是市场经济体制下在经济上处于弱势的社会群体的利益,公权力通过制定规范加大对弱势群体的保护来平衡其在经济生活、社会生活中易受侵犯的权利。社会法对于维护社会稳定,保障弱势群体的权利,建设社会主义和谐社会发挥着重要的作用。劳动法所调整的劳动法律关系中的双方从形式上来看是平等的合同当事人,然而用人单位在事实上却占有天然的优势,无论是经济上还是在用人的决定权上都处于主导地位,正是这种事实上的不平等使得在劳动法律关系中劳动者处于较为被动的地位,因此国家公权力要通过法律来规范用人单位,在劳动合同中对用人单位提出最低的标准,以维护劳动者的合法权益。劳动法作为社会法,既不同于公法中的当事人事实上的不平等,也不同于私法中当事人的地位平等、意思自治,而是有着自己独特的特点。因此劳动法是宪法之下的独立的法律部门,在我国的法律体系中是独立的一个部门法。

二、劳动法基本原则

(一)劳动法基本原则的概念

关于法律原则(principle),《布莱克法律辞典》的解释为:"(1)法律的诸多规则或学说的基础或来源;(2)确定的行为规则、程序或法律判决、明晰的原理或前提,除非有更明晰的前提,不能对之证明或反驳……"。张文显认为,法律原则是指"体现法的本质和根本价值,是整个法律活动的指导思想和出发点,构成一个法律体系的灵魂,决定法的统一性和稳定性"。

劳动法基本原则是指能够体现劳动法基本理念和价值取向的基础性原理,体现劳动法的立法指导思想,是对劳动法律规范的制定、实施、适用具有普遍指导性、补充性的根本性准则,是调整劳动关系以及与劳动关系密切相联系的其他关系所必须遵循的基础性规范。

(二)劳动法基本原则的特点

劳动法基本原则作为统领劳动法的基础性规范,具有以下四个特点。

(1)具有高度指导性。基本原则是部门法基础理论的制度化,是部门法的灵魂,对部门法的立法、执法、司法具有重要的指导意义。劳动法基本原则对于劳动法的各项具体规范都具有指导意义,劳动法基本原则对劳动法的指导是贯穿始终的,从劳动法的立法宗旨,到劳动法中关于劳动条件、劳动报酬、劳动者的福利、社会保障等都要接受基本原则的指导。

（2）具有高度权威性。人的认识水平是有限的,而生活是极其复杂的,指望法律涵盖全部的生活、解决所有的问题是不可能的。劳动法基本原则是部门法立法精神的体现,可以弥补成文法的不足,在成文法没有做出具体规定时,基本原则确保部门法制度体系和谐、统一,避免规则间的相互矛盾、冲突,基本原则可以成为法律运用的依据,具有高度权威性。

（3）具有相对稳定性。劳动法律规范会随着社会经济生活的变动不断地修正以适应新的情况,譬如最低工资标准、劳动保障条件、社会保险等会发生变化,但只要国家的政治经济制度及在此制度下建立的劳动关系不发生根本性变化,劳动法基本原则就相对稳定,也正是相当稳定的基本原则保证了法律的连续性。

（4）具有严格规范性。法律规范通常是明确的,这样人们才会根据法律规范对自己的生活、行为有一定的预期和确定,然而语言文字的表达、不同的语境以及每个人的表达与理解的不同都会使法律规范出现歧义,劳动法基本原则会为法律的运用提供一个参照,从而成为约束当事人行为的规范依据。

三、劳动法基本原则的内容

（一）保障劳动者合法权益原则

可以说现代意义的劳动法从诞生之日起就以保护劳动者合法权益为其首要原则,因为在劳动关系中劳动者处于相对地弱势地位,法律通过对其实施倾斜性保护来平衡其与强势的用人单位的关系。劳动法的立法宗旨也将保护劳动者合法权益放在了首位。主要有以下四个内容。

1. 优先保护

在劳动关系中劳动者相对于用人单位处于弱势的地位,单个的劳动者无法与拥有优势经济实力的用人单位相抗衡,因此立法通过规定劳动者的权利及用人单位的义务来弥补双方当事人事实上的不平等,体现了劳动者的权利本位与用人单位的义务本位。主要体现在以下三个方面。

（1）劳动者的权利与用人单位的义务相结合。法律规定了劳动者的劳动权保障,从劳动者的就业权、取得报酬权、休息的权利到发生劳动争议时的救济权利等,赋予了劳动者广泛的权利。[1] 同时为保障劳动者权利的实现,又明确规定了用人单位应提供相应的条件保障劳动者权利的实现[2]。

---

[1] 《劳动法》第三条:劳动者享有平等就业和选择职业的权利、取得劳动报酬的权利、休息休假的权利、获得劳动安全卫生保护的权利、接受职业技能培训的权利、享受社会保险和福利的权利、提请劳动争议处理的权利以及法律规定的其他劳动权利。

[2] 《劳动法》第四条:用人单位应当依法建立和完善规章制度,保障劳动者享有劳动权利和履行劳动义务。

(2)国家对劳动者劳动权实现的特别保障。国家在宏观层面采取各种有益于劳动者就业的措施,促进劳动者就业、提高劳动者的生活水平,以及保障劳动者在其年老、疾病时获得国家物质帮助。① 具体有劳动合同制度、休息休假制度及工资制度、劳动安全卫生设施标准、女工和未成年工特别保护制度、职业培训制度、社会保险和福利制度、劳动争议解决处理制度、劳动监察监督制度等,共同实现对劳动者的倾斜性保护。

(3)对用人单位进行约束以保障劳动者权益的实现。订立劳动合同、限制用人单位的解雇权、劳动者休息休假权利、劳动者最低工资保障等制度等,都是为了保障劳动者的合法权益而对用人单位进行的规范。

2. 平等保护

在劳动者与用人单位之间对劳动者实施倾斜性保护,而对同样为劳动关系一方当事人的劳动者则实施平等的保护。

(1)不同劳动者的平等保护。不同的劳动者其地位是平等的,不因民族、种族、性别、宗教信仰、职业、职务、劳动关系的所有制性质或用工形式等不同对不同劳动者区别对待,他们在适用劳动法律规范面前是一律平等的,禁止在任何方面的劳动就业歧视。②

(2)对特殊劳动群体的特殊保护也是平等保护的重要内容。特殊群体劳动者除受到劳动法一般保护外,对于女性、未成年及残疾劳动者考虑到其身体、年龄、生理等因素不仅给予平等对待,更是给予特殊保护。③ 这种特殊保护是在平等基础上,对处于相对弱者地位的群体的特别保护,有助于实现社会公平,并不违背平等保护的精神。

3. 全面保护

《劳动法》对劳动者的权益保障是全面的,无论是财产权益还是人身权益,法律规定的权益还是合同约定的权益,无论是经济方面的权益还是政治文化方面的权益都受到法律的保护,劳动者进入人力资源市场时,从劳动合同的签订到劳动者合同的解除及发生纠纷后劳动争议的处理等,都是劳动法保护的范畴。

---

① 《劳动法》第五条:国家采取各种措施,促进劳动就业,发展职业教育,制定劳动标准,调节社会收入,完善社会保险,协调劳动关系,逐步提高劳动者的生活水平。第六条:国家提倡劳动者参加社会义务劳动,开展劳动竞赛和合理化建议活动,鼓励和保护劳动者进行科学研究、技术革新和发明创造,表彰和奖励劳动模范和先进工作者。

② 《劳动法》第十二条:劳动者就业,不因民族、种族、性别、宗教信仰不同而受歧视。

③ 《劳动法》第十三条:妇女享有与男子平等的就业权利。在录用职工时,除国家规定的不适合妇女的工种或者岗位外,不得以性别为由拒绝录用妇女或者提高对妇女的录用标准。

第十四条:残疾人、少数民族人员、退出现役的军人的就业,法律、法规有特别规定的,从其规定。

第十五条:禁止用人单位招用未满十六周岁的未成年人。文艺、体育和特种工艺单位招用未满十六周岁的未成年人,必须依照国家有关规定,履行审批手续,并保障其接受义务教育的权利。

4. 最低限度的保护

在劳动者的各项权益中，生存权是最基本的权益，即维持劳动力再生产所需要的最基本的人身安全、健康及基本生活需要等基本生活条件，是对劳动者保护的最低限度，也是对劳动者权益最基本的保护。在 2010 年全国劳动模范和先进工作者表彰大会上，胡锦涛同志提出了"让广大劳动群众实现体面劳动。要把维护劳动者的生存权作为工会维权的最基本、最重要的内容，这是实现劳动者体面劳动的第一要义"。因此劳动立法规定了最低工资标准、国家劳动安全卫生规程和标准。为劳动者提供最基本的生活保障是用人单位的基本义务，也是实现劳动者权益保障的最基本条件。

(二) 公法手段和私法手段相结合原则

如前所述，劳动法属于社会法，以社会为本位，形成了以社会权为核心，调整法为形式的立法体系[①]。因此，调整劳动关系既不能单纯地依靠国家宏观管理的公法手段，也不能只依赖劳动者与用人单位双方完全意思自由的合同即私法手段来解决，而应该是公法手段与私法手段相结合。

1. 国家宏观管理的公法手段为基础

由于在劳动者与用人单位之间双方经济地位的不平等及用人单位的人事决定权，使得劳动者在劳动关系中处于弱势地位，因此国家有必要通过立法对劳动关系双方的权利义务进行指导性规定，以更好地保护劳动者的合法权益。国家通过立法要求用人单位必须与劳动者签订劳动合同来约定双方的权利义务关系，同时规定了用人单位提供的工作报酬不得低于国家规定的最低工资标准，要求用人单位提供有利于劳动者的安全卫生的工作条件，对劳动强度、社会保险、发生劳动纠纷时的救济等都由国家立法予以规定，从而使劳动者与用人单位双方在签订劳动合同时能够在国家规定的基本范畴内协商，保证劳动者的权益得到基本的保护。

2. 公法调整下的劳动关系合同化

劳动关系的合同化主要体现在劳动合同制度上。合同是当事人双方意思表示一致的法律行为，是私法自治在劳动法中的体现。市场经济下劳动者与用人单位都是独立的市场主体，都有权按照自己的需求与意愿选择缔约对象，因此通过合同的形式确定劳动关系中的权利与义务也是法治的必然要求。劳动合同是指受雇人以劳动给付为目的，有偿地为雇用人所使用之契约[②]，由劳动者与用人单位进行平等自愿地协商，通过劳动合同的方式确认劳动关系，用人单位对劳动者有自主的管理权，同时要履行相应的义务，譬如给付工资、提供适合劳动者工作的安全卫生条件、为劳动者提供社会保障等；劳动者一方则依合同的约定接受用人单位的管理，遵守相应的规章制度。在集体合同制度中，由企业职工代表或工会代表职工一方与用人单位通过平等协商，就劳动报酬、工作时间、休息休假、劳动安全卫生、保险

---

① 董保华：《社会法原论》，北京：中国政法大学出版社 2001 年版，第 35 页。
② 史尚宽：《劳动法原论》，台北：正大印书馆 1977 年重刊，第 13 页。

福利等事项与用人单位进行协商,集体合同草案应当提交职工代表大会或者全体职工讨论通过,这充分体现了劳动关系双方当事人的意思自治。集体合同的签订应当报送劳动行政部门,劳动行政部门对集体合同文本没有异议的,集体合同才发生法律效力,这是国家宏观管理的公法手段监管集体合同的体现。

(三) 劳动法主体三方协调劳动关系原则

三方协调劳动关系原则是指由政府、工会组织、企业组织代表(应包括各种所有制形式、各种经济形式的组织代表)三方在平等的基础上通过一定的程序对涉及劳动关系的重大问题进行规范和协调的原则。

三方协调劳动关系原则又称三方协商机制,是 1976 年由国际劳工组织 144 号公约即《三方协商促进国际劳工标准公约》确定的,全称是三方协商决定劳动标准和处理劳动关系的原则,是由政府、雇主、工人三方在平等的基础上就涉及劳动关系的重大问题进行协商解决。这一原则已经成为世界上大多数国家普遍实行的一项原则,对于建立和谐劳动关系、解决劳动纠纷、维护社会稳定有着积极的意义。我国于 1990 年 9 月 7 日批准了这一公约,2001 年,劳动和社会保障部、全国总工会、中国企业联合会联合宣布,国家将全面启动劳动关系三方(国家、企业、职工)协商机制,以协商的形式解决劳动关系中存在的各种问题。同年新修正的《工会法》对三方机制做了规定,①表明了三方协商制度在我国有了明确的法律依据。三方协调劳动关系的原则应包括如下内容。

1. 立法活动中的三方参与

虽然三方参与原则在我国立法中尚无明确规定,但立法中的公民参与已经为此提供了理论与实践上的指导。我国《宪法》规定了人民有权通过各种途径参与国家管理,参与立法就是其中的一项②,《立法法》对公众在立法领域的参与做出了更为直接的规定,列入常务委员会会议议程的法律案,应当听取各方面的意见。③ 在劳动法律规范制定的过程中,政府作为劳动关系的监督协调部门参与立法,并且处于主导地位,劳动关系的双方当事人——作为职工代表的工会和企业一方的代表参与到与自己利益切身相关的立法过程中,充分表达自己的意见与诉求,能够实现

---

① 《工会法》第三十四条:各级人民政府劳动行政部门应当会同同级工会和企业方面代表,建立劳动关系三方协商机制,共同研究解决劳动关系方面的重大问题。

② 《中华人民共和国宪法》第二条明确规定:"中华人民共和国的一切权力属于人民。……人民依照法律规定,通过各种途径和形式,管理国家事务,管理经济和文化事务,管理社会事务。"

③ 《立法法》第三十四条规定:"列入常务委员会会议议程的法律案,法律委员会、有关的专门委员会和常务委员会工作机构应当听取各方面的意见。听取意见可以采取座谈会、论证会、听证会等多种形式。常务委员会工作机构应当将法律草案发送有关机关、组织和专家征求意见,将意见整理后送法律委员会和有关的专门委员会,并根据需要,印发常务委员会会议。"

第三十五条规定:"列入常务委员会会议议程的重要的法律案,经委员长会议决定,可以将法律草案公布,征求意见。各机关、组织和公民提出的意见送常务委员会工作机构。"

劳动立法更加符合实际,也更有利于劳动法律规范的执行,也是民主立法、科学立法的体现。三方对劳动关系的协调正是通过制定劳动法律、法规、劳动政策,规定劳动条件、劳动标准来实现的。

2. 签订劳动合同时的三方因素

政府通过劳动基准法对合同的条款内容有一些最低限度的规定,如规定最低工资标准、基本劳动安全卫生制度、劳动时间的限制、劳动强度的限制、社会保险等,劳动合同虽然是劳资双方在平等自愿的基础上签订的合同,但合同内容对此类强制性规定不得违反。

3. 签订集体合同时的三方参与

集体合同的订立过程是以代表职工的工会或是职工代表与用人单位或者雇主团体之间就工资报酬、劳动时间、休息休假、劳动安全卫生、社会保险等内容进行平等协商,制定合同草案,然后提交职工大会或职工代表大会审议通过,由双方代表签字或盖章后,再报送县级以上劳动行政主管部门登记备案,劳动行政部门有权审查集体合同内容的合法性。经过这样复杂的程序产生的劳集体合同,有利于合同当事人进行有效沟通,及时化解争议,实现和谐的劳动关系。

4. 解决劳动争议时的三方参与

发生劳动争议时,我国相关法律规定了以下几种解决方式:协商解决、向劳动争议调解组织申请调解、提交劳动争议仲裁委员会仲裁、诉讼,前三种方式都是三方参与解决纠纷的形式。因为劳动合同的签订是在三方的共同参与影响下进行的,一旦发生纠纷,三方对合同的内容、争议的事项也往往比较了解,更有利于纠纷的及时合理解决。

5. 劳动法执法中的三方参与

政府不仅在劳动立法、劳动合同的签订中发挥作用,在劳动法的执行中,对于用人单位侵犯劳动者合法权益的行为也进行监督。政府通过劳动行政部门监督用人单位的劳动法执行情况,依法进行劳动监察和劳动仲裁,保障劳动法律规范得到实施,工会和企业代表也分别代表劳动者与用人单位方共同监督劳动法律规范的具体执行。

虽然三方协调劳动关系原则在我国法律中尚未明确规定,但在劳动立法、劳动执法中以及对劳动合同与集体合同的监督、劳动纠纷的解决中等都实际遵循了这一原则,因此我们不能否认三方协调劳动关系原则对劳动法的重要意义。

第三节 劳动法渊源和体系结构

一、劳动法渊源

劳动法渊源是指劳动法的效力渊源,是在一国的法律体系中不同效力等级的劳动法律规范的具体表现形式。我国劳动法的渊源主要有以下几种。

（一）宪法

宪法是我国的根本大法，具有最高的法律效力，宪法中关于劳动的基本权利与义务的规定对劳动法律规范的制定具有权威性、规范性和指导性，具体劳动法律规范的制定是对宪法中原则性规定的具体落实，是公民劳动权得以实现的根本依据。

（二）法律

法律是全国人大及其常委会根据立法程序制定或修改的规范性文件。以法律形式表现的劳动法的渊源包括：①劳动基本法即《劳动法》，是劳动法基本的表现形式；②劳动单行法，如《劳动合同法》《工会法》《就业促进法》《劳动争议调解仲裁法》等；③其他法律中有关劳动法律规范的规定，如《刑法》《妇女权益保障法》《残疾人保障法》《全民所有制工业企业法》《矿山安全法》等法律中有关劳动的法律规范。

（三）行政法规

行政法规是由国务院根据宪法与法律依法定程序制定的规范性文件。包括《劳动合同法实施条例》《工伤保险条例》《失业保险条例》《社会保险费征缴暂行条例》《劳动保障监察条例》等。

（四）部门规章

部门规章是国务院所属的各部门、委员会根据宪法、法律、行政法规等，在自己的职权范围内制定发布的规范性文件。作为劳动法基本渊源的部门规章主要是人力资源与社会保障部为执行与劳动相关的法律、行政法规及国务院的决定命令而制定的规章。包括《劳动人事争议仲裁办案规则》《社会保险个人权益记录管理办法》《劳务派遣行政许可实施办法》等。

（五）地方性法规和地方政府规章

地方性法规是由省、自治区、直辖市和较大的市的人民代表大会及其常务委员会，根据本行政区域的具体情况和实际需要，在不与宪法、法律、行政法规相抵触的前提下制定的规范性文件。例如《河南省实施〈中华人民共和国残疾人保障法〉办法》《河南省工会条例》等。地方政府规章是指省、自治区、直辖市人民政府及省、自治区、直辖市人民政府所在地的市、经济特区所在地的市和国务院批准的较大的市的人民政府，根据法律、行政法规所制定的规章。如《河南省最低工资规定》《河南省进城务工就业人员权益保护办法》《郑州市劳动合同管理规定》等。

（六）我国政府承认和批准的国际劳工公约

国际劳工公约是国际劳工组织制定的公约，对批准的成员国具有约束力。我国批准国际劳工公约后通过国内立法来实现国际劳工公约对劳动就业及社会保障等方面的规定，因此国际劳动公约作为我国批准加入的国际劳动立法，其法律效力通过国内法的规定予以实现，从而成为我国劳动法的渊源之一。

另外司法解释作为最高审判机关关于劳动法审判实践中法律规范的理解与适用所做出的具有指导性和约束力的说明,也是成为劳动法的渊源之一。

二、劳动法体系结构

(一)就业促进制度

2007年8月30日第十届全国人民代表大会常务委员会第二十九次会议通过的《就业促进法》,规定了促进就业的产业政策、财政政策、税收政策、金融政策、建立健全失业保险制度等,提出了公平就业,并保障妇女、少数民族人员、残疾人、传染病病原携带者、农村劳动者等不受就业歧视。

(二)劳动合同制度

在原有劳动法基础上制订的《劳动合同法》,更为详细地对劳动合同的订立原则、劳动合同的履行和变更、解除和终止等做出了规定,并规定了用人单位违反劳动合同法的法律责任,特别规定了对劳动者造成损害的赔偿责任,更趋向于保护处于弱势地位的劳动者合法权益。

(三)集体谈判和集体合同制度

集体谈判和集体合同制度是由代表劳动者一方的工会与用人单位或者雇主协会就劳动报酬、工作时间、休息休假、安全卫生、职业培训、保险福利等劳动关系的基本内容,依法经过谈判协商达成一致协议,以合同的形式确定双方具体的权利和义务,规范劳动者和用人单位劳动管理行为的制度。集体合同制度能够更好地反映处于弱势的劳动者的意愿,协调劳动者与用人单位之间的关系,保障劳动者的权益。

(四)劳动基准制度

为了更好地保障劳动者的合法权益,国家制定了关于劳动报酬、劳动条件等的最低标准,用人单位要为劳动者提供不低于最低标准的劳动条件及工资报酬。具体规定有:关于工作时间[1]、延长工作时间[2]的规定,休息休假制度[3]、带薪年休假制度;同工同酬、最低工资标准、工资支付保障制度、节假日加班的工资制度;劳动安全卫生制度包括符合国家标准的劳动安全卫生设施、条件、防护用品,健康检查、特种作业的职业培训及作业资格证,劳动安全教育培训制度、安全卫生监察制度、伤

---

[1] 《劳动法》第三十六条:国家实行劳动者每日工作时间不超过八小时、平均每周工作时间不超过四十四小时的工时制度。
[2] 包括为了生产经营需要的延长工时以及出现紧急情况的延长工时,对于前者延长工作时间每日不得超过三小时,但是每月不得超过三十六小时。
[3] 包括法定假日的休息制度、补休、节假日加班的报酬。

亡事故报告处理制度等;对女工与未成年工的特殊保护制度①等。

(五)职业技能开发制度

国家为促进就业,大力发展职业教育,鼓励支持各类职业院校、职业技能培训机构和用人单位依法开展就业前培训、在职培训、再就业培训和创业培训;鼓励劳动者参加各种形式的培训;从事特种作业的劳动者必须经过专门培训并取得特种作业资格。国家还制定政策提高职业培训补贴,促进劳动者、培训机构、用人单位参与职业培训的积极性。

(六)社会保险制度

市场经济下出现了收入分配的不平均,部分人生活富裕,部分人收入低,甚至陷入贫困的境地;另一方面,市场经济优胜劣汰的竞争规律使部分企业被淘汰,劳动者失业,而工业社会已使这部分人失去了土地,导致这部分劳动者在面临失业、疾病、老年、伤残、死亡及生育等问题时,化解风险的能力减退,于是国家强制劳动者参加社会保险,建立完善的社会保险制度,使劳动者在面临特定社会保险事故时其基本生活得到最基本保障。

(七)劳动争议处理制度

劳动法所涉及的权利义务关系涉及工时、工资、休息休假、劳动安全卫生、职业技能培训、社会保险等方面,一旦双方对是否形成劳动关系及就具体劳动权利义务关系产生争议,就需要解决争议的机制以便实现权利救济。我国的劳动争议处理制度包括了协商、调解、仲裁、诉讼以及部分劳动争议案件的"一裁终局"。

(八)劳动保障监督检查制度

2004年国务院通过的《劳动监察保障条例》规定了各级劳动保障行政部门依法对用人单位执行劳动法律规范的情况进行监督监察,对违反劳动法律规范的单位进行处理处罚,从而保护劳动者合法权益,规范用人单位严格履行法律规定的各项义务,促进和谐劳动关系的形成。

(九)法律责任制度

法律责任制度是指有关单位或个人违法劳动法律、法规或劳动合同应当承担相应法律后果的制度。劳动法中的法律责任按照主体划分一般包括三类:一类是用人单位因违反劳动法律、法规、劳动合同等,给劳动者权益造成损害时,应该承担的法律责任;第二类是劳动者违反劳动法律、法规、劳动合同等,给用人单位造成损害时,应该承担的法律责任;第三类是劳动行政部门、劳动服务部门等其他劳动法主体违反劳动法律、法规等,给用人单位或者劳动者造成损害时,应该承担的法律责任。

---

① 《禁止使用童工规定》(2002年)、《女职工劳动保护特别规定》(2012年)、《未成年工特殊保护规定》(1994年)。

第四节　劳动法中的法律关系

劳动法中的法律关系包括劳动法律关系和附随劳动法律关系,其中劳动法律关系是劳动法中的最主要内容。

一、劳动法律关系的概念及种类

(一)劳动法律关系的概念

劳动法律关系是指劳动者和用人单位之间,在实现劳动过程中,依据劳动法的规定所形成的劳动权利和劳动义务关系。劳动关系与劳动法律关系不同,二者既有区别又有联系。两者的联系体现在劳动法律关系是劳动关系在法律上的表现,是劳动法调整劳动关系的结果。两者的区别主要体现在以下几个方面。

(1)二者形成的前提条件不同。劳动关系的形成是以劳动者提供劳动为前提,劳动法律关系的形成则是以调整劳动关系的劳动法律规范为前提。劳动关系没有劳动法律规范的调整就只是社会关系,没有法律上的权利义务关系。

(2)二者的性质不同。劳动关系是社会生产关系的组成部分,是一种物质社会关系,属于经济基础的范畴;劳动法律关系则既体现了国家的意志,又体现了双方当事人的意志,是一种意志社会关系,属于上层建筑的范畴。

(3)二者的内容不同。劳动关系以劳动力的运用为内容,劳动者付出劳动力,用人单位支付劳动报酬从而形成劳动关系;劳动法律关系则是法律调整劳动关系在劳动者与用人单位之间形成的特定权利和义务关系。

(4)二者的范围不同。劳动关系的范围大于劳动法律关系,并非所有的劳动关系都能成为劳动法律关系,只有经劳动法律规范调整后的劳动关系才能够形成劳动法律关系。

(二)劳动法律关系的特征

(1)劳动法律关系主体具有特定性。劳动法律关系主体一方是劳动者,另一方是用人单位。劳动法中的劳动者是达到法定年龄,具有劳动能力,依法签订劳动合同,并获取用人单位支付报酬的自然人。用人单位则是在中华人民共和国境内的企业、个体经济组织及与劳动者建立劳动合同关系的国家机关、事业组织、社会团体等。

(2)劳动法律关系内容具有确定性。由于劳动法律关系主体的特定决定了其内容的确定性,即劳动者与用人单位双方的具体权利与义务,其与民事法律关系内容由当事人双方意思表示一致进行约定不同。为了更好地保护劳动者的合法权益,劳动法律规范较多地规定了劳动者的法定权利和用人单位的义务,虽然也有约定的权利义务的情形,但当与法律规定相冲突时优先适用法律规定,除非约定对于劳动者更为有利。

（3）劳动者必须加入到用人单位之中,成为它的一员。通过劳动合同确立劳动关系后,劳动者就成为用人单位的职工,应该遵守用人单位的劳动纪律和各项规章制度,服从用人单位的日常管理,完成规定的劳动定额。

（4）劳动关系通常具有持久性和有偿性。劳动法上的劳动是劳动者从事的职业劳动。所谓职业劳动是指公民就业后在某一行业从事工作,并担任一定职务（或就职于某一工作岗位）,所领取的报酬为其生活主要来源。因此劳动关系具有一定的持久性和有偿性。

二、劳动法律关系的构成

（一）劳动法律关系的主体

劳动法律关系的主体是依法享有权利和承担义务的劳动法律关系的参加者,一方是劳动者,另一方是用人单位。

1. 劳动者

广义的劳动者是从事劳动的人,即具有劳动能力,以自己的劳动获取合法收入作为其生活资料主要来源的自然人。劳动法上的劳动者则是指依照劳动合同依法享有劳动权利、履行劳动义务,并获取劳动报酬,与用人单位形成劳动法律关系的自然人。要成为法律上的劳动者,公民应具有劳动权利能力和劳动行为能力。劳动者的劳动权利能力,是指公民能够依照劳动法的规定,享有劳动权利和履行劳动义务的资格。劳动者的劳动行为能力,是指公民能够依照劳动法的规定,以自己的行为享有劳动权利和履行劳动义务,从而使劳动法律关系产生、变更和消灭的资格。劳动者的劳动权利能力和劳动行为能力统一而不可分割,并且只能由本人实现。劳动者的劳动权利能力和劳动行为能力,一般始于十六周岁,终于法定离退休年龄。

2. 用人单位

根据我国《劳动法》《劳动合同法》的规定,用人单位包括在中华人民共和国境内的企业、个体经济组织、与劳动者建立劳动关系的国家机关、事业组织、社会团体等。用人单位的劳动权利能力和劳动行为能力,是通过用人单位的职能机构或代理人实现的。用人单位对其职能机构或代理人在法律规定的范围内行使劳动权利能力和劳动行为能力产生的后果负完全法律责任。

（二）劳动法律关系的内容

劳动法律关系的内容是劳动法律关系主体依法应享有的权利与所承担的义务,包括劳动者的权利和义务、用人单位的权利和义务。

1. 劳动者的权利和义务

根据劳动法律规范的规定,劳动者的权利包括:劳动者平等就业的权利;劳动者选择职业的权利;劳动者获取劳动报酬的权利;劳动者获得劳动安全卫生保护的权利;劳动者休息的权利;劳动者享受社会保险和福利的权利;劳动者接受职业技能培训的权利;劳动者提请劳动争议处理的权利;法律规定的其他权利。劳动者的义务包括:完成劳动合同约定的劳动任务的义务;提高职业技能以适应其岗位的义务;执行劳动安全卫生操作规程的义务;遵守用人单位劳动纪律的义务;遵守职业道德。

2. 用人单位的权利和义务

用人单位的权利包括:录用职工方面的决定权;劳动组织方面的管理权及完善规章制度的权利;劳动报酬分配方面的权利;决定劳动法律关系存续方面的权利。用人单位的义务包括:支付劳动报酬的义务;执行国家劳动标准,提供相应的劳动条件和劳动保护的义务;合理使用职工的义务;培训职工的义务;必须执行劳动法规、劳动政策和劳动标准的义务;服从劳动行政部门以及其他有关国家机关的管理和监督的义务。

(三)劳动法律关系的客体

劳动法律关系的客体是劳动法律关系主体双方的权利和义务所共同指向的对象。它是劳动法律关系赖以存在的客观基础。我们认为,劳动法律关系的客体是劳动者的劳动能力。对于劳动者而言,具有了劳动能力才有可能与用人单位进行交换。

从劳动者的角度来说,劳动者只有具有了劳动能力,劳动能力与生产资料相结合才具备可能性,如果劳动者不具有劳动能力,他与生产资料相结合的最基本的条件都不存在,更谈不上劳动权利的实现。

从用人单位的角度来说,用人单位所使用的不是人的躯体而是蕴含在躯体之内的体力和智力的总和,即劳动能力。用人单位根据劳动者劳动能力的大小决定是否使用此人及如何使用此人,用人单位支付劳动报酬的多寡,正是基于人的劳动能力而定。

三、劳动法律关系的产生、变更和消灭

(一)劳动法律关系的产生

劳动者和用人单位依法确立劳动法律关系,从而使劳动权利和劳动义务产生。

(二)劳动法律关系的变更

这是指已经存在的劳动法律关系中的内容和客体的改变,不包括主体的变更。劳动法律关系变更的依据,可以是行为,也可以是事件,还可以是行为和事件的结合。无论是合法行为或违法行为、单方行为或双方行为,均可引起劳动法律关系的变更。

(三)劳动法律关系的消灭

这是指既存的劳动法律关系不复存在,致使劳动者和用人单位之间的劳动权利和劳动义务依法消灭。劳动法律关系消灭的依据,可以是行为,也可以是事件,还可以是行为和事件的结合。无论是合法行为或违法行为、单方行为或双方行为,均可引起劳动法律关系的消灭。

(四) 劳动法律关系中的特殊情形

1. 劳动法律关系的延续

劳动法律关系的延续是指既存的劳动法律关系的有效期限依法延长。在延长的期限内,劳动者和用人单位的劳动权利和劳动义务依法仍然存在。它不同于劳动法律关系的再次发生,也不是劳动法律关系的变更。

劳动法律关系延续的主要情形是:劳动者在规定的医疗期、孕期、产假期或者哺乳期内,若劳动合同期限已经届满,那么,劳动合同的期限应顺延至劳动者医疗期、孕期、产假期和哺乳期届满时终止。

2. 劳动法律关系的暂停

劳动法律关系的暂停是指在劳动法律关系存续期间,劳动权利和劳动义务暂停实施,待暂停的状态消除后,劳动权利和劳动义务继续实施。

劳动法律关系暂停的主要情形有:停薪留职、职工下岗、企业放长假、因涉嫌违法犯罪被羁押等。

■ 相关知识链接

1. 史尚宽. 劳动法原论. 台北:正大印书馆,1977 年重刊.
2. 董保华. 社会法原论. 北京:中国政法大学出版社,2001.
3. 常凯. 劳动权. 北京:劳动与社会保障出版社,2004.
4. 黄越钦. 劳动法新论. 北京:中国政法大学出版社,2004.
5. 任扶善. 世界劳动立法. 北京:中国劳动出版社,1991.
6. 许树本. 劳动法. 杭州:杭州大学出版社,2002.
7. 金英杰. 劳动法基本原则初探. 政法论坛,2005(2):35-39.

■ 思考与分析

1. 有学者认为,劳动法上的劳动只是劳动者的义务,而不是劳动者的权利。如何理解宪法第 42 条的规定?
2. 下列哪些属于劳动关系?
(1) 劳动者甲与劳动者乙发生的借贷关系
(2) 某公司向职工集资而发生的关系
(3) 某民工被一个体餐馆录用为服务员而产生的关系
(4) 两企业因签订劳务输出合同而产生的关系
(5) 乡镇企业与职工之间的关系
(6) 某家庭与聘用的保姆之间的关系
(7) 某作家将书稿交给出版社而形成的关系
3. 劳动关系是否具有平等关系的属性?
4. 劳动法律关系产生的依据是什么?

第三章

就业促进制度

知识结构图

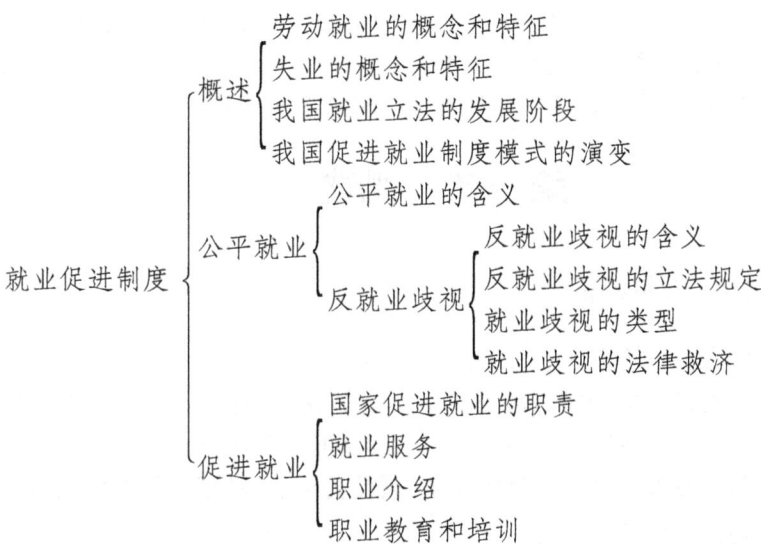

本章导读

劳动合同的运行过程分为订立前和订立后两个阶段。劳动合同订立前阶段主要是劳动者和用人单位通过人力资源市场进行双向选择的过程,其中涉及择业自由、公平就业、反就业歧视、就业竞争、政府促进就业的职责、职业中介机构行为的规范、人力资源市场的管理等。

司考重点

劳动就业和失业的概念及特征;公平就业的含义;就业歧视的表现形式;特定群体的就业保障;职业介绍与就业服务。

案例导入

首例艾滋病教师就业歧视案

小吴(化名)来自一个贫困的农村家庭,经过自己的不懈努力,考上了大学。大学毕业后,2010年5月19日,他参加了安庆市教育局组织的安庆市直学校教师招聘考试笔试,笔试顺利通过后,小吴又顺利通过了6月28日的面试,入围了体检名单。7月12日,小吴在安庆市教育局的安排下在安庆市医院参加了入职体检,根据安庆市人社局和教育局发布的《2010年安庆市直学校公开招聘教师公告》,该体检将按照《公务员录用体检通用标准》进行。体检过后,小吴被教育局告知其体检结果有问题,需要进行"梅毒、丙肝、艾滋病"复检。8月15日复检之后,安庆市教育局告知他,因其是艾滋病毒感染者,体检不合格,决定不予录用,并出具了加盖"安庆市教育局"公章的告知书。小吴认为安庆市教育局以艾滋病感染者(携带者)为由认定其体检不合格,使其失去了被聘用为教师的机会,违反了相关法律中不得歧视艾滋病病毒感染者的规定,侵犯了其依法享有的平等就业的权益。2010年8月26日上午,小吴向安庆市迎江区人民法院提交了诉状。

第一节　概述

一、劳动就业的概念和特征

(一)劳动就业的概念

劳动就业,是指具有劳动能力的公民在法定劳动年龄内自愿从事有一定劳动报酬或经营收入的社会劳动。由于各国政治、经济制度的不同,对劳动就业的理解也不完全一致,但一般都是从劳动者的年龄、就业愿望、劳动报酬等方面进行界定。

(二)劳动就业的特征

(1)劳动就业的主体具有特定性。劳动就业的主体必须是具有劳动权利能力和劳动行为能力的公民。公民的劳动权利能力和劳动行为能力具有一致性,一般通过劳动年龄的规定予以明确。各国劳动法律都对劳动者就业最低年龄和就业最高年龄作了严格规定,只有在法律规定的年龄段内,劳动者才具备劳动就业的资格,否则便不能实现就业。我国劳动法规定,年满16周岁的公民,才具有劳动就业的资格。我国《劳动法》第15条规定:"禁止用人单位招用未满十六周岁的未成年人。"我国劳动法还规定了劳动者的法定退休年龄,超过法定退休年龄的公民不属于就业的主体。在校学习的学生也不视为就业主体。

(2)劳动就业必须是出自公民的自愿,即公民在主观上必须具有求职的愿望。劳动就业是公民的一种权利,行使或放弃这种权利,完全取决于公民自己的意愿,但是,劳动者的劳动就业权利的实现必须主观上有求职的愿望。劳动者办理失业登记或求职登记即可视为具有就业愿望。

(3)劳动就业必须是一种能够为社会创造财富或有益于社会的劳动,即劳动就业要求劳动者必须从事法律允许的有益于社会的劳动,这是劳动者的劳动是否得到社会承认和法律保护的客观依据。

(4)劳动者所从事的劳动必须是有偿劳动。劳动就业必须使劳动者能够获得一定的劳动报酬或经营收入,并以此收入作为维持劳动者本人或赡养其一定数量家庭成员的物质基础。义务劳动、家务劳动等不属于劳动就业法律保护的范围。

目前我国劳动就业的主要形式有:劳动者与用人单位通过双向选择实现就业;职业介绍机构介绍结业;劳动者自己组织起来就业;自谋职业;国家安置就业。近年来,由于用工方式的多样性,出现了非正规性就业的概念,非正规性就业主要是指在劳动时间、劳动场地、保险待遇等方面与传统的就业方式不同,我国的《劳动合同法》就将非全日制用工、劳务派遣用工纳入了劳动法调整的范畴。

二、失业的概念和特征

失业是一个与就业相对的概念,主要是指在法定劳动年龄范围内,有劳动能力与劳动愿望的公民得不到劳动的机会或者就业后又失去工作的状态。

失业作为一个法律概念,有以下特征。

(1)失业者仅限于依据相关法律法规和政策应当保证其就业的公民。不满或超过法定的劳动年龄、无劳动能力者和无就业愿望的公民均不存在失业问题。

(2)失业是一种处于未获得就业岗位的状态。既包括从未获得就业岗位,也包括失去原有的就业岗位后未获得新就业岗位的状态。

(3)失业的表现形式仅以显性失业为限,不包括经济学上的隐形失业。

由于我国长期实行城乡二元化就业机制,在统计失业率时并没有将农村的剩余劳动力完全纳入。从1992年起,我国政府开始对城镇失业率进行统计,使用了国际上通行的失业和失业率的概念。

三、我国就业立法的发展阶段

我国劳动力资源丰富,长期存在劳动力供给大于需求的现状,因此就业问题是我国长期面临的一个重大的经济和社会问题。

(1)1949年—1956年,我国就业立法的建立和形成阶段。国家开始有计划、有组织地统一安排就业工作。

(2)1957年—1976年,我国就业立法的低谷阶段。就业立法工作停滞不前,就业的立法几乎没有。

(3)1977年—2006年,我国就业立法的恢复和发展阶段。《劳动法》的颁布与实施为当时我国的就业保障确定了基本的原则和方针。

(4)2007年至今,我国就业促进法开始走向定型和成熟阶段。在这一阶段,国务院于2007年2月14日通过了《残疾人就业条例》,自2007年5月1日起施行。该条例进一步落实了《残疾人权益保障法》中关于残疾人就业权利的规定,该条例也是我国就业促进法律制度体系的重要组成部分。劳动和社会保障部于2007年

11月5日发布了《就业服务与就业管理规定》，自2008年1月1日起施行。2007年8月30日第十届全国人大常委会第29次会议通过了《中华人民共和国就业促进法》，自2008年1月1日起施行。《就业促进法》是我国就业领域的首部基本法，是基于中国国情，着力于解决中国当前和今后一个时期就业问题，规范和指导走有中国特色就业促进道路的工作总纲，是中国就业工作由政策时代迈向法治时代的重要标志，是就业工作进入新的历史时期的里程碑，有利于我国人力资源要素市场的发展，标志着我国社会主义市场经济的进一步成熟，它的实施对我国就业问题的解决起到了积极的作用。

四、我国促进就业制度模式的演变

新中国成立后到《就业促进法》实施前，我国采用的是行政配置型就业制度模式。这种制度中，城镇劳动者完全由国家运用行政手段，实行统一计划、统一招收、统一调配，劳动者被动地依赖和接受国家的安置就业，用人单位也无用工自主权，只是被动地服从国家的统一调配，安置劳动者就业。这种就业制度严重束缚了社会生产力的发展，不能适应社会主义市场经济的需要。

《就业促进法》第二条明文规定："国家把扩大就业放在经济社会发展的突出位置，实施积极的就业政策，坚持劳动者自主择业、市场调节就业、政府促进就业的方针，多渠道扩大就业。"在这一就业方针的基础上，我国逐渐形成了以市场为导向的新型就业制度模式，即坚持劳动者自主择业、市场调节就业和政府促进就业方针指导下的新型就业制度模式。

讨论案例

小娟（化名）2013年7月毕业于江苏某重点大学，至今一直赋闲在家，不仅衣食住行全靠父母，而且花销不菲。她说还没有找到自己喜欢的工作，但是会不断地寻找那些不那么辛苦的工作。她就这样挥霍着青春和精力，而正在老去的父母，却为了维持生计，埋头在"太辛苦"的工作里。

高校毕业生就业与下岗失业人员再就业、农民工就业并列成为我国三大就业问题。《就业促进法》中用了大量篇幅做出了有关法律规定，特别在第一章总则第七条中提出了"国家倡导劳动者树立正确的择业观念"。

你如何看待小娟这样的行为？

第二节　公平就业

一、公平就业的含义

《就业促进法》中对公平就业做了专章规定。公平就业，是指在就业过程中，对所有求职人员要一视同仁,不能因个人的某些特点或特征,对其有歧视性的对待。公平就业应包括就业权利平等、就业机会平等、就业环境平等。公平就业的内涵中必然包括反就业歧视。

(1)就业权利平等。我国《宪法》中明确规定我国劳动者享有劳动的权利,劳动权作为公民的一项基本权利应获得公正、平等的对待。劳动者就业不因民族、种族、性别、宗教信仰的不同而有所不同。《就业促进法》在总则中规定了劳动者的平等就业权。第三条规定:"劳动者依法享有平等就业和自主择业的权利。劳动者就业,不因民族、种族、性别、宗教信仰等不同而受歧视。"

(2)就业机会平等。就业机会平等,是指国家和社会为劳动者提供的就业机会是均等的,使每一个劳动者都能公平地进入人力资源市场,自主择业,公平就业。

(3)就业环境平等。就业环境是对劳动者就业有直接或间接影响的范围,创造公平的就业环境需要国家、用人单位、职业中介机构的共同努力。《就业促进法》中规定了政府维护公平就业环境的责任:各级人民政府创造公平就业的环境,消除就业歧视,制定政策并采取措施对就业困难人员给予扶持和援助。

司考真题

某培训机构招聘教师时按星座设定招聘条件,称"处女座、天蝎座不要,摩羯座、天秤座、双鱼座优先"。按招聘单位解释,因处女座和天蝎座的员工个性强势,容易跳槽,故不愿招聘,并认为按星座招录虽涉嫌就业歧视,但目前法律没有明文禁止。对此,应聘者向劳动监察部门投诉。劳动监察部门的下列哪一做法符合社会主义法治理念的要求?

A. 将《劳动法》中"劳动者就业,不因民族、种族、性别、宗教信仰不同而受歧视"的规定直接适用于本案,形成判例,弥补法律漏洞;

B. 根据《劳动法》的平等就业原则,对招聘单位进行法治教育,促使其改变歧视性的做法;

C. 应聘者投诉缺乏法律根据,可对其批评教育或不予答复;

D. 通知招聘方和应聘方参加听证,依据国外相关法律规定或案例,对招聘机构的行为作出行政处罚决定。

【答案】B

【解析】公平正义的内容要求坚持法律面前人人平等原则。《就业促进法》第三条规定:"劳动者依法享有平等就业和自主择业的权利。劳动者就业,不因民族、种族、性别、宗教信仰等不同而受歧视。"招聘机构招聘教师时按星座设定招聘条件是一种就业歧视,违反了公平就业的原则。因此劳动监察部门根据《劳动法》和《就业促进法》的平等就业原则,对招聘单位进行法治教育,促使其改变歧视性的做法。故B项说法正确。

二、反就业歧视

(一)就业歧视的概念

就业歧视是指基于特定职业内在需要以外的因素,在就业的机会或待遇上给予区别、排斥或优惠,从而侵害劳动者就业上的平等权利。它具有以下三个特点。

(1)就业歧视与公平就业原则相违背。

(2)就业歧视的内容非常广泛。第十届全国人民代表大会常务委员会第十七次会议批准的《1958年消除就业和职业歧视公约》(第111号公约)明确列举了就业歧视的内容:根据种族、肤色、性别、宗教、政治观点、民族、血统或社会出身所做出的任何区别、排斥或优惠。《促进就业与失业保护公约》(第168号公约)又增加了禁止国籍、残疾、年龄歧视的规定。

(3)就业歧视有例外。《1958年消除就业和职业歧视公约》(第111号公约)指出以下三种情况不应视为歧视:①对一项特定职业基于其内在需要的任何区别、排斥或优惠不应视为歧视;②针对有正当理由被怀疑为或证实参与了有损国家安全活动的个人所采取的任何措施,不应视为歧视;③保护或援助的特殊措施不应视为歧视。

(二)我国反就业歧视的立法规定

1. 我国批准生效的国际公约或文件

自1980年以来,我国先后批准了《消除对妇女一切形式歧视国际公约》(1980年)、《消除一切形式种族歧视国际公约》(1981年)、《对男女工人同等价值的工作付予同等报酬公约》(1990年)、《1958年消除就业和职业歧视公约》(2005年)。这些国际公约或文件的内容构成了我国反就业歧视的重要组成部分。

2. 法律

《劳动法》规定了劳动者享有平等就业权,劳动者免受民族、种族、性别、宗教信仰等方面的歧视;《就业促进法》《残疾人保障法》《妇女权益保障法》中对特定人群平等就业权的保障均有规定。

3. 行政法规

《女职工劳动保护特别规定》中规定,凡适合妇女从事劳动的单位,不得拒绝招收女职工;《残疾人就业条例》中规定,禁止在就业中歧视残疾人。

4. 部门规章

《就业服务与就业管理规定》中规定,劳动者享有平等就业权,并对就业歧视的形式进行了分类。

此外,一些地方性规范性文件中也对劳动者的公平就业权进行了保障,如《上海市人才招聘会管理试行办法》等。

（三）就业歧视的主要类型

我国《劳动法》中规定的就业歧视类型包括民族、种族、性别、宗教信仰等四种歧视类型。我国《就业促进法》在此基础上增加了残疾歧视、传染病病原携带者歧视、农民工歧视等三种歧视类型。

根据《就业促进法》的规定，我国现阶段比较突出的就业歧视类型有五种。

1. 性别歧视

国家保障妇女享有与男子平等的劳动权利。《就业促进法》第 27 条明确规定：国家保障妇女享有与男子平等的劳动权利。用人单位招用人员，除国家规定的不适合妇女的工种或者岗位外，不得以性别为由拒绝录用妇女或者提高对妇女的录用标准。用人单位录用女职工，不得在劳动合同中规定限制女职工结婚、生育的内容。《妇女权益保障法》中规定妇女享有平等就业权，不因性别原因遭受就业歧视，享有同工同酬权。

讨论案例

2014 年 6 月 24 日，应届毕业生郭晶在赶集网上看到杭州市西湖区东方烹饪职业技能培训学校在招聘文案人员，她认为自己的学历及实习经验符合学校的要求，便在网上提交了简历。等待多天后没有得到任何回复。郭晶又浏览了赶集网相关页面，才发现招聘页面上写着"限男性"的要求。郭晶表示不解，多次向对方咨询，并到学校当面了解，对方坚持只要男性，表示这个岗位不适合女生。郭晶在 7 月向法院提起了诉讼。

2014 年 11 月 12 日，这起"浙江就业性别歧视第一案"在杭州市西湖区人民法院宣判，法官认为"被告不对原告是否符合其招聘条件进行审查，而直接以原告为女性、其需招录男性为由拒绝原告应聘，其行为已侵犯了原告平等就业的权利，对原告实施了就业歧视"。

2. 残疾歧视

国家保障残疾人的劳动权利。各级人民政府应当对残疾人就业统筹规划，为残疾人创造就业条件。《就业促进法》第 29 条明确规定："国家保障残疾人的劳动权利，用人单位招用人员，不得歧视残疾人。"

依据《残疾人保障法》的有关规定，对于国家分配的高等学校、中等专业学校、技工学校的残疾毕业生，有关单位不得因其残疾而拒绝接收；拒绝接收的，当事人可以要求有关部门处理，有关部门应当责令该单位接收。机关、团体、企业事业组织、城乡经济组织，要按照有关规定的比例安排残疾人就业。同时《残疾人就业条例》第 3 条第 3 款规定：禁止基于残疾的歧视；第 38 条第 2 款规定：在职工的招用、转正、晋级、职称评定、劳动报酬、生活福利、休息休假、社会保险等方面，不得歧视残疾人。

材料链接

南京大学法学院副教授黄秀梅研究发现,近3年全省残疾人就业中,显性歧视的比例有所下降,隐性歧视明显增多。记者通过对南京、南通、泰州等地相关企业和残疾人的调查,大致归结出隐性就业歧视的七种表现。一是残疾人劳动合同内容模糊。二是社会保障"偷工减料"。鼓楼区残疾人就业管理所孙守典所长发现,有的企业给健全职工全额缴纳"五险一金",给残疾人只缴纳一到两个险种。三是同工不同酬。如不给残疾人发工资,只发"高标"的基本生活费;经常"忘记"给正常工作的残疾人发奖金,逢年过节只悄悄给健全职工"发红包";甚至还有每月给三五百,劝残疾人"回家歇着"。四是意向用工合同不兑现。有的企业出于自身宣传的需要,每每在各种"残疾人专场招聘会"上大签意向用工合同,甚至面对电视镜头振振有词地承诺,待宣传一结束,瞬间变脸。五是上演"苦肉计"。以本单位没有无障碍设施,万一残疾人在厂里出意外"不得了"为由,婉拒招聘和录用残疾人。六是以"不懂心理学"作为挡箭牌。有家企业老板拒绝中专、大专残疾学生就业的理由是,残疾人心理比较脆弱,容易诱发心理问题。"而我们这些大老粗哪会心理疏导,弄不好会害了孩子"。七是宁可缴纳残疾人就业保障金,也不按比例安置残疾人就业。李方平律师认为,对残疾人就业的隐性或显性歧视,实质上都是一种排斥行为,对于在劳动力市场和社会保障体系中处于弱势的残疾人来说,都是一种伤害,既不利于他们心理健康的建设,更不利于公平社会的构建。

——摘引自:《新华日报》,2011年9月22日。

3. 疾病歧视或传染病歧视

《就业促进法》第30条规定:用人单位招用人员,不得以是传染病病原携带者为由拒绝录用。但是,经医学鉴定传染病病原携带者在治愈前或者排除传染嫌疑前,不得从事法律、行政法规和国务院卫生行政部门规定禁止从事的易使传染病扩散的工作。

经典案例

张先著,安徽芜湖人。2003年6月,张先著报名参加了安徽省芜湖市的国家公务员考试,综合成绩排名第一,但在体检中被查出携带乙肝病毒,芜湖市人事局以此为由取消张先著被录用资格。2003年11月10日,张先著一纸诉状向法院提起行政诉讼,状告芜湖市人事部门"歧视乙肝患者"。2004年5月31日,芜湖市中级人民法院对中国"乙肝歧视第一案"做出张先著胜诉的终审判决。

《关于维护乙肝表面抗原携带者就业权利的意见》(2007年)要求各地严格规范用人单位的招、用工体检项目,保护乙肝表面抗原携带者的隐私权。除规定禁止从事的易使乙肝扩散的工作外,用人单位不得以劳动者携带乙肝表面抗原为由拒绝招用或辞退乙肝表面抗原携带者。用人单位在招用工过程中,可以根据实际需要将肝功能检查项目作为体检标准,但是,除规定禁止从事的工作外,不得强行将乙肝病毒血清学指标作为体检指标。

4. 户籍歧视

用人单位招录劳动者时,不得以户籍为由拒绝招用非本地户籍地劳动者,也不得提高对非本地户籍劳动者的录用标准,或者在职业中给予不平等的差别待遇。

户籍歧视主要是指一些大城市针对外地求职和就业人员所采取的一些不公平政策和待遇,尤其是北京、上海这两个直辖市。农民工歧视的实质是户籍歧视,即社会出身歧视。对农民工的就业歧视往往带有制度歧视的特点。

国务院办公厅《关于做好农民进城务工就业管理和服务工作的通知》(2003年)中明确规定取消对农民进城务工的不合理限制,各地区、各有关部门要取消对企业使用农民工的行政审批,取消对农民工进城务工就业的职业工种限制,不得干涉企业自主合法使用农民工。《就业促进法》第31条明确规定:农村劳动者进城就业享有与城镇劳动者平等的劳动权利,不得对农村劳动者进城就业设置歧视性限制。

讨论案例

2015年常州市武进区城市管理行政执法大队公开招聘公共服务岗位工作人员简章中称:因工作需要,经区人社局同意,常州市武进区城市管理行政执法大队面向社会公开招聘公共服务岗位工作人员9名。招聘对象:常武地区户籍(需在2015年1月11日前取得常武地区户籍),国家承认的大专以上学历人员,退伍军人学历可放宽至高中及相当学历。

问:该执法大队的招聘行为中是否存在户籍歧视?

5. 体貌特征歧视

用人单位招录劳动者时,不得以身高、体重、相貌等体貌特征为由拒绝录用,除非某些工作本身对此有明显、必需的特殊需要。这类歧视主要表现为身高歧视、体重歧视、相貌歧视等。

(四)就业歧视的法律救济

1. 反就业歧视诉讼

《就业促进法》第62条规定:违反本法规定,实施就业歧视的,劳动者可以向人民法院提起诉讼。

2. 法律责任

《就业促进法》中没有具体规定实施就业歧视的法律责任,但是该法第68条规定:违反本法规定,侵害劳动者合法权益,造成财产损失或者其他损害的,依法承担民事责任;构成犯罪的,依法追究刑事责任。实施就业歧视应当属于侵害劳动者合法权益的情形,据此可以请求实施就业歧视行为者承担相应的法律责任。

司考真题

下列没有侵犯求职者的就业平等权的是

A. 女大学生小刘,本科学历,在几次应聘中,都因为是女性而落聘

B. 某公司招聘时,明确规定本公司员工的亲属比其他应聘者优先录用

C. 小李的父亲是某县政府领导,在该县事业单位公开招聘中,小李未和其他应聘者一样参加考试,就直接被录用了

D. 某食品加工厂在招聘员工过程中,以食品安全为由,拒绝录用一名乙肝患者

【答案】D

【解析】就业平等权定义的关键信息是:民族、种族、性别、宗教信仰、家庭背景等。A项是由于性别,B、C两项是由于家庭背景,都属于侵犯就业平等权。D项是食品加工厂由于劳动者健康状况不予录用,不属于侵犯就业平等权。故正确答案选D。

第三节　促进就业

一、国家促进劳动就业的职责

促进就业是国家的法定职责,扩大就业是促进就业的首要任务。《就业促进法》第1条就提出"促进经济发展与扩大就业相协调",第2条提出"国家把扩大就业放在经济社会发展的突出位置",第4条提出"县级以上人民政府把扩大就业作为经济和社会发展的重要目标",第11条提出"县级以上人民政府应当把扩大就业作为重要职责"。《就业促进法》从政策支持、公平就业、就业服务和管理、职业教育和培训、就业援助、监督检查等方面,全方位规定了政府促进就业的法定职责。

二、就业服务

(一)就业服务的概念

就业服务是具有普遍意义的干预人力资源市场并能有效调节和改善供求关系的直接手段,是就业制度和就业政策的重要组成部分。就业服务由特定的机构提供一系列服务措施,以满足劳动者求职和用人单位招聘人员的需求。

《劳动法》第11条规定:地方各级人民政府应当采取措施,发展多种类型的职业介绍机构,提供就业服务。其明确规定了地方各级人民政府负有发展就业服务事业,建立职业介绍机构,提供就业咨询与服务等方面的职责与义务。《就业促进法》要求县级以上人民政府建立健全公共就业服务体系,设立公共就业服务机构,为劳动者提供免费的就业服务。

(二)就业服务的管理体制

我国对劳动就业服务的管理,实行国家统一领导和分级分部门(行业)管理的体制。

1. 国家就业服务管理机构

国家就业服务管理机构即国务院主管劳动就业的职能部门,人力资源和社会保障部是国务院综合管理全国劳动工作的职能部门,人力资源和社会保障部下设劳动就业司,具体管理全国的劳动就业服务工作。

2. 地方就业服务管理机构

地方就业服务管理机构即地方政府劳动就业主管部门,包括省级就业服务管理机构;市、县(区)级就业服务管理机构;街道、乡、镇就业服务站。

3. 部门(行业)就业服务管理机构

它是各行业主管部门设置的、实现就业服务的工作机构。其任务主要是指导本部门、本系统的劳动就业服务工作,开展就业培训,负责统筹、管理、协调本部门的劳动就业。

(三)就业服务的主要内容

我国《就业促进法·第四章就业服务与管理》,专门规定了就业服务的主要内容。

1. 政府培育和完善人力资源市场

县级以上人民政府培育和完善统一开放、竞争有序的人力资源市场,为劳动者就业提供服务。

2. 政府发展就业服务

县级以上人民政府鼓励社会各方面依法开展就业服务活动,加强对公共就业服务和职业中介服务的指导和监督,逐步完善覆盖城乡的就业服务体系。

3. 政府加强人力资源市场信息网络建设

县级以上人民政府加强人力资源市场信息网络及相关设施建设,建立健全人力资源市场信息服务体系,完善市场信息发布制度。

4. 政府建立健全公共就业服务体系

县级以上人民政府建立健全公共就业服务体系,设立公共就业服务机构,为劳动者免费提供下列服务:就业政策法规咨询;职业供求信息、市场工资指导价位信息和职业培训信息发布;职业指导和职业介绍;对就业困难人员实施就业援助;办理就业登记、失业登记等事务;其他公共就业服务。

5. 保障公益性就业服务经费

县级以上地方人民政府对职业中介机构提供公益性就业服务的,按照规定给予补贴。国家鼓励社会各界为公益性就业服务提供捐赠、资助。

6. 地方各级人民政府和有关部门不得参与经营性就业服务活动

地方各级人民政府和有关部门不得举办或者与他人联合举办经营性的职业中介机构。地方各级人民政府和有关部门、公共就业服务机构举办的招聘会,不得向劳动者收取费用。

7. 政府建立失业预警制度

县级以上人民政府建立失业预警制度,对可能出现的较大规模的失业,实施预防、调节和控制。

8. 建立劳动力调查统计制度和就业登记、失业登记制度

国家建立劳动力调查统计制度和就业登记、失业登记制度，开展劳动力资源和就业、失业状况调查统计，并公布调查统计结果。统计部门和劳动行政部门进行劳动力调查统计和就业、失业登记时，用人单位和个人应当如实提供调查统计和登记所需要的情况。

三、职业介绍

（一）职业介绍机构的分类

职业介绍是指有关部门或机构依法为用人单位招用人员和劳动者求职与就业提供的就业中介服务；职业介绍机构则是指依法设立的，从事职业介绍服务工作的专门机构。职业介绍机构分为非营利性和营利性职业介绍机构。

（1）非营利性职业介绍机构分为公共职业介绍机构和其他的非营利性职业介绍机构。公共职业介绍机构是指各级劳动保障行政部门举办，承担公共就业服务职能的公益性服务机构，使用全国统一标识。

其他非营利性职业介绍机构，是指由劳动保障行政部门以外的其他政府部门、企事业单位、社会团体和其他社会力量举办，从事非营利性职业介绍活动的服务机构。

（2）营利性职业介绍机构。营利性职业介绍机构，是指由法人、其他组织和公民个人举办，从事营利性职业介绍活动的服务机构。

（二）职业中介活动的原则

《就业促进法》第39条规定：从事职业中介活动，应当遵循合法、诚实信用、公平、公开的原则。用人单位通过职业中介机构招用人员，应当如实向职业中介机构提供岗位需求信息。禁止任何组织或者个人利用职业中介活动侵害劳动者的合法权益。

（三）职业介绍机构的设立及条件

1. 职业介绍机构的设立

设立职业中介机构，应当依法办理行政许可。经许可的职业中介机构，应当向工商行政部门办理登记。未经依法许可和登记的机构，不得从事职业中介活动。

2. 职业介绍机构设立的条件

（1）有明确的章程和管理制度；

（2）有开展业务必备的固定场所、办公设施和一定数额的开办资金；

（3）有一定数量具备相应职业资格的专职工作人员；

（4）法律、法规规定的其他条件。

（四）职业介绍机构的禁止性行为

（1）提供虚假的就业信息；
（2）发布的就业信息中包含歧视性内容；
（3）伪造、涂改、转让职业中介许可证；
（4）介绍未满16周岁的未成年人就业；
（5）介绍劳动者从事法律、法规禁止从事的职业；
（6）扣押劳动者的居民身份证和其他证件或者向劳动者收取押金；
（7）以暴力、胁迫、欺诈等方式进行职业中介活动。

三、职业教育与培训

（一）职业教育与培训的概念

（1）职业教育（vocational education）是指让受教育者获得某种职业或生产劳动所需要的职业知识、技能和职业道德的教育。职业教育是与基础教育、高等教育和成人教育地位平行的四大教育板块之一。如对职工的就业前培训、对下岗职工的再就业培训等各种职业培训及各种职业高中、中专、技校等职业学校教育等都属于职业教育。职业教育的目的是培养应用人才和具有一定文化水平和专业知识技能的劳动者，与普通教育和成人教育相比，职业教育侧重于实践技能和实际工作能力的培养。

（2）职业培训。职业培训是职业教育的重要组成部分，是指根据人力资源市场的需要，按照不同职业的要求，对特定人群提供的多种形式、多种层次的职业技能素质和一定文化知识培训的活动。

（二）国家和政府职业教育与培训的职责

1. 国家发展职业教育和职能培训的总体规划

《就业促进法》第44条规定：国家依法发展职业教育，鼓励开展职业培训，促进劳动者提高职业技能，增强就业能力和创业能力

2. 政府制定并实施职业能力开发计划的职责

《就业促进法》第45条规定：县级以上人民政府根据经济社会发展和市场需求，制定并实施职业能力开发计划。

职业能力开发指按照职业对劳动者素质的要求，通过教育、培训或自学等方式，旨在培养和提高劳动者就业能力和工作能力的活动。

职业能力开发计划是以提高劳动者就业能力和工作能力为目的，以职业分类与职业技能标准、职业培训与职业技能培训机构、职业技能鉴定、职业技能竞赛为主要内容，与劳动就业密切结合的工作计划。

3. 政府支持培训机构开展各种职业培训

《就业促进法》第46条规定：县级以上人民政府加强统筹协调，鼓励和支持各

类职业院校、职业技能培训机构和用人单位依法开展就业前培训、在职培训、再就业培训和创业培训；鼓励劳动者参加各种形式的培训。

（三）职业培训的种类

《职业教育法》规定，职业培训包括从业前培训、专业培训、学徒培训、在岗培训、转岗培训及其他的职业性培训，职业培训分别由相应的职业培训机构、职业学校实施，其他学校或教育机构可以根据办学能力，开发面向社会的、多种形式的职业培训。

1. 企业培训

企业应当按照国家有关规定提取职工教育经费，对劳动者进行职业技能培训和继续教育培训。

2. 职业院校、职业技能培训机构培训

《就业促进法》第47条规定：职业院校、职业技能培训机构与企业应当密切联系，实行产教结合，为经济建设服务，培养实用人才和熟练劳动者。

3. 失业人员就业培训

《就业促进法》第49条规定：地方各级人民政府鼓励和支持开展就业培训，帮助失业人员提高职业技能，增强其就业能力和创业能力。失业人员参加就业培训的，按照有关规定享受政府培训补贴。

4. 农村劳动者技能培训

《就业促进法》第50条规定：地方各级人民政府采取有效措施，组织和引导进城就业的农村劳动者参加技能培训，鼓励各类培训机构为进城就业的农村劳动者提供技能培训，增强其就业能力和创业能力。

（四）劳动预备制度

《就业促进法》第48条规定：国家采取措施建立健全劳动预备制度，县级以上地方人民政府对有就业要求的初高中毕业生实行一定期限的职业教育和培训，使其取得相应的职业资格或者掌握一定的职业技能。

实行劳动预备制度是国家为提高新成长劳动力素质，促进素质就业、稳定就业而建立和推行的一项重要的就业制度。实施的对象是有就业要求的城镇未能继续升学的初、高中毕业生和农村未能继续升学并准备从事非农产业工作或进城务工的初、高中毕业生。

■ 相关知识链接

1. 常凯. 劳动关系·劳动者·劳权：当代中国的劳动问题. 北京：中国劳动出版社，1995.
2. 郭捷. 劳动法与社会保障法. 2版. 北京：法律出版社，2011.
3. 郭玲惠. 男女工作平等——法理与判决之研究. 台北：五南图书出版公司，

2000.

4. 郑尚元. 劳动和社会保障法学. 北京:北京师范大学出版社,2010.

5. 范战江. 劳动人事法律精要：词条与依据指引. 北京:中国劳动社会保障出版社,2012.

思考与分析

1. 如何理解劳动就业的概念？
2. 如何理解公平就业？
3. 如何理解职业中介机构的禁止性行为？
4. 如何理解我国劳动就业的方针和原则？
5. 政府在促进就业方面应承担哪些职责？

第四章

劳动合同制度

▎知识结构图

$$
\text{劳动合同制度概述}\begin{cases}\text{劳动合同的订立}\begin{cases}\text{劳动合同的履行}\\\text{劳动合同的履行和变更}\\\text{劳动合同的变更}\end{cases}\\\text{劳动合同的解除和终止}\begin{cases}\text{劳动合同的解除}\\\text{劳动合同的终止}\end{cases}\\\text{劳动合同的特别规定}\begin{cases}\text{劳务派遣}\\\text{非全日制用工}\end{cases}\end{cases}
$$

▎本章导读

《劳动合同法》对劳动合同制度做出了科学、合理的规范,为构建和发展和谐稳定的劳动关系提供了法律保障。它扩大了劳动合同的适用范围,明确了立法宗旨,在保护劳动者的合法权益、法律责任承担以及新兴行业用工方面都做了更加完善的规定。本章主要介绍劳动合同的适用范围、订立、履行、变更、解除、终止以及劳务派遣、非全日制用工等制度。

▎司考重点

了解劳动合同法律制度的具体内容,熟悉劳动合同的相关条款,熟悉劳动合同解除的方案以及违反劳动合同法的责任承担。

▎案例导入

何小姐大学毕业后,进入了某公司,不久又幸福地成立了家庭。后来何小姐觉得工作压力大,便萌生了想换家公司的想法,但离终止合同还有半年的时间,因此何小姐想还是等到合同终止吧。不日,公司找何小姐谈话与其协商,因近来公司经营情况的变化,想与何小姐提前解除劳动合同,并按规定支付何小姐经济补偿金。何小姐觉得这正是个好机会,于是双方谈妥条件后,签订了解除劳动合同协议书。在办理相关手续后何小姐便离开了公司。一周后,何小姐到医院检查发现自己怀孕了。她推算是在劳动合同解除之前的事,于是何小姐将公司告上仲裁庭,要求恢复劳动关系。最后,劳动仲裁委员会驳回了何小姐的请求。

女职工在"三期"之内,用人单位不能与女职工解除劳动合同,这是大家都耳熟能详的。但是,何小姐为什么败诉呢？原因就在于大家忽略了限制条件:法律规定的是用人单位不得单方与"三期"内的女职工解除劳动合同,而对于协商解除劳动合同的,法律并不禁止。本案中尽管何小姐怀孕是在劳动合同解除前,但劳动合同是双方协商一致解除的,所以何小姐无法再要求恢复劳动关系。这也是协商解除劳动合同的特点之一——协商解除劳动合同不受任何条件限制。

第一节　概述

一、劳动合同的概念和特征

劳动合同是劳动者和用人单位之间确立劳动关系、明确双方权利和义务的协议。劳动合同是劳动关系建立、变更和终止的一种法律形式。

劳动合同作为合同的一种,除具有普通合同的一般特征外,还具有以下五个法律特征。

(1)劳动合同的主体是特定的。劳动合同的主体由特定的用人单位和劳动者双方构成。

(2)劳动合同是确立劳动关系的法律凭证。劳动合同一经签订,就成为规范双方当事人劳动权利和劳动义务的法律依据。

(3)劳动合同的双方当事人具有身份上的隶属关系。劳动合同签订后,劳动者一方必须加入用人单位,成为该单位的职工,对内享有劳动权利、承担劳动义务,对外以单位的名义从事生产经营和管理活动。用人单位有权利也有义务组织和管理本单位的职工,把他们的个人劳动组织到集体劳动中去。劳动者必须遵守用人单位的规章制度,服从用人单位的管理。

(4)劳动合同的内容具有特殊性。劳动合同中确定了双方当事人的权利和义务,包括法定条款及约定条款等。

(5)劳动合同具有诺成性、有偿性、双务性的特点。诺成性,是指只要双方当事人意思表示一致,合同即成立;有偿性,是指等量劳动相交换,即劳动者为用人单位提供了劳动,用人单位要支付相应的劳动报酬;双务合同,是指劳动者和用人单位相互都负有一定的义务,一方的义务是另一方的权利。

二、劳动合同的种类

1. 按劳动合同期限不同划分

劳动合同期限是指合同的有效时间,它一般始于合同的生效之日,终于合同的终止之时。它是劳动关系当事人双方享有权利和履行义务的期间。劳动合同期限由用人单位和劳动者协商确定。根据《劳动合同法》规定,劳动合同期限分为固定期限、无固定期限和以完成一定工作任务为期限三种。

(1)固定期限劳动合同。固定期限劳动合同,是指用人单位与劳动者约定合同终止时间的劳动合同。一些有害身体健康的工种,劳动合同期限最长不能超过8年。

(2)无固定期限劳动合同。无固定期限劳动合同,是指用人单位与劳动者约定无确定终止时间的劳动合同。即合同不规定具体期限。一般用人单位对符合下列条件之一的劳动者,如果其提出订立无固定期的劳动合同,应当与其订立:①在该用人单位连续工作满10年以上,当事人双方同意续签劳动合同的;②用人单位初次实行劳动合同制度或者国有企业改制重新订立劳动合同时,劳动者在该用人单位连续工作满十年且距法定退休年龄不足十年的;③连续订立二次固定期限劳动合同,且劳动者没有本法第三十九条和第四十条第一项、第二项规定的情形,续订劳动合同的;④法律、法规规定的其他情形。

(3)以完成一定工作任务为期限的劳动合同。以完成一定工作任务为期限的劳动合同,是指用人单位与劳动者约定以某项工作的完成为合同期限的劳动合同,工作或工程一经完成,合同即终止。这类劳动合同一般适用于铁路、公路、桥梁、水利、建筑等工程项目。

2.按产生劳动合同不同方式划分

可以将劳动合同分为以下三类。

(1)录用合同。是指以职工录用(雇佣)为目的,由用人单位在招收社会劳动力为新职工时与被录用者依法签订的,缔结劳动关系并约定劳动权利和劳动义务的合同。这类合同具有普遍适用性,是劳动合同的基本类型。

(2)聘用合同。是指以招聘或聘请在职和非在职劳动者中具有特定技术业务专长者为专职或兼职的技术专业人员或管理人员为目的,由用人单位与被聘用者依法签订的,缔结劳动关系并约定聘用期间劳动权利和劳动义务的合同。

(3)借调合同。是指为了将某用人单位职工借用到另一用人单位从事短期性工作,而由借用单位、借出单位、被借用劳动者三方当事人依法签订的,约定借用期间三方当事人之间权利和义务的合同。

3.按照就业方式不同划分

可以将劳动合同分为以下三类。

(1)全日制用工劳动合同,又称全职劳动合同,是指劳动者按照国家法定工作时间,从事全职工作的劳动合同。

(2)非全日制劳动合同。是指劳动者和用人单位签订的,以小时计酬为主,劳动者在同一用人单位一般平均每日工作时间不超过4个小时,每周工作时间累计不超过24个小时的劳动合同。

(3)劳务派遣劳动合同。是指劳务派遣单位(用人单位)和被派遣劳动者依法确立劳动关系,签订劳动合同,劳务派遣单位再将劳动者派往用人单位工作的一种劳动合同。

经典案例

从2007年9月底开始,深圳华为公司共计7000多名工作满8年的老员工,相继向公司提交辞职报告自愿离职。这次大规模的辞职是由该公司组织安排的,辞职员工随后即可以竞聘上岗,职位和待遇基本不变,唯一的变化就是再次签订的劳动合同和工龄。全部辞职老员工均可以获得公司支付的赔偿,据了解总计高达10亿元。

知情人士表示,公司此举意在规避于2008年1月1日起实施的《劳动合同法》。《劳动合同法》规定,劳动者在满足"已在用人单位连续工作满十年"或"连续订立二次固定期限劳动合同"等条件后,便可以与用人单位订立"无固定期限劳动合同",成为永久员工。在《劳动合同法》实施的背景下,立法机构、用人单位应如何应对"规范劳动用工与保持企业的竞争力"的新挑战?

三、《劳动合同法》

(一)《劳动合同法》的立法概况

2007年6月29日,十届全国人大常委会第二十八次会议通过了《劳动合同法》,2008年1月1日起正式实施。这部《劳动合同法》是继《劳动法》实施以来,我国劳动法制建设中的又一个里程碑。这部法律在许多方面完善了我国现行的劳动合同制度。2012年12月28日第十一届全国人民代表大会常务委员会第三十次会议对该法进行了修订,修订后的条款自2013年7月1日起施行。

(二)《劳动合同法》的适用范围

为适应当前市场经济条件下劳动关系的多样化现象,《劳动合同法》在《劳动法》的基础上,扩大了适用范围,即增加了民办非企业单位等组织作为用人单位,并且将事业单位聘用制工作人员也纳入《劳动合同法》调整的范围。此外,还根据现实劳动关系的需要,对非全日制用工、劳务派遣用工做了专门规定。

1. 企业、个体经济组织、民办非企业单位、其他组织

企业是以盈利为目的的经济性组织,包括法人企业和非法人企业;个体经济组织是指雇工7个人以下的个体工商户;民办非企业单位是指企业、事业单位、社会团体和其他社会力量及个人利用非国有资产举办的,从事非营利性社会服务活动的组织,如民办学校、民办医院、民办图书馆等。除这三类组织外,其他组织如会计师事务所、律师事务所等与劳动者建立劳动关系,也适用《劳动合同法》。

2. 国家机关、事业单位和社会团体

国家机关录用公务员适用公务员法,而国家机关招用的工勤人员,需要签订劳动合同的,适用《劳动合同法》。事业单位分为三种情况:①具有管理公共事务职能的组织,如证券监督管理委员会、保险监督管理委员会等,其录用工作人员是参照《公务员法》进行管理;②实行企业化管理的事业单位,这类事业单位与职工签订的是劳动合

同,适用《劳动合同法》规定;③事业单位如医院、学校、科研机构等,有的劳动者与单位签订的是劳动合同,签订劳动合同的,按照《劳动合同法》规定执行;有的劳动者与单位签订的是聘用合同,签订聘用合同的,按照相关法律、行政法规和国务院规定执行,相关法律、行政法规和国务院没有特别规定的,按照《劳动合同法》执行。社会团体的情况比较复杂。有的社会团体如党派团体,除工勤人员外,其工作人员是公务员,按照公务员法管理;工会和妇联等人民团体、文学艺术联合会等文化艺术、体育团体、法学会和医学会等学术研究团体、各种行业协会等社会经济团体等,这些社会团体虽然《公务员法》没有明确规定参照,但实践中对列入国家编制序列的社会团体,除工勤人员外,其工作人员是比照《公务员法》进行管理,除此以外的多数社会团体,如果作为用人单位与劳动者订立的是劳动合同,按照《劳动合同法》执行。

3. 非全日制用工和劳务派遣用工(参见第五节内容)

(三)《劳动合同法》的立法宗旨

1. 完善劳动合同制度,明确劳动合同双方当事人的权利和义务

劳动合同是市场经济体制下用人单位与劳动者进行双向选择,确定劳动关系,明确双方权利和义务的协议,是保护劳动者合法权益的基本依据。改革开放以后,随着计划经济向市场经济的转变,我国开始对计划经济下的固定工制度进行改革。1986年,国务院发布了《国营企业实行劳动合同制暂行规定》,决定在国营企业新招收的职工中实行劳动合同制,开始打破劳动用工制度上的"铁饭碗"。1994年通过的《劳动法》将劳动合同制度作为法定的用工制度,规定适用不同所有制的用人单位,劳动者也从新招用的职工扩大到所有的劳动者,不分固定工和临时工,不分管理人员和普通工人。《劳动法》对劳动合同做了专章规定,是我国现行劳动合同制度的主要法律依据。《劳动法》的制定,标志着我国劳动合同制度的正式建立。《劳动法》实施10余年的实践证明,该法确立的劳动合同制度,对于破除传统计划经济体制下行政分配用工的劳动用工制度,建立与社会主义市场经济体制相适应的用人单位与劳动者双向选择的劳动用工制度,实现人力资源的市场化配置,促进人力资源的合理流动,发挥了十分重要的作用。但是,随着我国市场经济的建立和发展,劳动用工情况多样化,劳动关系发生了巨大的变化,出现一些新型的劳动关系,如非全日制用工、劳务派遣工、家庭用工、个人用工等。同时,在实行劳动合同制的过程中出现了一些问题,如用人单位不签订劳动合同、劳动合同短期化、滥用试用期、用人单位随意解除劳动合同、将正常的劳动用工变为劳务派遣等,侵害了劳动者的合法权益,破坏了劳动关系的和谐稳定,也给整个社会的稳定带来隐患。因此,有必要根据现实存在的问题对劳动合同制度做进一步完善。制定《劳动合同法》,就是要规范劳动合同的订立、履行、变更、解除或者终止行为,明确劳动合同中双方当事人的权利和义务,促使稳定的劳动关系的建立,预防和减少劳动争议的发生。

2. 保护劳动者的合法权益

《劳动合同法》的立法宗旨是保护劳动者的合法权益,还是保护劳动者和用人

单位的合法权益,也就是说是"单保护"还是"双保护",是劳动合同立法中争论的一个"焦点"问题。在公开征求意见和审议中,一种观点认为《劳动合同法》应当"双保护",既要保护劳动者的合法权益,也要保护用人单位的合法权益。因为劳动合同也是一种合同,是在平等自愿、协商一致的基础上达成的,理应平等保护合同双方当事人的权利。只提保护劳动者的合法权益,偏袒了劳动者,加大了用人单位的责任,束缚了用人单位的用人自主权,加重了用人单位的经济负担,损害了用人单位的利益,将会使劳动关系失去平衡,最后也必然损害劳动者的利益。有的人甚至还认为,如果《劳动合同法》过分保护劳动者,不顾及用人单位的利益,将会误导境内外投资者,中国的法律不保护投资者的合法利益,甚至伤害投资者的感情,不利于我国吸引外资的政策。但是多数意见认为应当旗帜鲜明地保护劳动者的合法权益。因为我国目前的现实状况是劳动力相对过剩,资本处于强势,劳动力处于弱势,劳动者与用人单位力量对比严重不平衡,实践中侵害劳动者合法权益的现象比较普遍。劳动合同法作为一部规范劳动关系的法律,其立法价值在于追求劳资双方关系的平衡。实践中由于用人单位太强势而劳动者过于弱势,如果对用人单位和劳动者进行同等保护,必然导致劳资双方关系不平衡,背离劳动合同法应有的价值取向。规定平等自愿订立劳动合同的原则并不能改变劳动关系实际上不平等的状况,要使劳动合同制度真正在保持我国劳动关系的和谐稳定方面发挥更积极的作用,就要向劳动者倾斜。

《劳动合同法》又是一部社会法,劳动合同立法应着眼于解决现实劳动关系中用人单位不签订劳动合同、拖欠工资、劳动合同短期化等侵害劳动者利益的问题。所以从构建和谐稳定劳动关系的目标出发,立法还是定位于向劳动者倾斜。同时,弱者保护也体现了《劳动合同法》《劳动法》平等保护原则的特殊性。

3. 构建和发展和谐稳定的劳动关系

《劳动合同法》是实现人力资源的市场化配置,促进劳动关系和谐稳定的重要法律制度。构建和发展和谐稳定的劳动关系是《劳动合同法》的最终价值目标。法律是社会关系和社会利益的调整器,任何立法都是对权利义务的分配和社会利益的配置,立法必须在多元利益主体之间寻找结合点,努力寻求各种利益主体之间,特别是同一矛盾体中相对方之间的利益平衡。在劳动关系中,应当承认劳动者一方是弱势,但是,如果立法过分扩大劳动者的权益,加大企业责任,就会使企业用人自主权受到束缚,难以实行优胜劣汰的灵活管理,影响人力资源的优化配置,最终影响企业的市场竞争力。如果劳动者权益保护不到位,对企业责任要求过少,就会影响劳动力供给,不利于高素质的、健康的职工队伍的形成,最终企业利益也会受到损害。因此,劳动合同立法要在公民的劳动权和用人单位的企业责任之间找到适当的平衡点,确保劳动关系和谐。目前我国劳动用工中普遍实行劳动合同制度,将劳动合同制度化、法律化,明确劳动合同双方当事人的权利和义务,有利于建立稳定的劳动关系,减少劳动争议的发生,有利于保护劳动者和用人单位的双方的合法权益。因此,劳动合同法从构建和谐社会的大局出发,确立了构建和发展和谐稳定的劳动关系的最终目标。

四、《劳动合同法》《劳动法》和《合同法》的关系

《劳动合同法》是劳动法体系的重要组成部分。关于制定《劳动合同法》是否应以《劳动法》《合同法》为依据的问题,有两种截然相反的观点,其实质是《劳动合同法》的定位问题,即《劳动合同法》与《劳动法》《合同法》的关系问题。

一种观点认为,在劳动法体系中,《劳动法》作为基本法律,其位阶高于作为单项劳动法律的《劳动合同法》,故《劳动合同法》应当以《劳动法》为依据,只可补充《劳动法》,而不可突破《劳动法》的规定;另一种观点认为,《劳动法》和《劳动合同法》都是全国人大常委会制定的法律,处于同一位阶,依据新法优于旧法的原理,《劳动合同法》可以对《劳动法》做出突破性规定。

鉴于《劳动法》在制定的当时,因赖以为基础的是尚未完整展示和还不定型的经济体制和劳动制度,不可能对社会主义市场经济的劳动法律制度做出完备的规定,更不可能完全解决后来经济体制和劳动制度改革中不断出现的新问题,甚至有的规定基于制度惯性而来源于劳动制度改革进程的探索性或过渡性的政策法规,难免保留有旧体制和过渡性的痕迹。因此,《劳动合同法》对《劳动法》有必要在突破与不突破之间做出适当选择。于是,《劳动合同法》没有明确规定以《劳动法》为制定《劳动合同法》的依据,但在内容上,一方面,依据《劳动法》的立法目的和基本精神进行制度设计;另一方面,对于体制性和技术性内容则有选择地做出对《劳动法》有所突破的规定。

关于《劳动合同法》与《合同法》的关系,曾有"《劳动合同法》是否应以《合同法》为依据"的争论。其实,《劳动合同法》与《合同法》的关系归属于劳动法与民法的关系,是特别法与一般法的关系。基于特别法优于一般法的法理,《劳动合同法》无须以《合同法》为依据。基于一般法在一定条件下可补充特别法的法理,对于《劳动合同法》没有规定的事项,《合同法》的有关规定在不违反劳动法基本精神的前提下,可适用于劳动合同。例如,劳动合同具有附合性的特点,即通常由用人单位提出合同条款而由劳动者附和同意,用人单位制定的劳动规章制度作为劳动合同的附件对劳动者更是如此,这与《合同法》所规定的格式条款具有同一属性。因此,当就劳动合同的格式条款在理解上发生争议时,有必要补充适用《合同法》的有关规定。

第二节 劳动合同的订立

劳动合同的订立是指劳动者和用人单位之间依法就劳动合同条款进行协商,达成协议,从而确立劳动关系和明确相互间权利义务的法律行为。在市场经济条件下,订立劳动合同是建立劳动关系的有效途径。

一、劳动合同订立的原则

（一）合法原则

合法是劳动合同有效的前提条件。所谓合法就是劳动合同的形式和内容必须符合法律、法规的规定。首先，劳动合同的形式要合法。如《劳动合同法》规定，除非全日制用工外，劳动合同需要以书面形式订立。其次，劳动合同的内容要合法。有些内容，相关的法律、法规都有规定，用人单位和劳动者必须在法律规定的限度内做出具体规定。如果劳动合同的内容违法，劳动合同不仅不受法律保护，当事人还要承担相应的法律责任。

（二）公平原则

公平原则是指劳动合同的内容应当公平、合理，在符合法律规定的前提下，劳动合同双方公正、合理地确立双方的权利和义务。公平原则是社会公德的体现，将公平原则作为劳动合同订立的原则，可以防止劳动合同当事人尤其是用人单位滥用优势地位，损害劳动者的权利，有利于平衡劳动合同双方当事人的利益，有利于建立和谐稳定的劳动关系。

（三）平等自愿原则

平等原则就是劳动者和用人单位在订立劳动合同时法律地位是平等的，没有高低、从属之分，不存在命令和服从、管理和被管理的关系。用人单位不得利用其优势地位附加不平等的条件。

自愿原则是指订立劳动合同完全是出于劳动者和用人单位双方的真实意思表示。自愿原则包括订不订立劳动合同的自愿，与谁订立劳动合同的自愿，合同的内容由双方自愿约定等。只有订立体现双方真实意思表示的劳动合同，双方才能忠实地按照合同约定履行。

（四）协商一致原则

协商一致原则就是用人单位和劳动者要对合同的内容达成一致意见。合同的本质就是一种协议，这就要求劳动合同双方当事人对合同条款进行充分的沟通和协商，达成合意，一方不能凌驾于另一方之上，不得把自己的意志强加给对方。任何单位和个人不得以命令、胁迫等方式强迫对方与自己订立劳动合同。

（五）诚实信用原则

诚实信用原则就是在订立劳动合同时要诚实，讲信用。如在订立劳动合同时，双方都不得有欺诈行为。《劳动合同法》第8条规定，用人单位招用劳动者时，应当如实告知劳动者工作内容、工作条件、工作地点、职业危害、安全生产状况、劳动报酬，以及劳动者要求了解的其他情况；用人单位有权了解劳动者与劳动合同直接相关的基本情况，劳动者应当如实说明。双方都不得隐瞒真实情况。

二、订立劳动合同的程序

订立劳动合同的程序是指订立劳动合同、建立劳动法律关系的过程,包括签订合同的步骤和方式。它既能保障合同签订的正常进行,也是合同内容合法化、完备化的重要途径。订立劳动合同的签订程序应经过要约与承诺这两个基本阶段。

(一)要约

要约是指劳动合同的一方当事人向另一方当事人提出订立劳动合同的建议。要约人可以是用人单位,也可以是劳动者。要约内容应当包括订立劳动合同的愿望、订立劳动合同的条件、要求对方考虑答复的期限,其中订立劳动合同的条件必须明确具体,以便对方当事人进行考虑、衡量和选择,然后决定是否订立合同。

实践中,在劳动合同的要约行为实施以前,要做大量的准备工作,如用人单位招用职工,首先要向社会不特定的劳动者公布招工简章,在简章中应载明职工录用条件、录用后职工的权利和义务、应招人员报名办法、录用考试方式等事项。符合基本要求的劳动者自愿进行应招报名,并且提交表明本人身份、职业技术、非在职等基本情况的证明文件,然后经过全面考核,在择优录用的基础上确定应招人员。还有的是通过广告媒介和人力资源市场中的中介机构寻找特定对象,然后实施要约行为。

要约是一种法律行为,对要约人产生一定的法律约束力。要约人在要约有效期内不得随意变更、撤回要约,也不得否认要约人的有效承诺。

(二)承诺

承诺是指受约人对劳动合同的要约内容表示完全同意和接受,即受约人对要约人提出劳动合同的全部内容表示赞同,不能有条件接受。若受约人对劳动合同内容提出变更或修改,可视为一种反要约。订立合同过程是一个"要约—反要约—再要约—承诺"的反复协商并最终取得一致意见的过程。

承诺是一种法律行为,一般情况下要约一经承诺,就应当签订书面合同,并经双方当事人签名盖章,合同即告成立。

另外,对有些劳动合同,国家行政法规和地方性法规要求备案、鉴证的,应当按规定向劳动行政主管部门备案和鉴证,之后劳动合同才能有效成立。

三、劳动合同的效力

劳动合同的生效,是指具备有效要件的劳动合同按其意思表示的内容产生了法律效力。劳动合同的生效不同于劳动合同的成立。后者是指用人单位与劳动者达成协议而建立劳动合同关系。双方在劳动合同上签字或者盖章即代表劳动合同成立,劳动合同的成立并不代表着劳动合同生效,成立后的劳动合同还需要符合相关法律规定的合同生效要件才能生效。如果双方当事人根据特定的需要,在劳动合同中对生效的期限或者条件又作出特别约定的,那么只有当约定的期限或条件到来时,劳动合同才生效。

(一)劳动合同生效的条件

(1)劳动合同的双方当事人必须具备相应的行为能力。行为能力是指签订合同的任何一方当事人都必须有法律上认可的签订劳动合同的资格。

(2)劳动合同的内容和形式必须合法,不得违反法律的强制性规定或者社会公共利益。

(3)劳动合同须由用人单位与劳动者协商一致订立。订立劳动合同的双方必须意思表示真实,任何一方采用欺诈、胁迫、乘人之危等手段与另一方签订的劳动合同均为无效合同。在多数情况下,劳动合同成立与生效同时发生。在劳动合同没有约定劳动合同生效时间的情况下,劳动合同于用人单位与劳动者在劳动合同文本上签字或者盖章时生效。当事人签字或者盖章时间不一致的,以最后一方签字或者盖章的时间为准。

当事人对劳动合同的生效做出的其他约定,不得违背法律、法规的规定。劳动合同一旦生效,对双方当事人都有约束力,双方应当按照劳动合同约定的内容全面履行。任何一方违反劳动合同,都须承担相应的法律责任。

(二)无效的劳动合同

无效的劳动合同是指由当事人签订成立而国家不予承认其法律效力的劳动合同。一般合同一旦依法成立,就具有法律拘束力,但是无效合同即使已成立,也不具有法律拘束力。导致劳动合同无效的原因有以下三方面。

1. 劳动合同因违反国家法律、行政法规的强制性规定而无效

法律、行政法规的强制性规定主要指国家制定的关于劳动者最基本劳动条件的法律法规,包括最低工资规定、工作时间规定、劳动安全与卫生规定等,强制性规定排除了合同当事人的意思自治,如果当事人约定排除了强制性规定,合同当然无效。这类无效合同包括以下三种。

(1)用人单位和劳动者中的一方或者双方不具备订立劳动合同的法定资格。如签订劳动合同的劳动者一方必须是具有劳动权利能力和劳动行为能力的公民,企业与未满16周岁的未成年人订立的劳动合同就是无效的劳动合同(国家另有规定的除外)。

(2)劳动合同的内容直接违反法律、法规的规定。如劳动者与矿山企业在劳动合同中约定的劳动保护条件不符合《矿山安全法》的有关规定,他们所订立的劳动合同当然无效。

(3)劳动合同因损害国家利益和社会公共利益而无效。

2. 订立的劳动合同因采取欺诈、胁迫等手段而无效

欺诈是指当事人一方故意制造假象或隐瞒事实真相,欺骗对方,诱使对方形成

错误认识而与之订立劳动合同。欺诈的种类很多，包括以下两种。

(1)在没有履行能力的情况下签订合同。如根据《劳动法》的规定，从事特种作业的劳动者必须经过专门培训并取得特种作业资格。而应聘的劳动者并没有这种资格，提供了假的资格证。

(2)行为人负有义务向他方如实告知某种真实情况而故意不告知的。

胁迫是指当事人以将要发生的损害或者以直接实施损害相威胁，一方迫使另一方处于恐怖或者其他被胁迫的状态而签订劳动合同，可能涉及生命、身体、财产、名誉、自由、健康等方面采取胁迫手段订立的劳动合同为无效合同。

3. 用人单位免除自己的法定责任、排除劳动者权利的劳动合同无效

我国《劳动法》加强对劳动者人身健康和生命安全的保护。如果允许免除用人单位对劳动者人身伤害的责任，就无异于纵容用人单位利用合同形式对劳动者的生命进行摧残，这与保护公民人身权利的宪法原则相违背。实践中出现较多的情形是用人单位单方面约定劳动者遭受人身伤害的免责条款，如"生老病死概与企业无关"等霸王条款。这些条款当然属无效条款。

另外，劳动者放弃合同权利的行为，如果与《劳动法》的维权宗旨相悖，也应当受到限制。如某些高危行业用工，不经任何培训、没有任何技术就签订劳动合同，而劳动者又在高工资的引诱下自愿在用人单位不负责生命安全的合同上签字，这种行为，劳动者即便出于自愿放弃劳动保护权，亦应认定为无效。

无效的劳动合同可分全部无效和部分无效。全部无效是指整个合同都无效；部分无效是指有些合同条款虽然违反法律规定，但并不影响其他条款的效力。在部分无效的劳动合同中，无效条款如不影响其余部分的效力，其余部分仍然有效，对双方当事人有约束力。

劳动合同是否有效，由劳动争议仲裁机构或者人民法院确认，其他任何部门或者个人都无权认定劳动合同无效。在司法实践中，不能任意扩大全部无效或者部分无效的劳动合同的范围，特别要防止用人单位利用这一条款恶意解雇劳动者。部分无效劳动合同的无效条件消失的，应当按照合同有效处理，尽量促使劳动合同继续履行，以维护劳动者的权益。一旦劳动合同被认定为无效，那就是自始无效。合同已经履行的，应当通过返还财产、赔偿损失等方式使当事人的财产恢复到合同订立前的状态。因用人单位的过错导致劳动合同无效的，不仅要求用人单位支付劳动报酬、社会保险、经济补偿及其他劳动者应享受的待遇，还要对其给予相应的制裁。因劳动者的过错导致劳动合同的无效而给用人单位造成损失的，劳动者应当赔偿用人单位的财产损失。但是，劳动合同是一种具有人身属性、重实际履行的特殊合同，已经发生的人身从属关系，无法按照一般民事关系的处理方式恢复到合同关系发生前的状态，因而不能对劳动合同简单地照搬民事合同中的无效、撤销制度。为了适应劳动合同的特殊性，劳动合同被确认无效后，劳动者已付出劳动的，用人单位应当向劳动者支付劳动报酬. 但用人单位与劳动者恶意串通，损害国家、

社会公共利益的情形除外。

(二)劳动合同的内容

劳动合同的内容是指劳动者与用人单位双方通过平等协商达成的关于劳动权利和劳动义务的具体条款。劳动合同的内容分为必备条款和可备条款两部分。

1.劳动合同的必备条款

劳动合同的必备条款是指法律规定的劳动合同必须具备的内容。在法律规定了必备条款的情况下,如果劳动合同缺少此类条款,劳动合同就不能成立。劳动合同的必备条款包括下列九项。

(1)用人单位的名称、住所和法定代表人或者主要负责人。该条款明确劳动合同中用人单位一方的主体资格。

(2)劳动者的姓名、住址和居民身份证或者其他有效证件号码。该条款明确劳动合同中劳动者一方的主体资格。

(3)劳动合同期限。劳动合同期限是双方当事人相互享有权利、履行义务的有效期限。

(4)工作内容和工作地点。工作内容是指劳动者具体从事的工作岗位和工作任务或职责。

(5)工作时间和休息休假。

(6)劳动报酬。

(7)社会保险。社会保险是由国家成立的专门性机构进行资金筹集、事务管理及发放保险待遇,不以赢利为目的,以保障劳动者基本生活需要的社会保障制度,劳动者社会保险由国家强制实施,是劳动合同不可缺少的内容。

(8)劳动保护、劳动条件和职业危害防护。

(9)法律、法规规定应当纳入劳动合同的其他事项。

2.劳动合同的可备条款

对于某些事项,法律不做强制性规定,由当事人根据意愿选择是否在劳动合同中约定,劳动合同缺乏这种条款不影响其效力。这类条款属于可备条款。

根据《劳动合同法》第17条第2款规定,劳动合同除必备条款外,当事人可以协商约定其他内容:"劳动合同除前款规定的必备条款外,用人单位与劳动者可以约定试用期、培训、保守秘密、补充保险和福利待遇等其他事项。"这里所规定的"试用期、培训、保守秘密、补充保险和福利待遇"等都属于可备条款的内容。

司考真题

1.甲厂与工程师江某签订了保密协议。江某在劳动合同终止后应聘至同行业的乙厂,并帮助乙厂生产出与甲厂相同技术的发动机。甲厂认为保密义务理应包括竞业限制义务,江某不得到乙厂工作,乙厂和江某共同侵犯其商业秘密。关于此

案,下列哪些选项是正确的？(2013年)

A.如保密协议只约定保密义务,未约定支付保密费,则保密义务无约束力
B.如双方未明确约定江某负有竞业限制义务,则江某有权到乙厂工作
C.如江某违反保密协议的要求,向乙厂披露甲厂的保密技术,则构成侵犯商业秘密
D.如乙厂能证明其未利诱江某披露甲厂的保密技术,则不构成侵犯商业秘密

【答案】BC
【解析】A选项考查合同当事人的意思自治原则。

B选项考查保密协议是不是劳动合同中的竞业限制及竞业限制的权利和义务。
C选项考查保密协议的内容及履行。
D选项考查商业秘密的构成要件。侵犯商业秘密是指行为人以非法手段获取、披露、使用,或允许他人使用权利人商业秘密的行为。侵犯商业秘密行为的构成要件必须具备商业秘密符合法定条件、被告的信息与原告的信息相同或者实质相同、采用了不正当手段三个方面。

所以正确答案为BC。

2.邓某系K制药公司技术主管。2008年2月,邓某私自接受Y制药公司聘请担任其技术顾问。5月,K公司得知后质问邓某。邓某表示自愿退出K公司,并承诺5年内不以任何直接或间接方式在任何一家制药公司任职或提供服务,否则将向K公司支付50万元违约金。2009年,K公司发现邓某已担任Y公司的副总经理,并持有Y公司20%股份,而且Y公司新产品已采用K公司研发的配方。K公司以Y公司和邓某为被告提起侵犯商业秘密的诉讼。

关于Y公司和邓某的行为,下列说法正确的是:(2011年)

A.Y公司的行为构成侵犯他人商业秘密
B.邓某的行为构成侵犯他人商业秘密
C.Y公司的行为构成违反竞业禁止义务
D.邓某的行为构成违反竞业禁止义务

【答案】ABD
【解析】A和B选项考查侵犯商业秘密的构成要件。Y公司和邓某都符合。
C和D选项考查违反竞业禁止的主体。只能是劳动者一方。
所以正确答案为ABD。

(三)格式条款

格式条款是指用人单位为了重复使用而预先拟定好内容,在订立合同时不与求职者协商而使用的一种合同条款。在实践中,一些求职者迫于劳动力供大于求的压力,往往不得已接受一些对己不公平的条款。因此,格式条款应当遵循《合同法》的有关规定。

(1)提供格式条款的一方应当遵循公平原则确定当事人之间的权利义务,并采

取合理的方式提请对方注意免除或者限制其责任的条款,按照对方要求对该条款予以说明。

(2)提供格式条款一方免除其责任、加重对方责任、排除对方主要权利的,该条款无效。

(3)若对格式条款的理解发生争议的,应当按照通常理解予以解释,对格式条款有两种以上的解释,应当做出不利于提供格式条款一方的解释;格式条款与非格式条款不一致的,应当采信非格式条款。

(四)劳动合同的形式

劳动合同的形式是指劳动合同外在的表现方式。劳动合同作为劳动关系双方当事人权利义务的协议,有书面形式和口头形式之分。《劳动合同法》明确规定,劳动合同应当以书面形式订立。

在现实中有很多不按时订立书面劳动合同的情况。为此,《劳动合同法》明确规定,对于已经建立劳动关系,但没有同时订立书面劳动合同的情况,要求用人单位与劳动者应当自用工之日起1个月内订立书面劳动合同;用人单位自用工之日起满1年不与劳动者订立书面劳动合同的,视为用人单位与劳动者已订立无固定期限劳动合同;用人单位自用工之日起超过1个月但未满1年未与劳动者订立书面劳动合同的,应当向劳动者支付2倍的月工资。同时《劳动合同法实施条例》中补充规定,自用工之日起一个月内,经用人单位书面通知后,劳动者不与用人单位订立书面劳动合同的,用人单位应当书面通知劳动者终止劳动关系,无需向劳动者支付经济补偿,但是应当依法向劳动者支付其实际工作时间的劳动报酬;自用工之日起超过一个月不满一年,劳动者不与用人单位订立书面劳动合同的,用人单位应当书面通知劳动者终止劳动关系,并依照《劳动合同法》第47条的规定支付经济补偿。

在现实中也存在另一种情况,即用人单位在招用劳动者进入工作岗位之前,先与劳动者订立了劳动合同。对此,法律规定,其劳动关系从用工之日起建立,其劳动合同期限、劳动报酬、试用期、经济补偿金等,均从用工之日起计算。

第三节 劳动合同的履行和变更

一、劳动合同的履行

1. 劳动合同的履行的概念和原则

劳动合同的履行是指劳动合同的双方当事人按照合同约定完成各自的行为。只有双方当事人按照合同约定全面地、实际地履行了自己的义务,劳动过程才能顺利实现。

结合劳动法律关系的特点,劳动合同的履行应当遵循以下三个原则。

(1)全面履行原则。劳动合同的全面履行要求劳动合同的当事人双方必须按照合同约定的时间、期限、地点、方式,按质按量全部履行自己应承担的义务,既不能只履行部分义务而将其他义务置之不顾,也不得擅自变更合同,更不得任意不履行合同或者解除合同。

(2)亲自履行原则。劳动关系是具有人身关系性质的社会关系,劳动合同是特定主体间的合同。劳动者选择用人单位,是基于自身经济、个人发展等各方面利益关系的需要;而用人单位之所以选择该劳动者也是由于该劳动者具备用人单位所需要的基本素质和要求。所以劳动合同必须各自亲自履行。

(3)协作履行原则。一方面要求劳动者应自觉遵守用人单位的规章制度和劳动纪律,以主人翁的姿态关心用人单位的利益和发展,为本单位发展献策出力;另一方面,要求用人单位爱护劳动者,体谅劳动者的实际困难和需要。双方需要共同为顺利履行劳动合同尽心尽力。

2.劳动合同履行中需注意的问题

(1)履行内容不明确的情形。劳动合同内容约定不明确的,应当先依法确定其具体内容,然后予以履行。一般认为,用人单位内部劳动规章有明确规定的,就按照该规章履行;用人单位内部劳动规章没有明确规定的,就按照集体合同的内容履行;集体合同未作明确规定的,就按有关劳动法规和政策的明确规定履行;劳动法规和政策未作明确规定的,就按照通行的习惯履行;没有可供遵循的习惯的,就由当事人双方协商确定如何履行。

(2)劳动合同订立后,用人单位一方当事人发生变化后的劳动合同履行情形。在实践中,有些企业、国家机关、事业单位、社会团体等用人单位因更改了名称或者更换了法定代表人、主要负责人而拒绝履行劳动合同,还有的用人单位借口投资主体发生了变化而拒绝履行劳动合同,这是法律所不允许的。《劳动合同法》明确规定,用人单位变更名称、法定代表人、主要负责人或者投资人等事项,不影响劳动合同的效力,劳动合同应当继续履行。

二、劳动合同的变更

1.劳动合同变更的概念

劳动合同的变更是指劳动合同依法订立后,在合同尚未履行或者未履行完毕之前,经用人单位和劳动者双方当事人协商同意,对劳动合同内容作部分修改、补充或者删减的法律行为。

原劳动合同未变更的部分仍然有效,变更后的内容就取代了原合同的相关内容,新达成的变更协议条款与原合同中其他条款具有同等法律效力,对双方当事人都有约束力。

2.劳动合同变更的条件

(1)必须在劳动合同依法订立之后,在合同没有履行或者尚未履行完毕之前的有效时间内进行。

(2)必须坚持平等自愿、协商一致的原则,即劳动合同的变更必须经用人单位和劳动者双方当事人的同意。

(3)必须合法,不得违反法律、法规的强制性规定。

(4)变更劳动合同必须采用书面形式。劳动合同双方当事人经协商后对劳动合同中的约定内容进行变更达成一致意见时,必须签订变更劳动合同的书面协议,任何口头形式达成的变更协议都是无效的。书面协议经用人单位和劳动者双方当事人签字盖章后生效。

(5)劳动合同的变更要及时进行。提出变更劳动合同的主体可以是用人单位,也可以是劳动者,无论是哪一方要求变更劳动合同,都应当及时向对方提出变更劳动合同的要求,说明变更劳动合同的理由、内容和条件等。当事人一方得知对方变更劳动合同的要求后,应在对方规定的合理期限内及时作出答复。

另外,劳动合同订立时所依据的客观情况发生重大变化,致使劳动合同无法履行,经用人单位与劳动者协商,未能就变更劳动合同内容达成协议的,用人单位应提前30日以书面形式通知劳动者本人或者额外支付劳动者1个月工资后可以解除劳动合同。

3. 劳动合同变更后的法律后果

劳动合同变更后,劳动者和用人单位的权利和义务以变更后的劳动合同为准,从变更的合同生效之日起发生变更。依法变更后的劳动合同,双方当事人应按变更后的合同内容履行,未变更的部分仍然有效。

第四节 劳动合同的解除和终止

一、劳动合同的解除

(一)劳动合同的解除概述

1. 劳动合同解除的概念

劳动合同的解除,是指劳动合同在订立以后,尚未履行完毕或者未全部履行以前由于合同双方或者单方的法律行为导致双方当事人提前消灭劳动合同效力的法律行为。

2. 劳动合同解除的特点

其一,劳动合同解除以有效成立的合同为前提;其二,劳动合同解除必须具备解除条件;其三,劳动合同解除原则上必须有解除行为;其四,劳动合同解除的效果是使合同关系消灭。

3. 劳动合同解除的分类

劳动合同的解除按照不同的标准可以有不同的分类,有法律意义的分类主要有以下三种。

(1) 按照合同解除的方式不同,可以分为单方解除和协议解除。单方解除是指享有解除权的当事人以单方意思表示解除劳动合同;协议解除是劳动合同经当事人双方协商一致而解除。

(2) 按照解除合同的依据不同,可以分为法定解除和约定解除。法定解除是合同当事人在符合劳动法规定的合同解除条件的情况下,单方面解除劳动合同;约定解除是合同当事人在符合集体合同或劳动合同依法约定的解除条件下,单方解除劳动合同。

(3) 按照解除原因中当事人有无过错,可以分为有过错解除和无过错解除。有过错解除是指由于一方当事人的过错行为导致对方当事人行使解除权而解除劳动合同;无过错解除是指对方当事人无过错行为或过错行为轻微的情况下单方面解除劳动合同。

(二) 劳动合同协商解除

劳动合同依法订立后,双方当事人必须履行合同义务,遵守合同的法律效力,任何一方不得因后悔或者难以履行而擅自解除劳动合同。但是,为了保障用人单位的用人自主权和劳动者劳动权的实现,《劳动合同法》规定在特定条件和程序下,用人单位与劳动者协商一致且不违背国家利益和社会公共利益的情况下,可以协商解除劳动合同,但必须符合以下四个条件。

(1) 被解除的劳动合同是依法成立的有效劳动合同;

(2) 解除劳动合同的行为必须是在被解除的劳动合同依法订立生效之后、尚未全部履行之前进行;

(3) 用人单位与劳动者均有权提出协商解除劳动合同的请求;

(4) 在双方自愿、平等协商的基础上达成一致意见,可以不受法定的劳动合同解除条件或终止条件的限制。

(三) 劳动合同单方解除

1. 劳动者单方解除劳动合同

(1) 劳动者预告解除。劳动者预告解除合同是指劳动者提前一段时间通知用人单位,在经过这段时间以后,劳动合同即行解除。我国《劳动法》第 31 条规定:"劳动者解除劳动合同,应当提前 30 日以书面形式通知用人单位。"劳动者在行使预告解除权时,必须遵守法定的程序,主要体现在两个方面。

其一,劳动者在提出解除劳动合同时,应该提前 30 天通知用人单位,以便用人单位及时安排人员接替其工作,确保正常的工作秩序,避免因解除劳动合同给用人单位造成不必要的损失。如果在试用期内,劳动者与用人单位的劳动关系还处于一种不确定状态,劳动者对是否与用人单位建立正式的劳动关系仍有选择的权利,劳动者无须任何理由,可以通知用人单位予以解除劳动合同,但应提前 3 日通知用人单位,以便用人单位安排人员接替其工作。

其二，应当书面形式通知用人单位。劳动者提出解除劳动合同时，必须以书面形式告知用人单位。但在试用期内，可以是口头形式。

(2)劳动者即时解除。劳动者即时解除合同是指劳动者在符合法律规定的条件下，无须经过用人单位的许可，可以即时与用人单位解除劳动合同。

根据《劳动合同法》第38条第1款规定，劳动者需要履行通知义务的即时解除有以下六种情形。

其一，用人单位未按照劳动合同约定提供劳动保护或者劳动条件的。如果用人单位未按照国家规定的标准或劳动合同的规定提供劳动条件，致使劳动安全、劳动卫生条件恶劣，严重危害职工的身体健康，并得到国家劳动部门、卫生部门的确认，劳动者可以单方与用人单位解除劳动合同。

其二，用人单位未及时足额支付劳动报酬的。

其三，用人单位未依法为劳动者缴纳社会保险费的。

其四，用人单位的规章制度违反法律、法规的规定，损害劳动者权益的。

其五，符合劳动合同法规定的合同无效或者部分无效的几种情况。无效的劳动合同从订立的时候起就没有法律约束力，劳动者可以不予履行；对已经履行的，给劳动者造成损害的，用人单位还应承担赔偿责任。

其六，法律、行政法规规定劳动者可以单方解除劳动合同的其他情形。

另外，《劳动合同法》第38条第2款规定，出现下列情形，劳动者可立即解除劳动合同而无需事先告知用人单位：

其一，用人单位以暴力、威胁或者非法限制人身自由的手段强迫劳动者劳动的；

其二，用人单位违章指挥、强令冒险作业危及劳动者人身安全的。

劳动者即时解除劳动合同后，用人单位必须为它的违约或违法行为向劳动者承担支付劳动报酬、经济补偿和赔偿金等法律责任。

2.用人单位单方解除劳动合同

用人单位单方解除劳动合同，又称为辞退或解雇。为了防止用人单位滥用解除权，随意与劳动者解除劳动合同，立法上严格限定了用人单位与劳动者解除劳动合同的条件和程序，禁止用人单位随意或武断地与劳动者解除劳动合同。用人单位单方解除行为可以分为过失性辞退、无过失性辞退和经济性裁员。

(1)过失性辞退。又称用人单位的即时解除，即劳动者一方存在主观过错行为，用人单位可以单方解除劳动合同。《劳动合同法》第39条规定，用人单位行使过失性辞退权主要有以下六种情形。

其一，在试用期间被证明不符合录用条件的。这里须注意以下四点：①用人单位所规定的试用期期间是否符合法律规定；②是否在试用期间；③是否合格的认定标准；④对于劳动者在试用期间不符合录用条件的，用人单位必须提供有效的证明。

其二，严重违反用人单位的规章制度的。这里需要注意以下三点：①规章制度的内容必须符合法律、法规的规定，而且通过民主程序制定和公之于众；②劳动者的过错行为客观存在,并且情节属"严重",如不服从用人单位正常工作调动给用人单位的正常生产经营秩序和管理秩序带来损害等;③用人单位对劳动者的处理符合相关法律法规的规定。

司考真题

1.某公司聘用首次就业的王某,口头约定劳动合同期限2年,试用期3个月,月工资1200元,试用期满后1500元。

2012年7月1日起,王某上班,不久即与同事李某确立恋爱关系。9月,由经理办公会讨论决定并征得工会主席同意,公司公布施行《工作纪律规定》,要求同事不得有恋爱或婚姻关系,否则一方必须离开公司。公司据此解除王某的劳动合同。

经查明,当地月最低工资标准为1000元,公司与王某一直未签订书面劳动合同,但为王某买了失业保险。请回答第(1)、(2)题。(2013年)

(1)关于双方约定的劳动合同内容,下列符合法律规定的说法是:

A.试用期超过法定期限

B.试用期工资符合法律规定

C.8月1日起,公司未与王某订立书面劳动合同,应每月付其两倍的工资

D.8月1日起,如王某拒不与公司订立书面劳动合同,公司有权终止其劳动关系,且无须支付经济补偿

【答案】ABC

【解析】A选项考查劳动合同期限与试用期之间的联系。《劳动合同法》第19条第1款规定:"劳动合同期限三个月以上不满一年的,试用期不得超过一个月;劳动合同期限一年以上不满三年的,试用期不得超过二个月;三年以上固定期限和无固定期限的劳动合同试用期不得超过六个月。"

B选项考查试用期工资标准。试用期工资可以约定正式工资的80%,但不能低于当地最低工资标准。

C选项考查用人单位一个月之内不与劳动者签订书面劳动合同应承担的法律责任。《劳动合同法》第82条规定,用人单位自用工之日起超过1个月但不满1年未与劳动者订立书面劳动合同的,应当向劳动者每月支付2倍工资。

D选项正确的表述是公司需要支付经济补偿。

所以正确答案为ABC。

(2)关于该《工作纪律规定》,下列说法正确的是:

A.制定程序违法

B.有关婚恋的规定违法

C.依据该规定解除王某的劳动合同违法

D.该公司执行该规定给王某造成损害的,应承担赔偿责任

【答案】ABCD

【解析】 A 和 B 选项考查用人单位内部规章制度的制定要求程序和内容都要合法。

《劳动合同法》第 4 条第 2 款规定:用人单位在制定、修改或者决定有关劳动报酬、工作时间、休息休假、劳动安全卫生、保险福利、职工培训、劳动纪律以及劳动定额管理等直接涉及劳动者切身利益的规章制度或者重大事项时,应当经职工代表大会或者全体职工讨论,提出方案和意见,与工会或者职工代表平等协商确定。

该公司执行无效的内部规章制度解除王某的劳动合同不但违法,还要承担法律责任。

所以正确答案为 ABCD。

其三,严重失职,营私舞弊,给用人单位的利益造成重大损害的。具体表现为劳动者没有按照岗位职责履行自己的义务;有未尽职责的严重过失行为或者利用职务之便谋取私利的故意行为,使用人单位财产遭受重大损害。

其四,劳动者同时与其他用人单位建立劳动关系,对完成本单位的工作任务造成严重影响,或者经用人单位提出,拒不改正的。

其五,以欺诈、胁迫的手段或者乘人之危,迫使用人单位在违背其真实意思的情况下订立或者变更劳动合同致使劳动合同无效的。

其六,被依法追究刑事责任的。

(2)无过失性辞退。又称用人单位的预告解除,即指用人单位因客观情况变化,依法可以行使单方解除权而解除劳动合同。《劳动合同法》第 40 条对用人单位的预告解除做了具体规定。

其一,劳动者患病或者非因工负伤,在规定的医疗期满后不能从事原工作,也不能从事由用人单位另行安排的工作的。劳动者患病或者非因工负伤,有权在医疗期内进行治疗和休息,不从事劳动。但在医疗期满后,如果劳动者由于身体健康原因不能胜任工作,用人单位有义务为其调动岗位,选择他力所能及的岗位工作。如果劳动者对用人单位重新安排的工作也无法完成,用人单位需提前 30 日以书面形式通知其本人或额外支付劳动者 1 个月工资后,解除劳动合同。(表 4 - 1)

表 4 - 1 劳动者患病或者非因工负伤医疗期规定

工作年限	本单位工作年限	医疗期
十年以下	五年以下	三个月
	五年以上	六个月
十年以上	五年以下	六个月
	五年以上十年以下	九个月
	十年以上十五年以下	十二个月
	十五年以上二十年以下	十八个月
	二十年以上	二十四个月

其二,劳动者不能胜任工作,经过培训或者调整工作岗位,仍不能胜任工作的。

其三,劳动合同订立时所依据的客观情况发生重大变化,致使劳动合同无法履行,经用人单位与劳动者协商,未能就变更劳动合同内容达成协议的。

(3)经济性裁员。经济性裁员是用人单位行使解除劳动合同权的主要方式之一。经济性裁员是指企业由于经营不善等经济性原因,解雇多个劳动者的情形。经济性裁员作为用人单位单方解除劳动合同的一种方式,必须满足下列法定条件:

第一,实体性条件。《劳动合同法》规定,有以下四种情形用人单位可以进行经济性裁员:①依照企业破产法规定进行重整;②生产经营发生严重困难;③企业转产、重大技术革新或者经营方式调整,经变更劳动合同后,仍需裁减人员;④其他因劳动合同订立时所依据的客观经济情况发生重大变化,致使劳动合同无法履行的。

第二,程序性条件。为了尽量减轻经济性裁员对劳动者和整个社会的安定秩序造成的冲击,《劳动合同法》要求用人单位进行经济性裁员必须履行相应的法定程序:①裁减人员20人以上或者裁减不足20人但占企业职工总数10%以上的;②必须提前30日向工会或者全体职工说明情况,并听取工会或者职工的意见;③裁减人员方案向劳动行政部门报告;④在六个月内重新招用人员的,被裁减人员享有获得通知权和优先就业权。

此外,《劳动合同法》第41条还规定:用人单位裁减人员时,应当优先留用下列人员:①与本单位订立较长期限的固定期限劳动合同的;②与本单位订立无固定期限劳动合同的;③家庭无其他就业人员,有需要扶养的老人或者未成年人的。

(4)用人单位不得单方解除劳动合同的情形。为保护一些特定群体劳动者的合法权益,《劳动合同法》第42条规定在六类法定情形下,禁止用人单位行使无过失性辞退权和经济性裁员权:

其一,从事接触职业病危害作业的劳动者未进行离岗前职业病健康检查,或者疑似职业病病人在诊断或者医学观察期间的;

其二,在本单位患职业病或者因工负伤并被确认丧失或者部分丧失劳动能力的;

其三,患病或者非因工负伤,在规定的医疗期内的;

其四,女职工在孕期、产期、哺乳期的;

其五,在本单位连续工作满15年,且距法定退休年龄不足5年的;

其六,法律、行政法规规定的其他情形。

司考真题

某公司从事出口加工,有职工500人。因国际金融危机影响,订单锐减陷入困境,拟裁减职工25人。公司决定公布后,职工提出异议。下列哪些说法缺乏法律依据?

A.职工甲:公司裁减决定没有经过职工代表大会批准,无效

B. 职工乙:公司没有进入破产程序,不能裁员

C. 职工丙:我一家 4 口,有 70 岁老母 10 岁女儿,全家就我有工作,公司不能裁减我

D. 职工丁:我在公司销售部门曾连续 3 年评为优秀,对公司贡献大,公司不能裁减我

【答案】ABD

【解析】A 选项考查用人单位经济性裁员的程序。

BCD 选项考查用人单位经济性裁员时优先留用人员标准。

《劳动合同法》第 41 条规定:有下列情形之一,需要裁减人员二十人以上或者裁减不足二十人但占企业职工总数百分之十以上的,用人单位提前三十日向工会或者全体职工说明情况,听取工会或者职工的意见后,裁减人员方案经向劳动行政部门报告,可以裁减人员:

(一)依照企业破产法规定进行重整的;

(二)生产经营发生严重困难的;

(三)企业转产、重大技术革新或者经营方式调整,经变更劳动合同后,仍需裁减人员的;

(四)其他因劳动合同订立时所依据的客观经济情况发生重大变化,致使劳动合同无法履行的。

裁减人员时,应当优先留用下列人员:

(一)与本单位订立较长期限的固定期限劳动合同的;

(二)与本单位订立无固定期限劳动合同的;

(三)家庭无其他就业人员,有需要扶养的老人或者未成年人的。

职工甲、丁的说法无法律依据;职工乙的说法不是唯一。

所以正确答案为 ABD。

二、劳动合同的终止

实践中劳动合同终止的情形比较多,《劳动合同法》在制定过程中借鉴了各地方立法中有关劳动合同终止情形的具体规定,对劳动合同终止情形做了进一步细化:

(1)劳动合同期满。适用于固定期限劳动合同和以完成一定工作任务为期限的劳动合同两种情形。劳动合同期满,除依法续订劳动合同的和依法应延期的以外,劳动合同自然终止,双方权利义务结束。

(2)劳动者已开始依法享受基本养老保险待遇。《劳动法》第 73 条规定:"劳动者在下列情形下,依法享受社会保险待遇:①退休;②患病、负伤;③因工负伤或者患职业病;④失业;⑤生育";"劳动者享受社会保险待遇的条件和标准由法律、法规规定"。除法律、法规另有规定外,劳动者退休但没有依法享受基本养老保险待

遇的,其劳动合同不必然发生终止。

(3)劳动者死亡或者被人民法院宣告死亡或者宣告失踪。

(4)用人单位被依法宣告破产。

(5)用人单位被吊销营业执照、责令关闭、撤销或者用人单位决定提前解散。

(6)法律、行政法规规定的其他情形。

三、劳动合同解除和终止的经济补偿

经济补偿是指用人单位在动议协商解除劳动合同或者无过失性辞退、经济性裁员中解除劳动合同、劳动者即时解除劳动合同以及符合法定给予补偿条件终止劳动合同的情况下,依法向劳动者支付一定数额的经济补偿金。经济补偿是对劳动者以往为用人单位做出贡献的补偿,是对劳动者过去劳动内容和成果的肯定。经济补偿可以有效减缓失业者的焦虑情绪和实际生活困难,维护社会稳定,形成社会互助的良好氛围。

(一)经济补偿的范围

根据《劳动合同法》的规定,出现下列情形下,用人单位应当支付经济补偿金:

(1)用人单位有违法、违约行为的,劳动者可以随时或者立即解除劳动合同,并有权获得经济补偿;

(2)双方协商一致解除劳动合同,但是由用人单位首先提出解除合同的,用人单位需要支付经济补偿金;

(3)劳动者患病或者非因工负伤,在规定的医疗期满后不能从事原工作也不能从事由用人单位另行安排的工作的;劳动者不能胜任工作,经过培训或者调整工作岗位,仍不能胜任工作的;劳动合同订立时所依据的客观情况发生重大变化,致使劳动合同无法履行,经用人单位与劳动者协商,未能就变更劳动合同内容达成协议的,用人单位可以在提前30日通知或者额外支付1个月工资后,单方解除劳动合同,并支付经济补偿金;

(4)用人单位因经济性裁员而解除劳动合同,劳动者没有任何过错,用人单位应当支付经济补偿金;

(5)劳动合同期满时,用人单位不同意续订,劳动合同终止的,用人单位应当支付经济补偿金;如果用人单位同意续订劳动合同,但降低劳动合同约定条件,劳动者不同意续订的,用人单位也应当支付经济补偿;

(6)用人单位被依法宣告破产的或因用人单位有违法行为而被吊销营业执照、责令关闭、撤销时,劳动合同终止的,用人单位应该支付经济补偿金;

(7)法律、行政法规规定的其他情形。

(二)经济补偿的标准

根据劳动合同法规定,经济补偿按劳动者在本单位工作的年限,每满1年支付

1个月工资的标准向劳动者支付。6个月以上不满1年的,按1年计算;不满6个月的,向劳动者支付半个月工资的经济补偿。

劳动者月工资高于用人单位所在直辖市、设区的市级人民政府公布的本地区上年度职工月平均工资3倍的,向其支付经济补偿的标准按职工月平均工资3倍的数额支付,向其支付经济补偿的年限最高不超过12年。

《劳动合同法》第47规定:"月工资是指劳动者在劳动合同解除或者终止前12个月的平均工资。"

用人单位解除或终止劳动合同后,需要支付经济补偿金的,应当及时支付,如未按规定向劳动者支付经济补偿金的,由劳动行政部门责令限期支付经济补偿金;逾期不支付的,责令用人单位按应付金额50%以上、100%以下的标准向劳动者加付赔偿金。

第五节 劳动合同的特别规定

一、劳务派遣

劳务派遣在人力资源界一般被称为人力资源派遣或租赁,其通常是指人力资源派遣机构与派遣劳动者签订劳动合同,建立劳动关系,再将劳动者派往用工单位提供劳动。劳务派遣的最大特点是劳动力雇佣与劳动力使用相分离,派遣劳动者不与用工单位签订劳动合同和发生劳动关系,而是与派遣机构存在劳动关系,但却被派遣至用工单位劳动,从而形成"有关系没劳动,有劳动没关系"的特殊用工形态。

劳务派遣近年来在我国迅速发展,劳务派遣用工形式非常普遍。为了使符合社会化分工需要的劳务派遣能够得到健康发展,同时防止用工单位规避劳动保障法律法规,维护被派遣劳动者合法权益,《劳动合同法》及其修正案对劳务派遣单位设立、劳动合同订立、被派遣劳动者的权利等做出了相应规范。

(一)规范劳务派遣单位的设立

法律规定只有依法设立的能够独立承担民事法律责任且具备一定经济实力以承担对被派遣劳动者义务的公司法人才能专门从事劳务派遣业务。根据修订后的《劳动合同法》的规定,经营劳务派遣业务应当具备下列条件:①注册资本不得少于人民币二百万元;②有与开展业务相适应的固定的经营场所和设施;③有符合法律、行政法规规定的劳务派遣管理制度;④法律、行政法规规定的其他条件。同时还规定,经营劳务派遣业务,应当向劳动行政部门依法申请行政许可;经许可的,依法办理相应的公司登记。未经许可,任何单位和个人不得经营劳务派遣业务。

(二)劳动合同的特别规定

对劳务派遣单位与被派遣劳动者订立的劳动合同做出了特别规定。为维护被派遣劳动者的就业稳定权益,劳务派遣单位应当与被派遣劳动者订立二年以上的固定期限劳动合同,按月支付劳动报酬;被派遣劳动者在无工作期间,劳务派遣单位应当按照所在地人民政府规定的最低工资标准,向其按月支付报酬。

(三)被派遣劳动者权利的特别规定

被派遣劳动者权利的特别规定包括:劳务派遣单位跨地区派遣劳动者的,被派遣劳动者按照用工单位所在地的劳动标准执行;被派遣劳动者享有与用工单位的劳动者同工同酬的权利,依法参加或者组织工会的权利;用工单位应当按照同工同酬原则,对被派遣劳动者与本单位同类岗位的劳动者实行相同的劳动报酬分配办法;用工单位无同类岗位劳动者的,参照用工单位所在地相同或者相近岗位劳动者的劳动报酬确定。

(四)用工单位的义务

(1)执行国家劳动标准,提供相应的劳动条件和劳动保护;
(2)告知被派遣劳动者的工作要求和劳动报酬;
(3)支付加班费、绩效奖金,提供与工作岗位相关的福利待遇;
(4)对在岗被派遣劳动者进行工作岗位所必需的培训;
(5)连续用工的,实行正常的工资调整机制。
用工单位不得将被派遣劳动者再派遣到其他用人单位。

(五)限定劳务派遣岗位的范围

规定劳务派遣一般在临时性、辅助性或者替代性的工作岗位上实施。临时性工作岗位是指存续时间不超过六个月的岗位;辅助性工作岗位是指为主营业务岗位提供服务的非主营业务岗位;替代性工作岗位是指用工单位的劳动者因脱产学习、休假等原因无法工作的一定期间内,可以由其他劳动者替代工作的岗位。

此外,用工单位应当严格控制劳务派遣用工数量,不得超过其用工总量的一定比例。根据《劳务派遣暂行规定》,用工单位使用的被派遣劳动者数量不得超过其用工总量的10%,这里所称用工总量是指用工单位订立劳动合同人数与使用的被派遣劳动者人数之和。

司考真题

1.甲房地产公司与乙国有工业公司签订合作协议,在乙公司原有的仓库用地上开发商品房。双方约定,共同成立"玫园置业有限公司"(以下简称"玫园公司")。甲公司投入开发资金,乙公司负责将该土地上原有的划拨土地使用权转变为出让土地使用权,然后将出让土地使用权作为出资投入玫园公司。

玫园公司与丙劳务派遣公司签订协议,由其派遣王某到玫园公司担任保洁员。不久,甲、乙产生纠纷,经营停顿。玫园公司以签订派遣协议时所依据的客观情况发生重大变化为由,将王某退回丙公司,丙公司遂以此为由解除王某的劳动合同。

(2012 年)

问题一:根据《劳动合同法》,王某的用人单位是

A. 甲公司　　　　B. 乙企业　　　　C. 丙公司　　　　D. 玫园公司

【答案】C

【解析】派遣公司是派遣人员的用人单位。王某的用人单位是丙公司;玫园公司是用工单位;甲乙公司与王某无关系。

所以正确答案为 C。

问题二:关于王某劳动关系解除问题,下列选项正确的是:

A. 玫园公司有权将王某退回丙公司

B. 丙公司有权解除与王某的劳动合同

C. 王某有权要求丙公司继续履行劳动合同

D. 王某如不愿回到丙公司,有权要求其支付赔偿金

【答案】CD

【解析】AB 考查用人单位单方解除劳动合同的权利。玫园公司是用工单位,不能辞退丙公司的员工,辞退员工只有用人单位丙公司有此权利;但丙公司的合同相对人违约不构成其辞退员工的法定原因,故 AB 为错误选项。

CD 选项考查用人单位违法解除劳动合同的法律后果。用人单位违反劳动合同法规定解除或者终止劳动合同,劳动者要求继续履行劳动合同的,用人单位应当继续履行;劳动者不要求继续履行劳动合同或者劳动合同已经不能继续履行的,用人单位应当依照《劳动合同法》第 87 条规定支付赔偿金。故 CD 选项正确。

2. 甲公司与梁某签订劳动合同后,与乙公司签订劳务派遣协议,派梁某到乙公司做车间主任,派遣期 3 个月。2012 年 1 月至 2013 年 7 月,双方已连续 6 次续签协议,梁某一直在乙公司工作。2013 年 6 月,梁某因追索上一年加班费与乙公司发生争议,申请劳动仲裁。下列哪些选项是正确的?(2013 年)

A. 乙公司是在辅助性工作岗位上使用梁某,符合法律规定

B. 乙公司是在临时性工作岗位上使用梁某,符合法律规定

C. 梁某申请仲裁不受仲裁时效期间的限制

D. 梁某申请仲裁时应将甲公司和乙公司作为共同当事人

【答案】CD

【解析】《劳动合同法》第 66 条规定:劳动合同用工是我国的企业基本用工形式。劳务派遣用工是补充形式,只能在临时性、辅助性或者替代性的工作岗位上实施。

前款规定的临时性工作岗位是指存续时间不超过六个月的岗位;辅助性工作岗位是指为主营业务岗位提供服务的非主营业务岗位;替代性工作岗位是指用工单位的劳动者因脱产学习、休假等原因无法工作的一定期间内,可以由其他劳动者替代工作的岗位。

乙公司使用梁某在主要岗位上工作并连续超过六个月是违法的。故 A 和 B

选项错误。

《劳动争议调解仲裁法》第 27 条第 4 款规定:"劳动关系存续期间因拖欠劳动报酬发生争议的,劳动者申请仲裁不受一年的仲裁时效期间的限制;但是,劳动关系终止的,应当自劳动关系终止之日起一年内提出。"故 C 选项正确。

甲公司是梁某用人单位,乙公司是梁某的用工单位,两公司应当作为该劳动纠纷案件的共同当事人。故 D 选项正确。

二、非全日制用工

非全只制用工相对于全日制用工而言,是指以小时计酬为主,劳动者在同一用人单位一般平均每日工作时间不超过 4 小时,每周工作时间累计不超过 24 小时的用工形式。这种用工形式,用人单位和劳动者之间达成的协议是劳动合同,形成的是劳动关系,而非民事合同,不属于民事雇佣关系。在实践中,非全日制工作形式多样,但家庭和个人雇佣的"小时工"不适用《劳动合同法》中关于非全日制用工的规定。

非全日制劳动是灵活就业的一种重要形式,近年来,我国非全日制劳动用工形式呈现迅速发展的趋势,特别是在餐饮、超市、社区服务等领域,用人单位使用的非全日制用工形式越来越多。《劳动合同法》第一次以法律的形式对非全日制用工做出了规定。把非全日制用工纳入《劳动合同法》的调整范围,有利于完善我国的劳动合同制度,也使得灵活就业劳动者的劳动关系有了法律认可的依据,有利于维护这部分劳动者的合法权益。

相对于普通劳动合同,非全日制用工有如下特点:①非全日制用工双方当事人可以订立口头协议;②从事非全日制用工的劳动者可以与一个或者一个以上用人单位订立劳动合同,但是后订立的劳动合同不得影响先订立的劳动合同的履行;③非全日制用工双方当事人不得约定试用期;④非全日制用工双方当事人任何一方都可以随时通知对方终止用工,用人单位不需要向劳动者支付经济补偿。

同时,法律也对非全日制用工做了以下保护性规定:非全日制用工小时计酬标准不得低于用人单位所在地人民政府规定的最低小时工资标准;非全日制用工劳动报酬结算支付周期最长不得超过 15 日。

■ 相关知识链接

1. 王全兴. 劳动合同立法中若干重要问题讨论. 中国劳动,2007(7):10 – 15.
2. 李瑞、唐元平. 劳动法与社会保障法. 2 版. 北京:北京大学出版社,2012.
3. 郭捷. 劳动法学. 4 版. 北京:中国政法大学出版,2007.
4. 周长征. 劳动法原理. 北京:科学出版社,2004.
5. 徐智华. 劳动法学. 北京:北京大学出版社,2008.

思考与分析

1. 杨乐于2006年2月被雅安烟草公司聘用，在雅安烟草公司下属的芦山县烟草专卖局从事烟草稽查工作。《中华人民共和国劳动合同法》于2008年1月1日实施后，雅安烟草公司与杨乐连续签订了两次固定期限的劳动合同，即2008年1月1日至2009年6月30日、2009年7月1日至2012年12月31日。在第二次劳动合同届满之前，雅安烟草公司向杨乐送达劳动合同到期终止通知书，明确双方之间的劳动合同于2012年12月31日到期终止，并要求杨乐按规定办理相关离职手续。杨乐予以拒绝，且分别于2012年11月27日、12月19日、12月28日，向雅安烟草公司递交续订无固定期限劳动合同申请书。因雅安烟草公司拒绝与杨乐续订劳动合同，2013年1月1日至1月10日，在杨乐继续到雅安烟草公司下属的芦山县烟草专卖局的情况下，雅安烟草公司也未安排杨乐工作。后杨乐向芦山县劳动争议仲裁委员会提出仲裁申请，要求裁决雅安烟草公司与其签订无固定期限劳动合同。2013年3月7日，芦山县劳动争议仲裁委员会作出芦劳仲裁字(2013)04号仲裁裁决书，裁决雅安烟草公司应与杨乐签订无固定期限劳动合同。雅安烟草公司因认为该裁决适用法律错误，向当地法院提起民事诉讼。结合《劳动合同法》的相关规定，请分析芦山县劳动争议仲裁委员会作出的劳动仲裁裁决是否合法？

2. 陈某于2012年9月1日入职某餐饮公司，担任人事经理一职。2013年5月，陈某以个人发展原因为由，提出与该餐饮公司解除劳动关系，餐饮公司批准了陈某的辞职申请，为其结清了工资并办理了离职手续。但陈某离职后不久即要求该餐饮公司支付未签订书面劳动合同的二倍工资差额90 000元。本案该如何处理？

第五章

集体合同制度

知识结构图

集体合同制度
- 集体合同概述
- 集体协商代表、内容和程序
  - 集体协商代表
  - 集体协商内容
  - 集体协商程序
- 集体合同运行、审查和争议处理
  - 集体合同运行
  - 集体合同审查
  - 集体合同争议处理

本章导读

　　集体合同是劳动者代表与用人单位或其代表就劳动者的共同利益所签订的协议。其内容可以是劳动者利益的各个方面,但一般情况下,主要是单个劳动者无法通过谈判获得的利益,也包括不需要单个进行谈判,以节省成本的共同待遇和利益标准。集体合同必须有独立的劳动者代表和用人单位或者其团体才能顺利进行。同时由于单个劳动者过于分散,必须保障他们的团结权和集体行动权才能增强他们与用人单位或者其团体的谈判能力。集体合同制度在我国处于起步阶段,目前仅有基层集体合同,缺乏中观和宏观层次的集体合同。由于劳动者团体的独立性和凝聚力不足,相应的用人单位组建团体的积极性也不高。集体合同如果总是由用人单位主导,就不是真正的集体合同。该章的重点和难点是集体合同在我国的实践状况及如何发挥集体合同在保护劳动者权益方面的积极作用。

司考重点

　　了解集体合同法律制度的基本内容,熟悉集体合同订立的程序及集体合同运行、审查和争议处理的相关知识。

案例导入

　　有一名企业职工向律师咨询:我们公司正在着手制定集体合同,我们单位没有工会,请问职工协商代表是公司自己选吗?

根据《集体合同规定》第 20 条规定,对于建立工会的企业,职工一方的协商代表由本企业工会选派;如果没有建立工会,职工一方的协商代表应由职工民主选举产生,即由企业职工民主推荐协商代表候选人,并经企业全体职工半数以上同意。因此,企业不能选取职工代表来订立集体合同,职工代表的选取只能由工会选派或者职工民主选举产生。

第一节 概述

一、集体合同概述

集体合同,又称团体协约、集体协议等,是工会与雇主及雇主团体之间就劳动报酬、工作时间、休息休假、劳动安全卫生、保险福利等事项,经协商谈判缔结的书面协议。专项集体合同,是指用工会与雇主及雇主团体之间根据法律、法规、规章的规定,就集体协商的某项内容签订的专项书面协议。原劳动和社会保障部于2004年颁布的《集体合同规定》对集体合同做了集中规定。《劳动合同法》对集体合同也做了重要补充。如该法第 51 条规定:"企业职工一方与用人单位通过平等协商,可以就劳动报酬、工作时间、休息休假、劳动安全卫生、保险福利等事项订立集体合同。"劳动法规定:"企业职工一方与企业可以就劳动报酬、工作时间、休息休假、劳动安全卫生、保险福利等事项,签订集体合同。集体合同草案应当提交职工代表大会或者全体职工讨论通过。集体合同由工会代表职工与企业签订;没有建立工会的企业,由职工推举的代表与企业签订。"集体合同通过契约形式,较好地规范了企业内部劳动关系,是协调劳动关系至关重要的法律制度。

(一)集体合同的特点

集体合同首先具有一般合同的共同特征,即是平等主体基于平等、自愿协商原则而订立的规范双方权利和义务的协议。除此以外,集体合同还有以下三个特征。

(1)主体的特定性。集体合同是特定的当事人之间订立的协议。在集体合同中,当事人一方是代表职工的工会组织或职工代表;另一方是用人单位或者其团体。当事人中至少有一方是由多数人组成的团体。特别是职工方,必须由工会或职工代表参加,集体合同才能成立。根据《劳动合同法》规定,未建立工会的用人单位,由上级工会指导劳动者推举的代表与用人单位签订集体合同,在实行承包和租赁等经营责任制的企业,只要企业主管部门代表国家与承包、租赁人签订的承包、租赁合同是依法成立的有效合同,承包人和租赁人也具有签订集体合同的主体资格。

(2)内容的广泛性。集体合同的内容涉及劳动关系及与劳动关系有密切联系的社会关系的各个方面,包括劳动报酬、工作时间、休息休假、劳动安全与卫生、社会保险、福利待遇、甚至包括职工参加企业管理、劳动争议的解决和法律没有明确规定的内容等。如遇有个人劳动关系内容的某些问题没有法律、法规或政策加以调整时，可在集体合同中明确规定调整劳动合同内容的规范性条件。在集体合同中，劳动标准是集体合同的核心内容，对个人劳动合同起制约作用。

(3) 合同的要式性。集体合同一般应以书面形式表示双方当事人的权利义务关系。《劳动合同法》第54条规定，集体合同签订后，还应当报送劳动行政部门，劳动行政部门收到集体合同文本之日起15日内未提出异议的，集体合同即行生效。这说明了集体合同是严格按照有关程序，并以文字表达的一种协议，是一种要式合同。

(二) 集体合同与劳动合同的区别

集体合同和劳动合同都是劳动法中用来调整劳动关系的合同形式，都有保障劳动者合法权益的功能，都是在劳动者和用人单位之间签订的。一般而言，劳动合同关于劳动者权益的规定不得低于集体合同的标准，集体合同的标准是关于劳动者权益的最低标准。对于劳动合同没有规定或者规定不详的事项，集体合同具有补充的功能。同时，集体合同又是在劳动合同的基础上产生和发展起来的，两者有明显的区别。

(1) 合同的当事人不同。集体合同的一方当事人是用人单位或者其团体，另一方必须是职工自愿结合成的工会或者职工推举的代表，劳动者个人一般不能单独同用人单位签订集体合同。劳动合同的一方当事人是用人单位，而另一方通常是劳动者个人。

(2) 合同的内容不同。集体合同规定的是劳动者集体劳动的劳动条件、工作时间、劳动报酬、福利待遇等，明确有关用人单位的整体性措施。劳动合同则仅限于规定劳动者个人和用人单位之间的权利义务。

(3) 适用范围不同。集体合同适用于用人单位的全体劳动者，即一份集体合同适用于用人单位的每一名劳动者。劳动合同则只适用于劳动者个人，对用人单位的其他劳动者没有约束力。

(4) 法律效力不同。集体合同的法律效力高于劳动合同的法律效力，它是企业订立劳动合同的重要依据，劳动者个人与企业订立的劳动合同的相关标准不得低于集体合同的规定，两者出现不一致时，应以集体合同规定的条款为准。同时，集体合同对于签订集体合同的用人单位和全体劳动者都发生效力，而劳动合同只能是对用人单位和单个的劳动者发生效力。

(5) 违约责任不同。就解除集体合同来说，在劳动者违反集体合同的时候，用人单位也不能解除集体合同，集体合同中的用人单位违反集体合同的规定，侵害了工会和全体职工的合法权益并造成损失时，应承担物质赔偿责任；工会不履行集体合同的规定，一般不承担物质赔偿责任。而劳动合同则不同，只要符合违约条件，就构成违约，都可能根据其后果及损失的大小予以赔偿，而且可能因为违约导致合同解除。

司考真题

根据我国劳动法的规定,劳动者与用人单位建立劳动关系,应当订立劳动合同;又规定企业职工方与企业可以就劳动报酬、工作时间、休息休假、劳动安全卫生、保险福利等事项,签订集体合同。劳动合同与集体合同有联系又有区别。下列关于两者异同点的表述,哪些是正确的?

A. 签订集体合同的当事人一方不是单个劳动者,而是代表全体劳动者的工会

B. 劳动者个人与企业订立的劳动合同中劳动条件和劳动报酬标准不得低于集体合同的规定

C. 劳动合同和集体合同都是要式合同,都必须以书面形式签订,但备案、鉴证或公证都不是订立合同的必要条件

D. 根据特别优于普通的原则,个人劳动合同的效力优先于集体合同的效力

【答案】ABC

【解析】A 选项考查集体劳动合同签订的当事人。集体合同由工会代表企业职工一方与用人单位订立;尚未建立工会的用人单位,由上级工会指导劳动者推举的代表与用人单位订立。

B 选项考查劳动合同和集体合同的基准条款及二者的关系。《劳动合同法》第五十五条规定:集体合同中劳动报酬和劳动条件等标准不得低于当地人民政府规定的最低标准;用人单位与劳动者订立的劳动合同中劳动报酬和劳动条件等标准不得低于集体合同规定的标准。

C 选项考查劳动合同与集体合同的签订形式问题。

D 选项表述错误,集体合同的效力高于劳动合同。

所以正确答案为 ABC。

二、集体合同的意义

(1)对于劳动者来说,制度是维护自身劳动权益的一种合法而有效的手段。集体合同里规定了企业全体职工应该享受的一些基本的权益,企业既然通过协商同意了职工的这些权益和福利,就必须去执行,如果企业无法执行集体合同,就构成了违约行为,企业所有的劳动者都会抗议。对于单独的一个劳动者的抗议,企业或许不放在心上,但是企业所有的劳动者都进行抗议,那么企业就要慎重考虑了。

(2)对于政府来说,集体合同制度以法律的形式认可了劳资双方自主解决劳资纠纷的惯例,减轻了政府的压力,有助于保持劳资双方关系的稳定和社会的和谐。

(3)对于资方或而言,集体合同制度有利于减少劳动力管理的成本。很多企业不愿意成立职工工会,认为工会代表职工的利益,会和企业对抗。但实际上,工会的存在并不会对企业的利益构成威胁,相反,工会作用的正确发挥会有利于企业等用人单位实施对劳动者的有效集体管理,降低管理成本。

> **材料链接** （节编）

中共中央国务院关于构建和谐劳动关系的意见

（中发〔2015〕10号）

为全面贯彻党的十八大和十八届二中、三中、四中全会精神,构建和谐劳动关系,推动科学发展,促进社会和谐,现提出如下意见。

一、充分认识构建和谐劳动关系的重大意义

劳动关系是生产关系的重要组成部分,是最基本、最重要的社会关系之一。劳动关系是否和谐,事关广大职工和企业的切身利益,事关经济发展与社会和谐。党和国家历来高度重视构建和谐劳动关系,制定了一系列法律法规和政策措施并做出工作部署。各级党委和政府认真贯彻落实党中央和国务院的决策部署,取得了积极成效,总体保持了全国劳动关系和谐稳定。但是,我国正处于经济社会转型时期,劳动关系的主体及其利益诉求越来越多元化,劳动关系矛盾已进入凸显期和多发期,劳动争议案件居高不下,有的地方拖欠农民工工资等损害职工利益的现象仍较突出,集体停工和群体性事件时有发生,构建和谐劳动关系的任务艰巨繁重。

党的十八大明确提出构建和谐劳动关系。在新的历史条件下,努力构建中国特色和谐劳动关系,是加强和创新社会管理、保障和改善民生的重要内容,是建设社会主义和谐社会的重要基础,是经济持续健康发展的重要保证,是增强党的执政基础、巩固党的执政地位的必然要求。各级党委和政府要从夺取中国特色社会主义新胜利的全局和战略高度,深刻认识构建和谐劳动关系的重大意义,切实增强责任感和使命感,把构建和谐劳动关系作为一项紧迫任务,摆在更加突出的位置,采取有力措施抓实抓好。

三、集体合同的内容和形式

（一）集体合同的内容

集体合同的内容是指集体合同中对双方当事人具体权利义务的规定,它集中反映在集体合同条款上。根据《劳动合同法》及相关法律规定,集体合同应具备下列条款:劳动报酬;工作时间;休息休假;劳动安全与卫生;补充保险和福利;女职工和未成年工特殊保护;职业技能培训;劳动合同管理;奖惩;裁员;集体合同期限;变更、解除集体合同的程序;履行集体合同发生争议时的协商处理办法;违反集体合同的责任;双方认为应当协商的其他内容。这些条款可以归纳为以下三类:

1. 劳动标准部分。这是集体合同的核心内容,对个人劳动合同起制约作用。

主要包括劳动报酬、工作时间、休息与休假、保险待遇、生活福利、职业培训、劳动纪律、劳动安全与卫生等。

2. 过渡性规定。主要包括因签订或履行集体合同发生争议的解决措施，以及集体合同的监督检查办法等。

3. 集体合同文本本身的规定，包括集体合同的有效期限、变更、解除条件等。

（二）集体合同的形式

集体合同必须以书面形式订立。只有以书面形式订立的集体合同才具有法律效力。因为集体合同涉及用人单位、工会、全体职工各自的权利义务，采取书面形式订立，便于履行和检查。同时，集体合同订立后，必须经县级以上人民政府劳动行政部门登记、审查，从而才能产生法律效力。

四、健全劳动关系协调机制

（八）全面实行劳动合同制度。

贯彻落实好劳动合同法等法律法规，加强对企业实行劳动合同制度的监督、指导和服务，在用工季节性强、职工流动性大的行业推广简易劳动合同示范文本，依法规范劳动合同订立、履行、变更、解除、终止等行为，切实提高劳动合同签订率和履行质量。依法加强对劳务派遣的监管，规范非全日制、劳务承揽、劳务外包用工和企业裁员行为。指导企业建立健全劳动规章制度，提升劳动用工管理水平。全面推进劳动用工信息申报备案制度建设，加强对企业劳动用工的动态管理。

（九）推行集体协商和集体合同制度。

以非公有制企业为重点对象，依法推进工资集体协商，不断扩大覆盖面、增强实效性，形成反映人力资源市场供求关系和企业经济效益的工资决定机制和正常增长机制。完善工资指导线制度，加快建立统一规范的企业薪酬调查和信息发布制度，为开展工资集体协商提供参考。推动企业与职工就工作条件、劳动定额、女职工特殊保护等开展集体协商，订立集体合同。加强集体协商代表能力建设，提高协商水平。加强对集体协商过程的指导，督促企业和职工认真履行集体合同。

（十）健全协调劳动关系三方机制。

完善协调劳动关系三方机制组织体系，建立健全由人力资源社会保障部门会同工会和企业联合会、工商联合会等企业代表组织组成的三方机制，根据实际需要推动工业园区、乡镇（街道）和产业系统建立三方机制。加强和创新三方机制组织建设，建立健全协调劳动关系三方委员会，由同级政府领导担任委员会主任。完善三方机制职能，健全工作制度，充分发挥政府、工会和企业代表组织共同研究解决有关劳动关系重大问题的重要作用。

第二节 集体协商代表、内容和程序

一、集体协商代表

集体协商，是指用人单位及其团体代表与工会或职工代表，就劳动条件和劳动报酬标准等进行商谈，并签订集体合同的行为。用人单位或者其团体与工会或者职工代表签订集体合同或专项集体合同，以及确定相关事宜，应当采取集体协商的方式。集体协商主要采取协商会议的形式。

（一）集体协商代表的产生

集体协商代表（以下统称协商代表），是指按照法定程序产生并有权代表本方利益进行集体协商的人员。集体协商双方的代表人数应当对等，每方至少3人，并各自确定1名首席代表。

1. 职工方代表

职工一方的协商代表由本单位工会选派。未建立工会的，由本单位职工民主推荐，并经本单位半数以上职工同意。

职工一方的首席代表由本单位工会主席担任。工会主席可以书面委托其他协商代表代理首席代表。工会主席空缺的，首席代表由工会主要负责人担任。未建立工会的，职工一方的首席代表从协商代表中民主推举产生。

2. 用人单位方代表

用人单位一方的协商代表，由用人单位法定代表人指派，首席代表由单位法定代表人担任或由其书面委托的其他管理人员担任。

集体协商双方首席代表可以书面委托本单位以外的专业人员作为本方协商代表。委托人数不得超过本方代表的1/3。首席代表不得由非本单位人员代理。用人单位协商代表与职工协商代表不得相互兼任。

3. 集体协商代表的更换

在协商的过程中，双方都有更换代表的权利。工会可以更换职工一方协商代表；未建立工会的，经本单位半数以上职工同意可以更换职工一方协商代表。用人单位法定代表人可以更换用人单位一方协商代表。

协商代表因更换、辞任或遇有不可抗力等情形造成空缺的，应在空缺之日起15日内按照相关规定产生新的代表。

（二）协商代表应履行的职责

(1) 参加集体协商；
(2) 接受本方人员质询，及时向本方人员公布协商情况并征求意见；
(3) 提供与集体协商有关的情况和资料；

(4)代表本方参加集体协商争议的处理;
(5)监督集体合同或专项集体合同的履行;
(6)法律、法规和规章规定的其他职责。

为了保护双方的协商代表,尤其是工会代表,我国《集体合同规定》第28条规定:"职工一方协商代表在其履行协商代表职责期间劳动合同期满的,劳动合同期限自动延长至完成履行协商代表职责之时,除出现下列情形之一的,用人单位不得与其解除劳动合同:其一严重违反劳动纪律或用人单位依法制定的规章制度的;其二严重失职、营私舞弊,对用人单位利益造成重大损害的;其三被依法追究刑事责任的。职工一方协商代表履行协商代表职责期间,用人单位无正当理由不得调整其工作岗位。"

集体协商代表在集体协商过程中享有权利的同时,应承担相应的义务。协商代表一经产生,无特殊情况,必须履行义务。协商代表应当维护本单位正常的生产、工作秩序,不得采取威胁、收买、欺骗等行为。协商代表应当保守在集体协商过程中知悉的用人单位的商业秘密。

二、集体协商的原则

进行集体协商,签订集体合同或专项集体合同,应当遵循下列原则。

(1)合法原则。要求订立集体合同的主体、内容和程序必须符合国家法律、法规的规定。工会、职工代表、用人单位及其团体是订立集体合同的主体,其他组织和个人无权订立集体合同。集体合同的内容不得与法律、法规的规定相抵触。依法订立的集体合同受国家法律保护。

(2)相互尊重、平等协商。集体协商的双方以平等的身份进行协商,在各自充分表达自己意思的基础上,就集体合同条款达成一致意见,签订集体合同。在不违反法律的前提下,双方有义务向对方提供与集体协商有关的情况和资料。

(3)诚实守信,公平合作。双方都不得有欺诈行为。

(4)兼顾双方合法权益。

(5)实事求是。双方当事人在协商中应当切实考虑企业的实际生产能力、生产水平和职工劳动、生活的实际需要,规定的各项内容必须具体可行。以此签订的集体合同才便于执行,以真正达到协调劳动关系的目的。

(6)不得采取过激行为。

三、集体协商的程序

集体协商的程序也就是集体合同订立的程序,是指集体合同从协商到集体合同成立所经过的过程。一般而言,集体合同的签订都必须经过以下程序:一是协商准备阶段;二是正式协商阶段;三是签订集体合同阶段。

(一)协商阶段

《集体合同规定》第32条规定,集体协商任何一方均可就签订集体合同或专项集体合同及相关事宜,以书面形式向对方提出进行集体协商的要求。

一方提出进行集体协商要求的,另一方应当在收到集体协商要求之日起 20 日内以书面形式给予回应,无正当理由不得拒绝进行集体协商。

协商准备阶段主要包括确定协商的时间、地点、拟定谈判的要点、向协商代表提供有关情况和相关材料等准备事项。

(二)正式协商阶段

(1)制定集体合同草案。集体合同应由工会代表职工与用人单位签订,没有建立工会的用人单位,由上级工会指导劳动者推举的代表与用人单位签订。一般情况下,各个企业应当成立集体合同起草委员会或者起草小组,主持起草集体合同。起草委员会或者起草小组由企业行政和工会各派代表若干人,推选工会和企业行政代表各一人为主席或组长和副主席或副组长。起草委员会或者起草小组应当深入进行调查研究,广泛征求各方面的意见和要求,提出集体合同的初步草案。

(2)审议。将集体合同草案文本提交职工大会或职工代表大会审议。职工大会或职工代表大会审议时,由企业经营者和工会主席分别就协议草案的产生过程、依据及涉及的主要内容作说明,然后由职工大会或职工代表大会对协议草案文本进行讨论,作出审议决定。职工代表大会或者全体职工讨论集体合同草案或专项集体合同草案,应当有 2/3 以上职工代表或者职工出席,且须经全体职工代表半数以上或者全体职工半数以上同意,集体合同草案或专项集体合同草案方获通过。

(三)签订集体合同

集体合同草案经职工大会或职工代表大会审议通过后,由双方首席代表签字或盖章。

四、集体合同的效力

集体合同的效力是指集体合同的法律约束力,其来源于国家法律的确认和保护。集体合同的法律效力包括以下三个方面。

(1)集体合同对人的法律效力。集体合同对人的法律效力是指集体合同对什么人具有法律约束力。根据《劳动法》的规定,依法签订的集体合同对用人单位和用人单位全体劳动者具有约束力。这种约束力表现在集体合同双方当事人必须全面履行集体合同规定的义务,任何一方都不得擅自变更或解除集体合同,如果集体合同的当事人违反集体合同的规定就要承担相应的法律责任。劳动者个人与用人单位订立的劳动合同中有关劳动条件和劳动报酬等标准不得低于集体合同的规定。

(2)集体合同的时间效力。集体合同的时间效力是指集体合同从什么时间开始发生效力,什么时间终止效力。集体合同的时间效力通常以其存续时间为标准,一般从集体合同成立之日起生效。如果当事人另有约定的,应在集体合同中明确规定。集体合同的期限届满,其效力终止。

(3)集体合同的空间效力。集体合同的空间效力是指集体合同规定对于哪些地域、哪些从事同一产业的劳动者、用人单位产生约束力。全国集体合同、地方集体合同分别在全国或特定行政区域内有效;产业集体合同对特定产业的用人单位及其职工有效;职业集体合同对从事特定职业的职工及其用人单位有效。

第三节　集体合同运行、审查和争议处理

一、集体合同的变更、解除和终止

(一)集体合同变更

集体合同变更是指双方当事人在集体合同没有履行或虽已开始履行但尚未完全履行之前,因订立集体合同的主客观条件发生了变化,依照法律规定的条件与程序,对原集体合同中的部分条款进行修改、补充的法律行为。

(二)集体合同解除

集体合同解除是指集体合同依法签订后,未履行完毕前,由于某种原因导致当事人一方或双方提前终止集体合同的法律效力,停止履行双方劳动权利义务关系的法律行为。一般而言,就集体合同的变更或者解除可以分为法定和约定的变更与解除。

1. 约定变更和解除

《集体合同规定》第39条规定,双方当事人意思表示一致即可以变更或者解除集体合同。

2. 法定变更和解除

《集体合同规定》第40条规定,有下列情形之一的,可以变更或解除集体合同或专项集体合同。

(1)用人单位因被兼并、解散、破产等原因,致使集体合同或专项集体合同无法履行的;

(2)因不可抗力等原因致使集体合同或专项集体合同无法履行或部分无法履行的;

(3)集体合同或专项集体合同约定的变更或解除条件出现的;

(4)法律、法规、规章规定的其他情形。

(三)集体合同终止

集体合同终止是指双方当事人约定的集体合同期满或者集体合同终止条件出现,以及集体合同一方当事人不存在,无法继续履行集体合同时,即行终止集体合同的法律效力。《集体合同规定》第38条规定,集体合同或专项集体合同期限一般为1—3年,期满或双方约定的终止条件出现,即行终止。集体合同或专项集体合同期满前3个月内,任何一方均可向对方提出重新签订或续订的要求。

二、集体合同审查

劳动行政部门有审查集体合同内容是否合法的责任,如果发现集体合同中的条款有违法、失实等情况,可不予登记或暂缓登记,发回企业对集体合同进行修正。

(一)集体合同审查的管辖

集体合同或专项集体合同审查实行属地管辖,具体管辖范围由省级劳动保障行政部门规定。中央管辖的企业及跨省、自治区、直辖市的用人单位的集体合同应当报送劳动保障部或劳动保障部指定的省级劳动保障行政部门进行审查。

(二)集体合同审查的程序

1. 集体合同送审

集体合同或专项集体合同签订或变更后,应当自双方首席代表签字之日起10日内,由用人单位一方将文本一式三份报送劳动保障行政部门审查。劳动保障行政部门对报送的集体合同或专项集体合同应当办理登记手续。

2. 劳动保障行政部门对集体合同的审查

劳动保障行政部门对集体合同或专项集体合同有异议的,应当自收到文本之日起15日内将审查意见书送达双方协商代表。审查意见书应当载明以下内容。

(1)集体合同或专项集体合同当事人双方的名称、地址;

(2)劳动保障行政部门收到集体合同或专项集体合同的时间;

(3)审查意见;

(4)作出审查意见的时间。

审查意见书应当加盖劳动保障行政部门印章。

劳动保障行政部门自收到文本之日起15日内未提出异议的,集体合同或专项集体合同即行生效。生效的集体合同或专项集体合同,企业应及时向全体职工公布。依法签订的集体合同对企业和企业全体职工具有约束力。

3. 劳动保障部门对集体合同审查的事项

劳动保障行政部门应当对报送的集体合同或专项集体合同的下列事项进行合法性审查。

(1)集体协商双方的主体资格是否符合法律、法规和规章规定;

(2)集体协商程序是否违反法律、法规、规章规定;

(3)集体合同或专项集体合同内容是否与国家规定相抵触。

三、集体合同争议处理

(一)签订集体合同争议的处理

1. 集体协商争议协调处理的管辖

集体协商争议处理实行属地管辖,具体管辖范围由省级劳动保障行政部门规定。

中央管辖的企业及跨省、自治区、直辖市的用人单位因集体协商发生的争议,由人力资源和社会保障部指定的省级劳动保障行政部门组织同级工会、企业组织等三方面的人员协调处理,必要时,人力资源和社会保障部也可以组织有关方面协调处理。

2. 集体协商争议协调处理的程序

集体协商过程中发生争议,双方当事人不能协商解决的,当事人一方或双方可以书面向劳动保障行政部门提出协调处理申请;未提出申请的,劳动保障行政部门认为必要时也可以主动进行协调处理。协调处理集体协商争议应当按照以下程序进行。

(1)受理协调处理申请;
(2)调查了解争议的情况;
(3)研究制定协调处理争议的方案;
(4)对争议进行协调处理;
(5)制作协调处理协议书。

协调处理协议书应当载明协调处理申请、争议的事实和协调结果,双方当事人就某些协商事项不能达成一致的,应将继续协商的有关事项予以载明。协调处理协议书由集体协商争议协调处理人员和争议双方首席代表签字盖章后生效。争议双方均应遵守生效后的协调处理协议书。

协调处理集体协商争议,应当自受理协调处理申请之日起30日内结束协调处理工作。期满未结束的,可以适当延长协调期限,但延长期限不得超过15日。

(二)履行集体合同争议的处理

因履行集体合同发生的争议,当事人协商解决不成的,可以依法向劳动争议仲裁委员会申请仲裁。《劳动合同法》第56条规定:"用人单位违反集体合同,侵犯职工劳动权益的,工会可以依法要求用人单位承担责任;因履行集体合同发生争议,经协商解决不成的,工会可以依法申请仲裁、提起诉讼。"

相关知识链接

1. 陆岳松. 劳动法与社会保障法. 北京:中国政法大学出版社,2008.
2. 郑尚元. 劳动法与社会保障法前沿问题. 北京:清华大学出版社,2011.
3. 韩德培. 人权的理论与实践. 武汉:武汉大学出版社,1995.
4. 杨燕绥等. 劳动法新论. 北京:中国劳动社会保障出版社,2004.
5. 关怀,林嘉. 劳动法. 北京:中国人民大学出版社,2006.

思考与分析

1. 张某是湖南省长沙市某计算机软件公司的员工,该企业建立于2007年,规模也不大,加上老板一共不到10个人,张某自该企业建立以来就一直供职于该企业,与该企业一直都签订有劳动合同。一日,在张某和老同学的聚会上,同学们谈起了刚颁布实施的劳动合同法。同学李某在一家国企工作,他谈起了自己企业的劳动合同和集体合同,张某还是第一次听说集体合同,未免产生了担心:我们企业为什么没有签订集体合同,是不是因为李某在国企才要签订集体合同?只签订劳动合同对我们员工会有什么影响吗?

问题:

(1)简述签订集体合同的意义及作用。

(2)企业必须签订集体合同吗?

2.2010 年 3 月 5 日,某纺织公司工会代表全体职工与公司签订了集体合同。合同规定:职工工作时间为每日 8 小时,每周 40 小时,周六、周日为休息日。如果在周六、周日安排职工加班,便在加班后的一周内安排补休;在上午和下午连续工作 4 小时期间内安排工间操各一次,每次时间为 20 分钟,此 20 分钟计入工作时间之内;职工的工资报酬不低于每月 1200 元,加班加点的工资及其他实物性福利不包括在内;工资于每月 5 日前支付;合同的有效期自 2010 年 4 月 1 日至 2013 年 4 月 1 日,双方对于集体合同都要严格遵守,任何一方也不能违反,否则要赔偿给对方造成的损失。此合同于 2010 年 3 月 20 日被劳动保障行政部门确认。2010 年 8 月 1 日,纺织公司从人才市场上招聘了一批女工,充实新建的纺织分厂。2010 年 8 月 3 日纺织公司与这批女工签订了劳动合同。其内容包括:本合同有效期为 2 年,自 2010 年 8 月 5 日至 2012 年 8 月 5 日;工人工作时间为每周 40 小时,每天 8 小时,上下午各 4 个小时;没有工间休息时间;工作实行每月 1250 元的工资制度。双方签字盖章后合同生效。当 2010 年 8 月 1 日招聘的工人到纺织公司下属的纺织分厂上班后,发现车间细尘很多,连续工作 4 小时头昏脑涨,以张三为首的分厂职工就向分厂领导提出工作期间休息一会儿,换换空气。分厂领导答复说,在上班时间不休息是劳动合同中已经规定了的,集体合同中规定职工报酬是每月 1200 元,而这批女工的报酬是每月 1250 元,就是因为取消了 20 分钟的中间休息时间。集体合同中规定职工的中间休息 20 分钟是与其报酬数量少相对应的;在公司与这批女工签订的劳动合同中把工资提高到 1250 元/月,所以,取消了 20 分钟的工间休息。

问题:

(1)张三等人是在集体合同生效后进入某纺织公司的,公司的集体合同是否适用于张三等人?

(2)张三等人与某纺织公司的劳动合同约定的工作时间低于集体合同的标准,该约定是否有效?

(3)张三等人能否在不减少工资的情况下得到 20 分钟工间操的活动时间?

第六章

工作时间和休息休假制度

知识结构图

工作时间和休息休假制度
- 工作时间制度 工作时间立法的意义
  - 工作时间的概念与特征
  - 工作时间的形式
- 休息休假制度
  - 休息休假的概念
  - 休息休假制度的内容
- 限制延长工作时间制度
  - 延长工作时间的概念
  - 限制延长工作时间的规定

本章导读

工作权与休息权是宪法规定的劳动者的基本权利,工作时间与休息休假制度的主要目的是通过立法规定工作时间的标准和休息休假制度,保护劳动者的身体健康,从而保障其基本权利的实现。本章主要介绍工作时间与休息休假制度的基本内容,包括工作时间制度的概念及形式、休息休假的种类、延长工作时间的限制及待遇等。

司考重点

熟悉工作时间的形式与休息休假的种类;理解各种非标准工作时间适用的范围,年休假制度适用的条件;了解延长工作时间的限制及待遇。

案例导入

2010年1月1日,陈某入职A公司,担任技术总监,后于2012年4月辞职。2011年1月至2012年3月期间,陈某的考勤记录显示存在大量加班,但只有一部分申请了加班审批,对于其他部分,虽没有申请加班审批,但A公司为其报销了加班期间的餐费和交通费,且报销单记载为"加班餐费和交通费",对于该部分,A公司没有支付加班费。2012年5月,陈某将A公司诉至劳动争议仲裁委员会,要求支付加班费及经济补偿金合计6.8万元。请问陈某未经公司审批加班,能否获得加班费?

第一节 工作时间制度

一、工作时间的概念与特征

工作时间是指劳动者根据国家法律的规定,在一昼夜或一周之内,用于完成本职工作的时间。法律规定的劳动者在一昼夜内工作时数的总和称为工作日,一周之内工作日的总和称为工作周。工作时间是衡量每一个劳动者劳动贡献大小的尺度,也是计付劳动报酬的依据。同时,工作时间又与劳动者的劳动力消耗及整个社会的劳动力再生产密切相关。因此,国家根据劳动者的生理与健康状况,通过立法确定劳动者在正常状态下工作时间的标准,并根据劳动岗位的不同,规定了不同的工作时间类型及其适用条件,同时确定了劳动者一系列的权利与义务,从而保证了劳动者休息权的实现,以确保劳动者身心健康,并使之在劳动过程中和谐发展。

工作时间作为劳动法上的一项重要的法律制度,具有以下四个特征。

(一)工作时间具有较强的法定性

工作时间的种类、适用对象及延长工作时间的条件极其限制均由法律明确规定。用人单位安排劳动者工作,不得超过法律规定的最高工时标准,安排劳动者延长工作时间亦应与劳动者协商一致,并不得违反法律规定,侵害劳动者的合法权益。

(二)工作时间是实际工作时间与非实际工作时间的总和

工作时间不仅包括劳动者实际工作时间,也包括辅助工作时间,如生产或工作的准备时间、工作结束前的整理与交接时间、参加职业培训的时间等,还包括因用人单位的原因造成的等待工作任务的时间和根据法律规定视为工作的时间,如工间休息时间、劳动者依法参加社会劳动的时间等。

(三)工作时间制度要符合劳动者的自然生理规律

劳动者的劳动能力是受其生理状况影响的,劳动力消耗后需要一定的时间恢复。工作时间标准的制定要充分考虑劳动者的自然生理规律,以保护劳动者的身体健康为原则,既要能保证劳动者劳动任务的完成,又不能超越劳动者的身体承受能力。

(四)工作时间是劳动者履行劳动义务和确定劳动报酬的依据

劳动者按照法律规定或集体合同、劳动合同约定的时间履行劳动义务,用人单位按照劳动者在工作时间内提供劳动的数量和质量计发劳动报酬,同时为劳动者提供劳动条件和劳动保护。

二、工作时间立法的意义

关于劳动者工作时间的规定起源于19世纪的工业革命以后,是劳动法立法历史上最早的立法内容之一。被公认为现代劳动立法开端的1802年英国颁布的《学徒健康与道德法》就是以限制工作时间为主要内容的劳动立法。以立法形式限定劳动者的工作时间,保障劳动者的休息权具有重要意义。

(一)有利于保护劳动者的健康权和休息权

在资本主义发展的初期,国家对经济发展采取"不干预"政策,资本家为了最大限度地追求剩余价值,千方百计地延长劳动者的工作时间。无限制地延长劳动者的劳动时间,严重损害了劳动者的身体健康和生命安全。各国的工人阶级为了保卫自身的生存权,为争取工作时间立法,进行了不屈不挠的斗争。在强大的工人运动压力下,各国相继进行了限制工作时间的立法。工作时间立法对标准工作时间和最高工作时间做了具体规定,禁止任意延长工作时间。劳动者在规定的工作时间内提供劳动,在工余时间进行休息,劳逸结合,可以缓解劳动力消耗造成的疲劳,促进劳动力实现再生产,有利于保护劳动者的身体健康,实现劳动者的休息权。

(二)有利于提高劳动者的素质和劳动生产率

劳动者的劳动能力受到劳动者的生理特点的限制,工作时间越长,劳动者脑力、体力的消耗越大,对劳动能力的影响越大。科学确定工作时间不仅有利于劳动者得到充分的休息,恢复劳动能力,还有利于调动劳动者劳动积极性,使其更好地完成劳动任务。同时,还有利于劳动者有更多的时间进行学习、培训,更新知识,从而提高自己的文化素质和技术水平,提高劳动生产率。

(三)有利于解决劳动就业问题

国家不仅可以通过工作时间立法规范用人单位的用工行为,还可以通过制定工作时间标准调节劳动力供需之间的矛盾。当社会存在的失业劳动者增多时,国家可以通过缩短工作时间的立法,为劳动者提供更多的工作岗位,缓解就业压力。

三、工作时间的形式

工作时间立法是各国劳动法的重要内容之一。各国根据劳动者的生理特征,结合不同劳动岗位的特点,规定了不同的工作时间形式。根据我国《劳动法》《关于修改〈国务院关于职工工作时间的规定〉的决定》等法律法规,我国实行的工作时间形式有以下两种。

(一)标准工作时间

标准工时形式是由国家法律统一规定的,在正常情况下,劳动者从事工作或劳动的时间。我国《劳动法》第36条规定:"国家实行劳动者每日工作时间不超过八小时、平均每周工作时间不超过四十四小时的工时制度。"1995年3月重新修订的《国务院关于职工工作时间的规定》对标准工作时间做了重新限定,该《规定》第3条规定:"职工每日工作8小时、每周工作40小时。"因此,我国标准工作时间为每日工作8小时,每周工作40小时。标准工作时间是计算其他种类工作时间的依据和标准,如对实行计件工作的劳动者,用人单位应按每日工作8小时、每周工作40小时的工时制度,合理地确定劳动定额和计件报酬标准。标准工作时间适用于我国境内的一切机关、团体、企事业单位和其他组织的职工。

(二)非标准工作时间

非标准工时形式是指适用于特殊情形下,不同于标准工时制的工时形式。根据《劳动法》第39条的规定,企业因生产特点不能实行标准工作时间形式的,经劳动行政部门批准,可以实行其他工作和休息办法。非标准工时形式有以下四种类型。

1. 缩短工作时间

缩短工作时间是指法律规定的少于标准工作时间长度的工作时间,即在特殊条件下从事劳动或有特殊情况时,法律规定在保证完成生产和工作任务的前提下适当缩短工作时间。《国务院关于职工工作时间的规定》中第4条规定:"在特殊条件下从事劳动和有特殊情况,需要适当缩短工作时间的,按照国家有关规定执行。"目前我国已实行缩短工作日的劳动者主要有以下几类。

(1)从事矿山井下、高山、有毒有害、特别繁重体力劳动的劳动者。根据国家有关劳动法规的规定,主要包括以下四类劳动者:①化工行业从事有毒有害作业的工人,根据生产的特点和条件分别实行"三工一休"制、每日工作6小时或7小时工作制和"定期轮流脱离接触"的工时制度;②煤矿井下作业实行四班6小时工作制;③纺织企业实行"四班三运转"制度;④建筑、冶炼、地质勘探、森林采伐、装卸搬运等从事繁重体力劳动的行业,根据本行业的特点实行不同程度的缩短工作时间制。

(2)从事夜班工作的劳动者。夜班工作时间是指从本日22时到次日6时从事工作或劳动的时间。实行三班制的企业,从事夜班工作的劳动者,其日工作时间比标准工作日缩短1小时。

(3)在哺乳期工作的女职工。根据规定,用人单位应当在每天的劳动时间内为哺乳期女职工安排1小时哺乳时间;女职工生育多胞胎的,每多哺乳1个婴儿每天增加1小时哺乳时间。

2. 不定时工作时间

不定时工作时间是指没有固定工作时间限制的工作时间制度。主要适用于一些因工作性质或工作条件不受标准工作时间限制的工作。不定时工作时间的基本特点是,劳动者每日工作时间,有时长于标准工作时间,有时短于标准工作时间。根据原劳动部《关于企业实行不定时工作制和综合计算工时工作制的审批办法》的规定,企业对符合下列条件之一的职工,可以实行不定时工作制:①企业中的高级管理人员、外勤人员、推销人员、部分值班人员和其他因工作无法按标准工作时间衡量的职工;②企业中的长途运输人员、出租汽车司机和铁路、港口、仓库的部分装卸人员及因工作性质特殊、需机动作业的职工;③其他因生产特点、工作特殊需要或职责范围的关系,适合实行不定时工作制的职工。

企业实行不定时工作制的,应履行审批手续。根据《关于企业实行不定时工作制和综合计算工时工作制的审批办法》(以下简称"审批办法")的规定,中央直属企业实行不定时工作制的,要经国务院行业主管部门审核,报国务院劳动行政部门批准;地方企业实行不定时工作制的审批办法,由各省、自治区、直辖市人民政府劳动行政部门核定,报国务院劳动行政部门备案。经批准实行不定时工作制的职工,不受《劳动法》第41条规定的日延长工作时间标准和月延长工作时间标准的限制,但用人单位应采取弹性工作时间等适当的工作和休息方式,确保职工的休息休假权利和生产、工作任务的完成。实行不定时工作制的职工,其工作日长度超过标准工作日的,不算作延长工作时间,也不给予延长工作时间的工资报酬。

3. 综合计算工作时间

综合计算工作时间是指用人单位根据生产和工作的特点,分别采取以周、月、季、年等为周期综合计算劳动者工作时间的一种工时形式。企业实行综合计算工作时间后,其平均日工作时间和平均周工作时间应与法定标准工作时间基本相同。综合计算工作时间适用于符合以下条件之一的企业职工:①交通、铁路、邮电、水运、渔业等行业中因工作性质特殊,需连续作业的职工;②地质及资源勘探、建筑、制盐、制糖、旅游等受季节和自然条件限制的行业的部分职工;③其他适合实行综合计算工时工作制的职工,如对于那些在市场竞争中,由于受外界因素的影响,生产任务不均衡的企业的部分职工,经劳动行政部门严格审批后,也可以参照综合计算工时的办法实施。

根据《审批办法》的规定,实行综合计算工作时间制度的审批办法与实行不定时工作制度相同。企业在保障职工身体健康并听取职工意见的基础上,采用集中工作、集中休息、轮流调休、弹性工作时间等方式进行,确保职工的休息休假权利和生产工作任务完成。同时,各企业主管部门应积极创造条件尽可能使企业的生产任务均衡合理。

实行综合计算工时工作制的企业,在综合计算周期内,如果劳动者的实际工作时间总数超过该周期法定标准工作时间总数,超过部分应视为延长工作时间。如果在整个综合计算工作时间周期内的实际工作时间总数不超过该周期的法定标准工作时间总数,只是该周期内的某一具体日(或周、月、季、年)超过法定标准工作时间,其超过部分不应视为延长工作时间。

4. 计件工作时间

计件工作时间是指以劳动者完成一定劳动定额为标准的工作时间。在目前企业的工作制度中,既有实行计时工作制的,也有实行计件工作制的。《劳动法》第37条规定:"对实行计件工作的劳动者,用人单位应当根据本法第36条规定的工时制度合理确定其劳动定额和计件报酬标准。"实行计件工作的用人单位,必须以劳动者在一个标准工作日或一个标准工作周的工作时间内能够完成的计件数量为标准,确定劳动者日或周的劳动定额。实行计件工作制度后,用人单位应既保证劳动者享受缩短工时的待遇,又尽量保证劳动者的计件工资收入不减少。如果适当调整劳动定额,在保证劳动者计件工资收入不降低的前提下,计件单价可以不做调整;如果调整劳动定额有困难,就应该考虑适当调整劳动者计件单价,以保证劳动者收入不减少。

第二节 休息休假制度

一、休息休假的概念

休息休假是指劳动者在国家规定的法定工作时间以外,免于履行劳动义务而自行支配的时间,亦即劳动者实现休息权的法定必要时间。

休息权是宪法规定的劳动者的基本权利之一。我国《劳动法》第 38 条规定:"用人单位应当保证劳动者每周至少休息一日。"在我国,为了保证劳动者的休息权,国家规定了每天工作 8 小时、每周工作 40 小时的标准工作时间制度,以保障劳动者在工作中得到充分的休息。同时,国家还规定了休假制度以实现劳动者的休息权。休假制度是指劳动者根据国家和企事业单位的有关规定所享有的暂离工作岗位进行休息,同时继续领取这一阶段工资的制度。法律规定的休假包括每周两天的休息日、国家规定的节假日、职工根据规定享有的探亲假以及其他符合规定的休息等。劳动者休息权的实现不仅需要法律的强制保障,而且需要现实的物质基础。国家在发展生产的基础上,要不断地增加投入,发展劳动者休息和休养的设施,以真正实现劳动者的休息权利。

二、休息休假的内容

(一) 工间休息时间

工间休息时间是指单位工作时间内劳动者所享有的用以解除工作紧张状态的休息时间和满足自然生理需要的时间。一般是指工作过程中的短暂休息时间、午间休息、用膳及如厕等时间。在我国,企事业单位要保证劳动者的工间休息,午休和用膳时间一般为 1 至 2 小时,特殊情况下不得少于半小时。工作不能中断的单位和企业,应保证职工在工作时间内有用膳和短暂的休息时间。企事业单位应为职工提供休息的场所。工间操时间应算作职工的工作时间,但通常不得超过 20 分钟。

(二) 工作日之间的休息时间

工作日之间的休息时间是指两个邻近工作日之间的休息时间,即一个工作日结束到下一个工作日开始前的一段时间,一般不少于 16 小时。这段时间职工可以自由支配,既可以用来学习提高自身素质和进行自我设计,也可以进行休闲娱乐丰富个人物质文化生活,但主要用来进行体力的恢复以保持健康并迎接以后的工作。实行"轮班制"的企事业单位,应合理安排工作时间以保证职工足够的休息时间。

(三) 工作周之间的休息时间

工作周之间的休息时间,又称公休假日,是指职工在完成整个一个工作周以后所享有的连续休息时间。它是每周的休息时间,以保障劳动者体力的恢复和精神的休养。在我国,法律保证职工在工作满一周以后享有一定的连续休息时间。公休假一般安排在星期六和星期天。由于生产和社会生活需要,不能在星期六和星期天安排休息的,可以安排职工在一周内轮流休息。自1995年起,国家机关、事业单位、社会团体实行标准工作时间制度,星期六和星期天为周休息日。条件不具备的企业、尚不能实行标准工作时间的事业单位,可以根据实际情况灵活安排周休息日。因公出差人员的公休假日,应在出差地点享受;因工作需要不能享受者,可以补休。

(四)法定节日

法定节日是指法律规定全体或部分公民所享有的用以开展庆祝纪念活动或参与政治活动及用以娱乐休闲等的休息时间。法定节日包括全民节日和部分公民的节日。从来源上说,包括政治性节日、传统习惯性节日、职业性节日等。我国《劳动法》第40条规定:"用人单位在下列节日期间应当依法安排劳动者休假:1.元旦;2.春节;3.国际劳动节;4.国庆节;5.法律、法规规定的其他休假节日。"为统一全国年节及纪念日的假期,国务院于1949年12月23日制定发布了《全国年节及纪念日放假办法》,经过1999年9月18日修订,2007年12月14日第二次修订,2013年12月11日第三次修订,2014年1月1日起施行。目前该《办法》规定如下:

(1)属于全体公民享受的法定节假日有:①新年,放假1天(1月1日);②春节,放假3天(农历正月初一、初二、初三);③清明节,放假1天(农历清明当日);④劳动节,放假1天(5月1日);⑤端午节,放假1天(农历端午当日);⑥中秋节,放假1天(农历中秋当日);⑦国庆节,放假3天(10月1日、2日、3日)。

(2)属于部分公民的节日及纪念日有:①妇女节(3月8日),妇女放假半天;②青年节(5月4日),14岁以上的青年放假半天;③儿童节(6月1日),不满14周岁的少年儿童放假1天;④中国人民解放军建军节(8月1日),现役军人放假半天。

(3)少数民族习惯的节日,由各少数民族聚居地区的地方人民政府,按照各该民族习惯,规定放假日期。

二七纪念日、五卅纪念日、七七抗战纪念日、九三抗战胜利纪念日、九一八纪念日、教师节、护士节、记者节、植树节等其他节日、纪念日,均不放假。全体公民放假的假日,如果适逢星期六、星期日,应当在工作日补假;部分公民放假的假日,如果适逢星期六、星期日,则不补假。

(五)年休假

年休假是工作满一定年限的劳动者每年享有保留本职工作并领取工资的连续休息时间。年休假制度在世界各国普遍施行。我国早在20世纪50年代初,就试行过每年给予职工12个工作日的带薪年休假制度,后来由于国家经济实力有限,政府财政难以承担而中断。改革开放以来,随着中国计划经济向社会主义市场经济转变,各种所有制经济得到巨大发展,国家经济实力不断增强,发展福利制度的物质基础得到提高,国家机关、企事业单位逐渐实行职工带薪休假制度。我国《劳动法》第45条规定:"国家实行带薪年休假制度。劳动者连续工作1年以上者,享受带薪年休假。"2007年12月7日国务院通过《职工带薪年休假条例》,该条例于2008年1月1日起施行。2008年7月17日,人力资源和社会保障部通过《企业职工带薪年休假实施办法》,对年休假制度的执行做了进一步具体规定。

1. 年休假的适用范围

根据《职工带薪年休假条例》规定,机关、团体、企业、事业单位、民办非企业单位、有雇工的个体工商户等单位的职工连续工作1年以上的,享受带薪年休假。单位应当保证职工享受年休假。职工在年休假期间享受与正常工作期间相同的工资收入。年休假天数根据职工累计工作时间确定。职工在同一或者不同用人单位工作期间,以及依照法律、行政法规或者国务院规定视同工作期间,应当计为累计工作时间。

2. 年休假的天数

年休假制度是保障劳动者实现休息权的重要制度之一,目的是使提供社会劳动满一定时间的劳动者,获得一定的时间自由支配,来恢复体力与脑力,因此,享受年休假时间的长短与劳动者工作年限的长短密切联系。根据《职工带薪年休假条例》规定,职工累计工作已满1年不满10年的,年休假5天;已满10年不满20年的,年休假10天;已满20年的,年休假15天。国家法定休假日、休息日不计入年休假的假期。

职工有下列情形之一的,不享受当年的年休假:①职工依法享受寒暑假,其休假天数多于年休假天数的;②职工请事假累计20天以上且单位按照规定不扣工资的;③累计工作满1年不满10年的职工,请病假累计2个月以上的;④累计工作满10年不满20年的职工,请病假累计3个月以上的;⑤累计工作满20年以上的职工,请病假累计4个月以上的。

3. 不能执行年休假制度的补偿

单位确因工作需要不能安排职工休年休假的,经职工本人同意,可以不安排职工休年休假。对职工应休未休的年休假天数,单位应当按照该职工日工资收入的300%支付年休假工资报酬。

根据《条例》规定,年休假应当由单位根据生产、工作的具体情况,并考虑职工本人意愿,统筹安排职工年休假。年休假在1个年度内可以集中安排,也可以分段安排,一般不跨年度安排。单位因生产、工作特点确有必要跨年度安排职工年休假的,可以跨1个年度安排。

（六）探亲假

探亲假是指职工享有保留本职工作并领取工资与分居两地的父母或配偶团聚的假期。我国自1958年开始实行职工探亲制度。目前,关于探亲假,主要执行的是国务院于1981年3月制定并颁布的《关于职工探亲待遇的规定》(以下简称《规定》)。

1. 享受探亲假的条件

根据《规定》,享受探亲假的条件主要有:①凡在国家机关、人民团体和全民所有制企业、事业单位工作满 1 年的固定职工,与配偶不住在一起,又不能在公休假日团聚的,可以享受探望配偶的待遇;②与父母都不住在一起,又不能在公休假日团聚的,可以享受探望父母的待遇;但是,职工与父亲或与母亲一方能够在公休假日团聚的,不能享受探望父母的待遇。

2. 职工探亲假期

探亲假期是指探亲假享受的时间,即职工与配偶、父、母团聚的时间。具体规定如下。

(1)职工探望配偶的,每年给予一方探亲假一次,假期为 30 天;

(2)未婚职工探望父母,原则上每年给假一次,假期为 20 天。如果因为工作需要,本单位不能给予假期,或者职工自愿两年探亲一次,可以两年给假期一次,假期为 45 天;

(3)已婚职工探望父母的,每 4 年给假一次,假期为 20 天。

另外,凡实行休假制度的职工,应该在休假期间探亲;如果休假期较短,可由本单位适当安排补足其探亲假的天数。上述假期均包括公休假日和法定假日在内。

3. 探亲假的待遇

劳动者在探亲假内的待遇主要包括以下两个方面。

(1)工资待遇。按照《规定》,职工在规定的探亲假期和路程假期内,按照本人的标准工资发给工资;

(2)探亲往返交通费。依据《规定》,职工探望配偶和未婚职工探望父母的往返路费,由所在单位负担。已婚职工探望父母的往返路费,在本人月标准工资 30% 以内的,由本人自理,超过部分由所在单位负担。

集体所有制企业、事业单位职工的探亲待遇,由各省、自治区、直辖市人民政府根据本地区的实际情况自行制定。

(七)婚丧假

婚丧假,是指劳动者结婚或者其直系亲属死亡时依法可以享受的假期。在此期间,给予劳动者一定的假期,是劳动者应享受的福利待遇,体现了国家对劳动者的人文关怀,保护了劳动者的劳动权益,提高了劳动者的劳动积极性。我国《劳动法》第 51 条规定:"劳动者在法定休假日和婚丧假期间及依法参加社会活动期间,用人单位应当依法支付工资。"

关于婚丧假的规定,首先是从我国的国营单位开始施行的。根据国家劳动总局、财政部 1980 年 2 月 20 日颁布的《关于国营企业职工请婚丧假和路程假问题的通知》规定,职工本人结婚或职工的直系亲属(父母、配偶和子女)死亡时,可以根据具体情况,由本单位行政领导批准,酌情给予一至三天的婚丧假。双方晚婚的,婚假延长到 15 日。职工结婚时双方不在一地工作的,职工在外地的直系亲属死亡时需要职工本人去外地料理丧事的,都可以根据路程远近,另给予路程假。在批准的婚丧假和路程假期间,职工的工资照发。途中的车船费等,全部由职工自理。

从实际情况看,上述关于婚丧假规定的适用范围仅限于国营企业,其他用人单位在实践中对婚丧假的规定各不相同,一般都会超过 3 天。

(八) 产假

产假是指在职的女性职工产期前后依法可以享受的假期,也有些地方政府规定给予在职的男职工一定护理假期,体现了我国产假制度的新变化,也体现了立法对女性劳动者权益的保护。我国《劳动法》第 62 条规定:"女职工生育享受不少于九十天的产假。" 2012 年 4 月 18 日国务院颁布的《女职工劳动保护特别规定》第 7 条规定:"女职工生育享受 98 天产假,其中产前可以休假 15 天;难产的,增加产假 15 天;生育多胞胎的,每多生育 1 个婴儿,增加产假 15 天。女职工怀孕未满 4 个月流产的,享受 15 天产假;怀孕满 4 个月流产的,享受 42 天产假。"为适应生育二孩政策的新变化,各省也出台了一些鼓励措施,如《河南省人口与计划生育条例》规定,符合法律、法规规定生育子女的,除国家规定的产假外,增加产假三个月,给予其配偶护理假一个月。

■ 相关链接

德国劳动法关于年休假的规定

1963 年德国《联邦休假法》规定了雇员享有年假的权利。最初,这项法案规定年假不得少于 18 个营业日,1994 年修正案将 18 个营业日增加至 24 个营业日。营业日既不是周日也不是公共假日,因此不同于工作日,因为工作日是除去周六、周日及公共假期的日子。在年假期间,雇主还需保证雇员的平均报酬。计算平均报酬要参考雇员在假期开始前 13 周的平均报酬。

《青少年劳动保护法》第 19 条对年轻雇员规定的年假要稍多于其他年龄的雇员,其具体情形如下:16 岁以下的雇员有权享受最少 30 天的年假,16 到 17 岁的雇员有权享受最少 27 天的年假,17 到 18 岁的雇员有权享受最少 25 天的年假。

《社会法典》第四部第 125 条规定,残疾雇员在此基础上可以多享受 5 天的假期。[①]

第三节 限制延长工作时间制度

一、延长工作时间的概念

延长工作时间是指劳动者的工作时数超过法律规定的工作时间。延长工作时

---

① 参见【德】曼弗雷德·魏斯、马琳·施米特著,倪斐译:《德国劳动法与劳资关系》,北京:商务印书馆 2012 年 8 月版,第 109 页。

间包括加班和加点。加班是指职工根据用人单位的要求,在法定节日或公休假日从事生产或工作。加点是指职工根据用人单位的要求,在法定工作日以外继续从事生产或工作。加班与加点都是对法定工作时间的延长,是对特定的工作时间和休息时间而言,因此,只有标准的工作时间和缩短的工作时间存在延长工作时间,不定时工作时间则不存在延长工作时间。在综合计算工作时间制度下,在综合计算周期内,如果劳动者的实际工作时间总数超过该周期的法定标准工作时间总数,超过部分才视为延长工作时间。

二、限制延长工作时间的规定

立法规定了工作时间的上限,严格限制超过法定工作时间标准延长劳动者工作时间的行为。关于延长工作时间的条件、程序与限制,法律法规做出了具体规定。

(一)限制延长工作时间的一般规定

我国《劳动法》第41条规定:"用人单位由于生产经营需要,经与工会和劳动者协商后可以延长工作时间,一般每日不得超过一小时;因特殊原因需要延长工作时间的,在保障劳动者身体健康的条件下延长工作时间每日不得超过三小时,但是每月不得超过三十六小时。"由此可见,延长工作时间,不允许用人单位单方决定,也不允许劳动者与用人单位任意协商。一般情况下,延长劳动者工作时间,应当符合以下四个规定。

(1)必须是生产经营需要。延长工作时间的原因必须是生产经营需要,至于"生产经营需要"的具体情形,我国立法并未明确规定。实践中,可以在集体合同中约定,或由劳动者与用人单位共同确定。

(2)必须与工会协商。工会有权对用人单位随意延长工作时间的行为予以纠正。用人单位需要延长工作时间时,必须征求工会的意见,工会可以审查用人单位延长工作时间是否符合法律规定。

(3)必须与劳动者协商。用人单位需要延长工作时间时,还应当与劳动者协商,征得劳动者的同意,不得强迫劳动。

(4)用人单位延长工作时间不得超过法定时数。根据《劳动法》的规定,用人单位延长工作时间每日不得超过1小时;特殊原因需要延长工作时间的,每日不得超过3小时,但每月不得超过36小时。

(二)限制延长工作时间的特殊规定

特殊情形下,如果出现了危及国家财产、集体财产和人民生命安全的紧急事件时,延长劳动者工作时间可以不受一般延长工作时间条件和法定时数的限制。《〈国务院关于职工工作时间的规定〉的实施办法》中规定,各单位在正常情况下不得安排职工加班加点,下列情况除外:

(1)在法定节日和公休假日内工作不能间断,必须连续生产、运输或营业的;

(2) 必须利用法定节日或公休假日的停产期间进行设备检修、保养的;

(3) 由于生产设备、交通运输线路、公共设施等临时发生故障,必须进行抢修的;

(4) 由于发生严重自然灾害或其他灾害,使人民的安全健康和国家资财遭到严重威胁,需进行抢救的;

(5) 为了完成国防紧急生产任务,或者完成上级在国家计划外安排的其他紧急生产任务,以及商业、供销企业在旺季完成收购、运输、加工农副产品紧急任务的。

(三) 延长工作时间的劳动报酬

延长劳动者工作时间,即增加了劳动者额外的工作量,需要付出更多的劳动和消耗。因此,用人单位安排劳动者延长工作时间,应当依法支付高于劳动者正常工作时间的工资报酬,来补偿劳动者额外的劳动和消耗,以保护劳动并的合法权益。根据《劳动法》第 44 条的规定,用人单位延长工作时间的,应当按以下标准支付给劳动者工资报酬:

(1) 在标准工作时间以外延长工作时间的,支付不低于工资的 150% 工资报酬;

(2) 在休息日安排劳动者工作又不能安排补休的,支付不低于工资的 200% 工资报酬;

(3) 在法定休假节日安排劳动者工作的,支付不低于工资的 300% 工资报酬。

实行计件工资的劳动者,用人单位安排延长工作时间的,应根据上述原则,分别按照不低于本人法定工作时间计件单价的 150%、200%、300% 支付其工资。实行综合计算工作时间的,超过法定标准工作时间部分应视为延长工作时间。

■ 相关链接

美国劳动法对"加班时间"的认定与计算

美国《公平劳动标准法》规定的现行法定工作时间是以工作周为计算周期,每工作周法定工时为 40 小时,超过 40 小时后按 1.5 倍正常工资率支付加班费。工作周以连续小时为计算标准,一个工作周界定为固定的连续 168 小时,或 7 个连续 24 小时。除法律许可外,不允许将两个或两个以上工作周平均计算工作周的工时。以工作周而非月、季、年为计算周期更有利于劳动者的休息权得以落实。美国还规定私营部门的雇员加班必须支付加班费,不能用实物或补休的方式代替,使得私营部门雇主不能通过调休或补休规避加班费。美国对哪些活动属于工作应计算入工作时间也有比较详细的规定,并非只有雇主"要求"(安排)的工作才是加班,雇主"允许"(默许)的工作也是加班工作时间。因此,雇主禁止雇员加班的规定是不合法的,规定只有雇主允许的加班才支付加班费的做法,并不会取消雇员获得加班费的权利。鉴于雇主对劳动用工灵活性安排的需要,法律也允许雇主对工作周的计算周期可以因地制宜地做调整,工作周不必一定要和日历周重合,工作周可以是在日历周的任意一天开始或结束。只要调整的目的不是为了规避《公平劳动标准法》加班费的支付规定,并且该工作周是长久性的工时制度。雇主也不必非得对所有的雇员实行一种工作周计算周期,只要该计算周期保持长期固定,雇主就可以对不同雇员实行不同的工作周。只要雇员在一个工作周的工时总额没有超过法定40小时,雇员是否在周末或节假日上班就不会产生支付加班费的问题。①

相关知识链接

1. 曼弗雷德·魏斯,马琳·施米特著.倪斐译.德国劳动法与劳资关系.北京:商务印书馆,2012.
2. 黄国琴.美国的加班费法律制度.中国劳动,2015(3).
3. 王倩,朱军.德国联邦劳动法院典型判例研究.北京:法律出版社,2015.
4. 黎建飞.劳动与社会保障法教程.3版.北京:中国人民大学出版社,2013.
5. 史蒂芬·哈迪著,陈融译.英国劳动法与劳资关系.北京:商务印书馆,2012.
6. 关怀,林嘉.劳动与社会保障法学.北京:法律出版社,2012.

思考与分析

1. 王某所在公司实行的是计件工时制,即只要员工每天完成规定数量的合格产品,公司便按照劳动合同的约定,向员工支付当月工资。从半个月前起,为能提早时间回家过年,而又不耽误自己的工作、影响公司生产,王某便主动延长下班时间,且常常工作到很晚,甚至双休日也照常上班、延时,希望能尽快提前完成全月的生产任务,以便"挤出"更多的时间。公司虽然对此表示认同,但又明确表示,因公司并没有要求员工加班,也没有要求王某增加任何产量,故王某的情况不属于加班,无权要求支付加班费用。请问,公司该说法对吗?

2. 现实生活中,有很多单位的劳动者加班不是被迫的,而是为了得到更多加班费而"自愿加班",甚至超过了法定延长工作时间的限制。谈谈你对这种现象的看法。

3. 怎样认识我国的休假制度?

4. 请问各国关于工作时间制度的立法原因及发展趋势是什么?

---

① 黄国琴:《美国的加班费法律制度》,《中国劳动》,2015年第3期,第39页。

第七章

工资制度

知识结构图

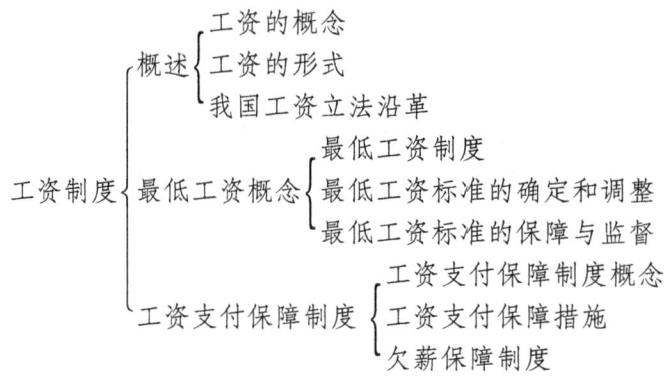

本章导读

工资制度是根据国家法律规定和政策制定的,与工资的制定和分配相关的一系列准则、标准、规定和方法的总和。工资是收入分配的重要形式,合理的工资制度对社会发展具有重要意义。当前我国工资制度主要涉及工资基本形式、最低工资制度、工资支付保障制度等内容。

司考重点

工资总额的具体组成形式、最低工资标准的确定和调整、工资支付保障措施。

案例导入

王某的日工资为80元。2016年5月1日至7日,根据政府规定放假7天,其中3天属于法定假日,4天属于前后两周的周末公休日。公司安排王某在这7天加班。根据劳动法的规定,公司除应向王某支付每日80元的工资外,还应当向王某支付多少加班费?

第一节 概述

一、工资的概念

一般而言,工资即员工的薪资,通常是指固定工作关系里的员工所得的薪酬,具体表现为雇主或者法定用人单位依据法律规定,或行业规定,或根据与员工之间的约定,以货币形式对员工的劳动所支付的报酬。

目前,国内关于"工资"定义的权威说法有两个:一是商务印书馆《现代汉语词典》里边定义的"工资",指作为劳动报酬按期付给劳动者的货币或实物;二是《工资支付暂行规定》里边界定的"工资",指用人单位依据劳动合同的规定,以各种形式支付给劳动者的工资报酬。现在看来,这两个概念因为历史原因在某些地方需要做进一步的修改,如工资只能以法定货币形式支付等。

现在使用的"工资"概念一般应该涉及以下三方面内涵:其一,工资是劳动报酬的货币形式,这里的"劳动"也包括管理、技术等复杂劳动;其二,工资的依据是劳动合同;其三,接受工资的主体是劳动者,这里的劳动者应该包括所有雇员,即相对于雇主的另一方。

二、工资的形式

根据《关于工资总额组成的规定》(1990年1月1日国家统计局令第1号发布)以及《关于工资总额组成的规定若干具体范围的解释》(国家统计局1990年1月1日发布),工资总额由下列六个部分组成:计时工资;计件工资;奖金;津贴和补贴;加班加点工资;特殊情况下支付的工资。

(一)计时工资

计时工资是指按计时工资标准(包括地区生活费补贴)和工作时间支付给个人的劳动报酬。计时工资可分为:月工资制、日工资制和小时工资制。计时工资的适应性强,实行范围广泛,任何部门、任何单位和各类工种、岗位均可采用。计时工资制是按照职工的技术熟练程度、劳动繁重程度和工作时间的长短来计算和支付工资的一种分配形式。它由两个因素决定:一是工资标准;二是实际工作时间。具体来看,计时工资包括对已做工作按计时工资标准支付的工资;实行结构工资制的单位支付给职工的基础工资和职务(岗位)工资;新参加工作职工的见习工资(学徒的生活费);运动员体育津贴。

1. 计时工资制的特点

计时工资制的基本特点,在于对劳动的计量是以时间来表示的,劳动者的工资取决于本人的工资标准和实际劳动的持续时间。因此,在计时工资形式下,职工所得工资数额同工作时间成正比。由于计时工资是直接以劳动时间计算报酬,简单易行,便于计算;同时,由于各种劳动均可以用劳动时间来计量,所以计时工资的适应性强,实行范围广泛,任何部门、任何单位和各类工种、岗位均可采用。其中,最适用于以下行业、企业、车间、工种、岗位:机械化、自动化水平较高、技术性强、操作复杂,产品需要经过多道工序、多道操作才能完成,不易单独计算个人的劳动成果的行业和工种;主要为生产第一线服务和从事辅助工作,其劳动量不便于用产品产量准确计量的工人和服务人员;劳动量不便于统计计量的企业行政管理人员和技术人员等;产品、经营项目和生产条件多变的企业。

  由于计时工资按照劳动时间支付工资,因此,能够促进职工提高出勤率和提高技术业务水平,保证劳动的质量。但是,它在体现按劳分配方面也存在一定的局限性,主要是因为计时工资一般与等级工资制联系在一起,侧重以劳动时间的长短计算工资,不能准确地反映劳动强度和职工个人实际提供的劳动成果,劳动报酬与劳动量之间往往存在着不相当的矛盾。就同等级的各个劳动者来说,他们在相同的劳动时间内付出的劳动量有多有少,劳动质量也有差别,而计时工资难以体现这种劳动差别。因此,随着企业内部改革的深化和进一步搞活企业内部工资分配,需要把计时工资与其他工资形式有机地结合起来,以利于全面地考核职工劳动的数量和质量,把职工的工资与其实际付出的劳动量紧密联系起来,以更好地体现按劳分配原则。

  2. 计时工资的形式

  由于计算时采用的时间单位不同,计时工资一般可分为以下三种具体形式。

  其一,小时工资制。小时工资制就是按照小时工资标准和实际工作的小时数来计算工资。小时工资标准按日工资标准除以日法定工作时数求得。

  其二,日工资制。日工资制就是根据劳动者的日工资标准和实际工作日数来计算工资。根据劳社部发〔2008〕3号《关于职工全年月平均工作时间和工资折算问题的通知》中的规定,日工资由月工资收入除以月计薪天数求得。目前的月计薪天数为21.75天。

  其三,月工资制。月工资制就是按照劳动者的等级工资制的工资标准来计发工资。企业职工如果出满勤,则按月工资标准支付工资。缺勤则按实际缺勤天数或小时数减发工资。如果加班加点,则相应补发相应的加班日工资或加点小时工资。

  月工资制、日工资制和小时工资制各有一定的适用范围。月工资制由于计算方便,适应范围较广,在我国企业得到普遍运用。日工资制则适用于那些生产任务变动频繁,职工流动性大的企业、工种,特别是适用于企业的一些灵活用工。小时工资制目前在我国企业中实行较少,但是随着劳动制度的进一步改革,某些企业实行了弹性时间工作制,一部分职工的劳动时间不稳定,因而需要采用小时工资制才较为合理。但在实践中,月工资制、日工资制、小时工资制三者之间往往需要结合使用,互为补充,才能更好地发挥工资制度功能。

(二)计件工资

计件工资是指对已做工作按计件单价支付的劳动报酬。具体而言,计件工资是按照工人生产的合格品的数量(或作业量)和预先规定的计件单价来计算报酬的一种工资形式。它不是直接用劳动时间来计量,而是用一定时间内的劳动成果即产品数量或作业量来计算,因此,它是间接用劳动时间来计算的,是计时工资的转化形式。由于它是间接地用劳动时间(即由一定时间的劳动所凝结的产品数量)来计量职工的劳动,而不是直接按劳动时间的长短来计量,因此,计件工资能够较准确地反映职工的实际劳动量。

1. 计件工资制的特点

总体来看,计件工资制度具有如下主要特点。

其一,综合性。由于企业生产的各种产品必须通过市场交换才能实现其价值,因此,计件工资的依据不能仅仅是合格产品的数量,而应该是能够通过交换实现其价值的产品数量或工作量,这种产量或工作量是与质量、消耗、费用等经济指标及市场销售情况紧密联系在一起的,从而成为一种以综合经济效益指标为依据的工资制。这种计件工资制要求企业加强市场预测,为提高产品质量、降低消耗、扩大销路并不断改善经营管理,建立健全各项规章制度,努力提高企业管理水平。

其二,浮动性。由于企业工资能否增长取决于本单位经济效益的好坏,因此,计件工资总额是随企业产品销售获得收益的多少而浮动的,与此相联系,计件单价也不能固定不变。具体到实行计件工资的工人,其收入要根据完成合格产品数量的多少按照计件单价而上下浮动。这种计件工资制把职工的工资与企业经济效益和个人劳动成果更紧密地挂起钩来,有利于更好地贯彻按劳分配原则,激发职工的劳动热情,促进他们努力提高技术水平和劳动熟练程度,从而提高劳动生产率。

其三,分层次性。从全面落实企业内部经济责任制的需要出发,当前许多企业都实行内部分层次分配,与此相配套,计件工资制也应是分层次执行的。即企业将生产任务、综合劳动定额和综合计件单价层层分解到各车间、工段和班组,车间或工段、班组再对职工实行计件。这一做法,能促使职工从个人物质利益出发,既关心自己的劳动成果,又关心所在集体的生产状况,激发集体主义精神;同时,也有利于企业合理配置劳动力,保持生产均衡发展,有效地发挥生产能力,进一步增强企业活力。

总体来看,计件工资制度是一种与企业经济效益、社会效益紧密联系的内部分配形式,它是在既定的国家与企业工资分配关系条件下,按照企业自定的劳动定额和计件单价,根据职工生产的合格产品的数量来支付工资的一种报酬形式。

2. 计件工资制的形式

实践中,计件工资制度主要体现为以下三种形式。

其一,实行超额累进计件、直接无限计件、限额计件、超定额计件等工资制,按劳动部门或主管部门批准的定额和计件单价支付给个人的工资。

其二,按工作任务包干方法支付给个人的工资。

其三,按营业额提成或利润提成办法支付给个人的工资。

实行计件工资,牵涉每个职工的切身利益,一定要做好思想政治工作,教育职工兼顾国家、企业、个人三者利益,树立质量第一的思想,坚持安全文明生产,遵守工艺操作规程。同时,要处理好企业内部各类人员之间的工资关系,以免造成矛盾,影响生产。实行计件工资制还要注意促进企业改善经营管理,达到优质、高产、低耗、安全,全面提高经济效益的目标。实行计件工资必须具备一定的条件,不能不顾客观条件,盲目推行,把计件工资单纯作为提高职工收入的一种手段。另外,实行计件工资制要把好质量关。如果计件的办法制定得不周密,就很容易出现重数量、轻质量、重产值、轻节约的弊病。因此,在制定计件办法时,一定要把数量和质量结合起来考虑,定出切实可行的指标。同时要把好成本关,就是在计件工资办法中要把降低成本的因素考虑进去,鼓励职工合理利用原材料,节约动力,降低消耗,降低成本,增加收益。特别是要注意控制单位产品成本中的工资含量,并在实施过程中经常进行检查分析,及时采取措施。

(三) 奖金

奖金是指支付给职工的超额劳动报酬和增收节支的劳动报酬。奖金的范围具体涉及以下四个方面。

其一,生产(业务)奖:包括超产奖、质量奖、安全(无事故)奖、考核各项经济指标的综合奖、提前竣工奖、年终奖(劳动分红)等。

其二,节约奖:包括各种动力、燃料、原材料等的节约奖。

其三,劳动竞赛奖:包括发给劳动模范、先进个人的各种奖金和实物奖励。

其四,其他奖金:包括兼课酬金和业余医疗卫生服务收入提成中支付的奖金等。

(四) 津贴和补贴

津贴和补贴是指为了补偿职工特殊或额外的劳动消耗和因其他特殊原因支付给职工的津贴,以及为了保证职工工资水平不受物价影响支付给职工的物价补贴。津贴和补贴的范围广泛,具体表现为以下两种。

1. 津贴

(1) 补偿职工特殊或额外劳动消耗的津贴。具体有高空津贴、井下津贴、流动施工津贴、野外工作津贴、林区津贴、高温作业临时补贴、海岛津贴、艰苦气象台(站)津贴、微波站津贴、高原地区临时补贴、冷库低温津贴、基层审计人员外勤工作补贴、邮电人员外勤津贴、夜班津贴、中班津贴、班(组)长津贴、学校班主任津贴、三种艺术(舞蹈、武功、音乐)人员工种补贴、运动队班(队)干部驻队补贴、公安干警值勤岗位津贴、环卫人员岗位津贴、广播电视天线岗位津贴、盐业岗位津贴、废品回收人员岗位津贴、殡葬特殊行业津贴、城市社会福利事业单位岗位津贴、环境监测津贴等。

(2) 保健性津贴。具体有卫生防疫津贴、医疗卫生津贴、科技保健津贴、各种社会福利院职工特殊保健津贴等。

(3)技术性津贴。具体有特殊教师津贴、科研津贴、工人技术津贴、中药老药工技术津贴、特殊教育津贴等。

(4)年功性津贴。具体有工龄津贴、教龄津贴和护士工龄津贴等。

(5)其他津贴。具体有直接支付给个人的伙食津贴(火车司机和乘务员的乘务津贴、航行和空勤人员伙食津贴、水产捕捞人员伙食津贴、专业车队汽车司机行车津贴、体育运动员和教练员伙食补助费、少数民族伙食津贴、小伙食单位补贴等)、合同制职工的工资性补贴以及书报费等。

2. 补贴

具体包括:为保证职工工资水平不受物价上涨或变动影响而支付的各种补贴,如肉类等价格补贴、副食品价格补贴、粮价补贴、煤价补贴、房贴、水电贴等。

(五)加班加点工资

加班加点是在企业执行的工作时间制度的基础上延长工作时间。凡在法定节假日和公休假日进行工作的叫作加班,凡在正常工作日延长工作时间的叫作加点。加班加点必然占用职工的休息时间。加班加点过多,对职工的身体健康会构成危害。为有效地控制加班加点,有关劳动法律、法规均予以限制。经劳动保障行政部门批准,实行综合计算工时制的,其综合计算工作时间超过法定标准工作时间的部分,应视为延长工作时间,并应按加班加点工资规定支付劳动者延长工作时间的工资。(相关具体内容可以参见第六章第三节)

(六)特殊情况下的工资

具体包括根据国家法律、法规和政策规定,因病、工伤、产假、计划生育假、婚丧假、探亲假、定期休假、停工学习、执行国家或社会义务等原因按计时工资标准或计时工资标准的一定比例支付的工资;附加工资、保留工资等。

(七)不属于工资范畴的收入形式

劳动者的以下劳动收入不属于工资范围:①单位支付给劳动者个人的社会保险福利费用,如丧葬抚恤救济费、生活困难补助费、计划生育补贴等;②劳动保护方面的费用,如用人单位支付给劳动者的工作服、解毒剂、清凉饮料费用等;③按规定未列入工资总额的各种劳动报酬及其他劳动收入,如根据国家规定发放的创造发明奖、国家星火奖、自然科学奖、科学技术进步奖、合理化建议和技术改进奖、中华技能大奖等,以及稿费、讲课费、翻译费等。

司考真题

在下列哪种情况下,用人单位延长劳动者工作时间应受到《劳动法》有关限制性规定的约束?

A. 发生自然灾害、事故或者因其他原因,威胁劳动者生命健康和财产安全,需要紧急处理的

B. 生产设备发生故障,影响生产和公众利益,必须及时抢修的

C. 交通运输线路、公共设施发生故障,影响生产和公众利益,必须及时抢修的

D. 用人单位取得大量订单,为了在短期内完成交货,必须组织突击生产的

【答案】D

【解析】根据《劳动法》第41条和第42条的规定,用人单位由于生产经营需要,经与工会和劳动者协商后可以延长工作时间,一般每日不得超过一小时;因特殊原因需要延长工作时间的,在保障劳动者身体健康的条件下延长工作时间每日不得超过三小时,但是每月不得超过三十六小时。有下列情形之一的,延长工作时间不受本法第四十一条的限制:(一)发生自然灾害、事故或者因其他原因,威胁劳动者生命健康和财产安全,需要紧急处理的;(二)生产设备、交通运输线路、公共设施发生故障,影响生产和公众利益,必须及时抢修的;(三)法律、行政法规规定的其他情形。在上述特殊情况下,用人单位组织职工延长工作时间可不受法律规定的条件限制,但用人单位应当按照法律规定的标准支付延长工作时间的工资。所以D项是正确答案。

三、我国工资立法沿革

新中国成立以来,我国工资立法主要经历了以下三个发展阶段,且呈现出鲜明的时代特性①。

(一)国民经济恢复时期的工资立法(1949—1956年)。

新中国建立初期,为保证政权平稳与国民经济的迅速恢复,保障职工的基本生活,政府在工资领域推行原职原薪政策,延续战时供给制,发放维持费,以实物作为计算工资的单位。这一工资制度在新民主主义社会经济建设和向社会主义过渡的准备过程中,逐渐暴露出其不适应性。我国从20世纪50年代开始实行统一的工资制度。1950年8月31日召开的全国工资会议提出以技术职务划分工资等级标准,并同意将"工资分"作为全国统一的计算单位。1951年开始第一次工资改革立法,大多数地区根据1951年2月公布的《统一全国工资计算单位办法草案》,统一了"工资分"所含的实物品种和数量,并且初步建立了企业工人工资等级制度和职员工资制度。从1952年3月开始,工资立法进一步实施了从供给制向工资制的过渡。1955年,国家颁布了《关于国家机关工作人员全部实行工资制和改行货币工资制的命令》,到1955年7月全部实行工资制,并统一了工资标准。

(二)计划经济体制时期的工资立法(1956—1993年)。

在该阶段,我国处于实行职务等级工资制的阶段。1956年7月国务院发布了《关于工资改革的规定》、《关于工资改革中若干具体问题的规定》和《关于工资改

---

① 本部分内容主要参阅罗凯天、李文沛:《〈工资条例〉的立法背景与法律沿革》,中国工人杂志网:http://www.chineseworkers.com.cn/d272948931.htm,2016年6月17日访问。

革方案实施程序的通知》等文件,正式实施八级工资制。由此,全国范围内的工业企业工人工资等级制度正式确立,在全国范围内统一了职工工资标准,进一步调整了产业、部门、地区及各类人员之间的关系,但也存在着由于强调企业的隶属关系、不加区别地规定生产部门的工资高于非物质生产部门、工资标准过于繁杂、管理过于集中、企业缺乏分配自主权等现象。为了激励企业的经营动力,提高企业经营效率,政府于1978年至1984年间先后颁布了《关于实行奖励和计件工资制度的通知》《关于调整工资区类别的几项具体规定》《关于严格制止企业滥发加班加点工资的通知》《关于国营企业发放奖金有关问题的通知》等文件。1979年7月,政府还实施了国有企业利润留成规定,允许企业以奖金形式激励职工。1985年6月,随着中共中央、国务院发出《关于国家机关和事业单位工作人员工资制度改革问题的通知》,机关事业单位废止实行了30年的职务等级工资制,改成以职务工资为主要内容的结构工资制。按照工资的不同职能分为基础工资、职务工资、工龄津贴、奖励工资四个组成部分。1993年3月,劳动部发出了《关于行业部门实行动态调控的弹性劳动工资计划的通知》,政府不再确定具体的工资指标,代之以弹性工资总额的弹性计划即以增加值(或净产值)、工资含量、资金利税率、工资利税率和劳动生产率作为指标编制确定工资总额计划。结构工资制对于不同职业和职务的人群,均实行同样结构、同样标准、一个模式的工资制度,仍然没有体现工作性质和岗位的差别,很难做到最大限度地调动劳动者的积极性。

(三)(1993年10月至今)我国处于机关事业单位与企业实行不同特点工资制度阶段。

1993年5月劳动部发出《关于进一步深化岗位技能工资制试点工作的意见的通知》,在企业中实行岗位绩效同工资收入挂钩,打破了收入分配中的等级划分后的无差别待遇,激发了劳动者的工作积极性,提高了劳动效率。1994年12月1日,劳动部发布的《工资支付办法》明确了工资由劳动合同来约定的方式。1996年6月国家计委发布《关于对部分行业、企业实行工资控制线办法的通知》、1997年1月劳动部发布《试点地区工资指导线制度试行办法》,建立了工资指导线制度与劳动力市场指导价位制,建立了企业工资收入宏观指导体系。1997年的《外商投资企业工资集体协商的几点意见》、2000年的《工资集体协商办法》确立了劳资集体协商参与工资确定的方式。2004年劳动保障部发布了《最低工资规定》,加强了工资立法,以保护职工的合法收入。2004年的《集体合同规定》使企业拥有了工资分配自主权,同时建立了以职工民主参与为基础的工资协商机制。2008年颁布实施的《劳动合同法》从15个方面对劳动报酬(广义工资)问题做出了详细、具体、明确的规定,明确了劳动报酬在劳动合同中的地位。至此,我国人力资源市场价格体系逐渐形成,初步完成了由政府定价向市场定价的机制转变。

> **相关链接**

工资、薪水和薪酬概念的区别①

通常,我们在工作中都会用到工资、薪水和薪酬这么几个概念,并且一直以来把它们作为同一含义的不同表述来看待。

国外关于"工资"的定义和我们有所不同。英语里与"工资"含义最为接近的词是 wage。据《韦氏英英词典》的解释,wage 是指根据合同并以小时、天数或计件为基础付给劳动或服务的报酬。又据《牛津现代高级词典》,wage 指够维持生活的报酬,一般用在周薪(weekly wage)和最低工资(minimum wage)的表述中。再看与我们语境比较接近的香港、台湾地区,在他们的劳资关系法案中,工资主要用在建筑餐饮服务业佣工和家庭佣工的劳资关系中。因此,国外和港台地区所使用的工资 wage 主要有两个含义:(1)它是指因劳动或服务而产生的报酬,而不包括因管理、资本、技术等因素产生的收入;(2)它的使用一般限于蓝领阶层,也就是我们常称的生产操作人员。从这里看出,国内使用的"工资"概念比国外要宽泛,把管理、技术所产生的报酬都纳了进来,然而正是这样,导致了对"薪水"概念的误读。

薪水也被称作薪资。这个词目前还没有出现在国内的法律文件中,只在《现代汉语词典》中有收录:"薪水"即是工资。这显然是援用了工资的概念。和薪水直接对应的英文是 salary。同样,根据韦氏和牛津两个权威辞书的解释,salary 是指按月发放的年俸,限指白领阶层的收入。从台湾、香港地区的法案中查找,薪资也主要用来表述政府职员、公司白领雇员的收入。从上面的对比,我们可以看出,国内的"薪水"范畴比 salary 要广,包括了普通雇员的劳动报酬。正是这样,才出现了工资和薪水(薪资)不分,相互替代的现象。这里并非有意要对不同劳动形式的劳动者人为地进行差别对待,而是在当今建设和发展社会主义市场经济的前提下,我们一方面要尊重普通劳动,另一方面要大力鼓励和重视管理、技术等复杂劳动,这就必须对不同劳动形式采取相应的分配政策。只有这样,才能激发所有劳动者的工作热情,才能激励人才涌现,才能从根本上贯彻按劳分配原则。

现在,我们会经常听到薪酬这个概念,它常常出现在现代人力资源管理的文献中,通常被作为工资或薪水的同义词。但这种认识是错误的。据韦氏和牛津词典注录,salary 和 compensation 两词都有薪水、薪资的意思,但是 compensation 一般被用来指雇员的一揽子整体性薪资,即除了上面所说的薪水,还包括种种奖励、红利、福利及其他收入等,前者一般被译为薪水,后者被译为薪酬,目前国外的资料都采用这个说法。

通过上面分析,我们可以得出这样的结论:对工资、薪水和薪酬三者进行区分

---

① 参见找法网:《工资、薪水和薪酬概念区别》,http://china.findlaw.cn/laodongfa/gongzifuli/91349.html,2016 年 6 月 17 日访问。

是有必要的,因为它们对应着不同层次的劳动力价值,而不同层次的劳动力价值不仅在单纯的数量大小上,而且在劳动力价值的构成上也是不同的。工资只适用于简单的、易度量的劳动力商品,它所代表的主要是劳动力商品的市场交换价格;薪水代表的是拥有一定技能和知识的劳动力商品的价格,这个时候劳动力对企业增长的知识贡献度已经被得到部分认同,雇员获得了比单纯劳动力商品价格高一些的收入;而薪酬所对应的劳动力实际上已经不再是普通意义上的劳动力,而是包含了较强资本性的劳动力,有的人干脆就把它称为人力资本。认清这一点,对于完善我们的收入分配制度理论研究体系无疑是有益的。

第二节 最低工资制度

健全并严格执行最低工资制度是政府调节企业工资分配的重要措施。在经济发展基础上逐步合理提高低收入劳动者的工资水平,有利于维护劳动者的合法权益,更好地保障劳动者个人及其家庭成员的基本生活;有利于扩大消费需求,促进国民经济又好又快发展;有利于改善工资分配关系,促进社会公平,实现社会和谐。

一、最低工资的概念

最低工资制度是为了计量劳动消耗、计算劳动报酬和进行工资管理而建立的一系列原则和办法的总称。在世界各国,最低工资标准的确立一般表现为两种方式:在立法上直接规定最低工资标准或者在立法中不直接规定最低工资标准,而只规定确立最低工资标准的原则和具体规则,并授权有关机构确定具体的最低工资标准。最低工资制度在我国初步体现于1993年《企业最低工资规定》,1994年《中华人民共和国劳动法》正式以法律形式确定该项制度,其第48条规定:国家实行最低工资保障制度;最低工资的具体标准由省、自治区、直辖市人民政府规定,报国务院备案。显然,考虑到现阶段经济发展和生活水平的地区不平衡,难以实行统一最低工资标准,我国授权各省、自治区、直辖市人民政府根据本地区低收入职工收支状况、物价水平、职工赡养人口、平均工资、劳动力供求状况、劳动生产率、地区综合经济效益等综合因素加以确定。

究其概念,依据我国2003年《最低工资规定》第3条之规定,最低工资标准一般是指劳动者在法定工作时间或依法签订的劳动合同约定的工作时间内提供了正常劳动的前提下,用人单位依法应支付的最低劳动报酬。这里所谓的"正常劳动"是指劳动者按依法签订的劳动合同约定,在法定工作时间或劳动合同约定的工作时间内从事的劳动。劳动者依法享受带薪年休假、探亲假、婚丧假、生育(产)假、节育手术假等国家规定的假期间,以及法定工作时间内依法参加社会活动期间,视为提供了正常劳动。具体而言,最低工资概念应该包含以下三个方面的含义:其一,获得最低工资的前提是劳动者在法定工作时间内提供了正常劳动;其二,最低工资标准是由政府通过立法确定的;其三,只要劳动者提供了法定或约定工作时间的正常劳动,用人单位支付的劳动报酬不得低于政府规定的最低工资标准。

二、最低工资标准的确定和调整

(一)最低工资标准确定和调整的步骤

最低工资标准的确定和调整方案,由省、自治区、直辖市人民政府劳动保障行政部门会同同级工会、企业联合会或企业家协会研究拟订,并将拟订的方案报送人力资源和社会保障部。方案内容包括最低工资确定和调整的依据、适用范围、拟订标准和说明。力资源和社会保障部在收到拟订方案后,应征求全国总工会、中国企业联合会或企业家协会的意见。力资源和社会保障部对方案可以提出修订意见,若在方案收到后 14 日内未提出修订意见的,视为同意。

(二)确定和调整最低工资标准应考虑的因素

确定和调整月最低工资标准,应综合参考当地就业者及其赡养人口的最低生活费用、城镇居民消费价格指数、职工个人缴纳的社会保险费和住房公积金、职工平均工资、经济发展水平、就业状况等因素。

确定和调整小时最低工资标准,应在颁布的月最低工资标准的基础上,考虑单位应缴纳的基本养老保险费和基本医疗保险费因素,同时还应适当考虑非全日制劳动者在工作稳定性、劳动条件和劳动强度、福利等方面与全日制就业人员之间的差异。

三、最低工资标准的保障与监督

结合劳动和社会保障部 2003 年《最低工资规定》及 2007 年《关于进一步健全最低工资制度的通知》相关内容,我国最低工资标准的保障与监督措施大致如下。

其一,不断加大调整最低工资标准力度。各地劳动保障部门要会同同级工会、企业联合会或企业家协会,应定期对最低工资标准进行评估,根据本地区经济发展水平、职工平均工资、城镇居民消费价格指数和就业状况等相关因素变化情况,及时提出调整月最低工资标准和小时最低工资标准的方案,按照规定程序报批。两年内只对最低工资标准进行一次调整的地区,以及最低工资标准调整幅度明显低于当地职工平均工资增长幅度和现行最低工资标准相当于当地职工平均工资比例明显偏低的地区,原则上都要对最低工资标准再次进行调整。各地要通过适时调整最低工资标准,确保最低工资实际水平不因当地消费价格指数上升而降低,并随经济增长逐步提高,使广大普通劳动者共享经济发展成果。现行最低工资标准档次偏多的地区,要进行合理归并,适当减少不同行政区域的最低工资标准档次。

其二,规范用人单位工资支付行为。各地要依托协调劳动关系三方机制,积极推动用人单位建立和完善工资集体协商制度,通过平等协商确定本单位的工资水平、工资分配制度、工资标准和工资支付办法,确保支付劳动者的工资不低于当地的最低工资标准。实行计件工资形式的用人单位,要通过平等协商合理确定劳动定额和计件单价,保证劳动者在法定工作时间内提供正常劳动的前提下,应得工资不低于当地的最低工资标准;劳动者在完成计件定额任务后,由用人单位安排在日法定工作时间以外、休息日和法定休假节日工作的,应分别按照不低于其本人法定工作时间计件单价的150%、200%、300%支付工资。各地要结合实际进一步研究规范用人单位执行最低工资标准的条件和程序。生产经营正常、经济效益持续增长的用人单位,原则上不得以最低工资标准支付劳动者在法定工作时间内提供劳动的工资;因生产经营原因确须以最低工资标准支付全体劳动者或部分岗位劳动者工资的,应当经全体职工或职工代表大会讨论同意,并报当地劳动保障部门备案。

其三,加强对最低工资制度执行情况的监督检查。用人单位应在最低工资标准发布后10日内将该标准向本单位全体劳动者公示。用人单位违反此规定的,由劳动保障行政部门责令其限期改正。实践中,最低工资不包括加班加点工资,中班、夜班、高温、低温、井下、有毒有害等特殊工作环境、条件下的津贴,以及国家法律法规、政策规定的劳动者保险、福利待遇和企业通过贴补伙食、住房等支付给劳动者的非货币性收入等。同时,实行计件工资或提成工资等工资形式的用人单位,在科学合理的劳动定额基础上,其支付劳动者的工资不得低于相应的最低工资标准。违反本规定的,由劳动保障行政部门责令其限期补发所欠劳动者工资,并可责令其按所欠工资的1至5倍支付劳动者赔偿金。

司考真题

关于工资保障制度,下列哪些表述符合劳动法的规定?

A. 按照最低工资保障制度,用人单位支付劳动者的工资不得低于当地最低工资标准
B. 乡镇企业不适用最低工资保障制度
C. 加班工资不包括在最低工资之内
D. 劳动者在婚丧假及依法参加社会活动期间,用人单位应当依法支付工资

【答案】ACD

【解析】依据我国《劳动法》第48条规定:国家实行最低工资保障制度,用人单位支付劳动者的工资不得低于当地最低工资标准。第51条规定:劳动者在法定休假日和婚丧假期间及依法参加社会活动期间,用人单位应当依法支付工资。另外,我国劳动部1994年《工资支付暂行规定》第2条:本规定适用于在中华人民共和国境内的企业、个体经济组织(以下统称用人单位)和与之形成劳动关系的劳动者;国家机关、事业组织、社会团体和与之建立劳动合同关系的劳动者,依照本规定执行。其第13条规定:用人单位在劳动者完成劳动定额或规定的工作任务后,根据实际需要安排劳动者在法定标准工作时间以外工作的,应按不同标准支付相应工资。显

然,答案应是 ACD。

相关链接

我国实行最低工资制度的现实意义[①]

虽然包括我国在内,世界上绝大多数国家都实行了最低工资制度,但一些学者特别是一些经济学家仍然视最低工资制度为"洪水猛兽",认为最低工资制度是政府对劳动力市场的一种严重干扰,会降低弱势劳动者的就业水平;还有一些人认为提高最低工资标准会增加劳动力成本,吓跑投资者,削弱我国的竞争优势。

从纯粹的经济学理论来看,这些批评和担忧不无道理,但由于我国目前的经济社会发展状况及劳动力市场格局,与批评最低工资制度所建构的经济社会前提大相径庭,而且,姑且不论批评者习惯于拿最低工资制度会影响就业、影响投资环境、导致通货膨胀等来说事的论断,目前还没有任何实证的研究结论作支撑,单就是这些批评者总是有意无意忽略最低工资制度对拉动消费需求、维护社会公平正义、推动加快经济发展方式转变的积极作用,就说明一些人对于最低工资制度有着很深的误解。事实上,在我国实行最低工资制度有利之处是显而易见的。

其一,有利于保护弱势劳动者的基本权益。据全国总工会 2009 年年底的调查,职工月工资与当地最低工资标准相比,低于当地最低工资标准的占 4.8%,高出当地最低工资标准 50 元以下的占 10.9%,高出 50 元至 100 元的占 12.5%,三者合计占 28.2%。考虑到超时劳动的普遍存在及部分地区最低工资标准并非纯粹的"工资",实际上有近 1/3 的职工工资徘徊在最低工资标准附近。另外,有学者在做了世界工资比较研究后指出,我国最低工资是人均 GDP 的 25%,而世界平均为 58%;我国最低工资是平均工资的 21%,而世界平均为 50%。可以肯定,如果我国没有实行最低工资制度,对弱势劳动者的收入政府不加以干预,就会有更多劳动者的收入低于目前的水平。

其二,有利于维护社会公平正义的底线标准。公平正义体现在劳动领域,就是要保障广大劳动者应有的劳动报酬权和基本的生存权,其中的底线就是劳动者的工资收入能够维持劳动力的再生产,也即不应低于当地最低工资标准。世界银行普查报告显示,考虑每人每天的营养摄入量及养育孩子的需要,在中国维持基本生活水平的平均费用应是每人每月 1684 元,而目前我国绝大多数城市最低工资标准不能够达到这一标准。这说明我国当前的最低工资标准,尚且不足以维持劳动者最低生活水平。

其三,有利于改善不合理的国民收入分配状况。当前,我国收入分配中存在的最大问题就是普通劳动者收入水平过低且增长缓慢。不仅如此,低收入者的收入水平

[①] 参见网易新闻:《我国实行最低工资制度的现实意义》,http://news.163.com/10/0706/14/6ATT09U1000146BD2.html,2016 年 6 月 17 日访问。

增长更加缓慢。就最低工资而言，国际惯例是最低工资应达到平均工资的40%—60%，而我国的实际情况是，绝大部分省(区、市)的最低工资标准低于当地平均工资的40%。中国的最低工资标准仍然处于需要一个长期努力，逐步"填平"劳动者原本就应得的报酬过程之中。

其四，有利于澄清人们对"比较优势"理论的误解。有的批评者认为实行最低工资制度和不断提高最低工资标准，会大幅度提升劳动力成本，从而吓跑投资者，让我国的"比较优势"在招商引资中丧失殆尽。这是一种偏颇的认识，因为"比较优势"并不单纯体现为劳动力成本优势。正如有学者指出的，除劳动力优势外，我国还有诸如基础设施、政策优惠、大量的熟练劳动力等优势，这种情况下，别说我们的最低工资标准还远低于应有的水平，即便按照经济社会发展水平相应调整最低工资标准，使之达到相对合理的占职工平均工资40%—60%的水平，也不仅不会吓跑投资者，而且还会有利于激发职工的创造力，从而巩固中国经济发展的"比较优势"。因为，只要劳动力成本的上升速度不超过劳动生产率的提高速度，"比较优势"就会依然存在。

其五，有利于推动经济发展方式转变。当前我国正处于加快经济发展方式转变的关键时期，要求我们不断提高核心竞争力，但低工资绝对不是核心竞争力。经过改革开放30多年的发展，之前粗放式的发展模式难以为继，特别是国际金融危机的冲击表面上看是对我国实体经济的冲击，实际上是对我国经济发展方式的冲击，国内外形势的发展，使得我国转变经济发展方式已经迫在眉睫。在这样的历史条件下，如果依然想依靠低工资的优势，在产业链低端让工人加班加点"拼血汗"，建设创新型企业、创新型国家就会成为一句空话。

在我国劳动力市场供大于求、劳动者权益保护不到位的状态下，实行最低工资制度并定期提高最低工资标准，其意义是重大的。但是，作为一种政府保障弱势劳动者的手段，最低工资制度同样面临着一系列需要进一步研究和解决的问题。比如，什么程度的最低工资标准会对就业产生影响，提高最低工资标准对于拉动消费的正负作用之间的变化关系如何。再比如，目前我国最低工资还存在制度刚性不足、标准确定方法不够科学、调整机制不健全、标准偏低且增速严重滞后于经济社会发展速度等问题。这些问题的存在，在一定程度上影响到了最低工资制度的实施效果和社会认可度，需要基于对中国经济社会发展水平的长期观察，在对实证数据进行分析和研究后才能得出结论并加以解决。

第三节　工资支付保障制度

一、工资支付保障制度的概念

工资支付保障制度一般是指保障工资支付的法律规范的总称，具体涉及如何确保计发在制度工作时间内职工完成一定的工作量后应获得的报酬或者在特殊情况下的工资如何支付等问题。国际劳工组织于1949年通过了第95号《工资保障公约》和第58号同名建议书,我国虽未加入该公约,但我国《劳动法》明确规定了工资保障制度,劳动部于1994年已经颁布《工资支付暂行规定》,对用人单位的工资支付行为进行了全面规范,具体包括工资的支付项目、工资支付形式、工资支付对象、工资支付水平、工资支付时间及特殊情况下工资支付等内容。

二、工资支付保障措施

(一)工资支付的一般规则

(1)工资支付形式。我国《劳动法》及《工资支付暂行规定》规定,工资应当以法定货币支付,不得以实物及有价证券替代货币支付。只有以货币方式支付工资,才能准确地反映劳动者实际付出的劳动量和应得的报酬,才能真正满足劳动者自身的消费需求和消费愿望,保障劳动者的经济利益。

(2)工资支付对象。用人单位应将工资支付给劳动者本人,劳动者本人因故不能领取工资时,可由其亲属或委托他人代领。用人单位可委托银行代发工资。用人单位在支付工资时应向劳动者提供一份其个人的工资清单,列出应发工资额及其项目、扣款额及其项目、实发工资额等;用人单位必须书面记录支付劳动者工资的数额、时间、领取者的姓名以及签字,并保存2年以上备查。

(3)工资支付时间。工资一般应当按月支付,用人单位与劳动者可以约定工资支付日期,工资发放日如遇节假日或休息日,则应提前在最近的工作日支付。用人单位每月至少应支付一次工资,对于实行小时工资制和周工资制的人员,工资也可以按日或周发放。对完成一次性临时劳动或某项具体工作的劳动者,用人单位应按有关协议或合同规定在其完成劳动任务后即支付工资。劳动关系双方依法解除或终止劳动合同时,用人单位应在解除或终止劳动合同时一次付清劳动者的工资。用人单位应该按时向劳动者支付工资,不得无故拖延。但是,当用人单位遇到非人力所能抗拒的自然灾害、战争等原因,无法按时支付工资,或者用人单位确因生产经营困难、资金周转受到影响,在征得本单位工会同意后,可暂时延期支付劳动者工资,延期时间的最长限制可由各省、自治区、直辖市劳动行政部门根据各地情况确定。

(二)特殊情况下的工资支付制度

特殊情况下的工资支付,是指在法律规定的特殊情况和合同约定情况下,按照有关规定和约定,以劳动者本人的工资为基准作为支付标准支付给劳动者的工资。我国特殊情况下的工资支付主要有以下六种。

1. 履行国家和社会义务期间的工资

劳动者在法定工作时间内依法参加社会活动期间,用人单位应视同其提供了正常劳动而支付工资。社会活动包括:①依法行使选举权或被选举权;②当选代表出席乡(镇)、区以上政府、党派、工会、青年团、妇女联合会等组织召开的会议;③出任人民法庭证明人;④出席劳动模范、先进工作者大会;⑤不脱产工会基层委员会委员因工会活动占用的生产或工作时间;⑥其他依法参加的社会活动。

2. 加班加点工资

用人单位在劳动者完成劳动定额或规定的工作任务后,根据实际需要安排劳动者在法定标准工作时间以外工作的,应按以下标准支付工资。

其一,用人单位依法安排劳动者在日法定标准工作时间以外延长工作时间的,按照不低于劳动合同规定的劳动者本人小时工资标准的150%支付劳动者工资。

其二,用人单位依法安排劳动者在休息日工作的,而又不能安排补休的,按照不低于劳动合同规定的劳动者本人日或小时工资标准的200%支付劳动者工资。

其三,用人单位依法安排劳动者在法定休假节日工作的,按照不低于劳动合同规定的劳动者本人日或小时工资标准的300%支付劳动者工资。

3. 休假期间的工资支付

根据《劳动法》第51条规定,劳动者在法定休假日和婚丧假期间,用人单位应当依法支付工资。《工资支付暂行条例》规定:"劳动者依法享受年休假、探亲假、婚假、丧假期间,用人单位应当按劳动合同规定的标准支付劳动者工资。"

4. 停工期间的工资

根据《工资支付暂行规定》,非因劳动者原因造成单位停工、停产在一个工资支付周期内的,用人单位应当按劳动合同规定的标准支付劳动者工资。超过一个工资支付周期的,若劳动者提供了正常劳动,则支付给劳动者的劳动报酬不得低于当地的最低工资标准;若劳动者没有提供正常劳动,应按国家有关规定办理。1957年7月,国务院《关于企业工人、职员停工津贴的暂行规定》中规定:职工因本身过失造成的停工,不发给过失者津贴。非因职工本身过失造成的停工,一般按本人保障工资的75%发给停工津贴;试用新机器、新工具,试用先进经验及合理化建议期间,非职工本人过失造成的停工,按照本人标准工资100%发给停工津贴;停工期间的地区津贴、野外津贴、生活补贴均按停工津贴发给。

5. 企业依法破产时劳动者的工资

根据《工资支付暂行规定》,用人单位依法破产时,劳动者有权获得其工资。在破产清偿中,用人单位应按《中华人民共和国企业破产法》规定的清偿顺序,首先支付欠本单位劳动者的工资。

6. 特殊人员的工资应当按照如下规定支付

(1)劳动者受处分后的工资支付:劳动者受行政处分后仍在原单位工作(如留用察看、降级等)或受刑事处分后重新就业的,应主要由用人单位根据具体情况自主确定其工资报酬;劳动者受刑事处分期间,如收容审查、拘留(羁押)、缓刑、监外执行或劳动教养期间,其待遇按国家有关规定执行;

(2)学徒工、熟练工、大中专毕业生在学徒期、熟练期、见习期、试用期及转正定级后的工资待遇由用人单位自主确定；

（3）新就业复员军人的工资待遇由用人单位自主确定；分配到企业的军队转业干部的工资待遇，按国家有关规定执行。

（三）禁止克扣或无故拖欠劳动者工资

《劳动法》第50条规定："工资应当以货币形式按月支付给劳动者本人。不得克扣或者无故拖欠劳动者的工资。"在已提供正常劳动的前提下，依劳动合同约定领取足额工资，是劳动者的合法权益，受法律保护，任何单位不得克扣或无故拖欠，否则，应承担法律责任。《工资支付暂行办法》第7条进一步明确："工资必须在用人单位与劳动者约定的日期支付。如遇节假日或休息日，则应提前在最近的工作日支付。"即无论基于什么原因、出于什么理由，用人单位都有及时、足额发放工资的法定义务。《劳动合同法》第30条第1款规定："用人单位应当按照劳动合同约定和国家规定，向劳动者及时足额支付劳动报酬。用人单位拖欠或未足额支付劳动报酬的，劳动者可以依法向当地人民法院申请支付令，人民法院应当依法发出支付令。"这为劳动者的工资保障提供了新的救济途径。

克扣是指用人单位无正当理由扣减劳动者应得的工资，无故拖欠是指用人单位无正当理由超过规定付薪时间未支付劳动者工资。但是劳动法律、法规同时也对克扣或无故拖欠工资的情况进行了限制，具体如下。

（1）下列情形不属于克扣工资：①用人单位代扣代缴的个人所得税；②用人单位代扣代缴的应由劳动者个人负担的各项费用；③法院判决、裁定中要求代扣的抚养费、赡养费；④国家法律、法规中有明确规定的可以从劳动者工资中扣除的其他费用。

（2）下列情形不属于用人单位减发劳动者的工资：①国家法律、法规中有明确规定的；②依法签订的劳动合同中有明确约定的；③用人单位依法制定并经职代会批准的厂规、厂纪中有明确规定的；④企业工资总额与经济效益相联系，经济效益下浮时，工资必须下浮的（但支付给提供正常劳动的职工的工资不得低于当地的最低工资标准）；⑤因劳动者请事假等相应减发工资。

（3）下列情形不属于无故拖欠：①用人单位遇到非人力所能抗拒的自然灾害、战争等原因，无法按时支付工资；②用人单位确因生产经营困难，资金周转受到影响，在征得单位工会同意后，可暂时延期支付劳动者工资，延期时间的最长期限可由各省、自治区、直辖市劳动行政部门根据各自地区的情况而定。

（4）对工资克扣数额的限制：因劳动者本人原因给用人单位造成经济损失，用人单位可按照合同的约定从劳动者本人的工资中扣除相应的损失，经济损失的赔偿中每月扣除的部分不得超过劳动者当月工资的20%；若扣除后的剩余工资部分低于当地月最低工资标准，则按月最低工资标准支付。

司考真题

张某在工作中因违反操作规程导致公司设备受损,直接经济损失3万元。张某的月工资为900元,当地最低工资标准为每月700元。现公司决定从张某的月工资中扣除设备损失赔偿金,直到公司损失收回。下列扣款方案中,哪一项符合劳动法规定?

A. 按照本人月工资的20%计算,每月扣除180元
B. 按照扣除后的余额不低于当地最低工资标准计算,每月扣除200元
C. 按照A、B方案平均计算,每月扣除190元
D. 按照张某与公司的五年合同期平均计算,每月扣除500元

【答案】A

【解析】《工资支付暂行规定》第16条规定,因劳动者本人原因给用人单位造成经济损失的,用人单位可以按照劳动合同的约定要求劳动者赔偿其经济损失。经济损失的赔偿,可从劳动者本人的工资中扣除,但每月扣除金额不得超过劳动者月工资的20%,若扣除后的余额低于当地月最低工资标准的,应按最低工资标准支付。本案中张某月工资900元,每月扣除20%是180元,扣除后张某实得工资为720元,超过了最低工资标准,所以每月扣除180元即可。因此本题的正确选项是A项。

三、欠薪保障制度

《工资支付暂行规定》第18条规定:各级劳动行政部门有权监察用人单位工资支付的情况。用人单位有下列侵害劳动者合法权益行为的,由劳动行政部门责令其支付劳动者工资和经济补偿,并可责令其支付赔偿金:克扣或无故拖欠劳动者工资的;拒不支付劳动者延长工作时间工资的;低于当地最低工资标准支付劳动者工资的。

实践中,用人单位拖欠劳动者工资的状况非常普遍,尤其是企业拖欠农民工工资现象时有发生。为此,劳动社会保障部、建设部于2004年联合发布了《建设领域农民工工资支付管理暂行办法》,以规范建筑企业对与之形成劳动关系的农民工的工资支付行为,保障建筑领域农民工的合法报酬权益。该办法规定,业主或工程总承包企业未按合同约定与建设工程承包企业结清工程款,致使建设工程承包企业拖欠农民工工资的,由业主或工程总承包企业先行垫付农民工被拖欠的工资,先行垫付的工资数额以未结清的工程款为限。企业因被欠工程款导致拖欠农民工工资的,企业追回的被拖欠工程款,应优先支付农民工工资。企业违反国家工资支付规定拖欠或克扣农民工工资的,计入信用档案,并通报有关部门。企业按有关规定缴纳工资保障金,存入当地政府指定的专户,用于垫付拖欠的农民工工资。

为切实保障劳动者获得劳动报酬的权利,全国人大常委会于2011年2月25日通过的《刑法修正案(八)》中新增设了恶意欠薪罪:以转移财产、逃匿等方法逃避支付劳动者的劳动报酬或有能力支付而不支付劳动者的劳动报酬,数额较大,经政府有关部门责令支付仍未支付的,处三年以下有期徒刑或拘役,并处或单处罚

金;造成严重后果的,处三年以上七年以下有期徒刑,并处罚金。单位犯前款罪的,对单位判处罚金,并对直接负责的主管人员和其他责任人员,依照前款的规定处罚。有前两款行为,尚未造成严重后果,在提起公诉前支付劳动者的劳动报酬,并依法承担相应赔偿责任的,可以减轻或免除处罚。其目的是以追究恶意拖欠劳动者工资者刑事责任的形式来确保劳动者获得劳动报酬的权利。

■相关链接

我国工资制度深化改革问题[①]

目前我国实行的工资制度是自1993年工资改革以来逐步确立的,其反映了初步确立市场经济条件下的分配状况。但时至今日,随着我国市场经济的深入发展、劳动力市场的不断完善及经济社会客观情况的巨大变化,现行的工资制度已经无法进行有效调节,成为制约我国收入分配和社会经济发展、人民生活水平提高的制度机制因素。具体而言,现有工资制度存在以下问题:一是平台现象严重,工资标准差距过小;二是行业差距明显,这不仅表现在不同行业中第二产业职工、农民工的工资水平与增长幅度较低,而且反映出同一行业间纵向和横向由于单纯的论资排辈和权力寻租等隐性因素导致的不合理差距;三是国家机关、事业单位及专业技术人员职务工资分配的效益原则没有充分体现,分配仍然主要是按学历、资历、职务(职称),而非按照实际岗位、业绩及效益进行分配;四是脑力劳动者与体力劳动者工资倒挂现象严重;五是工资管理体制与市场经济体制不配套、不适应,无论各地经济发展水平的差异如何,全国均实行同一工资标准,尤其是财政统收统支体制的典型模式,地区津贴迟迟未能建立,宏观调控乏力;六是造成了社会主义价值取向的紊乱。从当前情况来看,能源、金融、交通等垄断行业工资高,公务员、事业单位等收入较为稳定,而教育、科研等行业的工资低,造成了反常的"垄断企业招考热"与"公务员热"等现象的出现。为此,需要进一步健全扩大就业,增加劳动收入的发展环境和制度条件,促进机会公平;逐步提高最低工资标准,保障职工工资正常增长和支付;同时加强分配外部机制建设,规范分配秩序,加强税收对收入分配的调节作用,有效调节过高收入,努力扭转城乡、区域、行业和社会成员之间收入差距不断扩大的趋势;完善公务员工资制度,深化事业单位收入分配制度改革;同时强调建设创新型国家,进一步提升劳动力素质等。

■相关知识链接

1. 吴红列. 工资集体协商:理论、制度与实践. 杭州:浙江大学出版社,2011.

[①] 参见中国工人杂志网:《〈工资条例〉的立法背景与法律沿革》,http://www.chineseworkers.com.cn/_d272948931.htm,2016年6月17日访问。

2. 王湘红. 工资制度、劳动关系及收入：基于行为理论的研究. 北京：中国人民大学出版社，2012.

3. 苏海南等. 合理调整工资收入分配关系. 北京：中国劳动社会保障出版社，2013.

4. 李月田. 完善社会保障制度和工资制度. 北京：中国言实出版社，2015.

5. 胡玉浪. 工资支付保障法律问题研. 北京：中国法制出版社，2015.

思考与分析

1. 我国工资的形式具体包括哪几个方面？
2. 我国实行最低工资制度的现实意义是什么？
3. 最低工资标准的确定和调整需要考虑哪些因素？
4. 劳动者工资报酬低于当地最低工资标准时，劳动者权益该如何救济？
5. 特殊情况下的工资支付制度包括哪些情形？

第八章

劳动安全卫生制度

■ 知识结构图

劳动安全卫生制度
- 概述
  - 劳动安全卫生概念和特征
  - 劳动安全立法概况
  - 劳动安全制度意义
- 劳动安全制度
  - 安全生产法
  - 建设工程安全制度
  - 矿山安全制度
- 劳动卫生制度
  - 粉尘危害、有毒有害物质、噪音和强光刺激危害
  - 放射性物质危害
  - 防暑降温和防冻取暖、劳动保护用品、职业病防治
- 特殊劳动保护制度
  - 女职工特殊劳动保护
  - 未成年工特殊劳动保护

■ 本章导读

国家为保护劳动者在生产过程中的安全和健康制定了各种法律规范和技术规程，只有严格遵守这些规范才能保护劳动者的生命和健康。本章阐述了劳动安全、劳动卫生、特殊劳动保护等法律制度和技术规程。通过学习，应了解我国劳动安全卫生法律制度的主要内容，重点掌握特殊劳动保护的规定。

■ 司考重点

熟悉、理解特殊劳动保护的内容，了解劳动法关于劳动安全卫生的规定。

■ 案例导入

2014年8月2日7时34分，位于江苏省苏州市昆山市昆山经济技术开发区的昆山中荣金属制品有限公司（台商独资企业）抛光二车间发生特别重大铝粉尘爆炸事故，当天造成75人死亡、185人受伤，直接经济损失3.51亿元。经调查认定，该

特别重大爆炸事故是一起生产安全责任事故,事故的直接原因是事故车间除尘系统较长时间未按规定清理,铝粉尘集聚,事故的管理原因是涉事公司无视国家法律,违法违规组织项目建设和生产,当地政府对安全生产工作重视不够,负有安全生产监督管理责任的有关部门未认真履行职责,审批把关不严,监督检查不到位,专项治理工作不深入、不落实。因涉嫌重大劳动安全事故罪、玩忽职守罪,司法机关对该事故相关18人采取强制措施。

2015年6月1日21时32分,重庆东方轮船公司所属"东方之星"号客轮由南京开往重庆,当航行至湖北省荆州市监利县长江大马洲水道时翻沉,造成442人死亡。经国务院调查组调查认定,"东方之星"号客轮翻沉事件是一起由突发罕见的强对流天气——飑线伴有下击暴流——带来的强风暴雨袭击导致的特别重大灾难性事件。同时,相关企业、行业管理部门、地方党委政府及有关部门在日常管理和监督检查中存在制度不健全、监督管理不到位等主要问题,并提出对有关人员和单位的处理建议。

2015年8月12日,位于天津市滨海新区天津港的瑞海公司危险品仓库发生火灾爆炸事故,造成165人遇难、8人失踪、798人受伤,304幢建筑物、12 428辆商品汽车、7 533个集装箱受损,核定直接经济损失68.66亿元。经国务院调查组认定,天津港"8·12"瑞海公司危险品仓库火灾爆炸事故是一起特别重大生产安全责任事故。调查组认定,瑞海公司严重违反有关法律法规,是造成事故发生的主体责任单位,同时,有关地方党委、政府和部门存在有法不依、执法不严、监管不力、履职不到位等问题,司法机关以涉嫌重大责任事故罪、玩忽职守罪等对相关人员采取刑事强制措施。

结合该三个案例,请思考:目前国家对于安全生产有哪些法律规定?怎样才能防范安全事故发生?对于事故暴露出的有关地方政府和部门存在有法不依、执法不严、监管不力等问题如何有效防范和进行治理?

第一节 概述

一、劳动安全卫生的概念和特征

(一)劳动安全卫生的概念

劳动安全是指在劳动场所中无急性伤害事故发生,劳动卫生是指在劳动场所中无慢性职业危害发生。劳动安全和劳动卫生虽然概念不同,但相互联系和渗透,都是为了保持劳动场所的安全卫生和保障劳动者的生命安全及身体健康,故通常把直接保护劳动者在生产过程中的安全和健康的各种措施称之为劳动安全卫生、劳动保护,把国家为保护劳动者在生产过程中的安全和健康所制定的各种法律规范称为劳动安全卫生制度。

劳动安全卫生制度是基于劳动过程中存在各种不安全、不卫生的因素产生的。众所周知，现代工业生产过程中存在的各种不安全和不卫生因素会给劳动者生命安全和身体健康造成威胁，如不采取相应防护措施，就会损害劳动者的安全和健康并会影响经营的正常进行，故世界各国都比较重视劳动安全卫生立法，在国际劳工组织通过的所有公约和建议书中，职业安全与卫生约占主要内容的一半。如何预防和减少工伤事故和职业病，仍是当今各国劳动保护的重要问题。

（二）劳动安全卫生的特征

(1) 保护对象具有首要性。安全生产要以人为本、以民为本，保持劳动场所的安全卫生，保障劳动者生命安全和身体健康，是实现劳动过程的头等重要大事。

(2) 内容大都具有技术性。劳动安全卫生主要由各种安全卫生规程和安全卫生标准加以规定，其内容具有技术性。严格执行劳动安全卫生规程和标准，是实现劳动安全卫生的技术保证。

(3) 法律规范具有强行性。劳动安全卫生制度属于强行性法律规范，用人单位必须遵守和执行劳动安全卫生规程和标准，不得自行约定、修改、抛弃劳动安全卫生规程和标准。

(4) 适用范围具有广泛性。劳动安全卫生是社会劳动所必需，其不仅适用于建立劳动关系的所有用人单位和劳动者，还适用不发生劳动关系的单位和个人，例如监狱企业和服刑人员等。

二、劳动安全卫生的立法概况

（一）外国及国际劳工组织立法概况

1802年英国的《学徒健康与道德法》是劳动安全卫生的最早立法，该法规定了在纺织厂工作童工的劳动保护条件。进入20世纪以来，各国迅速加强了劳动方面立法，其中劳动安全与卫生立法更是重中之重。如美国于1969年颁布了《煤矿安全与卫生法》、1970年颁布了《职业安全卫生法》、英国于1974年颁布了《劳动安全与卫生法》、日本于1972年颁布了《劳动安全卫生法》等。与此同时，相应的国际劳工立法也在不断加强，主要有1937年《建筑业的安全规定公约》、1960年《保护工人免受离子辐射公约》、1974年《预防和控制由致癌物质和致癌剂造成职业危害公约》、1981年《职业安全和卫生及工作环境公约》等。这些国际劳工公约从各个层面反映了劳动安全卫生制度在不同行业中的具体要求，体现了对工人的人道主义关怀，从而促使劳动者更加认真地投入到劳动当中并指导着各国国内劳动安全卫生立法的发展和进步。

（二）我国劳动安全卫生立法概况

我国对劳动安全卫生立法十分重视。早在1956年国务院就颁布了著名的"三大规程"，即《工厂安全卫生规程》《建筑安装工程安全技术规程》《工人职员伤亡事故报告规程》。目前劳动安全卫生法律规范主要有《国务院关于加强防尘防毒工作的决定》(1984 年)、《尘肺病防治条例》(1987 年)、《矿山安全法》(1992 年颁布、2009 年修正)、《劳动法》(1994 年)、《矿山安全法实施条例》(1996 年)、《建设项目(工程)劳动安全卫生预评价管理办法》(1998 年)、《职业病防治法》(2001 年颁布, 2011 年修正)、《使用有毒物品作业场所劳动保护条例》(2002 年)、《安全生产法》(2002 年颁布、2014 年修正)、《特种设备安全监察条例》(2003 年颁布、2009 年修改)、《放射性同位素与射线装置安全和防护条例》(2005 年颁布, 2014 年修正)、《生产安全事故报告和调查处理条例》(2007 年颁布、2011 年、2015 年修正)、《工业企业设计卫生标准》(GBZ1-2010)等。上述系列劳动安全卫生立法,充分体现了国家对劳动者在生产过程中安全和健康的高度重视。

三、建立劳动安全卫生制度的意义

(一)为劳动者在劳动过程中的安全和健康提供法律保障

人是生产力中最重要和最活跃的因素,要发展生产力,首先必须保护生产力,不能以牺牲人的生命、健康为代价换取发展和效益。对于劳动者在劳动过程中遇到的各种不安全、不卫生因素,国家通过立法的手段,制定和颁布劳动安全卫生法律法规,为劳动者在劳动过程中的安全和健康提供法律保障。

(二)促进经济和社会持续健康发展

安全生产与经济和社会发展息息相关。事故不仅会给人民的生命带来严重伤害,而且还会给国家、集体和公民的财产造成巨大的损失,给社会带来震荡。而安全生产对于更好地调动劳动者的积极性、对于增加社会财富和节约社会资源、对于职工群众的家庭幸福和生活质量提高都具有直接的影响,进而促进经济和社会的持续健康发展。

司考真题

某商场使用了由东方电梯厂生产、亚林公司销售的自动扶梯。某日营业时间,自动扶梯突然逆向运行,造成顾客王某、粟某和商场职工薛某受伤,其中粟某受重伤,经治疗半身瘫痪,数次自杀未遂。现查明,该型号自动扶梯在全国已多次发生相同问题,但电梯厂均通过更换零部件、维修进行处理,并未停止生产和销售。(2015 年)

职工薛某被认定为工伤且被鉴定为六级伤残。关于其工伤保险待遇,下列选项正确的是

A. 如商场未参加工伤保险,薛某可主张商场支付工伤保险待遇或者承担民事人身损害赔偿责任

B. 如商场未参加工伤保险也不支付工伤保险待遇,薛某可主张工伤保险基金

先行支付

C. 如商场参加了工伤保险，主要由工伤保险基金支付工伤保险待遇，但按月领取的伤残津贴仍由商场支付

D. 如电梯厂已支付工伤医疗费，薛某仍有权获得工伤保险基金支付的工伤医疗费

【答案】BC

【解析】选项 A 不符合《最高人民法院关于审理人身损害赔偿案件适用法律若干问题的解释》第十二条第一款的规定，该解释第十二条第一款规定，依法应当参加工伤保险统筹的用人单位的劳动者，因工伤事故遭受人身损害，劳动者或者其近亲属向人民法院起诉请求用人单位承担民事赔偿责任的，告知其按《工伤保险条例》的规定处理。

但对于 A 有人认为工伤与侵权竞合情况下，当事人有选择权。选项 B 符合《社会保险法》第四十一条的规定，选项 C 符合《工伤保险条例》第三十六条的规定。选项 D 不符合《社会保险法》第四十二条的规定。

第二节　劳动安全制度

一、安全生产法

安全生产人命关天。《工厂安全卫生规程》(1956 年)曾对工厂生产的安全维护进行了全面具体的规范，2008 年该规程被废止，相关内容由《职业病防治法》《安全生产法》代替。根据规定，在我国领域内从事生产经营活动的单位(统称生产经营单位)安全生产适用《安全生产法》；有关法律、行政法规对消防安全和道路交通安全、铁路交通安全、水上交通安全、民用航空安全以及核与辐射安全、特种设备安全另有规定的，适用其规定。《安全生产法》主要内容如下。

1. 生产经营单位的安全生产保障

生产经营单位应当具备有关法律、行政法规和国家标准或者行业标准规定的安全生产条件。生产经营单位的安全生产责任制应当明确各岗位责任人员、责任范围和考核标准等内容。矿山、金属冶炼、建筑施工、道路运输单位和危险物品的生产、经营、储存单位，应当设置安全生产管理机构或者配备专职安全生产管理人员。生产经营单位的特种作业人员必须按照国家有关规定经专门培训，取得相应资格，方可上岗作业。生产经营单位新建、改建、扩建工程项目(统称建设项目)的安全设施，必须与主体工程同时设计、同时施工、同时投入生产和使用。矿山、金属冶炼建设项目和用于生产、储存、装卸危险物品的建设项目，应当按照国家有关规定进行安全评价。生产、经营、储存、使用危险物品的车间、商店、仓库不得与员工宿舍在同一座建筑物内，并应当与员工宿舍保持安全距离。生产经营单位应当安排用于配备劳动防护用品、进行安全生产培训的经费。

司考真题

东星公司新建的化工生产线在投入生产过程中,下列哪些行为违反《劳动法》规定?(2009 年)

A. 安排女技术员参加公司技术攻关小组并到位于地下的设备室进行检测

B. 在防止有毒气体泄漏的预警装置调试完成之前,开始生产线的试运行

C. 试运行期间,从事特种作业的操作员已经接受了专门培训,但未取得相应的资格证书

D. 试运行开始前,未对生产线上的员工进行健康检查

【答案】BC

【解析】本题考核职业安全卫生法的规定。选项 A 不违反《劳动法》规定。《劳动法》第 59 条规定,禁止安排女职工从事矿山井下、国家规定的第四级体力劳动强度的劳动和其他禁忌从事的劳动。选项 B 违反《劳动法》规定。《劳动法》第 53 条规定,劳动安全卫生设施必须符合国家规定的标准。新建、改建、扩建工程的劳动安全卫生设施必须与主体工程同时设计、同时施工、同时投入生产和使用。选项 C 违反《劳动法》规定。《劳动法》第 55 条规定,从事特种作业的劳动者必须经过专门培训并取得特种作业资格。选项 D 不违反《劳动法》规定。《劳动法》第 54 条规定,用人单位必须为劳动者提供符合国家规定的劳动安全卫生条件和必要的劳动防护用品,对从事有职业危害作业的劳动者应当定期进行健康检查。

2. 从业人员的安全生产权利和义务

生产经营单位与从业人员订立的劳动合同,应当载明有关保障从业人员劳动安全、防止职业危害的事项,以及依法为从业人员办理工伤保险的事项。生产经营单位不得以任何形式与从业人员订立协议,免除或者减轻其对从业人员因生产安全事故伤亡依法应承担的责任。从业人员发现直接危及人身安全的紧急情况时,有权停止作业或者在采取可能的应急措施后撤离作业场所。因生产安全事故受到损害的从业人员,除依法享有工伤保险外,依照有关民事法律尚有获得赔偿的权利的,有权向本单位提出赔偿要求。

3. 安全生产的监督管理

县级以上地方各级人民政府应当根据本行政区域内的安全生产状况,组织有关部门按照职责分工,对本行政区域内容易发生重大生产安全事故的生产经营单位进行严格检查。生产经营单位对负有安全生产监督管理职责部门的监督检查应当予以配合,不得拒绝、阻挠。任何单位或者个人对事故隐患或者安全生产违法行为,均有权向负有安全生产监督管理职责的部门报告或者举报。

4. 生产安全事故的应急救援与调查处理

生产经营单位应当制定本单位生产安全事故应急救援预案,与所在地县级以上地

方人民政府组织制定的生产安全事故应急救援预案相衔接,并定期组织演练。生产经营单位发生生产安全事故后,事故现场有关人员应当立即报告本单位负责人。事故调查处理应当按照科学严谨、依法依规、实事求是、注重实效的原则,及时、准确地查清事故原因,查明事故性质和责任,总结事故教训,提出整改措施,并对事故责任者提出处理意见。生产经营单位发生生产安全事故,经调查确定为责任事故的,除应当查明事故单位的责任并依法予以追究外,还应当查明对安全生产的有关事项负有审查批准和监督职责的行政部门的责任,对有失职、渎职行为的,依法追究法律责任。

二、建设工程安全制度

根据《建筑法》《建设工程安全生产管理条例》等规定,建设工程安全制度主要包括以下三方面的内容。

1. 建设单位的安全责任

建设单位应当向施工单位提供施工现场及毗邻区域内供水、排水、供电、供气、供热、通信、广播电视等地下管线资料,气象和水文观测资料,相邻建筑物和构筑物、地下工程的有关资料,并保证资料的真实、准确、完整。建设单位不得对勘察、设计、施工、工程监理等单位提出不符合建设工程安全生产法律、法规和强制性标准规定的要求,不得压缩合同约定的工期。建设单位在申请领取施工许可证时,应当提供建设工程有关安全施工措施的资料。

2. 勘察、设计、工程监理及其他有关单位的安全责任

勘察单位应当按照法律、法规和工程建设强制性标准进行勘察,提供的勘察文件应当真实、准确,满足建设工程安全生产的需要。设计单位应当按照法律、法规和工程建设强制性标准进行设计,防止因设计不合理导致生产安全事故的发生,对涉及施工安全的重点部位和环节在设计文件中注明,并对防范生产安全事故提出指导意见。设计单位和注册建筑师等注册执业人员应当对其设计负责。工程监理单位应当审查施工组织设计中的安全技术措施或专项施工方案是否符合工程建设强制性标准。工程监理单位在实施监理过程中,发现存在安全事故隐患的,应当要求施工单位整改;情况严重的,应当要求施工单位暂时停止施工,并及时报告建设单位。为建设工程提供机械设备和配件的单位,应当按照安全施工的要求配备齐全有效的保险、限位等安全设施和装置。

3. 施工单位的安全责任

施工单位从事建设工程的新建、扩建、改建和拆除等活动,应当依法取得相应等级的资质证书,并在其资质等级许可的范围内承揽工程。施工单位应当设立安全生产管理机构,配备专职安全生产管理人员。建设工程实行施工总承包的,由总承包单位对施工现场的安全生产负总责。特种作业人员必须取得特种作业操作资格证书后,方可上岗作业。建设工程施工前,施工单位负责项目管理的技术人员应当对有关安全施工的技术要求向施工作业班组、作业人员作出详细说明,并由双方

签字确认。施工单位应当根据不同施工阶段和周围环境及季节、气候的变化,在施工现场采取相应的安全施工措施。施工单位应当将施工现场的办公、生活区与作业区分开设置,并保持安全距离。施工单位应当在施工现场采取措施,防止或者减少粉尘、废气、废水、固体废物、噪声、振动和施工照明对人和环境的危害和污染。施工单位应当向作业人员提供安全防护用具和安全防护服装,并书面告知危险岗位的操作规程和违章操作的危害。施工单位应当为施工现场从事危险作业的人员办理意外伤害保险。

三、矿山安全制度

根据《矿山安全法》《矿山安全法实施条例》等规定,矿山安全制度的主要内容有两项。

1. 矿山建设的安全技术规程

国家对矿山企业实行安全生产许可制度,企业未取得安全生产许可证的,不得从事生产活动。矿山建设工程的安全设施必须和主体工程同时设计、同时施工、同时投入生产和使用。矿山建设工程的设计文件,必须符合矿山安全规程和行业技术规范,并按照国家规定经管理矿山企业的主管部门批准。矿山建设工程安全设施的设计必须有劳动行政主管部门参加审查,矿山设计必须符合矿山安全规程和行业技术规范。

2. 矿山开采的安全技术规程

矿山开采必须具备保障安全生产的条件,执行开采不同矿种的矿山安全规程和行业技术规范。矿山设计规定保留的矿柱、岩柱,在规定的期限内,应当予以保护,不得开采或者毁坏。矿山企业必须对机电设备及其防护装置、安全检测仪器,定期检查、维修,保证使用安全。矿山企业必须对作业场所中的有毒有害物质和井下空气含氧量进行检测,保证符合安全要求。矿山企业必须对危害安全的事故隐患采取预防措施。

第三节 劳动卫生制度

一、防止粉尘危害

为消除粉尘危害,国务院专门颁布了《尘肺病防治条例》,并适用于所有有粉尘作业的企业、事业单位。

根据规定,凡有粉尘作业的企业、事业单位应采取综合防尘措施和无尘或低尘的新技术、新工艺、新设备,使作业场所的粉尘浓度不超过国家卫生标准。严禁任何企业、事业单位将粉尘作业转嫁、外包或以联营的形式给没有防尘设施的乡镇、街道企业或个体工商户。中、小学校各类校办的实习工厂或车间,禁止从事有粉尘的作业。对初次从事粉尘作业的职工,由其所在单位进行防尘知识教育和考核,考试合格后方可从事粉尘作业。不满十八周岁的未成年人,禁止从事粉尘作业。新建、改建、扩建、续建有粉尘作业的工程项目,防尘设施必须与主体工程同时设计、同时施工、同时投产。作业场所的粉尘浓度超过国家卫生标准,又未积极治理,严重影响职工安全健康时,职工有权拒绝操作。

二、防止有毒有害物质危害

国家极为重视有毒有害物质危害的防治,主要规定有《防止沥青中毒办法》《工业企业设计卫生标准》《国务院关于加强防尘防毒工作的决定》《使用有毒物品作业场所劳动保护条例》等。

根据规定,有毒物品分为一般有毒物品和高毒物品。国家对作业场所使用高毒物品实行特殊管理,用人单位应当尽可能使用无毒物品,需要使用有毒物品的,应当优先选择使用低毒物品。用人单位不得安排未成年人和孕期、哺乳期的女职工从事使用有毒物品的作业。用人单位的使用有毒物品作业场所必须符合国家规定的要求。使用有毒物品作业场所应当设置黄色区域警示线、警示标识和中文警示说明。高毒作业场所应当设置红色区域警示线、警示标识和中文警示说明,并设置通讯报警设备。用人单位应当确保职业中毒危害防护设备、应急救援设施、通讯报警装置处于正常适用状态,不得擅自拆除或者停止运行。

三、防止噪音和强光刺激危害

长期在噪声和强光的作业下生产和劳动,会对劳动者听觉和视觉器官产生不良的影响,引发各种职业病。目前关于防止噪声和强光刺激的规定主要有《环境噪声污染防治法》《工业企业设计卫生标准》《工业企业噪声卫生标准(试行草案)》等。

根据规定,对于生产过程和设备产生的噪声,应首先从声源上进行控制,工业企业设计中的设备选择,宜选用噪声较低的设备,在需防止紫外线照射的工作场所,应采用隔紫灯具或无紫光源。新建(包括引进项目)、扩建和改建的工业企业,必须把噪声的控制设施与主体工程同时设计、同时施工、同时投产。

四、防止放射性物质危害

为防止放射性物质危害,我国颁布有《放射性污染防治法》《放射性同位素与射线装置安全和防护条例》《放射性同位素与射线装置安全和防护管理办法》等。

根据规定,生产、销售、使用放射性同位素和射线装置的单位,应当对本单位的放射性同位素、射线装置的安全和防护工作负责,应当对直接从事生产、销售、使用活动的工作人员进行安全和防护知识教育培训,并进行考核,考核不合格的,不得上岗。辐射安全关键岗位应当由注册核安全工程师担任。生产、销售、使用放射性同位素和射线装置的单位,应当对本单位的放射性同位素、射线装置的安全和防护状况进行年度评估。发现安全隐患的,应当立即进行整改。

五、防暑降温和防冻取暖

我国于 1960 年曾颁布《防暑降温措施暂行办法》,由于时间久远,内容陈旧,相关部门 2012 年对《防暑降温措施暂行办法》进行了修订,制定了《防暑降温措施管理办法》。

根据规定,在高温天气期间,用人单位在日最高气温达到 40 ℃以上时,应当停止当日室外露天作业;日最高气温在 37 ℃以上、40 ℃以下时,用人单位全天安排劳动者室外露天作业时间累计不得超过 6 小时,连续作业时间不得超过国家规定,且在气温最高时段 3 小时内不得安排室外露天作业;日最高气温在 35 ℃以上、37 ℃以下时,用人单位应当采取换班轮休等方式,缩短劳动者连续作业时间,并且不得安排室外露天作业劳动者加班。用人单位应当为高温作业、高温天气作业的劳动者供给足够的、符合卫生标准的防暑降温饮料及必需的药品。因高温天气停止工作、缩短工作时间的,用人单位不得扣除或降低劳动者工资。用人单位安排劳动者在 35 ℃以上高温天气从事室外露天作业及不能采取有效措施将工作场所温度降低到 33 ℃以下的,应当向劳动者发放高温津贴,并纳入工资总额。对于防冻取暖,《工厂安全卫生规程》规定室内工作地点的温度经常低于 5℃时,应设置取暖设备。

六、劳动防护用品

劳动防护用品,是指由生产经营单位为从业人员配备的,使其在劳动过程中免遭或者减轻事故伤害及职业危害的个人防护装备。劳动防护用品分为特种劳动防护用品和一般劳动防护用品,特种劳动防护用品目录由国家安全生产监督管理总局确定并公布。《安全生产法》《劳动防护用品监督管理规定》《劳动防护用品选用规则》等具体规定了劳动防护用品的经营和使用。

按照规定,生产经营单位应当按照《劳动防护用品选用规则》和国家颁发的劳动防护用品配备标准以及有关规定,为从业人员配备劳动防护用品。从业人员在作业过程中,必须按照安全生产规章制度和劳动防护用品使用规则,正确佩戴和使用劳动防护用品。

七、职业病防治

职业病是指企业、事业单位和个体经济组织等用人单位的劳动者在职业活动中,因接触粉尘、放射性物质和其他有毒、有害因素而引起的疾病。职业病是随着危害因素的实际情况适时进行调整的,2013 年的《职业病分类和目录》将职业病分为 10 类 132 种。目前相关法律规范主要有《职业病防治法》《职业病分类和目录》《职业病诊断与鉴定管理办法》《职业健康监护管理办法》《用人单位职业健康监护监督管理办法》《职业病危害项目申报办法》等。

根据规定,职业病防治管理主要包括以下七个方面:

(1)职业病危害项目申报制度。用人单位工作场所存在职业病目录所列职业病危害因素的,应当及时、如实向所在地安全生产监督管理部门申报危害项目,接受监督。

(2)建设项目职业病危害的预评价、审核制度。新建、扩建、改建建设项目和技术改造、技术引进项目可能产生职业病危害的,建设单位在可行性论证阶段应当向安全生产监督管理部门提交职业病危害预评价报告。

(3)工作场所职业病危害因素监测及检测、评价制度。用人单位应当实施由专人负责的职业病危害因素日常监测,并确保监测系统处于正常运行状态。

(4)职业危害的警示告知制度。产生职业病危害的用人单位,应当在醒目位置设置公告栏,公布有关职业病防治的规章制度、操作规程、职业病危害事故应急救援措施和工作场所职业病危害因素检测结果。

(5)职业健康监护制度。对从事接触职业病危害的作业的劳动者,用人单位应当按照规定组织上岗前、在岗期间和离岗时的职业健康检查,并将检查结果书面告知劳动者。用人单位对未进行离岗前职业健康检查的劳动者不得解除或者终止与其订立的劳动合同。

(6)职业病诊断制度。职业病诊断应当综合分析病人的职业史、职业病危害接触史和工作场所职业病危害因素情况、临床表现及辅助检查结果等因素,没有证据否定职业病危害因素与病人临床表现之间必然联系的,应当诊断为职业病。

(7)职业病鉴定制度。当事人对职业病诊断机构做出的职业病诊断结论有异议的,可以按照规定向职业病诊断机构所在地设区的市级卫生行政部门申请首次鉴定,对设区的市级职业病鉴定结论不服的,可以在法定时间内向原鉴定组织所在地省级卫生行政部门申请再鉴定,省级职业病鉴定结论为最终鉴定。

第四节 特殊劳动保护制度

一、特殊劳动保护制度概述

女职工和未成年工是劳动者中的两种特殊职工,世界各国的劳动立法和国际劳工立法,都把对女职工和未成年工的特殊保护作为重要内容加以规定。综观世界劳动法历史,不难发现早期劳动立法多是从限制女工和未成年工的工作时间和某些繁重劳动开始的。现行国际劳工立法和各国劳动法对女职工特殊劳动保护一般体现在平等就业权、同工同酬、生育保护、有害健康工作限制等方面,对未成年工特殊劳动保护一般体现在限制最低就业年龄、限制工作时间延长和繁重体力劳动等。

女职工是指以工资收入为主要生活来源的女性职工。女职工特殊保护,是指根据女职工的身体条件和生理特点,对女职工在劳动方面的特殊权益进行保障。法律对女职工在劳动方面进行特殊保护,既是保障女性职工身体健康和劳动安全的需要,也是抚养国家下一代的安全和健康成长需要。

未成年工在我国是指年满 16 周岁不满 18 周岁的劳动者。未成年工特殊保护,是指根据未成年工的身体特点,国家依法对未成年工在劳动方面的特殊权益进行保障。法律对未成年工给予特殊保护,既是保护他们身体健康和正常发育成长的需要,也是加强未成年工的教育和培训,提高劳动者素质的需要。

我国历来重视对这两种特殊职工的特殊保护,《劳动法》《妇女权益保障法》《未成年工特殊保护规定》《禁止使用童工规定》《女职工劳动保护特别规定》《女职工禁忌从事的劳动范围》等具体规定了特殊劳动保护制度。

二、女职工特殊劳动保护制度

(一)合理安排女职工的工种和工作

为了减少和解决女职工在劳动中因生理特点造成的特殊困难,《劳动法》规定,禁止安排女职工从事矿山井下、国家规定的第四级体力劳动强度的劳动和其他禁忌从事的劳动。《女职工劳动保护特别规定》附录列举了矿山井下作业等女职工禁忌从事的劳动范围,并规定用人单位应当将本单位属于女职工禁忌从事劳动范围的岗位书面告知女职工。

需要强调的是,《女职工劳动保护特别规定》增加了对女职工精神和心理方面的保护条款,强调"在劳动场所,用人单位应当预防和制止对女职工的性骚扰"。

(二)对女职工实行"四期"保护

(1)经期保护。经期保护是对女职工月经期间的特殊保护。《劳动法》第 60 条规定:"不得安排女职工在经期从事高处、低温、冷水作业和国家规定的第三级体力劳动强度的劳动。"《女职工禁忌从事的劳动范围》规定具体列示了冷水、低温、高处等女职工在经期禁忌从事的劳动范围。

(2)孕期保护。孕期保护是对女职工怀孕期间的特殊保护。《劳动法》第 61 条规定:"不得安排女职工在怀孕期间从事国家规定的第三级体力劳动强度的劳动和孕期禁忌从事的劳动。对怀孕七个月以上的女职工,不得安排其延长工作时间和夜班劳动。"《女职工劳动保护特别规定》第 6 条规定:"女职工在孕期不能适应原劳动的,用人单位应当根据医疗机构的证明,予以减轻劳动量或者安排其他能够适应的劳动。对怀孕 7 个月以上的女职工,用人单位不得延长劳动时间或者安排夜班劳动,并应当在劳动时间内安排一定的休息时间。怀孕女职工在劳动时间内进行产前检查,所需时间计入劳动时间。"《女职工禁忌从事的劳动范围》具体列示了女职工在孕期禁忌从事的劳动范围。

(3)产期保护。产期保护是对女职工生育期间的特殊保护。《女职工劳动保护特别规定》将《劳动法》规定的女职工不少于90天的产假增加到98天,该规定第7条规定:"女职工生育享受98天产假,其中产前可以休假15天;难产的,增加产假15天;生育多胞胎的,每多生育1个婴儿,增加产假15天。女职工怀孕未满4个月流产的,享受15天产假;怀孕满4个月流产的,享受42天产假。"此外,有些地方对晚婚晚育的女职工产假做了延长规定。如《河南省人口与计划生育条例》(2014年修正)第33条规定:"国家机关、社会团体、企业事业单位职工,实行晚婚的,除国家规定的婚假外,增加婚假十八天;实行晚育的,除国家规定的产假外,增加产假三个月,给予其配偶护理假一个月;婚假、产假、护理假期间视为出勤。"

(4)哺乳期保护。哺乳期保护是对女职工哺乳未满1周岁婴儿期间的特殊保护。《劳动法》第63条规定:"不得安排女职工在哺乳未满一周岁的婴儿期间从事国家规定的第三级体力劳动强度的劳动和哺乳期禁忌从事的其他劳动,不得安排其延长工作时间和夜班劳动。"《女职工劳动保护特别规定》还规定,用人单位应当在每天的劳动时间内为哺乳期女职工安排1小时哺乳时间;女职工生育多胞胎的,每多哺乳1个婴儿每天增加1小时哺乳时间。《女职工禁忌从事的劳动范围》具体列示了女职工在哺乳期禁忌从事的劳动范围。

(三)女职工保健措施的规定

为更好地落实女职工特殊保护措施,《女职工劳动保护特别规定》第10条规定:"女职工比较多的用人单位应当根据女职工的需要,建立女职工卫生室、孕妇休息室、哺乳室等设施,妥善解决女职工在生理卫生、哺乳方面的困难。"在女职工保健方面,要求贯彻预防为主的方针,注意女性生理和职业特点,认真执行国家有关保护女职工的各项政策和法规。

三、未成年工特殊劳动保护

(一)未成年工禁忌从事的劳动

《劳动法》第64条规定:"不得安排未成年工从事矿山井下、有毒有害、国家规定的第四级体力劳动强度的劳动和其他禁忌从事的劳动。"《未成年工特殊保护规定》对未成年工禁忌从事的劳动范围做了具体规定。依照该规定,用人单位不得安排未成年工从事有易燃易爆、化学性烧伤和热烧伤等危险性大的作业、地质勘探和资源勘探的野外作业、工作中需要长时间保持低头、弯腰、上举、下蹲等强迫体位和动作频率每分钟大于五十次的流水线作业、锅炉司炉等17种禁忌范围的劳动。

(二)对未成年工进行定期健康检查

过重的劳动量和过大的劳动消耗都可能对未成年工身体造成影响,必须对其进行定期健康检查,如果发现其身体状况不适合该工作,应及时进行调整。《劳动法》第65条规定:"用人单位应当对未成年工定期进行健康检查。"《未成年工特殊保护规定》对未成年工定期进行健康检查做了具体规定。

(三)未成年工的使用和特殊保护实行登记制度

国家对未成年工的使用和特殊保护实行登记制度,要求用人单位招收使用未成年工,除符合一般用工要求外,还须向所在地的县级以上劳动行政部门办理登记。劳动行政部门根据未成年工健康检查表、未成年工登记表,核发未成年工登记证,未成年工须持未成年工登记证上岗。

司考真题

某建筑工程队低价招用20名学徒工,合同中规定他们每天必须从事高空作业或繁重搬运工作,否则不能结算当月工资。用工当月,工程队因违反安全施工规定造成事故,致使学徒工多人伤亡。有关部门经调查发现这些学徒工均是不满15周岁的边远地区农民子弟。对此,劳动行政部门拟采取的下列哪一项措施不符合法律规定?(2005年)

A. 责令雇主解除劳动合同,遣返这批学徒工
B. 责令雇主承担遣返费用,并给予经济补偿
C. 收缴雇主在非法用工期间的经营所得
D. 告知事故受害者及其家属向雇主索赔的权利,并协助他们向雇主索赔

【答案】C
【解析】《劳动法》第15条规定:"禁止用人单位招用未满十六周岁的未成年人。文艺、体育和特种工艺单位招用未满十六周岁的未成年人,必须依照国家有关规定,履行审批手续,并保障其接受义务教育的权利。"第94条规定:"用人单位非法招用未满十六周岁的未成年人的,由劳动行政部门责令改正,处以罚款;情节严重的,由工商行政管理部门吊销营业执照。"ABD项都属于劳动行政部门责令用人单位改正的内容,C项没有法律依据。

相关链接

《刑法》对安全生产犯罪进行了相应规制,涉及的罪名主要有重大飞行事故罪、铁路运营安全事故罪、交通肇事罪、重大责任事故罪、强令违章冒险作业罪、重大劳动安全事故罪、大型群众性活动重大事故罪、危险物品肇事罪、工程重大安全事故罪、消防责任事故罪、不报或者谎报事故罪、过失损害易燃易爆设备罪以及相应的职务犯罪等。依照《刑事诉讼法》规定,公安机关、检察机关和人民法院按照各自的职责分工进行刑事诉讼,并最终由人民法院依法作出司法判决。

相关知识链接

1. 张明楷. 刑法学. 5版. 北京:法律出版社,2016.
2. 黎建飞. 劳动与社会保障法教程. 北京:中国人民大学出版社,2016.

3. 郑尚元.劳动和社会保障法学.北京:北京师范大学出版社,2010.
4. 阚珂.中华人民共和国安全生产法释义.北京:法律出版社,2014.
5. 万以娴.职工劳动保护手册.北京:中国法制出版社,2014.

思考与分析

1. 如何理解《安全生产法》中第53条"因生产安全事故受到损害的从业人员,除依法享有工伤保险外,依照有关民事法律尚有获得赔偿的权利的,有权向本单位提出赔偿要求"的规定(《职业病防治法》第59条也有类似规定)?

2. 阅读《江苏省苏州昆山市中荣金属制品有限公司"8·2"特别重大爆炸事故调查报告》或《天津港"8·12"特别重大火灾爆炸事故调查报告》(两报告全文网上可查询到),分析事故相关人员涉嫌罪名有哪些?事故的教训有哪些?如何防范类似事故发生?

3. 劳动安全卫生的含义和特征是什么?

4. 为什么对女职工实行特殊保护?女职工"四期"保护的基本内容是什么?

5. 根据当前我国安全生产现状,分析劳动安全制度实施中存在的问题。

第九章

职业培训制度

知识结构图

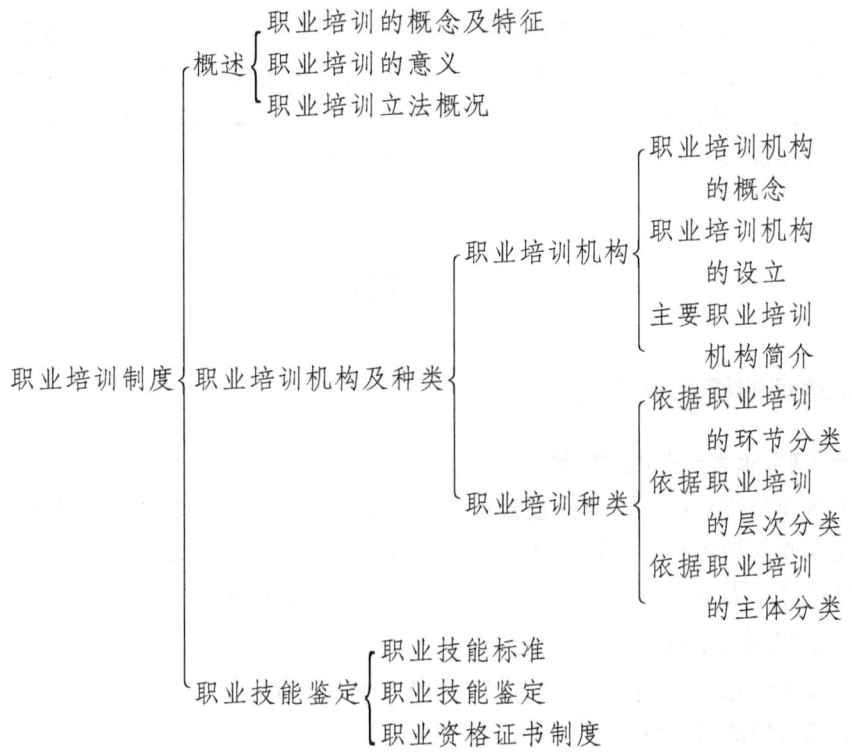

本章导读

本章主要介绍职业培训的概念、特征、意义及职业培训机构、种类,我国的职业资格证书制度及职业技能鉴定制度。重点在于对我国职业培训重要意义的理解,难点在于对当前我国高等教育职业化改革必要性的理解和实施方案的思考。

司考重点

主要是与劳动合同相关的"培训服务期违约"的相关规定。

案例导入

2009年8月,深圳某民营高新技术企业派研发部经理张某参加技术培训,培训期限半年,培训费用12万元,全额由公司承担,双方并没有签订书面的培训服务期协议,双方只是口头约定培训结束后为单位服务3年。张某于2012年8月向公司提交了辞职信,公司要求张某离职前支付12万元。张某不同意支付12万元的培训费用,并于2012年8月底离职。公司向劳动争议仲裁委员会申请仲裁,要求张某承担违约责任。

劳动争议仲裁委认为:用人单位提供培训费让张某进行专业技术培训,可以根据《劳动合同法》第二十二条规定与张某签订协议,约定服务期,也可以不约定服务期。如果用人单位与张某签订有培训服务期协议,就可以依据《劳动合同法》第二十二条规定主张违约金。如果没有培训服务期协议,就无权主张服务期违约赔偿。本案中,用人单位并没有与张某签订书面协议约定服务期,虽称曾经口头约定,但是张某予以否认,用人单位并未提供有效证据证明约定存在,因此承担证明不力的不利后果。最终劳动争议仲裁委裁决驳回了用人单位的仲裁请求。

第一节 概述

一、职业培训的概念及特征

(一)职业培训的概念

职业培训是指对准备就业和已经就业的劳动者,以开发其职业技能为目的而进行的技术业务知识和实际操作能力的教育和训练活动。职业培训是以劳动者为特定对象的劳动力资源开发活动,是我国教育的重要组成部分。

(二)职业培训的特征

与普通教育相比,职业培训具有以下四个方面的特征。

1. 培训对象的特定性

职业培训的对象是准备就业和已经就业的劳动者。在这里,职业培训的劳动者是广义的,包括有就业意愿但尚未就业的人,即谋求职业的人;也包括已经成为劳动关系一方当事人的劳动者。前者可以是具有劳动权利能力和劳动行为能力的人,也可以是无劳动权利能力和劳动行为能力的人(如技工学校的学生),而后者必须是具有劳动权利能力和劳动行为能力的人。具体包括失业者、在职者、下岗职工和其他求职者。普通教育的对象以非劳动者为主,主要是初、中、高等教育学校学习的学生。

2. 培训目标的明确性

职业培训的目标是使受训者获得或提高职业技能,而不是侧重培训受训者的文化水平和提高综合素质。在职业技术学校,职业培训的同时也进行高中阶段的文化课程教学,但这只是职业培训与普通教育相结合的事物,其侧重于培训受训者的职业技能,并不改变职业培训的目标。而普通教育以通过提高国民文化水平来普遍提高国民素质为目标。当今,普通教育以就业为导向,与职业培训相结合,向职业培训转型成为必然趋势。

3. 培训内容的实用性

职业培训是特需培训,培训内容是根据社会发展需要、人力资源市场变化和用人单位岗位需要确定的,主要是相关岗位或工种的技术业务知识和实际操作能力与职业道德,具有明显的实用性和单一性。而普通教育是提高国民素质的学历教育,具有全面性和系统性,侧重于基础知识的学习掌握。

4. 培训方法的灵活性

职业培训为适应受训者不同学历文化水平、年龄、行业、工种、职务等不同的需要,适应社会需求变化,适应用人单位的要求,培训灵活多样,不拘一格。培训形式可采取联合办学、委托培训、定向培训等方式;培训期限采取长短结合的方式,可以脱产也可以半脱产;培养对象依据岗位的实际需要灵活确定;教学形式不受某种固定模式的限制,根据职业标准的要求采取多种形式的教学手段。而普通教育一般是常规的全日制教育。

二、职业培训的意义

职业培训是社会化大生产的内在需要,无论何种社会制度,社会经济发展都依赖高素质、高技能的劳动者,而专业技能的获得越来越依赖于职业技能培训。知识日新月异的今天,对劳动者进行职业培训,提高其职业技能,对于我国产业结构优化升级、将人口压力转化为人力资源优势,提升国际竞争力具有重要意义。

(一)职业培训有利于提高劳动者职业技能和就业质量

我国劳动力存在结构性短缺的特征,即存在"有人无事可干,有事无人可干"的局面,失业与劳动力短缺并存。其中短缺最严重的是技能型劳动力。技能水平低甚至无技术劳动者供过于求,就会出现大量失业和低质量就业。技能型劳动力短缺源于我国职业技术培训发展相对滞后,导致我国经济发展急需的技能型劳动力供给不足。因此,大力加强职业培训有利于提高劳动者的职业技能水平和综合素质,提高就业能力和就业质量。

(二)职业培训有利于提高用人单位劳动效率和产品质量,增强市场竞争力

经济全球化的今天,我国改革不断深化,企业竞争不能仅仅依靠低廉的劳动力成本,更加需要倚重技术进步和科技创新,有赖于劳动者技能水平和职业素养的不断提高。职业培训对劳动者技能水平和职业素养提高具有决定性作用。现在用人单位由于考虑眼前的职工培训会增加一定的用工成本,损失眼前的利润,因此减少甚至不提供职业培训,这样就会导致企业劳动者技能水平无法得到进一步提升,劳

动效率低下,无法增强企业的市场竞争力。

(三)职业培训有利于实现我国"科教兴国"战略,提高就业率,维护社会稳定和谐

国家之间的竞争实质上是科学技术的竞争,科学技术的竞争关键在人。通过职业培训能够提高我国劳动者职业技能和素养,加快我国经济发展,增强我国国际竞争力,缩小与发达国家的差距。在深化改革的今天,把我国人口负担转化为人力资源优势,职业培训必不可少。通过职业培训,使劳动者具备较高的职业技能,实现高质量就业,就会保证就业率稳步提升,避免大量失业对我国社会稳定和谐带来的冲击。

三、职业培训立法概况

由于职业培训对于提高劳动者技能和就业、企业和国家市场竞争力具有举足轻重的作用,各国都非常重视职业培训的立法。

(一)国际劳工组织立法

国际劳工组织于1963年在第117号《社会政策基本宗旨和准则公约》的第六部分专门规定了"教育和职业培训"。1975年在第142号《人力资源开发公约》和第150号《人力资源开发中职业指导和职业培训作用建议书》中规定了人力资源开发的职业指导、职业教育和培训的内容。

(二)其他国家立法

第二次世界大战后,各国对职业培训给予高度重视,也带动了经济的飞速发展。英国1948年制定的《就业训练法》指派就业委员会举办成人就业培训,辅导劳动者就业。1964年制定了《工业培训法》。德国1969年通过了《职业教育法》,1976年颁布了《改进训练场所法》。日本1958年制定了《职业训练法》,并于1964、1973年两次修改,1969年通过了《人力资源开发促进法》,1987年通过了《职业能力开发促进法》。美国1963年制定了《职业培训法》。这些职业培训方面的法律法规对各国职业培训的发展实施、促进经济发展起着至关重要的作用。

(三)我国立法

我国自古十分重视职业培训,目前,我国职业培训方面的法律法规主要有以下三个层次。

(1)法律规定。《劳动法》第八章专门规定"职业培训",《职业教育法》于1996年9月1日实施,《就业促进法》于2008年1月1日实施,其中第五章专门规定职业教育与培训内容。

(2)国务院文件。国务院1991年发布《大力发展职业技术教育的规定》,2002年发布《关于大力推进职业培训改革与发展的决定》。

(3)部门规章。劳动与社会保障部与国家经贸委员会1996年联合发布《企业职工培训规定》。原劳动人事部1986年发布《技工学校工作条例》,1990年发布

《工人考核条例》,1991年颁布《就业训练中心管理规定》,1994年颁布《就业训练规定》,1995年颁布《职业培训实体管理规定》。

第二节 职业培训机构和种类

一、职业培训机构

（一）职业培训机构的概念

职业培训机构是为劳动者开发职业技能,提高职业素养,增强劳动者就业能力和工作能力提供服务的各类培训实体。主要包括技工学校、职业技术学校、就业训练中心、职工培训中心等机构。职业培训机构主要任务是根据劳动力市场的需求,有针对性地承担各类职业培训任务。其面对的主要对象是初次求职人员,下岗职工和失业人员,在职人员,转岗转业人员,出国劳务人员,境外就业人员,个体劳动者,农村向非农产业转移的人员和农业劳动者,需要特殊培训的妇女、残疾人,其他需要提高和掌握职业技能的劳动者。

（二）职业培训机构设立

各类职业培训机构的设立必须符合法定条件,主要包括组织管理、师资力量、教学场所和设备、经费等基本条件和设立程序两方面。

1. 设立基本条件

依据《职业教育法》的规定,我国设立职业学校必须具备的基本条件有:①有组织机构和章程;②有合格的教师;③有符合规定标准的教学场所、与职业教育相适应的设施、设备;④有必备的办学资金和稳定的经费来源。

职业培训机构的设立必须具备的基本条件有:①有组织机构和管理制度;②有与培训任务相适应的教师和管理人员;③有与进行培训相适应的场所、设施、设备;④有相应的经费。

2. 设立程序

依据《职业培训实体管理规定》,根据培训目标和设立主体不同,其设立程序各不相同。

(1)设立初级培训机构。由政府设立的,经当地人民政府批准,报上一级劳动行政部门备案;具有法人资格的社会组织设立的,由其上一级主管部门审批,报同级劳动行政部门备案;个人设立的,由县、区劳动行政部门批准,报上一级劳动行政部门备案。

(2)设立中级培训机构。国务院行业主管部门设立的,征得所在省级劳动行政部门同意后,由国务院行业主管部门批准;地方单位或个人设立的,省级劳动行政部门审查,报省级政府批准。

(3) 设立高级培训机构。由国务院劳动行政部门审批。

(三) 主要职业培训机构简介

1. 技工学校和职业技术学校

技工学校和职业技术学校是培养初、中级技术技能型人才的主要基地。招生对象主要是初、高中毕业生，实行教学实习与科研生产相结合。技工学校和职业技术学校已形成初、中、高级培训并存，学历教育与职业资格证书教育相结合，多层次、多功能、多元化的职业培训体系。

2. 就业训练中心

就业训练中心是劳动部门及有关社会组织为求职人员培训职业能力、准备就业条件而设立的专门培训机构。分劳动行政部门和非劳动行政部门组织的就业训练中心两种，前者为事业单位，受劳动行政部门领导，负责下岗职工的转业培训、转岗培训等任务；后者为企事业单位、社会团体和个人开展就业训练而设立的职业培训机构。

二、职业培训的种类

(一) 根据职业培训的不同环节，可分为岗前培训、学徒培训、在岗培训和转岗培训

1. 岗前培训

岗前培训是对未就业的劳动者进行的培养训练活动。培训目的是提高劳动者的就业能力，培训对象是从未就业的劳动者和失业者，培训方式主要是学历教育和上岗前的专业知识和技能培训。其中，我国的劳动预备制度是典型的岗前培训。

劳动预备制度是国家为提高青年劳动者素质，培养劳动后备军而建立和推行的一项新型培训制度。从 1999 年起，在全国城镇普遍推行劳动预备制度，其基本内容是组织新生劳动力和其他求职人员，在就业前接受 1—3 年的职业培训和职业教育，使其取得相应的职业资格或掌握一定的职业技能后，在国家政策的指导和帮助下，通过劳动力市场实现就业。实行劳动预备制度的主要对象是城镇未能继续升学并准备就业的初、高中毕业生，以及农村未能升学并准备从事非农产业工作或进城务工的初、高中毕业生。

2. 学徒培训

学徒培训是用人单位招收学徒工，在师傅的直接指导下，通过生产实践学习、掌握专业技能从而成为专业技术人员的一种培训模式。它将学校培训和工作培训有机结合，在技术工种的技能开发中具有独特优势。

(1) 学徒培训协议。一般通过签订学徒培训协议来明确用人单位与学徒工间的权利义务。其中，用人单位为培训者或者委托培训者，实际培训工作由师傅完成，学徒工为受训者。学徒培训协议主要包括培训期限、培训内容、学徒工在培

期间的待遇、考核方法、培训纪律及违约责任等。为保证培训效果，用人单位一般还会签订师徒协议作为学徒培训协议的从合同，明确师徒双方的权利义务，做到包教、包学、包会。

（2）学徒培训的期限及待遇。学徒培训在技术工人的培训中具有独到的显著效果，一般非技术工种没有必要招用学徒工。期限一般为3年，用人单位可以根据技术掌握难易程度适当延长或者缩短。一般学徒工待遇低于师傅的工资待遇，而且会随着培训时间及技术掌握程度而变化。学徒工与用人单位之间是一种非正式的劳动关系，能否转化为正式劳动关系取决于学徒培训是否达到预期的培训要求。

3. 在岗培训

在岗培训主要是对在岗职工进行技能培训，目的是为劳动者在职业上进一步发展创造条件。

4. 转岗培训

转岗培训是对需要转换工作岗位的在岗职工进行技能培训，为了使其适应新的工作岗位，顺利转岗。

（二）根据职业培训层次，可以分为初级、中级和高级职业培训

初级、中级职业培训分别由初等、中等职业学校实施；高级职业培训根据需要和条件由高等职业学校完成，或者由普通高等学校来实施。其他职业培训机构按照教育行政部门和劳动行政部门的统筹安排，实施同层次的职业培训。初级中学可以因地制宜地开设初等职业培训的课程，高级中学也可以适当地开设中级职业培训课程，以适应培养技能人才的需要。高等教育机构应以就业为导向，加强高级职业培训。

■ 资料链接

600多所"专升本"地方本科院校将逐步转型职业技术学院

2014年3月，教育部酝酿启动高校转型改革，我国1200所国家普通高等院校，将有600多所转向职业教育，培养技能型人才。

教育部副部长鲁昕透露，中国高等教育将发生革命性调整，600多所地方本科院校将逐步转型职业技术学院，做现代职业教育，重点培养工程师、高级技工、高素质劳动者等。目前，我国共有2 400多所大学，其中包括755所普通本科院校，除100多所由中央部委直接管理，还有646所属于地方本科院校，占到本科院校总数的85%。

鲁昕表示，中国解决就业结构型矛盾的核心是教育改革。教育改革的突破口是现代职业教育体系，培养的人是技术技能型。今后，中国将以建设现代职业

教育体系为突破口,对教育结构实施战略性调整,而这一调整集中在高中和高等教育阶段。

目前,教育部已经成立了联盟,有 150 多所地方院校,报名参加教育部的转型改革。

目前的职业教育体系既有的模式中在打通学历层次方面,中职和高职已经有 3+2 连读,也就是说,中职毕业的中专生,如果深造 2 年,可以获得大专文凭;而高职毕业的大专生,深造 2 年可以获得本科文凭。另外,也可以选择 3+2 人才分段培养等模式:就是完成了前半部分,就可以拿到前半部分证书,进入到后半部分,学业合格也可以拿到另外的证书。转阶段时不需要再参加全国高考。通过联合招生、自学考试、专升本考试,在学校也可以修本科,甚至是硕士、博士。

德国——世界职业教育的典范

德国的高等教育机构主要包括综合性大学、高等专科学院、高等艺术与音乐学院等几种类型。按照 2010/2011 年冬季学期的统计,综合性大学学生占德国全部在校大学生的比例为 64.8%,高等专科学院的学生人数占德国全部在校大学生的 32.1%。

德国职业教育的特别之处在于其"双元制"的培养机制。德国仅有 20% 左右的高中毕业生进入大学,其他学生接受的主要就是这种教育模式:学生与企业签订职业教育合同,教学分别在学院和企业里进行。学生在学习期间不仅不交学费,而且每月还可得到由企业提供的生活津贴及法定社会保险。

(三)根据职业培训主体,可以分为就业训练中心培训、企业职工培训中心培训和社会培训机构培训

1. 就业训练中心培训

就业训练中心是劳动行政部门组织的,依法设立的,为城镇失业人员和其他求职人员提高劳动技能、增强就业能力而举办的,专门从事就业训练的事业单位。就业训练中心可以进行岗前培训、在岗培训、转岗培训,对象涉及未上岗的求职者和在岗的劳动者。

2. 企业职工培训中心培训

企业职工培训中心是用人单位设立的,按照工作需要对职工进行思想政治、职业道德、管理知识、技术业务、操作技能等方面教育和培训活动的职业培训机构。用人单位贯彻按需培训、学用结合、定向培训原则,对本单位在职职工进行在岗、转岗、晋升、学徒及其他新录用人员上岗前培训。由用人单位承担培训费用的脱产、半脱产培训职工,应与用人单位签订培训协议,培训协议应明确培训目标、内容、形式、期限、双方权利义务及违约责任等。

■ 法条链接

《劳动合同法》第二十二条 用人单位为劳动者提供专项培训费用,对其进行专

业技术培训的,可以与该劳动者订立协议,约定服务期。

劳动者违反服务期约定的,应当按照约定向用人单位支付违约金。违约金的数额不得超过用人单位提供的培训费用。用人单位要求劳动者支付的违约金不得超过服务期尚未履行部分所应分摊的培训费用。

用人单位与劳动者约定服务期的,不影响按照正常的工资调整机制提高劳动者在服务期期间的劳动报酬。

3. 社会培训机构培训

社会培训机构是企业组织、社会团体及其他社会组织和公民个人利用非国家财政性教育经费,面向社会举办的培训机构。社会培训机构主要实施以职业技能培训为主的职业资格培训、技术等级培训、劳动就业职业技能培训。

我国鼓励社会培训机构进行各类职业培训。《职业培训实体管理规定》允许利用境内外机构及个人的捐款、援款和贷款,由境外机构和个人、外商投资企业(机构)单独举办的职业培训实体。

司考真题

1. 根据《劳动合同法》第二十二条的规定,在(　　)的条件下,用人单位可以与劳动者订立协议,约定服务期

A. 用人单位为劳动者提供了培训

B. 用人单位为劳动者提供了专项培训费用,对其进行了专业技术培训

C. 用人单位为劳动者提供了培训,并与劳动者协商一致

【答案】B

【解析】《劳动合同法》第二十二条规定:用人单位为劳动者提供专项培训费用,对其进行专业技术培训的,可以与该劳动者订立协议,约定服务期。说明约定服务期的条件有两个,一个是用人单位提供培训费用,二是对劳动者进行专业技术培训。故选项B正确。

选项A仅仅提到用人单位为劳动者提供培训,第一个条件没有提到,对第二个条件表述不准确,故而不选。选项C第一个条件没有提到,对第二个条件表述不准确,随意加了一个协商一致,也不是法律规定的条件,故而不选。

2. 根据《劳动合同法》第二十二条的规定,用人单位为劳动者提供专项培训费用,对其进行专业技术培训,可以与该劳动者订立协议,约定服务期,在服务期中可约定劳动者违反服务期约定的,应支付的违约金数额

A. 不得超过用人单位提供的培训费用

B. 应该等于用人单位提供的培训费用

C. 可以大于用人单位提供的培训费用

【答案】A

【解析】《劳动合同法》第二十二条第二款规定:劳动者违反服务期约定的,应当按

照约定向用人单位支付违约金。违约金的数额不得超过用人单位提供的培训费用。用人单位要求劳动者支付的违约金不得超过服务期尚未履行部分所应分摊的培训费用。法律这样规定是为了限制用人单位随意规定高价违约金阻碍劳动力自由流动,因此规定了违约金的上限,即用人单位提供的培训费用。所以选项 A 表述正确。选项 B 中"应该"用词错误,如果改成"可以",表述也是正确的。选项 C 表述与法律本意相违背,会造成用人单位故意设置高额违约金而阻碍劳动者自由选择职业权利的实现。

第三节 职业技能鉴定

一、职业技能标准

职业技能标准是在职业分类的基础上,根据职业的活动内容,对从业人员工作能力水平的规范性要求。它是从业人员从事职业活动,接受职业教育培训和职业技能鉴定以及用人单位录用、使用人员的基本依据。因专业、工种不同,有国家标准、行业标准和企业标准之分。

我国职业技能标准主要由《国家职业技能标准》《工人技术等级标准》《技师考评条件》、企业内部岗位规范及劳动合同规定。主要包括知识要求、技能要求、工作要求三方面,还包括职业道德、教育水平等内容。

二、职业技能鉴定

(一)职业技能鉴定的概念

职业技能鉴定是由职业技能鉴定机构对劳动者从事某种职业所应掌握的技术理论知识和实际操作能力做出客观的测量和评价。职业技能鉴定的结果决定着劳动者是否有资格从事相关职业活动,它是国家职业资格证书制度的重要组成部分。

职业技能鉴定具有法定性。职业鉴定机构由国家批准,鉴定对象法定,鉴定依据是国家的职业技能标准,鉴定通过后赋予劳动者职业资格、职业等级,以职业资格证书的法定形式表现。

职业技能鉴定有利于促进劳动者职业技能发展,提高职业素养,促进劳动力市场的规范化,增强企业市场竞争力。

(二)职业技能鉴定机构

职业技能鉴定机构是在劳动行政部门指导下,对劳动者进行技术等级考核和技师、高级技师资格考评的事业性机构。职业技能鉴定机构在管理上实行中心主任负责制。根据《职业技能管理规定》,我国的职业技能鉴定机构由劳动部所属职业技能鉴定指导中心、各省、自治区、直辖市劳动行政部门所属职业技能鉴定指导中心、行业的职业技能鉴定指导中心和职业技能鉴定站(所)组成。

(1)劳动部所属职业技能鉴定指导中心是国家级,主要职责是:参与制定国家职业技能标准和组建国家职业技能鉴定题库;开展职业分类、标准、技能鉴定理论研究及咨询服务;推动全国职业技能竞赛活动。

(2)各省、自治区、直辖市劳动行政部门所属职业技能鉴定指导中心是省级,主要职责是:组织本地区职业技能鉴定工作和具体实施考评员的资格培训;开展职业技能鉴定有关问题的研究和咨询服务;推动本地区职业技能竞赛活动。

(3)经劳动部批准,有关行业可建立行业的职业技能鉴定指导中心,主要职责是:参与制定国家职业技能标准以外非社会通用的本行业特有工种的职业技能标准;组织本行业特有工种的职业技能鉴定工作和考评员的资格培训;开展职业技能鉴定及有关问题的研究和咨询服务;推动本行业的职业技能竞赛活动。

(4)职业技能鉴定站(所)是职业技能鉴定的基层组织,具体承担对待业人员、从业人员、军地两用人才、各级各类职业技术院校和其他职业培训机构的毕(结)业生,进行职业技能鉴定的事业性机构。

(三)职业技能鉴定的对象和内容

职业技能鉴定的对象有以下三类:①各类职业技术学校和培训机构的毕(结)业生,凡属技术等级考核的工种,逐步实行职业技能鉴定;②企业、事业单位学徒期满的学徒工,必须进行职业技能鉴定;③企业、事业单位的职工以及社会各类人员,根据需要,自愿申请职业技能鉴定。

职业技能鉴定的主要内容包括职业理论知识、职业技术操作技能和职业道德。这些内容是依据国家职业技能标准、职业技能鉴定规范(即考试大纲)和相应教材来确定的,并通过编制试卷来进行鉴定考核。

■资料链接

2013年6月5日,财政部、人力资源和社会保障部下发通知,要求各地落实好高校毕业生参加职业培训和技能鉴定的相关补贴政策,并规范资金的使用和管理。

通知规定,高校毕业生在毕业年度内(指毕业所在自然年,即1月1日至12月31日)参加就业技能培训,培训合格并通过职业技能鉴定取得初级以上职业资格证书(未颁布国家职业技能标准的职业应取得专项职业能力证书或培训合格证书)的,按规定给予培训补贴。企业新招收毕业年度高校毕业生签订6个月以上期限劳动合同,在劳动合同签订之日起6个月内开展岗前培训的,根据培训后继续履行劳动合同情况,按照当地确定的职业培训补贴标准的一定比例,对企业给予定额培训补贴。高校毕业生在毕业年度内参加创业培训和创业实训,取得创业培训合格证书的,按规定给予培训补贴。高校毕业生在毕业年度内通过初次职业技能鉴定并取得职业资格证书或专项职业能力证书的,按规定给予一次性职业技能鉴定补贴。

三、职业资格证书制度

（一）职业资格与职业资格证书

根据《劳动法》第69条"国家确定职业分类，对规定的职业制定职业技能标准，实行职业资格证书制度"、《职业教育法》第8条"实行学历证书、培训证书和职业资格证书制度"和《就业促进法》第51条"国家对涉及公共安全、人身健康、生命财产安全等特殊工种的劳动者，实行职业资格证书制度"的规定，我国推行职业资格证书制度。

职业资格是劳动者从事某一职业必备的知识、技术和能力的基本要求，包括从业资格和执业资格。从业资格是从事某一职业知识、技术和能力的最基本要求，是劳动者从事这一职业的第一道"门槛"。执业资格是政府对某些责任较大、社会通用性强、关系公共利益的专业技术工作实行的准入控制，是劳动者依法独立开业或独立从事某种专业技术工作知识、技术和能力的必备标准。

职业资格证书是通过政府认定的考核鉴定机构，按照国家规定的职业技能标准或任职资格条件，对劳动者的从业资格进行认定的国家证书。职业资格证书是劳动者求职、任职、开业和用人单位录用劳动者的主要依据，也是境外就业、对外劳务合作人员办理技能水平公证的有效证件。与学历文凭证书不同，职业资格证书与某一职业能力的具体要求密切结合，反映特定职业的实际工作标准和规范，以及劳动者从事这种职业所达到的实际能力水平。我国技术性职业（工种）的职业资格证书，分为"初级技能""中级技能""高级技能""技师""高级技师"五种，由人力资源和社会保障部统一印制，人力资源和社会保障部门或国务院有关部门按规定办理和核发。

（二）职业资格证书制度

职业资格证书制度是国际通行的一种对技术型人才的资格认证制度，也是我国劳动就业制度中重要的组成部分。现在，我国的职业资格认证和国家各行业协会的资格认证，完全与国际接轨，已经获得国际认可。

职业资格证书是就业准入制度的凭证。根据《劳动法》《职业教育法》和《招用技术工种从业人员规定》的规定，从事技术复杂、通用性广、涉及国家财产、人民生命安全和消费者利益的职业的劳动者，就业上岗前必须经过培训并取得职业资格证书。2000年7月1日起，用人单位招用技术工种的劳动者，必须具有职业资格证书。违反此规定的，劳动监察机构应依法对用人单位予以查处，责令改正；从事个体经营的人员，没有职业资格证书，工商管理部门不予办理开业手续。

（三）职业资格证书的管理

我国资格证书制度遵循申请自愿、费用自理、客观公正的原则。我国公民和在我国获准就业的其他国籍人员都可以依法申请相应的职业资格。

通过国际双边或多边的互认,我国的国家资格证书能够得到其他国家的认可,成为国际人才市场的"通行证",为我国劳动者境外就业、对外劳务合作,充分发挥我国人力资源优势提供有利条件。

相关知识链接

1. 沈同仙.劳动法学.北京:北京大学出版社,2009.
2. 关怀,林嘉.劳动与社会保障法学.北京:法律出版社,2013.
3. 王胜会.企业培训需求分析实务.北京:中国劳动社会保障出版社,2013.
4. 李亚慧.培训管理方法与工具.北京:中国劳动社会保障出版社,2013.
5. 吴绍.企业员工培训的误区及培训体系的重构.中国职业技术教育,2006(24).

思考与分析

1. 现实中,劳动者经过职业培训,劳动技能水平大幅提升,跳槽寻求更好的发展成为他们的首选。用人单位在加大培训投入后落得"人财两空"的下场,是其最大忧虑。请问:如何在调动用人单位保障劳动者接受职业培训权的积极性和主动性的同时,有效维护用人单位的合法权益?

2. 2010年8月,广州某民营高新技术公司派研发部经理李某参加专业技术培训,双方签订了培训服务协议,外派培训期限为1年,培训费用12万元由公司全额承担,培训结束后李某为公司服务3年,若在培训服务期内提出辞职,需要向公司支付违约金20万元。

李某于2012年8月向公司提交了辞职信,公司按照协议要求李某离职前支付违约金20万元。李某不同意支付,并于8月底离职。公司向劳动争议仲裁委员会申请仲裁,要求李某承担违约责任。

根据我国法律规定,结合本案案情分析后回答以下问题:
(1)公司是否有权追究李某的违约责任?
(2)李某如果需要承担违约责任,违约金数额应该如何确定?
3. 简述职业培训的概念及特征。
4. 职业培训的重要意义有哪些?
5. 我国的职业培训种类有哪些?
6. 简述我国实行职业资格证书制度的重要意义。

第十章

劳动争议处理制度

知识结构图

```
                        ┌ 劳动争议的概念
                   概述 ┤ 劳动争议的特征
                        │ 劳动争议的种类
                        └ 劳动争议的受案范围

                                       ┌ 劳动争议处理体制概述
                   劳动争议处理体制 ┤ 劳动争议处理基本原则
                                       └ 劳动争议处理途径
劳动争议处理制度 ┤
                                       ┌ 劳动争议调解组织
                   劳动争议处理机构 ┤ 劳动争议仲裁委员会
                                       └ 人民法院

                                       ┌ 协商程序
                   劳动争议处理程序 ┤ 调解程序
                                       │ 仲裁程序
                                       └ 诉讼程序
```

本章导读

劳动争议是指劳动关系的双方当事人之间因劳动权利或义务而产生的纠纷。我国劳动争议处理的现行体制是协商、调解、仲裁与诉讼。本章主要介绍劳动争议的概念和种类、劳动争议处理的范围、劳动争议的处理体制、处理机构和处理程序，重点介绍劳动争议仲裁程序。

司考重点

熟悉劳动争议的概念与种类，了解劳动争议处理的原则，重点掌握劳动争议处理的范围及处理程序，明确劳动争议仲裁的特点和具体要求。

案例导入

2011年3月2日，英才英语培训学校与王卉签订员工固定期限劳动合同。该合同约定,王卉从事教学工作,此岗位属于负有保密义务的高级技术人员岗位,王卉若违反相关保密约定,应承担违约责任,并向校方支付违约金18万元;王卉在职期间和离开校方一定时间内,未经校方许可,在本市范围内不得从事与校方同类的业务,不得以学校名义招生或授课。合同还约定王卉有竞业限制义务,该义务的限制期限为离职后4个月,如果违反该义务,需支付违约金15万元。合同签订后,双方按照约定履行了各自义务。学校每月为王卉发放保密金、竞业限制补偿金分别为155元、175元。2011年12月28日,学校与王卉解除劳动合同,王卉一直领取竞业限制补偿金直至双方约定的竞业限制期间结束。2012年5月8日,王卉自己开办英语学习班,英才学校得知后,向人民法院提起诉讼,要求王卉支付违约金9万元。请问法院是否受理该案件?

第一节 概述

一、劳动争议的概念

劳动争议,又称"劳动纠纷""劳资纠纷""劳资争议",广义的劳动争议是指劳动关系的双方当事人或者其团体之间关于劳动权利和劳动义务的争议。狭义的劳动争议,仅指劳动关系的双方当事人(劳动者与用人单位)之间因劳动权利或义务而产生的纠纷。

对于劳动争议,我国劳动立法上没有给出明确的定义,如1993年7月颁布的《中华人民共和国企业劳动争议处理条例》,2008年1月1日实施的《劳动合同法》及2008年5月1日实施的《劳动争议调解仲裁法》等相关立法中都没有对此做出界定。从世界各国的劳动立法和劳动法学教材来看,劳动法中的劳动争议一般取其狭义概念。

二、劳动争议的特征

(一)争议主体的特定性

劳动争议的主体就是劳动争议的当事人。劳动争议的主体为劳动关系的双方当事人,即劳动者与用人单位,一方是劳动者,另一方为劳动者所在的用人单位,双方法律地位平等。如果发生争议的双方不具有劳动关系主体资格,则不属于劳动争议的范围。例如,劳动者请求社会保险经办机构发放社会保险金的争议不属于劳动争议,家庭或者个人与家政服务人员之间的争议也不属于劳动争议。此外,劳动者之间在提供劳动过程中发生的争议、用人单位之间因劳动者流动发生的争议等,都不是劳动争议。

(二)争议内容的确定性

劳动争议的内容是相互间的劳动权利与劳动义务,即与特定的劳动生产活动密切联系的权利和义务。如因劳动报酬、劳动保护、社会保险、劳动福利等而发生的争议。其他社会关系的争议则不具有上述内容,例如民事纠纷仅限于以平等主体之间的财产关系和人身关系为内容而形成的纠纷。此外,劳动者与用人单位之间发生的与劳动生产活动无关的争议也不属于劳动争议。例如劳动者与用人单位因住房制度改革产生的公有住房转让纠纷,不属于劳动争议。

(三) 争议表现形式的多样性

劳动争议的实质是劳动者与用人单位之间经济利益的争议,在市场经济条件下,劳动者与用人单位在劳动过程中的具体经济利益存在着差异性,劳动者作为提供劳动力的提供方,希望用人单位能够提供较高的劳动报酬和劳动条件,以满足自己不断提高和改善生活水平的需求;而用人单位作为资本的运作方和劳动力的使用者,总是希望获得素质高且廉价的劳动力,以降低生产成本,提高经济效益。这就使劳动关系双方在根本利益一致的前提下,产生了具体利益的不一致,如果协调不好,就会发生劳动争议。一般的社会关系纠纷,影响面仅限于争议范围之内;而劳动争议除可表现为一般的社会关系纠纷的形式,有时还以消极怠工、罢工、示威等形式出现,涉及面广,影响范围大。

三、劳动争议的种类

劳动争议按照不同的标准可进行不同的分类。

(一) 权利争议与利益争议

按照争议标的不同,劳动争议可以分为权利争议和利益争议。权利争议是指由于执行劳动法律法规、集体合同和劳动合同所规定的权利义务而发生的争议。在当事人劳动权利义务既定的情况下,只要双方当事人一方没有履行其义务,侵犯另一方合法权益,或者双方在履行劳动合同中存在分歧,争议就会产生。因此,权利争议是履行劳动合同和集体合同过程中发生的争议。利益争议是指由于确定劳动权利和劳动义务所发生的争议。在这类争议中,双方当事人是为将来的权利与义务的划分而产生的争执,在争议之时当事人的某种利益还没上升为权利。此类争议一般发生在集体合同的订立、变更过程中,一般不能通过调解、仲裁和诉讼的程序解决,而是在政府的干预下由双方协商解决。

(二) 个别争议与集体争议

按照劳动争议的主体不同,劳动争议可以分为个别争议和集体争议。个别争议又称个人争议,是指争议主体一方为劳动者,另一方为用人单位的争议,争议的内容只涉及劳动者个人利益。集体争议在国外的劳动立法和劳动法学理论中是指多个集体雇员(工会)与雇主或其团体之间因集体合同的订立或履行而发生的争议。在我国的立法实践中,集体争议指争议一方职工达到法定人数并且有着共同请求的劳动争议。根据 2008 年 5 月 1 日开始实施的《劳动争议调解仲裁法》第7条的规定,我国集体劳动争议职工一方的法定人数为10人以上。而对于工会和用人单位或其团体之间由于集体合同的订立或履行而发生的争议,我们称之为集体合同争议。

(三)涉外劳动争议和国内劳动争议

按照争议当事人的国籍不同,劳动争议可以分为国内劳动争议和涉外劳动争议。国内劳动争议是指具有中国国籍的劳动者与用人单位之间的劳动争议。其中包括我国在境内外设立的机构和我国派驻该机构的工作人员之间、外商投资企业与中国职工之间发生的劳动争议。涉外劳动争议是指一方当事人具有外国国籍或者无国籍的劳动争议,包括中国雇主与外籍员工之间、外籍雇主与中国籍的职工之间、在华外籍雇主与外籍员工之间的争议。

四、劳动争议的受案范围

劳动争议产生的前提是存在劳动关系,劳动关系内容的广泛性决定了劳动争议种类的多样性。我国的《劳动争议调解仲裁法》第2条对劳动争议做出了列举式的规定。

(一)因确认劳动关系发生的争议

劳动关系是享受劳动权利、承担劳动义务和法律责任的前提。在现实生活中,存在大量不签劳动合同的现象,双方的劳动关系难以确定。一些用人单位为了逃避法律规定的雇主责任,故意否认劳动关系的存在,导致劳动者的合法权益得不到保障。因此,《劳动争议调解仲裁法》把因确认劳动关系发生的纠纷列为劳动争议的受案范围。

(二)因订立、履行、变更、解除和终止劳动合同发生的争议

因订立劳动合同而发生的争议主要有:订立劳动合同违反平等自愿、协商一致的原则;劳动合同的内容违反法律、法规的规定;或故意拖延不签订劳动合同而产生的争议。依法订立的劳动合同对当事人具有法律约束力,当事人必须履行。对劳动合同条款进行变更而产生的争议主要有:用人单位单方面调整劳动者的工作岗位、工作地点或工资待遇等而产生的争议;因劳动者不能胜任工作,经培训和调整工作岗位后仍不能胜任而变更劳动合同所引起的争议等。解除和终止劳动合同应当符合法定的条件,履行法定的程序。劳动合同双方当事人因没有履行法定或约定义务而解除或终止劳动合同的,应当承担相应责任,所发生的争议属于劳动争议。

(三)因除名、辞退和辞职、离职发生的争议

除名与辞退是指企业对于违反劳动纪律的劳动者所采取的强制解除劳动关系的处理措施。上述措施所依据的《企业职工奖惩条例》和《国营企业辞退违纪职工暂行办法》已废止,因此实务中不宜采用该种方式解聘劳动者,而应依据《劳动法》

《劳动合同法》的相关规定解除或终止劳动合同。辞职是指劳动者根据劳动法规或劳动合同的规定，提出辞去工作，从而解除劳动关系的行为。离职是指劳动者终止劳动关系时不履行解除手续，擅自离岗，或者解除手续没有办理完毕而离开用人单位的行为。

（四）因工作时间、休息休假、社会保险、福利、培训以及劳动保护发生的争议

用人单位与劳动者应当严格执行劳动法规定的工作时间和休息休假制度；依法参加社会保险，保障劳动者社会保险权益的实现。福利是用人单位用于补助劳动者及其家属而举办的福利事业，包括集体福利、职工交通补助费、探亲路费、生活困难补助费等。培训是指劳动者在职期间的职业技术培训。劳动保护是指为保障劳动者在劳动过程中获得适宜的劳动条件而采取的各种保护措施，包括各项劳动安全卫生措施、女职工的劳动保护规定、未成年工的劳动保护规定等。

（五）因劳动报酬、工伤医疗费、经济补偿或者赔偿金等发生的争议

工资是指劳动法规定的各种劳动报酬，包括标准工资、奖金、津贴和补贴等。工伤医疗费是工伤保险待遇的一种。经济补偿是用人单位与劳动者解除或终止劳动合同后，依法一次性支付给劳动者经济上的补助。经济赔偿金是指用人单位在法定情形下给劳动者造成损害，应当承担的赔偿责任。

（六）因履行集体合同发生的争议

根据《劳动法》第84条规定，因履行集体合同发生争议，当事人协商解决不成的，可以向劳动争议仲裁委员会申请仲裁；对仲裁裁决不服的，可以自收到仲裁裁决书之日起十五日内向人民法院提起诉讼。

（七）法律、法规规定的其他劳动争议

除上述劳动争议外，其他劳动争议如果法律、法规规定应当依照《劳动争议调解仲裁法》处理的，则纳入劳动争议的受案范围。

此外，按照《最高人民法院关于审理劳动争议案件适用法律若干问题的解释（二）》第7条和《最高人民法院关于审理劳动争议案件适用法律若干问题的解释（三）》第7条规定，下列争议不属于劳动争议：①劳动者请求社会保险经办机构发放社会保险金的纠纷；②劳动者与用人单位因住房制度改革产生的公有住房转让纠纷；③劳动者对劳动能力鉴定委员会的伤残等级鉴定结论或者对职业病诊断鉴定委员会的职业病诊断鉴定结论的异议纠纷；④家庭或者个人与家政服务人员之间的纠纷；⑤个体工匠与帮工、学徒之间的纠纷；⑥农村承包经营户与受雇人之间的纠纷；⑦用人单位与其招用的已经依法享受养老保险待遇或领取退休金的人员发生的用工争议。

第二节　劳动争议处理体制

一、劳动争议处理体制概述

劳动争议处理体制又称劳动争议处理体系,是指劳动争议处理机构和争议处理方式在争议处理过程中各自地位和相互关系所构成的有机整体。劳动争议处理体制彰显的是劳动争议发生后的解决途径、解决机构和处理方法。

自1993年《企业劳动争议处理条例》和1995年《劳动法》的相继实施,我国建立了一套以协商、调解、仲裁、诉讼为主要环节的劳动争议处理制度。这套争议处理制度可以用四个字来概括,即"协、调、裁、审"。2008年5月1日实施的《劳动争议调解仲裁法》进一步完善了这项制度,该法第5条规定:发生劳动争议,当事人不愿协商、协商不成或者达成和解协议后不履行的,可以向调解组织申请调解;不愿调解、调解不成或者达成调解协议后不履行的,可以向劳动争议仲裁委员会申请仲裁;对仲裁裁决不服的,除本法另有规定的外,可以向人民法院提起诉讼。这样就形成了一个从用人单位内部、工会,到劳动争议仲裁部门直至人民法院,从自力救济到公力救济的多元化的劳动争议处理制度体系。

二、劳动争议处理基本原则

劳动争议处理的基本原则,是指处理劳动争议应当遵循的基本准则,它贯穿于劳动争议处理的整个过程。根据《劳动法》第78条和《劳动争议调解仲裁法》第3条的规定,我国劳动争议处理的基本原则包括以下四个内容。

(一)合法原则

合法原则,是指劳动争议处理机构处理劳动争议必须坚持以事实为依据,以法律为准绳,所有的活动和决定必须符合法律规定。这里的"法律"包括实体法和程序法,从立法层次上包括法律、法规、规章、地方性法规和有关政策等。

(二)公正原则

公正原则,是指劳动争议处理机构在处理劳动争议时要秉公执法,不徇私情,不偏不倚,保障劳动者和用人单位处于平等的法律地位,享有平等的权利和义务。主要包含两层含义:一是劳动争议双方当事人在处理争议过程中的法律地位平等,平等地享有权利和履行义务,任何一方都不得把自己的意志强加于另一方;二是劳动争议处理机构应当公正执法,保障和便利双方当事人行使权利。

(三)着重调解原则

着重调解原则,是指处理劳动争议时着重以调解方式解决,使双方当事人达成协议并认真履行。主要包含两方面内容:

一是应当把调解作为解决劳动争议的基本手段。劳动争议调解组织处理劳动争议的工作程序全部是进行调解。劳动争议仲裁委员会和人民法院在处理劳动争议时,应当先行调解,在调解不成时,才能进行裁决或判决。

二是调解应当坚持自愿原则,不能勉强和强制,违反自愿原则而达成的调解协议或出具的调解书不产生法律效力。

(四)及时处理原则

及时处理原则,是指劳动争议处理机构应当按照法律规定,在查明事实的基础上迅速及时地解决劳动争议。劳动争议案件具有特殊性,关系到劳动者的就业、报酬、劳动条件等切身利益,如不及时处理,势必影响劳动者生活和生产秩序的稳定。这就要求劳动争议调解组织对案件调解不成的,应当及时结案,保证当事人申请仲裁的权利。劳动争议仲裁机构对当事人不愿调解或调解不成的,应当及时裁决,不应久调不决。人民法院在调解不成时,应当及时判决。

三、劳动争议处理途径

劳动争议处理的具体途径,可以分为合议方式和裁判方式两大类。合议方式,是指争议双方当事人通过自己协商或在特定机构干预下协商,互相妥协或一方妥协,从而达成解决劳动争议协议的纠纷解决方式,包括协商和调解两种方式。裁判方式,是指特定的劳动争议处理机构对劳动争议依法审理并做出裁决的纠纷解决方式,包括仲裁和诉讼。按照《劳动争议调解仲裁法》的规定,劳动争议可以通过协商、调解、仲裁、诉讼四种途径解决。

(1)劳动争议协商,是指劳动者和用人单位为解决劳动争议,通过平等自愿、互谅互让的沟通商谈,化解争议,实现和解的过程。通过协商解决劳动争议,能稳定原有的劳动关系,有利于劳动关系的和谐与延续。协商不是劳动争议的必经程序。协商程序的前提是双方自愿,如果一方不愿协商或双方协商不成,则可选择其他程序。

(2)劳动争议调解,是指劳动争议发生后,依照法律规定设立的劳动争议调解组织作为第三方,通过劝导的方法,促使双方当事人互谅互让、达成协议,从而使争议得到及时化解的一种方式。通过调解化解劳动争议,能够柔性化地把争议解决在基层和萌芽状态,有效降低当事人双方的对抗性,节约社会成本,减轻仲裁和诉讼的压力。调解也不是劳动争议处理的必经程序,调解必须遵循平等自愿原则,任何一方不愿调解,调解就无法进行;双方达成的调解协议,不具有强制执行力。

(3)劳动争议仲裁,是指劳动争议仲裁机构对双方的争议在查明事实、明确是非、分清责任的基础上进行审理,并依法作出裁决的活动。劳动争议仲裁是劳动争议诉讼的法定前置程序,劳动争议不经过劳动争议仲裁,人民法院不予受理。

(4)劳动争议诉讼,是指劳动争议一方或双方当事人不服仲裁裁决,就其争议事项向人民法院提起诉讼,由人民法院依法审理和裁判的活动。劳动诉讼是劳动争议处理的重要环节,是通过法律手段解决劳动争议的最后途径。

第三节 劳动争议处理机构

一、劳动争议调解组织

(一)调解组织的类型

根据《劳动争议调解仲裁法》第10条的规定,我国的劳动争议调解组织主要包括:企业劳动争议调解委员会;依法设立的基层人民调解组织;在乡镇、街道设立的具有劳动争议调解职能的组织。

(1)企业的劳动争议调解委员会,是指在企业内部设立的,负责调解本单位劳动争议的组织。企业劳动争议调解委员会由劳动者代表和企业代表组成,人数由双方协商确定,双方人数应当对等。劳动者代表由工会委员会成员担任或者由全体劳动者推举产生,企业代表由企业负责人指定。调解委员会主任由工会委员会成员或者双方推举的人员担任。

(2)基层人民调解组织,是指根据《人民调解委员会组织条例》设立的人民调解委员会,人民调解委员会是村民委员会和居民委员会下设的调解民间纠纷的群众性组织,在基层人民政府和基层人民法院指导下开展工作。

(3)在乡镇、街道设立的具有劳动争议调解职能的组织,是指在乡镇、街道设立的区域性的调解组织。

(二)调解组织的职责

调解组织的主要职责包括以下三个方面。

(1)调解劳动争议。调解组织的首要职责是调解劳动争议,劳动争议发生后,当事人自愿向劳动争议调解组织申请调解,调解组织应当及时受理,依法处理,不得推诿。

(2)检查督促当事人履行调解协议。调解组织促成当事人达成调解协议后,应当检查督促调解协议的履行情况,以使调解协议尽快落实。但是,不得强制执行调解协议。

(3)宣传劳动保障法律、法规和政策。调解组织在日常工作中,应当大力宣传劳动法律、法规,提高劳动者法律意识,增强法制观念,做好劳动争议的预防工作。

二、劳动争议仲裁委员会

劳动争议仲裁委员会,是依照法律规定设立的多方部门代表组成的独立行使仲裁权、处理劳动争议案件的专门机构。它是依法审理劳动争议案件,做出具有法律效力的调解和裁决,从而解决争议的法定机构。仲裁委员会通过依法处理处理劳动争议案件,维护劳动者和用人单位的合法权益,调整、平衡劳动关系,促进劳动关系的和谐稳定。

(一)仲裁委员会的设立和组成

1. 仲裁委员会的设立

根据《劳动争议调解仲裁法》的规定,劳动争议仲裁委员会按照统筹规划、合理布局和适应实际需要的原则设立。省、自治区人民政府可以决定在市、县设立;直辖市人民政府可以决定在区、县设立。直辖市、设区的市也可以设立一个或者若干个劳动争议仲裁委员会。劳动争议仲裁委员会不按行政区划层层设立。

统筹规划是指人民政府对当地的经济发展水平状况、劳动关系运行情况、争议现状及发展趋势等情况在进行统筹分析的基础上,决定仲裁委员会的设立。

合理布局是指仲裁委员会的设立要结合用人单位分布情况、劳动者数量、争议数量、交通便利等因素合理设置。

适应实际需要是指在哪一级、哪一个地区设立仲裁委员会要从当地的具体情况出发,应从劳动争议案发数量、方便当事人等实际情况,保证精简、效率、及时快速处理争议,体现实用性。

由此可见,仲裁委员会的设立应根据当地劳动争议处理工作的实际需要,统筹规划仲裁委员会的数量,本着精简、效率的要求,进行合理布局,以方便劳动者仲裁,将争议化解在基层,及时处理争议。

2. 仲裁委员会的组成

根据《劳动争议调解仲裁法》的规定,劳动争议仲裁委员会人员组成实行三方原则,由劳动行政部门代表、工会代表和企业方面代表组成。由于劳动争议仲裁委员会处理劳动争议案件通常需要做出裁决,而裁决案件时常需要表决,因此仲裁委员会的组成人数应当是单数,表决时实行少数服从多数的原则。

(二)仲裁委员会的职责

劳动争议仲裁委员会依法履行以下四种职责。

(1)聘任、解聘专职或者兼职仲裁员。劳动争议仲裁委员会可以聘任符合条件的人员作为专职或兼职仲裁员,同时可以解聘专职或者兼职仲裁员。

(2)处理劳动争议案件。受理劳动争议案件是劳动争议仲裁委员会最重要的职责,对于依法应当受理的劳动争议案件不得拒绝受理。

(3)讨论重大或者疑难争议案件。对于重大疑难案件,仲裁庭裁决有困难的,可以交由劳动争议仲裁委员会讨论。

(4)对仲裁活动进行监督。劳动争议仲裁委员会依法对仲裁庭和仲裁员的仲裁活动进行监督,保证案件得到公正处理。

(三)劳动争议仲裁员和仲裁庭

1. 劳动争议仲裁员

仲裁员是由仲裁委员会依法聘任的从事劳动争议案件调解仲裁工作的专业

人员,包括专职仲裁员和兼职仲裁员。专职仲裁员是仲裁委员会依法聘任的在仲裁委员会办事机构中专门从事劳动争议调解仲裁工作的专业人员。兼职仲裁员是仲裁员委员会根据办案工作需要,依法从人力资源和社会保障部门、工会组织、企业等相关机构的人员及专家、学者、律师中聘任的兼职从事劳动争议案件调解仲裁工作的专业人员。专、兼职仲裁员在仲裁活动中享有同等的权利、承担同等的义务。

根据《劳动争议调解仲裁法》,担任仲裁员应当符合下列条件之一:①曾任审判员的;②从事法律研究、教学工作并具有中级以上职称的;③具有法律知识、从事人力资源管理或者工会等专业工作满五年的;④律师执业满三年的。

2. 劳动争议仲裁庭

劳动争议仲裁委员会裁决劳动争议案件实行仲裁庭制。仲裁庭按照"一案一庭"原则组成。仲裁庭的组织形式分为合议制和独任制两种。合议制仲裁庭由3名仲裁员组成,其中设首席仲裁员1名、仲裁员2名,仲裁案件实行少数服从多数的原则。简单的劳动争议案件可由1名仲裁员独任仲裁。

三、人民法院

根据《劳动法》《劳动争议调解仲裁法》的规定,劳动争议当事人对仲裁裁决不服的,可以自收到仲裁裁决书之日起十五日内向人民法院提起诉讼。一方当事人在法定期限内不起诉又不履行仲裁裁决的,另一方当事人可以申请人民法院强制执行。人民法院也是处理劳动争议的机构之一。关于人民法院的组织机构及办案规则,详见《人民法院组织法》,在此不做详述。

第四节 劳动争议处理程序

根据《劳动争议调解仲裁法》的规定,发生劳动争议,劳动者可以与用人单位协商,也可以请工会或者第三方共同与用人单位协商,达成和解协议。当事人不愿协商、协商不成或者达成和解协议后不履行的,可以向调解组织申请调解;不愿调解、调解不成或者达成调解协议后不履行的,可以向劳动争议仲裁委员会申请仲裁;对仲裁裁决不服的,除另有规定的外,可以向人民法院提起诉讼。因此,劳动争议处理程序包括协商、调解、仲裁和诉讼程序。

一、协商程序

发生劳动争议,劳动者可以与用人单位协商,也可以请工会或者第三方共同与用人单位协商,达成和解协议。协商不是劳动争议处理的必经程序,当事人所达成的和解协议不具有强制执行力。协商一般按照以下程序进行。

(一)一方当事人提出协商要求

《企业劳动争议协商调解规定》第8条规定:"发生劳动争议,一方当事人可以通过与另一方当事人约见、面谈等方式协商解决。"当事人可以就协商事宜提出具体的时间方面要求,也可以不提出具体的时间要求。

(二)另一方当事人回应

对方当事人接到另一方当事人的争议主张和协商要求后,一般应当在调查事实、分析研究的基础上做出支持主张或否定主张的书面或口头回应。

(三)双方当事人商谈

商谈是协商的核心环节,发生争议的当事人双方对争议内容及各自主张,在平等自愿的基础上进行协商,确定解决方案。

(四)达成和解协议

协商达成一致,应当签订书面和解协议。和解协议对双方当事人具有约束力,当事人应当履行。经仲裁庭审查,和解协议程序和内容合法有效的,仲裁庭可以将其作为证据使用。但是,当事人为达成和解的目的作出妥协所涉及的对争议事实的认可,不得在其后的仲裁中作为对其不利的证据。当事人不愿协商、协商不成或者达成和解协议后,一方当事人在约定的期限内不履行和解协议的,可以依法申请调解,也可以依法向劳动争议仲裁委员会申请仲裁。

二、调解程序

劳动争议调解,是指依照法律规定设立的劳动争议调解调解组织对发生在本单位、本行业或本区域的劳动争议,通过引导、疏导的方法,促使双方当事人达成协议,从而使劳动纠纷及时得到解决的一种活动。调解不是劳动争议处理的必经程序。调解组织调解劳动争议,一般按照下列工作程序进行。

(一)申请调解

劳动争议调解是第三方介入解决争端的方式,调解组织作为第三方,居中协调处理双方争议,促进达成调解协议。申请调解是劳动争议当事人的一项权利,可以选择,也可以放弃。调解的启动与否取决于当事人的申请。当事人申请劳动争议调解可以书面申请,也可以口头申请。口头申请的,调解组织应当当场记录申请人的基本情况,申请调解的请求事项、争议事实、理由、证据和申请时间。调解人员做好笔录后,应征得申请人认可和同意并由申请人签字或盖章。

(二)调解受理

调解委员会接到调解申请后,对属于劳动争议受理范围且双方当事人同意调解的,应当在3个工作日受理。对不属于劳动争议受理范围或者一方当事人不同意调解的,应当做好记录,并书面通知申请人。

（三）调查和调解

调解组织调解劳动争议，对于事实清楚、是非明确的案件，可以在询问当事人后直接进入调解程序。其他劳动争议案件，调解组织应当进行必要的调查，必要时还需进入现场勘查，请有关部门进行鉴定等。调解组织在调解时应当听取双方当事人对争议事实和理由的陈述，在查明事实、分清是非的基础上，依照劳动法律法规、集体合同和劳动合同，公正调解。

（四）调解协议的效力

调解协议，是指在劳动争议调解组织的主持下，双方当事人经调解达成一致而签订的协议。关于调解协议的法律效力，《劳动争议调解仲裁法》第14条规定："调解协议书由双方当事人签名或者盖章，经调解员签名并加盖调解组织印章后生效，对双方当事人具有约束力，当事人应当履行。"第16条规定："因支付拖欠劳动报酬、工伤医疗费、经济补偿或者赔偿金事项达成调解协议，用人单位在协议约定期限内不履行的，劳动者可以持调解协议书依法向人民法院申请支付令。人民法院应当依法发出支付令。"综上所述，当事人达成的调解协议，具有合同的约束力。对于部分具有经济给付义务的调解协议，当事人可以向人民法院申请支付令。调解协议不具有强制执行力，一方当事人不履行调解协议的，另一方当事人可以依法申请仲裁。但是，《企业劳动争议协商调解规定》第27条规定："双方当事人可以自调解协议生效之日起15日内共同向仲裁委员会提出仲裁审查申请。仲裁委员会受理后，应当对调解协议进行审查，并根据《劳动人事争议仲裁办案规则》第五十四条规定，对程序和内容合法有效的调解协议，出具调解书。"由此可见，经仲裁审查的调解协议，具有强制执行力。

三、仲裁程序

我国劳动争议处理实行"仲裁前置"，仲裁是处理劳动争议法定的必经程序，一切劳动争议不经过劳动争议仲裁，人民法院不予受理，劳动争议仲裁具体程序如下。

（一）申请与受理

1. 仲裁申请

劳动争议仲裁申请是指劳动争议一方当事人，认为另一方当事人侵犯其合法权益，应当自知道或者应当知道其权利被侵害之日起一年内，依法向劳动争议仲裁机构提出申请，要求仲裁机构对劳动争议进行仲裁，以保护其合法权益。申请人申请仲裁应当提交书面仲裁申请，并按照被申请人人数提交副本。书写仲裁申请确有困难的，可以口头申请，由劳动争议仲裁委员会记入笔录，并告知对方当事人。仲裁申请书应当载明下列事项：①劳动者的姓名、性别、年龄、职业、工作单位和住所，用人单位的名称、住所和法定代表人或者主要负责人的姓名、职务；②仲裁请求和所根据的事实、理由；③证据和证据来源、证人姓名和住所。

根据相关法律法规规定，申请人申请劳动争议仲裁，应当具备以下条件：①申请人必须与劳动争议案件有直接利害关系;②有明确的被申请人;③有明确的仲裁请求和事实理由;④属于劳动争议受理的范围;⑤受理劳动争议仲裁委员会有管辖权;⑥在法定的仲裁时效期间内。

2.受理

劳动争议仲裁委员会收到仲裁申请之日起五日内,进行审查,对于符合受理条件的,应当受理,并向申请人出具受理通知书;认为不符合受理条件的,应当书面通知申请人不予受理,并说明理由。对劳动争议仲裁委员会不予受理或者逾期未作出决定的,申请人可以就该劳动争议事项向人民法院提起诉讼。

(二)仲裁前的准备

1.组庭与回避

(1)组庭。劳动争议仲裁委员会裁决劳动争议案件实行仲裁庭制。仲裁庭由3名仲裁院组成,设首席仲裁员。简单劳动争议案件可以由1名仲裁员独任仲裁。仲裁委员会应当在受理仲裁申请之日起五日内组成仲裁庭并将仲裁庭的组成情况书面通知当事人。

(2)回避。回避有自行回避与申请回避两种形式。根据《劳动争议调解仲裁法》规定,仲裁员有下列情形之一,应当回避,当事人也有权以口头或者书面方式提出回避申请:①是本案当事人或者当事人、代理人的近亲属的;②与本案有利害关系的;③与本案当事人、代理人有其他关系,可能影响公正裁决的;④私自会见当事人、代理人,或者接受当事人、代理人的请客送礼的。

仲裁员是否回避,由仲裁委员会授权的办事机构负责人决定。仲裁委员会主任担任案件仲裁员是否回避,由仲裁委员会决定。被申请回避的人员在仲裁委员会作出是否回避的决定前,应当暂停参与本案的处理,但因案件需要采取紧急措施的除外。

2.送达和通知

仲裁委员会应当在受理仲裁申请后5日内将仲裁申请书副本送达被申请人。如果申请人符合口头申请的条件,仲裁委员会对申请人申请进行了记录,也应在5日内将有关笔录送达被申请人。

答辩是指被申请人对申请人请求事项所提出的抗辩意见。被申请人在收到仲裁申请书副本后,应当在10日内向仲裁委员会提交答辩书。答辩书应当按申请人人数提供副本。仲裁委员会收到答辩书后5日内将答辩书副本送达申请人。

仲裁庭应当在开庭5日前,将开庭日期、地点书面通知双方当事人。当事人有正当理由的,可以在开庭3日前请求延期开庭。是否延期,由仲裁委员会根据实际情况决定。

(三)开庭审理

开庭审理,是指在当事人和其他仲裁参与人的参加下,仲裁庭或独任仲裁员依照法定程序和形式,对当事人之间的争议进行全面审查并做出裁决的活动。开庭审理是整个仲裁活动的核心环节。开庭审理按照以下程序进行。

1. 开庭准备

正式开庭前,由书记员核查当事人身份,宣布仲裁庭纪律;宣布开庭、案由、仲裁庭组成,不公开审理的说明理由,告知当事人权利义务,询问当事人是否需要申请回避。

2. 仲裁庭调查

(1)鉴定。仲裁庭对专门性问题认为需要鉴定的,可以交由当事人约定的鉴定机构鉴定;当事人没有约定或者无法达成约定的,由仲裁庭指定的鉴定机构鉴定。根据当事人的请求或者仲裁庭的要求,鉴定机构应当派鉴定人参加开庭。当事人经仲裁庭许可,可以向鉴定人提问。

(2)质证与辩论。当事人在仲裁过程中有权进行质证和辩论,质证和辩论终结时,首席仲裁员或者独任仲裁员应当征询当事人的最后意见。

劳动争议的举证规则,一般情况下是"谁主张,谁举证",当事人提供的证据经查证属实的,仲裁庭应当将其作为认定事实的依据。但是,劳动者无法提供由用人单位掌握管理的与仲裁请求有关的证据,仲裁庭可以要求用人单位在指定期限内提供。用人单位在指定期限内不提供的,应当承担不利后果。

(四)仲裁和解与调解

仲裁和解是指当事人在申请仲裁后裁决作出前,通过平等协商,达成和解协议,解决纠纷,终结仲裁程序的活动。《劳动人事争议仲裁办案规则》第42条规定,当事人申请仲裁后,可以自行和解;达成和解协议的,可以撤回仲裁申请,也可以请求仲裁庭根据和解协议制作调解书。和解协议具有合同的效力,当事人应当履行,但不具有法律上的强制力,当事人可以申请仲裁庭根据和解协议制作调解书。

仲裁庭在做出裁决前,应当先行调解,即在查明事实、分清是非的基础上,促使双方当事人依法达成调解协议。调解达成协议的,仲裁庭应当制作调解书。调解书应当写明仲裁请求和当事人协议的结果。调解书由仲裁员签名,加盖劳动争议仲裁委员会印章,送达双方当事人。调解书经双方当事人签收后,发生法律效力。调解不成或者调解书送达前,一方当事人反悔的,仲裁庭应当及时做出裁决。

(五)仲裁裁决

1. 裁决期限

仲裁庭对争议案件经过审理后,根据查明的事实和认定的证据,就双方当事人之间的权利义务做出裁决。仲裁庭裁决劳动争议案件,应当自仲裁委员会受理仲裁申请之日起45日内结束;案情复杂需要延期的,经仲裁委员会主任批准,可以延期并书面通知当事人,但延长期限不得超过15日。逾期未作出裁决的,当事人可以就该争议事项向人民法院起诉。

2. 裁决书

独任审理的仲裁案件,一般依照独任仲裁员的意见做出仲裁裁决。合议审理的仲裁案件,裁决应当按照多数仲裁员的意见做出,少数仲裁员的不同意见应当记入笔录。仲裁庭不能形成多数意见时,以首席仲裁员的意见做出裁决。

裁决书应当载明仲裁请求、争议事实、裁决理由、裁决结果和裁决日期。裁决书由仲裁员签名,加盖劳动争议仲裁委员会印章。对裁决持不同意见的仲裁员,可以签名,也可以不签名。

3. 部分裁决和先予执行

仲裁庭裁决案件时,其中一部分事实已经清楚,可以就该部分先行裁决,当事人就该部分达成调解协议的,可以先行出具调解书。当事人对于先行裁决不服的,按照劳动争议调解仲裁法的相关规定处理。

仲裁庭对追索劳动报酬、工伤医疗费、经济补偿或者赔偿金的案件,根据当事人的申请,可以裁决先予执行,移送人民法院执行。仲裁庭裁决先予执行的,应当符合下列条件:①当事人之间权利义务关系明确;②不先予执行将严重影响申请人的生活。劳动者申请先予执行的,可以不提供担保。

4. 仲裁裁决的法律效力

当事人对发生法律效力的调解书、裁决书,应当按照规定的期限履行。一方当事人逾期不履行的,另一方当事人可以依照民事诉讼法的有关规定向人民法院申请强制执行。受理申请的人民法院应当依法执行。

但在下列情况下,除法律另有规定的外,仲裁裁决为终局裁决,裁决书自做出之日起发生法律效力:①追索劳动报酬、工伤医疗费、经济补偿或者赔偿金,不超过当地月最低工资标准十二个月金额的争议;①②因执行国家的劳动标准在工作时间、休息休假、社会保险等方面发生的争议。

劳动者对以上仲裁裁决不服的,可以自收到仲裁裁决书之日起15日内向人民法院提起诉讼。用人单位有证据证明以上仲裁裁决有下列情形之一的,可以自收到仲裁裁决书之日起30日内向劳动争议仲裁委员会所在地的中级人民法院申请撤销裁决:①适用法律、法规确有错误的;②劳动争议仲裁委员会无管辖权的;③违反法定程序的;④裁决所根据的证据是伪造的;⑤对方当事人隐瞒了足以影响公正裁决的证据的;⑥仲裁员在仲裁该案时有索贿受贿、徇私舞弊、枉法裁决行为的。人民法院经组成合议庭审查核实裁决有以上情形之一的,应当裁定撤销。仲裁裁决被人民法院裁

---

① 《最高人民法院关于审理劳动争议案件适用法律若干问题的解释(三)》中规定:劳动者依据《劳动争议调解仲裁法》第47条第1项规定,追索劳动报酬、工伤医疗费、经济补偿或者赔偿金,如果仲裁裁决涉及数项,每项确定的数额均不超过当地月最低工资标准十二个月金额的,应当按照终局裁决处理。

定撤销的,当事人可以自收到裁定书之日起15日内就该劳动争议事项向人民法院提起诉讼。

四、诉讼程序

当事人对劳动争议案件的仲裁裁决不服的,除法律另有规定的,可以自收到仲裁裁决书之日起15日内向人民法院提起诉讼。诉讼程序是处理劳动争议的最终程序。

人民法院受理劳动争议的条件是:①起诉人必须是劳动争议案件的当事人;②必须是不服仲裁委员会的仲裁向人民法院起诉;③必须有明确的被告和具体的诉讼请求;④必须在法定的时效期间内;⑤必须向有管辖权的人民法院提出。

劳动争议案件由用人单位所在地或者劳动合同履行地的基层人民法院管辖。劳动合同履行地不明确的,由用人单位所在地的基层人民法院管辖。人民法院审理劳动争议案件,适用《中华人民共和国民事诉讼法》的有关规定。

■相关知识链接

1. 雷蒙德·瓦尔特曼著,沈建峰译. 德国劳动法. 北京:法律出版社,2014.
2. 黎建飞. 劳动与社会保障法:原理、材料与案例. 北京:北京大学出版社,2015.
3. 黄越钦. 劳动法新论. 北京:中国政法大学出版社,2003.
4. 郭捷. 劳动法与社会保障法. 2版. 北京:中国政法大学出版社,2009.
5. 董保华. 劳动争议法律制度研究. 北京:中国劳动与社会保障出版社,2008.

■思考与分析

1. 张扬于2009年8月到某工厂参加工作,并与工厂签订了为期3年的劳动合同。2012年5月,张扬考取了某大学成人教育学院中文专业,同年8月,张扬以劳动合同到期为由,向工厂提出辞职。工厂认为张扬是技术骨干,不同意张扬辞职,并告知张扬:如果辞职,将扣发部分奖金和工资。经多次与工厂协商,未能达成一致意见,2012年9月,张扬离开工厂到大学报到。工厂扣发了张扬第三季度的奖金和8、9月份的工资。2013年1月,张扬于寒假期间,到工厂索要工资和奖金,遭到拒绝,遂向当地的劳动争议仲裁委员会提出仲裁申请,要求工厂支付工资和奖金。仲裁委员会以张扬的仲裁申请超过仲裁时效为由,裁定不予受理。张扬向人民法院提起诉讼。

请问:仲裁机构不予受理的劳动争议,人民法院能否受理?

2. 李某原在甲公司就职,适用不定时工作制。2012年1月,因甲公司被乙公司兼并,李某成为乙公司职工,继续适用不定时工作制。2012年12月,由于李某在年度绩效考核中得分最低,乙公司根据公司绩效考核制度中"末位淘汰"的规定,决定终止与李某的劳动关系。李某于2013年11月提出劳动争议仲裁申请,主张:原劳动合同于2012年3月到期后,乙公司一直未与本人签订新的书面劳动合同,应从4月起每月支付二倍的工资;公司终止合同违法,应恢复本人的工作。

  关于李某申请仲裁的有关问题,下列选项正确的是:( )(2014年司法考试卷一第86题)

  A. 因劳动合同履行地与乙公司所在地不一致,李某只能向劳动合同履行地的劳动争议仲裁委员会申请仲裁

  B. 申请时应提交仲裁申请书,确有困难的也可口头申请

  C. 乙公司对终止劳动合同的主张负举证责任

  D. 对劳动争议仲裁委员会逾期未作出是否受理决定的,李某可就该劳动争议事项向法院起诉

  3. 谈谈劳动争议仲裁与民事仲裁的区别。

  4. 谈谈对我国劳动争议处理体制的看法。

第十一章

劳动监督制度

知识结构图

```
              ┌ 劳动监督的概念
         概述 ┤ 劳动监督的意义
              └ 劳动监督立法

              ┌ 劳动保障监察的概念
              │ 劳动保障监察机构
    劳动保障   │ 劳动保障监察员
    监察制度   ┤ 劳动保障监察的内容
              │ 劳动保障监察的权限
              └ 劳动保障监察的程序

劳动监督制度

                           ┌ 行业主管部门
              ┌ 其他行政机  │  的劳动监督
              │   关的劳动监督 ┤
    其他劳动  │               └ 工商、公安等专门执
    监督制度  ┤                  法机关的劳动监督
              │ 工会等社会组织的劳动监督
              │ 法院、劳动争议仲裁委的劳动监督
              └ 职工等群众的劳动监督
```

本章导读

本章分劳动监督制度概述、劳动保障监察制度和其他劳动监督制度三节。重点介绍我国的劳动保障监察制度,主要包括劳动保障监察机构、劳动保障监察员、监察职责和范围及监察形式和程序。难点在于对劳动监察内容及其权限的理解。

司考重点

司法考试涉及本章劳动监督制度的知识点主要集中在劳动保障监察制度的相关规定,重点是劳动保障监察与劳动争议仲裁的比较。

案例导入

黄某大学毕业后到一家公司工作,签订书面劳动合同约定:月工资 2 000 元,并视工作绩效发放奖金。公司实行结构工资制度,2 000 元工资包括基础工资 800 元,岗位工资 800 元,等级工资 400 元。公司在没有与职工商量的情况下,每天安排加班 2—3 小时,在发放加班费时,按照基础工资 800 元折算小时工资,并按照 100% 予以发放。黄某在与公司交涉无果后,向当地劳动监察机构举报,要求依法维权。

当地劳动监察机构受理举报后,立即进行调查、核实案情,责令公司按照劳动合同约定的 2 000 元折算小时工资,并按照小时工资的 150% 向黄某支付加班加点工资,同时责令该公司改正随意延长工作时间的违法行为。

第一节 概述

一、劳动监督的概念

劳动监督有广义和狭义之分。从广义上来讲,劳动监督就是享有劳动保障监督权的机关、社会组织及个人对用人单位执行劳动与社会保障法律、法规和规章情况进行的监督、检查活动的总称。广义的劳动监督包括以下五个方面的内容:一是劳动保障行政部门的劳动保障监察;二是其他行政机关对用人单位执行劳动与社会保障法情况的监督检查;三是人民法院和劳动争议仲裁委员会对用人单位执行劳动与社会保障法情况通过诉讼和仲裁进行的监督;四是工会组织对用人单位执行劳动与社会保障法情况的监督;五是人民群众对用人单位执行劳动与社会保障法情况的检举控告等监督活动。以上五个方面的监督活动相互协调补充,彼此配合,形成一个完整的劳动保障法律监督体系,共同维护劳动者合法权益,保障劳动社会保障法律、法规和规章的有效实施。

从狭义上来讲,劳动监督即"劳动监察"或"劳动保障监察",是指为保障劳动与社会保障法的贯彻实施,劳动保障行政机关依法对用人单位执行劳动与社会保障法的情况进行监督检查。

从广义上讲,劳动监督具有以下四方面的含义。

(一)劳动监督的主体是享有劳动监督权的机关、社会组织及个人

其中,劳动保障监察机构是最为重要的专门机构,它的监察活动具有法律强制力,对用人单位的执行劳动与社会保障法情况进行全面监督检查,对违法行为有权制止和惩戒。其他行政机关的劳动保障监督只是在其职责范围内进行监督检查,不具有全面性。法院和劳动争议仲裁委员会通过对劳动纠纷的诉讼和仲裁来实现

对用人单位执行劳动与社会保障法情况进行全面监督检查。工会和人民群众的劳动监督通过检举控告等方式进行,但是不享有检查权和处罚权。

(二)劳动监督的对象是用人单位,不包括劳动者

劳动法律关系的双方虽然都有可能违反劳动与社会保障法,但是用人单位是劳动过程的组织者和指挥者,与劳动者相比处于强势地位,劳动者实际处于用人单位的监督管理之中。我国法律赋予用人单位对劳动者的管理权,它可以通过法律的授权,通过制定实施规章制度来约束和管理劳动者。同时,将劳动者排除在劳动监督之外,符合国际惯例,世界各国立法一直将用人单位作为劳动监督的对象。

(三)劳动监督的目的明确

劳动监督的目的就是为了保证劳动与社会保障法的贯彻实施,最终保障劳动者的合法权益。为了实现这个目的,必须建立健全劳动监督体系,监督主体应依法履行职责,及时发现、制止和惩处用人单位在执行劳动与社会保障法过程中的违法行为。

(四)劳动监督必须依法进行

劳动保障监察机构和劳动保障监察员的劳动监督行为属于行政执法,必须依据《劳动保障监察条例》和相关法律法规进行;其他行政机关的劳动监督必须在自己职权范围内依法进行;法院和劳动争议仲裁委员会必须依据《劳动法》《劳动合同法》《劳动争议仲裁调解法》等法律法规,通过诉讼和仲裁对用人单位进行劳动监督;工会组织必须依据《工会法》进行劳动监督。

二、劳动监督的意义

(一)有利于保障劳动与社会保障方面的法律、法规和规章有效实施

为了保障民生,维护劳动者合法权益,我国制定了一系列劳动与社会保障方面的法律、法规和规章。迄今为止,我国已经建成了相对完善的劳动保障法律法规体系,初步形成了有法可依的局面。这些法律法规对保障劳动者合法权益,提高劳动效率,促进社会经济发展和社会和谐稳定具有十分重要的意义。

"徒法不足以自行",法律的生命在于实施。依法治国除了建立完备的法制体系,更加重要的是有法必依、执法必严、违法必究。如果没有严密的劳动监督体系,劳动保障法律法规得不到贯彻实施,劳动者合法权益将得不到切实保障。

因此,劳动监督体系的完善,尤其是全面贯彻实施劳动保障监察法律制度,依法对用人单位的劳动保障执法情况进行监督检查,督促用人单位贯彻执行劳动与社会保障法,及时发现、制止和惩处违法行为,这是社会主义法治建设的一个重要组成部分,也是依法治国的必然内在要求。

(二)有利于保障劳动者合法权益,维护社会和谐稳定

在社会转型的今天,劳动关系紧张,劳动争议居高不下,因劳动纠纷引起的极端事件层出不穷,直接影响社会和谐稳定。究其原因,主要因为用人单位侵犯劳动者合法权益严重:例如就业歧视死灰复燃、不签订书面劳动合同、不依法缴纳社会保险费、劳动安全事故不断、加班不支付加班费、长期拖欠工资、违法解除劳动关系等等,严重侵犯了劳动者的就业权、劳动报酬权、休息休假权、劳动安全卫生保障权、获得社会保险福利权等基本劳动权益。

因此,需要劳动监督来维护正常的劳动法律秩序,保障劳动者的劳动权益得到落实,及时化解劳动纠纷,把问题解决在萌芽状态,以免激化社会矛盾,影响社会稳定和谐。

(三)有利于增强用人单位的法治观念,预防违法行为发生

劳动者和用人单位虽然在一定程度上具有共同利益和共同目标,在市场经济条件下,却各有不同甚至相互冲突的利益诉求。在利益的驱使下,用人单位有侵犯劳动者权益以实现自己利益最大化的天然本能。因此,用人单位缺乏自觉执行劳动保障法律法规的积极性和主动性。通过劳动监督,及时发现、制止、惩处用人单位的违法行为,使用人单位意识到违法的严重性和应承担的法律责任,增大的违法成本会迫使用人单位从自身利益出发,自主提高法治观念,自觉遵守劳动保障法律法规,从而主动预防劳动保障违法行为的发生。

三、劳动监督立法

(一)国际劳工组织的劳动监督立法

国际劳工组织自1919年建立以来,在制定国际劳动标准中就涉及劳动监督问题。主要有《1947年劳动监察公约》及其建议书,《1969年(农业)劳动监察公约》及其建议书。

《1947年劳动监察公约》规定:凡是批准该公约的成员国应当在工业和商业工作场所保持劳动监察制度,对工时、工资、安全、卫生、福利、未成年人就业等法律法规执行情况进行监督。劳动监察公约赋予监察员的权力包括不经事先通知随时自由进入受监察的任何工作场所,进行必要检查、测试和质询。

1995年国际劳工大会通过《1947年劳动监察公约1995年议定书》,将劳动监察的范围扩大到了非商业服务部门。

(二)其他国家劳动监督立法

英国1802年制定的《学徒健康与道德法》中,委托自治团体的人员或委托法官、警察负责监督劳动法实施。1933年颁布的《工厂法》中,首次设立工厂检查制度。

美国1971年成立职业安全卫生管理局,专门行使劳动监察职责。该局下设业务协调试验计划、就业机会均等、情报交流等三个办公室和政策立法计划、卫生标

准、安全标准培训教育等7个处。劳动监察工作由职业安全卫生监察员完成。

日本劳动省是最高劳动行政机关，各都、道、府、县辖区内设立劳动标准警察署。劳动监察工作由劳动标准监察官和官员完成，从劳动标准监察官中选任劳动标准局局长和劳动监察署署长。

（三）我国的劳动监督立法

我国早在1930年全国苏维埃区域代表大会通过的《劳动保护法》对劳动保护的监察做了规定。1949年9月《中国人民政治协商会议共同纲要》为改进工矿安全卫生状况，提出实行工矿检查制度。

1963年3月20日，国务院发布《关于加强企业生产中安全工作的几项规定》，确立了定期安全检查制度。1993年8月，劳动部发布了《劳动监察规定》，对劳动安全卫生以外的劳动法律法规内容的监察做了规定，用行政规章的形式确立了我国的劳动监察制度。1994年，《劳动法》出台，设有"监督检查"专章，进一步明确了劳动监察的机构和职责。1998年国务院机构改革后，尤其是1999年1月国务院《社会保险费征缴暂行条例》公布后，劳动监察的范围从劳动领域扩大到社会保险领域，形成了目前意义上的劳动保障监察。

2004年11月，国务院公布了《劳动保障监察条例》，在劳动保障监察法制化进程中具有里程碑意义，标志着我国劳动保障监察进入了一个新的发展时期。2007年6月，《劳动合同法》颁布，强化了监察职责，进一步确立了监察的法律地位。

第二节 劳动保障监察制度

一、劳动保障监察的概念

劳动保障监察是指为了保证劳动与社会保障法律法规的实施，及时发现、制止和惩处用人单位的违法行为，劳动保障行政机关依法对用人单位执行劳动与社会保障法律法规情况进行的强制监督检查活动的总称。

劳动保障监察不完全等同于"劳动监察"。1993年8月4日，劳动部颁布《劳动监察规定》，把劳动行政部门监督检查活动称为"劳动监察"；2004年12月实施的《劳动保障监察条例》中用"劳动保障监察"取代了"劳动监察"的概念，因为在该条例中，将劳动监察和社会保障监察的职责统一起来，劳动保障监察与劳动监察相比，具有了更加丰富的的内涵。

劳动保障监察具有以下四个特征。

（一）主体的特定性

劳动保障监察的主体是劳动保障监察机构和人员，是专门为监督劳动保障法律法规实施而设立的，其监察活动具有法律的强制性和全面性。这一点不同于其他劳动监督主体。

(二) 职权的法定性

劳动保障监察是行使行政权的具体行政行为,其职权法定,《劳动保障监察条例》对劳动保障监察的主体、内容、执行程序和处罚权限等都做了明确规定,劳动保障监察必须在法定的范围内依据法律规定的程序依法进行。

(三) 范围的综合性

劳动保障监察的范围广,涉及内容多,触及用人单位执行劳动和社会保障法律法规的各个方面。它监察范围的全面性不同于其他行政机关仅在其特定范围内享有的劳动保障监察权。

(四) 效力的强制性

劳动保障监察主体特定、职权法定,做出的具体行政行为具有法律的强制性。这一点不同于工会组织及人民群众的劳动保障监督。

二、劳动保障监察机构

劳动保障监察机构是依法对用人单位劳动与社会保障法律法规执行情况实行强制监督检查的专门机构。其他劳动监督主体,如工会组织、人民群众、其他行政机关等,虽也有监督权,但并不是为劳动保障监察专门设立的,因此不属于劳动保障监察机构的范围。

我国的劳动保障监察机构主要有两种。

(一) 劳动保障行政部门

根据《劳动保障监察条例》第3条规定,国务院劳动保障行政部门主管全国的劳动保障监察工作。县级以上地方各级人民政府劳动保障行政部门主管本行政区域内的劳动保障监察工作。

(二) 依法委托实施劳动保障监察的组织

考虑到我国有些地区劳动保障行政部门编制少,监察工作任务重,实际工作由事业编制的劳动保障监察机构实施。因此,《劳动保障监察条例》第4条明确规定,县级、设区的市级人民政府劳动保障行政部门可以委托符合监察执法条件的组织实施劳动保障监察。

三、劳动保障监察员

劳动保障监察员是指履行劳动保障监察职责的专、兼职人员,国外称"劳工检查员"或"劳工检查官"。我国劳动保障监察员属于劳动行政部门工作人员,分为专职劳动保障监察员和兼职劳动保障监察员两种,专职劳动监察员是劳动行政部门专门从事劳动监察工作的人员,兼职劳动监察员是劳动行政部门非专门从事劳动监察工作的人员。兼职监察员主要负责与其业务有关的单项监察,须对用人单位处罚时,应会同专职监察员进行。

我国的《劳动监察员管理办法》和《劳动安全卫生监察员管理办法》分别对劳动保障监察员的任职条件、任免及培训考核做出了具体明确规定。

(一)任职条件

根据我国《劳动监察员管理办法》和《劳动安全卫生监察员管理办法》的规定,劳动保障监察员必须具备以下三个条件。

(1)政治素质。首先,需要认真贯彻执行国家法律、法规和政策;其次,需要坚持原则,作风正派,勤政廉洁。

(2)业务素质。需要熟悉劳动业务,熟练掌握和运用劳动法律、法规知识。

(3)工作经历及培训。在劳动行政部门从事劳动行政业务工作三年以上,并经国务院劳动行政部门或省级劳动行政部门劳动监察专业培训合格。

(二)任免

1. 任命程序

劳动行政部门专职劳动监察员的任命,由劳动监察机构负责提出任命建议并填写中华人民共和国劳动监察员审批表,经同级人事管理机构审核,报劳动行政部门领导批准。

兼职劳动监察员的任命,由有关业务工作机构按规定推荐人选,并填写中华人民共和国劳动监察员审批表,经同级劳动监察机构和人事管理机构进行审核,报劳动行政部门领导批准。经批准任命的劳动监察员由劳动监察机构办理颁发中华人民共和国劳动监察证件手续。

劳动监察员任命后,地方各级劳动行政部门按照规定填写《中华人民共和国劳动监察证件统计表》,逐级上报省级劳动行政部门,由省级劳动行政部门汇总并报国务院劳动行政部门备案。

2. 免职程序

劳动监察员调离原工作岗位,或不再直接承担劳动监察任务时,由任命机关免去任职,监察机构负责收回其监察证件,并交回发证机关注销。持证人未按规定考核验证或经考核不能胜任劳动监察工作的,注销其中华人民共和国劳动监察证件。

(三)培训考核制度

1. 培训制度

各级劳动行政部门应建立劳动监察员培训制度,制定培训计划,按岗位技能要求,组织进行职业技能、专业理论知识等方面的培训,不断提高监察人员的政治素质和业务素质。

2. 考核验证制度

实行每三年进行一次考核验证制度。对经考核合格的换发新证;未按规定考核验证或经考核不能胜任劳动监察工作的,注销其中华人民共和国劳动监察证件。

3. 奖惩制度

对模范执法、成绩优异的劳动监察员应当按照《公务员法》给予奖励;对越权或非公务场合使用劳动监察证件,或利用职权谋取私利、违法乱纪的劳动监察人员,应给予批评教育,情节严重的,由任命机构撤销任命、收缴其劳动监察证件,并给予行政处分;触犯刑律的,由司法机关依法追究刑事责任。

四、劳动保障监察内容

劳动保障监察的对象是用人单位,内容是用人单位执行劳动与社会保障方面的法律法规的情况。根据《劳动保障监察条例》的规定,劳动保障监察的内容有以下九个方面。

(1)用人单位制定内部劳动保障规章制度的情况。用人单位的规章制度是用人单位内部的"法律",是实现用人单位管理权的重要途径。我国《劳动合同法》对规章制度的制定有着明确具体的规定,要求内容合法合理,程序合法民主并告知劳动者。如果用人单位在制定及执行规章制度过程中违法,劳动保障监察机构有权责令改正,给劳动者造成损失的,单位应当承担赔偿责任。

(2)用人单位与劳动者订立、解除劳动合同的情况。劳动保障监察机构对不订立书面劳动合同、违法解除劳动合同的违法行为有权监督检查,并依据《劳动合同法》对用人单位进行处理。

(3)用人单位遵守禁止使用童工规定的情况。我国规定劳动者最低劳动年龄为16周岁,用人单位招用未满16周岁的未成年人,就属于非法使用童工。例外情况是未满16周岁的未成年人只有在特殊情况下,经过特别程序才能成为合法的劳动者。

(4)用人单位遵守女职工和未成年工特殊劳动保护规定的情况。我国对女职工和未成年工特殊劳动保护的规定,需要通过劳动保障监察保证落到实处。

(5)用人单位遵守工作时间和休息休假规定的情况。劳动者休息休假权的落实对于劳动者提高劳动效率,保障劳动安全有重要意义。法定节假日、休息日、探亲假、带薪年休假等的法律规定落实需要劳动保障监察机构的监督。

(6)用人单位支付劳动者工资和执行最低工资标准的情况。劳动保障监察机构有权对拖欠劳动者劳动报酬、低于最低工资标准支付工资、非法扣除工资等违法行为,依据《劳动合同法》《工资支付暂行规定》等进行严肃处理。

(7)用人单位参加各项社会保险和缴纳社会保险费的情况。社会保险是劳动合同的必备条款,是劳动者实现社会保障的重要方式。现实中有用人单位存在不缴、少缴、欠缴社会保险费的情况,需要通过劳动保障监察及时发现和予以纠正。

(8)职业介绍机构、职业技能培训机构和职业技能考核鉴定机构遵守国家有关职业介绍、职业技能培训和职业技能考核鉴定的规定的情况。

（9）法律、法规规定的其他劳动保障监察事项。劳动保障监察范围广泛,除以上列明事项外,还有安全卫生、试用期等都属于劳动保障监察的事项。

司考真题

劳动保障监察机构对( )不实施劳动保障监察
A. 用人单位制定内部劳动保障规章制度的情况
B. 用人单位遵守女职工和未成年工特殊劳动保护规定的情况
C. 用人单位遵守工作时间和休息休假规定的情况
D. 用人单位建立工会的情况

【答案】D
【解析】本题主要考察劳动保障监察机构的监察内容。根据《劳动保障监察条例》的规定,劳动保障监察的内容有九个方面(见上述正文),除列明事项外,还有安全卫生、试用期等都属于劳动保障监察的事项。但是用人单位是否建立工会不属于劳动监察部门的监察范围。如果正面考察劳动监察范围,就应该选 ABC,但是本题从反面考察,因此 D 项正确。

五、劳动保障监察权限

依据《劳动法》《劳动合同法》《劳动保障监察条例》及《社会保险费征缴监督检查办法》等劳动保障法律法规的规定,劳动保障监察机构及其监察员在劳动监察时具有以下五种权力。

(一)宣传督促权

劳动保障监察机构有权组织用人单位定期学习劳动保障法律法规,尤其是新通过的相关规定。通过加强宣传学习,督促用人单位主动学法、自觉用法、严格守法,提高法治意识,预防违法行为的发生。

(二)检查权

劳动保障监察机构及其监察员有权随时到用人单位检查,用人单位不得拒绝。但是,监察员履行职责时必须两个及两个以上,出示证件,佩戴监察标志,依法秉公检查。

(三)调查权

劳动保障监察机构及其监察员在必要时,可向用人单位下达"劳动监察询问通知书""劳动监察指令书",要求在收到之日起 10 日内如实向劳动监察机构做出书面答复;有权要求用人单位提供相关文件材料并解释说明;可以通过记录、录音、录像、复制等方式收集有关材料。

(四)举报、控告受理权

对于群众对用人单位违反劳动保障法律法规的举报和控告,劳动保障监察机构有权受理,并且依据其提供的线索,迅速调查处理,及时发现、制止、纠正违法行为。在此过程中,劳动保障监察机构应当为举报人、控告者保密。

(五)处罚权

劳动保障监察机构通过检查、调查,对用人单位的违法事实,依法予以警告、通报批评、罚款、吊销生产许可证、责令停产、停业的处罚。对属于其他行政机关的专属职权范围内的,建议其他行政机关给予相应的行政处罚。

■ 司考真题

劳动保障监察行政部门实行劳动保障监察过程中,采取(　　)措施是合法适当的

A. 要求用人单位提供与调查检查事项相关文件资料并作出解释说明
B. 以记录、录音、录像或者复制方式搜集有关情况和资料
C. 委托会计事务所对用人单位的工资支付、缴纳社会保险费情况进行审计
D. 暂时封存用人单位银行资金帐户,解决农民工工资拖欠问题

【答案】ABC
【解析】本题主要考察劳动监察机构的劳动保障监察权限。依据《劳动法》《劳动合同法》《劳动保障监察条例》及《社会保险费征缴监督检查办法》等劳动保障法律法规的规定,劳动保障监察机构及其监察员在实施劳动监察时具有五项权力(见上述正文),因此该题正确答案为 ABC,选项 D 不属于劳动监察机构的职权范围,因此不选。

六、劳动保障监察程序

劳动保障监察必须依法进行,合法有效的执法程序是获得合法有效的监察结果的程序保障。依据《劳动保障监察条例》规定,我国劳动保障监察程序分例行监察程序和立案监察程序两种。

(一)例行监察程序

这是指劳动保障监察机构及其监察员在没有发现用人单位存在违反劳动保障法律法规的行为时,为履行职责,对用人单位进行劳动监察时需要遵循的程序。主要内容包括以下四个步骤。

(1)监察准备。确定监察人员,监察工作必须由两名及以上监察员一起进行,并应当指定一名为主办劳动保障监察员;佩戴劳动保障监察标志;带上劳动保障监察证件。

(2)告知用人单位监察的目的、内容、要求和方法方式,并要求其配合。

(3)了解用人单位执行劳动保障法律法规的情况,巡视工作场所,检查相关材料,必要时要求用人单位提供书面材料。

(4)做现场检查笔录。笔录由监察员和用人单位代表签名或盖章,用人单位拒不签

章的,应注明拒签情况。

(二)立案监察程序

这是指劳动保障监察机构发现用人单位存在违反劳动保障监察法律法规行为后,经过审查确认违法事实并依法予以处罚的程序。立案监察程序主要包括以下四个方面的内容。

1. 立案登记

劳动保障监察机构通过日常检查、书面材料审查、受理检举、控告等途径,知悉了用人单位存在违法行为后,认为需要依法追究法律责任时,应当及时立案登记,填写立案审批表,报劳动保障监察机构负责人批准。立案日从劳动保障监察机构负责人批准之日起算。

2. 调查取证

全面、客观、公正地调取证据是劳动保障监察机构保证处理公平、公正的前提,也是最为关键的环节。证据类型包括物证、书证、视听资料、证人证言、鉴定结论、勘验笔录、现场检查笔录、当事人陈述等。

3. 处理

经过立案监察程序的案件,在调查后应当及时依法做出处理。

(1)予以行政处罚。案件违法事实清楚,证据确凿,应当给予行政处罚。程序要求:需报劳动保障监察机构负责人批准,制作处罚决定书。应当载明内容:被处罚单位名称,违法事实,适用法律法规,处罚内容,履行方式期限,被处罚单位的权利,处罚时间。

(2)撤销案件。没有证据证明违法事实存在,应当及时经过劳动保障监察机构负责人批准撤销案件。

(3)补充调查。证据不足,可以退回补充调查,15日内补充完毕。经补充调查仍旧证据不足的,撤销案件。

(4)建议其他机关处理。用人单位违反其他行政机关职权范围内的法律法规,劳动保障监察机构有建议处理的权力。如果构成犯罪的,应及时提请司法机关依法追究其刑事责任。

4. 送达及执行

劳动保障监察机构应在处罚决定书做出7日内将其送达被罚单位,自送达之日起就可以执行。罚款处罚用人单位应持决定书在规定时间内向指定部门缴纳。行政复议及诉讼,不影响处罚执行。生效后拒不履行的,可以申请法院强制执行。

■ 讨论案例

劳动保障监察执法队在对A公司某项目部进行检查时,要求其出示工伤保险缴纳凭证,但该公司办理的是人身意外伤害保险,未申报办理工伤保险。该公司负责人称:"单位已经为职工办理了人身意外伤害保险,出了工伤事故,职工有经济上的保障和补偿,无须再参加工伤保险。"

问:A 公司的说法是否正确?为什么?劳动保障监察执法队该如何处理?

第三节　其他劳动监督制度

除劳动保障监察机构及其监察员的专门劳动监督外,我国还存在其他行政机关、工会等社会组织、法院、劳动争议仲裁委员会、职工个人等形式的劳动监督。它们与专门的劳动监督相互配合,相互协调,相互补充,形成了一个劳动监督的有机体系,共同保障劳动保障法律法规的执行。

一、其他行政机关的劳动监督

由于劳动保障法律法规与其他法律部门的关联性和交叉性,同时,还由于不同行政机关的职权特定、执法手段不同、一些特定处罚措施属于特定行政机关等原因,劳动监督也需要其他行政机关的相互协调与配合。《劳动法》第 87 条和《劳动合同法》第 76 条都明确规定了其他行政机关的劳动监督职责。

其他行政机关的劳动监督分为两类,分别是行业主管部门的劳动监督和工商、公安、卫生、税务、审计、统计等专项执法行政机关的劳动监督。

(一)行业主管部门的劳动监督

行业主管部门是对所属行业的用人单位进行综合治理的行政机关,有对用人单位进行劳动监督的义务。此类监督的范围仅限于所属行业范围内的用人单位。如《矿山安全法》规定检查矿山安全是矿山安全主管部门的首要职责。

(二)工商、公安、税务、统计等专项执法行政机关的劳动监督

我国的工商、公安、卫生、税务、审计、统计等专项执法行政机关都有自己专属的职权范围和特定的执法手段。劳动保障法律法规涉及其权限时,需要上述机关来保障配合。如吊销营业执照的处罚,需要工商行政主管部门来执行;用人单位存在暴力、威胁或非法限制人身自由手段强迫劳动,侮辱、体罚、殴打劳动者的,对用人单位及其责任人的处罚需要公安机关来执行。

二、工会等社会组织的劳动监督

工会是群众性自治组织,是职工权益的代表者和维护者,《劳动法》《工会法》和《劳动合同法》都赋予其劳动监督权。《工会劳动监督试行办法》对工会劳动监督的原则、权利、监督内容、机构设置、监督员条件及其任命、监督方式等做出了具体明确规定。工会监督无权直接行使制裁权,只能通过依法向用人单位和有关部门提出意见、建议和要求,督促用人单位及时纠正违法行为。

妇联是保护妇女权益的专门社会组织,有权受理女职工对用人单位侵犯其合法权益的申诉、控告、检举,并向有关机关检举控告,要求有关机关依法查处。

三、法院、劳动争议仲裁委员会的劳动监督

法院的劳动争议诉讼和劳动争议仲裁委员会的劳动争议仲裁是解决劳动纠纷的两种重要方式,也是劳动监督的重要途径。通过法院的诉讼和劳动争议仲裁委员会的仲裁行为,对用人单位的违法行为进行纠正、处罚,从而维护劳动保障法律法规的有效实施,维护劳动者合法权益。

与其他劳动监督具有的主动性和事前预防性不同,法院的诉讼和劳动争议仲裁委员会的仲裁行为具有被动性和事后补救性。

把法院的诉讼和劳动争议仲裁委员会的仲裁行为列为劳动监督的方式之一,主要原因有以下两个。

(一) 具有法律依据

《劳动合同法》第六章"监督检查"中第 77 条明确规定:"劳动者合法权益受到侵害的,有权要求有关部门依法处理,或者依法申请仲裁、提起诉讼。"

(二) 具有现实根据

现实中,法院的劳动争议诉讼和劳动争议仲裁委员会的劳动仲裁行为对于用人单位的违法行为依法裁决,让用人单位受到应有处罚,承担应有责任,实际上就是一种劳动监督行为。

四、职工个人等群众的劳动监督

职工等群众有权以个人名义或者联合名义向有关机关和社会组织检举、控告用人单位的违法行为。为了方便群众举报投诉,《劳动保障监察条例》专门规定设立统一的举报电话、投诉信箱和网上举报等多种途径。

这种劳动监督具有主体广泛性和监督方式任意性的特点。除传统的口头和书面形式检举控告外,通过网络等新闻媒体进行劳动监督,在网络信息时代具有传播范围广、影响力大的特征,越来越显示其独特作用。

■ 相关知识链接

1. 张健明,王宇熹,尹乃春,等.劳动标准与劳动监察:政策与实务.北京:北京大学出版社,2008.

2. 黎建飞.强化劳动监察的意识与职能.中国劳动保障,2005(12).

3. 岳经纶,庄文嘉.转型中的当代中国劳动监察体制:基于治理视角的一种整体性研究.公共行政评论,2009(5).

4. 秦国荣.劳资均衡与劳权保障:劳动检查制度的内在功能及其实现.河南省

政法管理干部学院学报,2010(6).

5. 范晶波. 我国政府应对劳资冲突的法律机制研究:劳动监察的介入定位与制度创新. 江苏社会科学,2012(1).

思考与分析

1. 劳动保障监察与劳动争议仲裁、诉讼的联系与区别是什么？如何加强三者衔接，以更加有效地维护劳动者的合法权益？

2. 杨某于2014年5月到某酒店工作，上班后，酒店一直未与他签订书面劳动合同。同年国庆节，酒店接受劳动保障监察机构检查后，提出与未签订书面劳动合同的职工补签劳动合同，期限3年。杨某认为3年期限太久，就不同意签订书面劳动合同，并提出不需要单位为其缴纳各项社会保险费用。酒店不同意他的提议，书面通知杨某限期签订书面劳动合同。期限届满，杨某仍旧没与单位签订书面劳动合同。酒店书面告知杨某解除劳动关系。杨某不服，向劳动保障监察机构投诉，主张单位支付解除合同经济补偿金。

劳动保障监察机构受理后进行调查，发现杨某所诉属实。依据我国相关法律法规作出处理:责令酒店支付杨某4个月的双倍工资，并支付半个月工资的经济补偿金。

问:劳动保障监察机构这样处理的法律依据是什么？

3. 劳动监督的概念及重要意义是什么？

4. 我国劳动监督体系包括哪些？

5. 简述劳动保障监察的内容及其权限。

6. 简述劳动保障监察的程序。

第十二章

劳动法律责任制度

知识结构图

劳动法律责任 ┌ 概述
　　　　　　├ 用人单位的法律责任
　　　　　　├ 劳动者的法律责任
　　　　　　└ 其他劳动法主体的法律责任

本章导读

劳动法律责任分为行政责任、民事责任和刑事责任三种类型。本章应掌握用人单位承担法律责任的内容、学习劳动者承担法律责任的内容及了解其他劳动法主体承担法律责任的内容。其中劳动法律责任的概念和特征、劳动法律责任的形式和用人单位的法律责任是本章的重点。

司考重点

用人单位违反劳动法应承担的法律责任,尤其是用人单位违反工时制度、侵害劳动者工资、经济补偿金等合法权益和违反劳动合同等行为应承担的法律责任。

案例导入

2007年6月,有媒体报道山西洪洞县王某未办理任何登记手续开设砖窑,交于衡某承包经营。该砖窑拐骗30余人,雇佣打手强迫被骗人员长期从事高强度劳动,无任何劳动报酬,造成多人伤亡。另据媒体报道,山西该类黑砖窑有上千座,其中还有上千名被拐骗童工。

问:该案例中提到的用人单位,都应该承担哪些劳动法律责任?

第一节　概述

一、劳动法律责任的概念

劳动法律责任,是指用人单位和劳动者及其他劳动法主体,违反劳动法的规定所应承担的否定性的法律后果。劳动法律责任是法律强制力的表现,这种强制力成为权利的法律救济和执法的监督依据。劳动法律责任的特征有以下四个。

(1)法律责任主体是违反劳动法的单位和个人。

(2)法律责任根据是法律责任主体存在违反劳动法律、法规的具体行为。违法行为是承担法律责任的根据和核心要素。

(3)法律责任的性质具有法律价值的否定性和事实内容的不利性。否定性和不利性是任何一个法律部门对当事人违法行为价值评价的结果,价值评价结果取决于事实内容的程度。劳动法律责任的否定性和不利性通过法律责任体系的规定,一方面明确昭示劳动法的维权、协调等基本职能,另一方面以独特的法律责任形式区别于政治责任、道德责任、宗教责任。

(4)法律责任形式在劳动法上表现为法律责任的综合性特征,即综合民事、行政和刑事三大法律责任形式,既能体现法律责任承担的相对性,又能使各种法律责任有机统一。

二、劳动法律责任的承担条件

法律责任的承担,必须以具备法定条件为前提,即必须满足法律规定的法律责任构成要件。劳动法律责任的构成要件有以下四个方面。

(1)行为人具有法律责任能力,即行为人具有承担法律责任的能力。它通常包含在劳动法主体的法律资格之中,只要是具有劳动法主体资格的单位或个人,就具有法律责任能力。而这种劳动法主体资格,主要是指法律所赋予的特定权利能力和行为能力,如用人单位的用人权利能力和用人行为能力及自然人的劳动权利能力和劳动行为能力。国家劳动行政管理部门及其工作人员作为法律责任的主体,是因为他们与劳动具有密切关联性,法律也赋予其从事监督管理的职责,若其违反法定职责,则需要承担违反劳动法的责任。

(2)行为人在客观方面存在违反劳动法律法规的行为,包括作为和不作为。即行为人已经违反劳动法律法规、劳动合同、集体合同或内部劳动规则所规定的义务。行为人违法行为所产生的法律关系在劳动法上表现出广泛性特征,即既有违反法定或约定义务的不作为行为引起的法律关系,也有违反法定或约定义务的作为行为引起的法律关系;既有一个违法行为产生两个法律关系,也有两个或多个违法行为产生一个法律关系;既有因一方违法行为形成的法律关系,也有因混合违法行为形成的法律关系。

(3)行为人的违法行为造成或足以造成一定的社会危害。社会危害是指行为人对国家、社会、用人单位、劳动者的合法权益所造成的侵害。这种侵害既可能表现为一种现实的财产方面的减损,也可能表现为一种非财产性权利的丧失;既可能是现实的损害,也可能是使相对人处于遭受一定损失的危险之中。同时,行为的社会危害必须达到一定的程度,即已具有可制裁性。法律制裁对违法行为实施强制性矫正,使行为主体受到行政上、经济上乃至刑事上的法律惩处,对直接被侵害的合法权益实施有效的保护、恢复和必要的赔偿,从而增强权利主体特别是劳动者对劳动权利的安全感。

(4)行为人主观方面有过错。即行为人实施违反劳动法律法规的行为在主观上存在故意或过失的心理状态。因此,除法律另有规定之外,只有行为人主观上有过错,行为人才对其不法行为所造成的损害承担法律责任。过错包括故意和过失两种:故意是指行为人能够预见违反劳动法及有关法规的行为会给国家、集体组织、用人单位或职工带来危害的后果,但希望其发生或放任其后果到来的心理状态;过失是指行为人对其行为可能使国家、集体组织、用人单位或职工造成损害结果,应当预见却因疏忽大意未预见到,或虽已预见却轻信能够避免从而造成不良后果的心理状态。无论是故意还是过失,责任人员都应当承担违反法律的法律责任。但是,由于不可抗力或不能预见的原因给国家、用人单位、劳动者造成不良后果的除外。法律有特别规定的,从其规定。

■ 知识链接

劳动法律责任的承担以过错为基本要件之一,但并不是说所有劳动法律责任的承担均应以过错为要件,法律另有规定的从其规定。劳动法从劳动关系所具备的基本属性出发,对劳动者在劳动过程中的人身安全进行重点保护,如在劳动过程中造成的人身意外伤害和职业病,在法律责任归责上则适用无过失责任原则。但适用这一原则的前提是存在劳动关系且适用对象只能是用人单位。劳动者、其他社会中介机构、政府职能部门的法律责任承担必须以过错责任为原则。

三、劳动法律责任形式

根据我国《劳动法》等相关劳动法律法规规章等的规定,可以将我国的劳动法律责任形式归纳为三种。

(一)行政法律责任

行政法律责任是违法行为人依法应当承担的、由有关行政机关以行政处罚或行政处分的方式予以追究的法律责任。行政处罚是国家法律规定由国家特定行政机关给予违法行为人行政处理的措施,如罚款、责令改正、责令停产整顿、吊销营业执照、查封等。特定的行政机关主要包括安全生产监督管理部门、劳动和社会保障行政部门、公安部门、卫生部门、工商管理部门等。实施行政处罚时,对有数种违反劳动法行为的,应分别决定处罚,合并执行,不能合并执行的可以从重处罚。行政处分是指国家有关行政机关、用人单位及其他中介机构对其内部工作人员的违法行为给予的处罚措施。它的种类、权限、程序、过错程度等由国家法律、法规和用人单位劳动纪律规定,形式主要有警告、记过、记大过、降级、撤职、留用察看、开除等。

用人单位对职工实施的处分除以上 7 种外,还包括罚款、扣发工资、停发工资(奖金)等。

(二)民事法律责任

民事法律责任是行为人违反劳动法律法规而依法应当承担的、旨在补偿受害人损失的法律责任形式。民事法律责任的违法行为人主要包括用人单位和劳动者,特殊情况下也包括其他劳动法主体。民事法律责任的承担方式主要有赔偿损失、经济补偿、强制履行合同、补发工资、补缴保险费、提供安全卫生条件等。劳动法中的民事法律责任,较一般民事法律责任而言,具有法定性特征:一是赔偿数额的法定性较强;二是出现独特的经济补偿;三是以责令支付作为实现民事法律责任的主要方式,如补发工资、责令提供劳动安全条件等,这就使民事法律责任兼具有行政法律责任实现方式的特色。

(三)刑事法律责任

刑事法律责任是行为人违反劳动法律规定,造成严重后果,触犯我国刑法,构成犯罪所应承担的法律责任形式。其是违反劳动法的法律责任形式中处罚性最严厉的一种。犯罪行为人主要是用人单位及其主要负责人、相关法律责任人、社会中介机构及其主要负责人、国家劳动行政主管部门的直接法律责任人员。既有法人犯罪,也有个人犯罪。对刑事法律责任的追究,在劳动法上与行政法律责任、民事法律责任稍有不同,它是通过劳动法规范,援引我国刑法的相关总则与分则的规定对犯罪行为进行处罚。违反劳动法律法规的主要犯罪有重大安全事故罪、违章冒险作业罪、危险物品肇事罪、强迫劳动罪、拒不支付劳动报酬罪、妨碍执行公务罪、滥用职权罪等。

第二节 用人单位的法律责任

劳动关系的从属性决定了用人单位所处地位明显优于劳动者,劳动者的合法权益更容易受到不法侵害,实践中更多出现的也是用人单位违反劳动法的行为。我国《劳动法》《劳动合同法》《就业促进法》等相关法律法规,都对用人单位违反劳动法的行为进行了严格规范。

一、用人单位违法制定劳动规章制度应承担的法律责任

制定和完善劳动规章制度对于用人单位而言既是权利又是义务。为了保障劳动者的合法权益,根据《劳动合同法》第 4 条规定,用人单位在制定、修改或者决定直接涉及劳动者切身利益的劳动报酬、工作时间、休息休假、劳动安全卫生、保险福利、职工培训、劳动纪律及劳动定额管理等规章制度或者重大事项时,应当经职工代表大会或者全体职工讨论,提出方案和意见,与工会或者职工代表平等协商确

定,直接涉及劳动者切身利益的规章制度应当在单位内公示过以告知劳动者。

用人单位的劳动规章在以下两种情况下无效:一是规章制度违反法律、法规,即内容违法;二是涉及职工切身利益的事项未听取职工代表大会或全体职工的讨论意见,且未通过平等协商确定,即程序违法。劳动规章制度因违法无效后,由此导致的依据违法的劳动规章而产生的法律行为将失去根据。根据《劳动合同法》第80条规定,用人单位制定的直接涉及劳动者切身利益的规章制度违反法律、法规规定的,由劳动行政部门责令改正,给予警告;给劳动者造成损害的,用人单位应当承担赔偿责任。

二、用人单位违反工时制度应承担的法律责任

《劳动法》第90条规定:"用人单位违反本法的规定,延长劳动者工作时间的,由劳动行政部门给予警告,责令改正,并可以处以罚款。"用人单位安排在哺乳期的女职工和怀孕7个月以上的女职工延长工作时间和夜班工作的,应责令改正,并按每名受侵害女职工罚款3000元以下的标准处罚。《劳动保障监察条例》规定,用人单位违反劳动保障法律、法规或者规章延长劳动者工作时间的,由劳动保障行政部门给予警告,责令限期改正,并可以按照受侵害的劳动者每人100元以上、500元以下的标准计算,处以罚款;安排怀孕7个月以上女职工夜班劳动或者延长其工作时间的、女职工生育享受产假少于90天[①]的、安排女职工在哺乳未满1周岁的婴儿期间延长其工作时间或者安排其夜班劳动的,由劳动保障部门责令改正,按照受侵害的劳动者每人1000元以上、5000元以下的标准计算,处以罚款。

《职工带薪年休假条例》规定,单位不安排职工休年休假又不依照本条例规定给予年休假工资报酬的,由县级以上地方人民政府人事部门或者劳动保障部门依据职权责令限期改正;对逾期不改正的,除责令该单位支付年休假工资报酬外,单位还应当按照年休假工资报酬的数额向职工加付赔偿金;对拒不支付年休假工资报酬、赔偿金的,属于公务员和参照公务员法管理的人员所在单位的,对直接负责的主管人员及其他直接责任人员依法给予处分;属于其他单位的,由劳动保障部门、人事部门或者职工申请人民法院强制执行。

三、用人单位侵害劳动者工资、经济补偿金等合法权益应承担的法律责任

《劳动合同法》第85条规定:"用人单位有下列情形之一的,由劳动行政部门责令限期支付劳动报酬、加班费或者经济补偿;劳动报酬低于当地最低工资标准的,应当支付其差额部分;逾期不支付的,责令用人单位按应付金额50%以上100%以下的标准向劳动者加付赔偿金:①未依照劳动合同的约定或者国家规定及时足额支付劳动者劳动报酬的;②低于当地最低工资标准支付劳动者工资的;③安排加班不支付加班费的;

---

① 据2012年实施的《女职工劳动保护特别规定》,目前应该为98天。

④解除或者终止劳动合同,未依照本法规定向劳动者支付经济补偿的。"①

知识链接

《劳动合同法》第85条规定与《劳动法》《违反和解除劳动合同的经济补偿办法》中的相关规定发生冲突时,按照新法与旧法、普通法与特别法、上位法与下位法之间的关系,以《劳动合同法》第85条规定为准。

《劳动法》第91条规定:"用人单位有下列侵犯劳动者合法权益情形之一的,由劳动行政部门责令支付劳动者报酬、经济补偿,并可以责令支付赔偿金:1.克扣或者无故拖欠劳动者工资的;2.拒不支付劳动者延长工作时间工资报酬的;3.低于当地最低工资标准支付劳动者工资的;4.解除劳动合同后,未按照本法规定给予劳动者经济补偿的。"

《违反和解除劳动合同的经济补偿办法》第3条规定:"用人单位克扣或者无故拖欠劳动者工资的,以及拒不支付劳动者工作时间工资报酬的,除在规定的时间内全额支付劳动者工资报酬外,还需加发相当于工资报酬25%的经济赔偿金。"

四、用人单位违反劳动安全卫生法应承担的法律责任

劳动安全卫生法是我国劳动法特别法中一个庞大的系统,其目的在于保障劳动者的生命权和健康权,防止和处罚侵害劳动者生命健康权的行为。违反安全卫生法的法律责任有以下三个特点。首先,责任体系涉及范围广,如安全卫生的教育培训责任、建设工程"三同时"责任、主要负责人安全卫生责任、生产安全事故责任、特殊操作人员责任、重大危险源管理责任、锅炉压力容器检测责任等;其次,责任方式多样化,集民事责任、行政责任、刑事责任于一体,特别是其中的刑事责任是劳动法律制度中罪名最多的部分;第三,"并罚"责任承担方式,即劳动者伤害事故发生后,用人单位既要承担"工伤"赔偿或补偿责任,还要承担因过错而产生的民事赔偿责任。

1. 用人单位劳动安全卫生条件不合法的法律责任

用人单位劳动安全设施和劳动卫生条件不符合国家法律、法规规定的国家标准或行业标准的,应责令限期更正;逾期未改正的,可停产停业整顿,经停产停业整顿仍不具备安全卫生条件的,予以关闭;有关部门应当依法吊销其有关证照。

2. 用人单位违反建筑工程"三同时"制度的法律责任。

用人单位新建、改建、扩建和技术改造项目的劳动安全卫生条件设施未能与主体工程同时设计、同时施工、同时投入生产使用的,应责令改正,并可处5万元以下罚款;矿山建设项目或用于生产、储存危险物品的建设项目违反"三同时"制度的,除责令改正外,还可责令停止建设或停产停业整顿;造成严重后果的,依照刑法的

---

① 《职工带薪年休假规定》中,单位不安排职工休年休假又不依照本条例规定给予年休假工资报酬的,单位应该承担的法律责任同前述第二类情形中的相关内容。

有关规定追究刑事责任。

3. 未为劳动者依法提供符合国家标准或行业标准的劳动防护用品的法律责任

《安全生产法》第83条规定，用人单位未为从业人员提供符合国家标准或者行业标准的劳动防护用品的，应责令限期改正；逾期未改正的，责令停止建设或停产停业整顿，可以并处5万元以下罚款；造成严重后果，构成犯罪的，依法追究刑事责任。

4. 未依法设立安全生产管理机构或专职安全管理人员的法律责任

《安全生产法》第19条、第82条规定，矿山、建筑施工单位和危险物品的生产、经营、储存单位，应当设置安全生产管理机构或配备专职安全生产管理人员；其他生产经营单位，从业人员超过300人的，应当设置安全生产管理机构或配备专职安全生产管理人员；从业人员300人以下的，应当配备专职或兼职的安全生产管理人员。违反以上规定的法律责任为：责令限期改正；逾期未改正的，责令停产停业整顿，可以并处2万元以下的罚款。

5. 用人单位违反危险物品的生产、经营、储存、管理规定的法律责任

（1）未经依法批准，擅自生产、经营、储存危险物品的，责令停止违法行为或者予以关闭，没收违法所得；违法所得10万元以上的，并处违法所得1倍以上、5倍以下的罚款；没有违法所得或者违法所得不足10万元的，单处或者并处2万元以上、10万元以下罚款；造成严重后果，构成犯罪的，依照刑法有关规定追究刑事责任。

（2）生产、经营、储存、使用危险物品，未建立专门安全管理制度、未采取可靠的安全措施或者不接受有关主管部门的依法实施的监督管理的；对重大危险源未登记建档，或者未进行评估、监控，或者未制定应急预案的；进行爆破、吊装等危险作业，未安排专门人员进行现场安全管理的，责令限期改正；逾期未改正的，责令停产停业整顿，可以并处2万元以上、10万元以下的罚款；造成严重后果，构成犯罪的，依照刑法追究刑事责任。

（3）生产、经营、储存、使用危险物品的车间、商店、仓库与员工宿舍在同一座建筑内，或者与员工宿舍的距离不符合安全要求的，责令限期改正；逾期未改正的，责令停产停业整顿；造成严重后果，构成犯罪的，依照刑法有关规定追究刑事责任。

6. 用人单位以合同条款形式免除或减轻其对劳动者因生产安全事故伤亡依法应承担的责任的法律责任

在劳动关系中用人单位有义务保障劳动者在劳动过程中的安全，防止伤害事故的发生，承担劳动过程的风险。用人单位不得在劳动合同或其他协议中免除或减轻其应负的法律责任，否则该协议无效；对生产经营单位的主要负责人、个人经营的投资人处2万元以上、20万元以下的罚款。

7. 用人单位未对有关责任人及其员工进行安全卫生教育培训的法律责任

用人单位应对从业人员进行安全生产教育培训，未经安全教育和培训合格的从业人员，不得上岗就业；如采用新工艺、新技术、新材料或者使用新设备，必须对从业劳动者进行专门的安全生产教育和培训；用人单位必须向从业劳动者如实告

知作业场所和工作岗位存在的危险因素、防范措施以及事故应急措施;从事危险物品的生产、经营、储存单位以及从事矿山、建筑施工单位的安全负责人和安全管理人员必须由有关主管部门对其安全生产知识进行考试合格后方可任职;特种作业人员必须按照国家有关规定经专门的安全作业培训,取得特种作业操作资格证书,方可上岗作业。违反以上规定的法律责任为:责令限期改正;逾期未改正的,责令停产停业整顿,可以并处2万元以下罚款。

8.用人单位主要负责人违反法定职责的法律责任

用人单位主要负责人的法定安全生产职责为:①建立、健全本单位安全生产责任制;②组织制定本单位安全生产规章制度的操作规程;③保证本单位安全生产投入的有效实施;④监督本单位的安全生产工作;⑤组织制定并实施本单位的生产安全事故应急救援预案;⑥及时如实报告生产安全事故。

用人单位主要负责人的法律责任包括以下两种。

(1)用人单位的主要负责人不依照法律规定保证安全生产所需的资金投入,致使单位不具备安全生产条件的,以及违反以上法定职责的,责令限期改正,提供必需的资金;逾期未改正的,责令停产停业整顿;由此发生生产安全事故,构成犯罪的,依刑法有关规定追究刑事责任;尚不构成刑事处罚的,对主要负责人给予撤职处分。

(2)用人单位的主要负责人在本单位发生重大生产安全事故的,不及时组织抢救或者在事故调查处理期间擅离职守或者逃匿的,给予降级、撤职处分,对逃匿的处15日以下拘留;构成犯罪的,依照刑法有关规定,追究刑事责任。用人单位主要负责人对生产安全事故隐瞒不报、谎报或者拖延不报的,依照如上规定处理。

五、用人单位非法招用童工应承担的法律责任

为了加强对未成年人的保护,2002年12月1日起施行的《禁止使用童工规定》规定,国家机关、社会团体、企业事业单位、民办非企业单位或者个体工商户(以下统称用人单位)均不得招用不满16周岁的未成年人(以下统称使用童工)。县级以上各级人民政府劳动保障行政部门应当负责有关禁止使用童工的监督检查;县级以上各级人民政府公安、工商行政管理、教育、卫生等行政部门在各自职责范围内对禁止使用童工的情况也要进行监督检查,并对劳动保障行政部门的监督检查给予配合;工会、共青团、妇联等群众组织应当依法维护未成年人的合法权益;任何单位或者个人发现使用童工的,均有权向县级以上人民政府劳动保障行政部门举报。与此同时,《禁止使用童工规定》十分明确地规定了用人单位违法招用童工的法律责任有以下七种。

(1)用人单位使用童工的,由劳动保障行政部门按照每使用一名童工每月处5 000元罚款的标准给予处罚;在使用有毒物品的作业场所使用童工的,照《使用有毒物品作业场所劳动保护条例》规定的罚款幅度,或者按照每使用一名童工每月处

5 000元罚款的标准,从重处罚。劳动保障行政部门应当责令用人单位限期将童工送回居住地交给父母或者其他监护人,所需交通和食宿费用全部由用人单位负担。

(2)用人单位由于使用童工,经劳动保障行政部门责令限期改正,逾期仍不将童工交送其父母或其他监护人的,从责令限期改正之日起,由劳动保障行政部门按照每使用一名童工每月处1万元罚款的标准处罚,并由工商行政管理部门吊销其营业执照或者由民政部门撤销民办非企业单位登记;用人单位是国家机关、事业单位的,由有关单位依法对直接负责的主管人员和其他直接法律责任人员给予降级或者撤职的行政处分或者纪律处分。

(3)用人单位招用人员时,必须核查被招用人员的身份证;对不满16周岁的未成年人,一律不得录用。用人单位录用人员的录用登记、核查材料应当妥善保管。如果用人单位未按照规定保存录用登记材料,或者伪造录用登记材料的,由劳动保障行政部门处1万元的罚款。

(4)无营业执照、被依法吊销营业执照的单位以及未依法登记、备案的单位使用童工或者介绍童工就业的,加处1倍罚款,该非法单位由有关的行政主管部门予以取缔。

(5)童工患病或者受伤的,用人单位应当负责送到医疗机构治疗,并负担治疗期间的全部医疗和生活费用。

(6)童工伤残或者死亡的,用人单位由工商行政管理部门吊销营业执照或者由民政部门撤销民办非企业单位登记;用人单位是国家机关、事业单位的,由有关单位依法对直接负责的主管人员和其他直接法律责任人员给予降级或者撤职的行政处分或者纪律处分;用人单位还应当一次性地对伤残的童工、死亡童工的直系亲属给予赔偿,赔偿金额按照国家工伤保险的有关规定计算。

(7)拐骗童工,强迫童工劳动,使用童工从事高空、井下、放射性、高毒、易燃易爆及国家规定的第四级体力劳动强度的劳动,使用不满14周岁的童工,或者造成童工死亡或者严重伤残的,依照刑法关于拐卖儿童罪、强迫劳动罪或者其他罪的规定,依法追究刑事法律责任。

六、用人单位违反女职工及未成年工特殊保护规定应承担的法律责任

用人单位有下列行为之一的,由劳动保障行政部门责令改正,按照受侵害的劳动者每人1 000元以上5 000元以下的标准计算,处以罚款:

(1)安排女职工从事矿山井下劳动、国家规定的第四级体力劳动强度的劳动或者其他禁忌从事的劳动的;

(2)安排女职工在怀孕期间从事国家规定的第三级体力劳动强度的劳动的;

(3)安排女职工在怀孕期间从事国家规定的第三级体力劳动强度的劳动或者孕期禁忌从事的劳动的;

(4)安排怀孕7个月以上的女职工夜班劳动或者延长其工作时间的;

(5) 女职工生育享受产假少于 90 天①的;

(6) 安排女职工在哺乳未满 1 周岁的婴儿期间从事国家规定的第三级体力劳动强度的劳动或者哺乳期禁忌从事的其他劳动以及延长其工作时间或者安排其夜班劳动的;

(7) 安排未成年工从事矿山开下、有毒有害、国家规定的第四级体力劳动强度的劳动或者其他禁忌从事的劳动的;

(8) 未对未成年工定期进行健康检查的。

七、用人单位违反劳动合同法应承担的法律责任

用人单位必须遵守《劳动合同法》《劳动合同法实施条例》的相关规定,依法订立、履行、变更、解除和终止劳动合同,如有违反,应当承担相应的法律责任。

(1) 用人单位提供的劳动合同文本缺乏劳动合同必备条款或不提供劳动合同文本的行为及处理。用人单位提供的劳动合同文本未载明《劳动合同法》规定的劳动合同必备条款或者用人单位未将劳动合同交付劳动者的,由劳动行政部门责令改正;给劳动者造成损失的,用人单位应当承担赔偿责任。

(2) 用人单位不与劳动者订立书面劳动合同的行为及处理。用人单位自用工之日起满 1 年未与劳动者订立书面劳动合同的,自用工之日起满 1 个月的次日至满 1 年的前一日应当依照《劳动合同法》第 82 条的规定向劳动者每月支付 2 倍的工资,并视为自用工之日起满 1 年的当日已经与劳动者订立无固定期限劳动合同,应当立即与劳动者补订书面劳动合同。用人单位违反《劳动合同法》规定不与劳动者订立无固定期限劳动合同的,自应当订立无固定期限劳动合同之日起向劳动者每月支付 2 倍的工资。

(3) 用人单位违法约定试用期的行为及处理。用人单位违反《劳动合同法》规定与劳动者约定试用期的,由劳动行政部门责令改正;违法约定的试用期已经履行的,由用人单位以劳动者试用期满月工资为标准,按已经履行的试用期的期限向劳动者支付赔偿金。

(4) 用人单位扣押劳动者身份证等证件的行为及处理。用人单位违反《劳动合同法》规定,扣押劳动者身份证等证件的,由劳动行政部门责令限期退还劳动者本人,并依照有关法律规定给予处罚。用人单位违反《劳动合同法》规定,要求劳动者提供担保、向劳动者收取财物的,由劳动行政部门责令限期退还劳动者本人,并按每一名劳动者 500 元以上、2 000 元以下的标准处以罚款;给劳动者造成损害的,用人单位应当承担赔偿责任。劳动者依法解除或者终止劳动合同,用人单位扣押劳动者档案或者其他物品的,由劳动行政部门责令限期退还劳动者本人,并按每一名劳动者 500 元以上、2 000 元以下的标准处以罚款;给劳动者造成损害的,用人单位应当承担赔偿责任。

---

① 同前注,目前应该为 98 天。

第十二章 劳动法律责任制度

（5）用人单位未依法支付劳动报酬、经济补偿等的行为及处理。参见本节"用人单位侵害劳动者工资、经济补偿金等合法权益的行为处理"的部分内容。

（6）用人单位造成劳动合同无效的行为及处理。由于用人单位致使订立的合同无效，对劳动者造成损害的，应当承担赔偿责任。

（7）用人单位违反《劳动合同法》规定解除或者终止劳动合同的行为及处理。用人单位违反《劳动合同法》规定解除或者终止劳动合同的，应当依照《劳动合同法》第47条规定的经济补偿标准的2倍向劳动者支付赔偿金。

（8）用人单位不出具解除或者终止劳动合同的书面证明的行为及处理。解除、终止劳动合同证明是劳动者再就业的基本条件之一。劳动合同解除或终止后，劳动者需要寻求或已经获得新的用人单位，但由于难以证明或无法证明自己不存在劳动关系而可能丧失再就业机会；特别是我国《失业保险条例》规定，领取失业救济金的基本条件之一是非自愿失业。在失业登记时，劳动者必须提供非自愿失业的证明。因此，用人单位依照诚信原则应履行这项后合同义务。用人单位违反《劳动合同法》规定未向劳动者出具解除或者终止劳动合同的书面证明，由劳动行政部门责令改正；给劳动者造成损害的，用人单位应当承担赔偿责任。

（9）新用人单位招用原用人单位职工的行为及处理。用人单位招用与其他用人单位尚未解除或者终止劳动合同的劳动者，给其他用人单位造成损失的，应当承担赔偿责任。

（10）劳务派遣单位的违法行为及处理。劳务派遣单位是《劳动合同法》上的用人单位，应当承担和履行用人单位对劳动者的全部义务，包括平等缔约、保障劳动者的工资报酬权、劳动安全卫生权、休息休假权、社会保险权、结社权及劳动者的其他权利；对与劳动者订立的劳动合同，除《劳动合同法》第17条规定的必备条款外，还应载明用工单位及派遣期限、工作岗位等；应当与用工单位签订劳务派遣协议，明确双方责任；保障劳动者对劳动派遣协议的相关内容的知情权；不得直接克扣工资抵作劳务报酬等。劳务派遣单位违反《劳动合同法》规定的，由主管部门责令改正；情节严重的，按每一名劳动者1 000元以上、5 000元以下的标准处以罚款，并由工商行政管理部门吊销营业执照。被派遣劳动者权益受到损害的，由劳务派遣单位和用工单位承担连带赔偿责任。

（11）用人单位不依法建立职工名册的行为及处理。用人单位违反劳动合同法有关建立职工名册规定的，由劳动行政部门责令限期改正；逾期不改正的，由劳动行政部门处2 000元以上、2万元以下的罚款。

（12）不具备合法经营资格的用人单位的违法行为及处理。对不具备合法经营资格的用人单位的违法犯罪行为，依法追究法律责任；劳动者已经付出劳动的，该单位或者其出资人应当依照劳动合同法有关规定向劳动者支付劳动报酬、经济补偿、赔偿金；给劳动者造成损害的，应当承担赔偿责任。

（13）个人承包经营者的违法行为及处理。个人承包经营者违反《劳动合同法》规定招用劳动者,给劳动者造成损害的,发包的组织与个人承包经营者承担连带赔偿责任。

八、用人单位严重侵犯劳动者人身权利应承担的法律责任

用人单位有下列情形之一的,依法给予行政处罚;构成犯罪的,依法追究刑事责任;给劳动者造成损害的,应当承担赔偿责任:
(1)以暴力、威胁或者非法限制人身自由的手段强迫劳动的;
(2)违章指挥或者强令冒险作业危及劳动者人身安全的;
(3)侮辱、体罚、殴打、非法搜查或者拘禁劳动者的;
(4)劳动条件恶劣、环境污染严重,给劳动者身心健康造成严重损害的。

九、用人单位违反集体合同应承担的法律责任

我国《劳动法》《集体合同规定》均未明确规定有关违反集体合同的责任,这等于说将责任问题交给了当事人。《集体合同规定》第56条规定:"用人单位无正当理由拒绝工会或职工代表提出的集体协商要求的,按照《工会法》及有关法律、法规的规定处理。"但其并未进一步明确何种理由为正当或不正当,且仅仅规定了行政责任。至于企业在协商过程中应承担的其他责任则没有规定。《劳动合同法》第56条规定也存在同样问题。对于这种制度缺陷,需要通过不断完善相关法律法规,完备集体合同的立法加以解决。

十、用人单位违反《就业促进法》应承担的法律责任

第一,实施就业歧视的,劳动者可以向人民法院提起诉讼。
第二,企业未按照国家规定提取职工教育经费,或者挪用职工教育经费的,由劳动行政部门责令改正,并依法给予处罚。
第三,侵害劳动者合法权益,造成财产损失或者其他损害的,依法承担民事责任;构成犯罪的,依法追究刑事责任。

十一、用人单位违反《工会法》应承担的法律责任

用人单位违反《工会法》,有下列行为之一的,由劳动保障行政部门责令改正:
(1)阻挠劳动者依法参加和组织工会,或者阻挠上级工会帮助、指导劳动者筹建工会的;
(2)无正当理由调动依法履行职责的工会工作人员的工作岗位,进行打击报复的;
(3)劳动者因参加工会活动而被解除劳动合同的;
(4)工会工作人员因依法履行职责被解除劳动合同的。

十二、用人单位违反社会保险规定应承担的法律责任

（1）用人单位未按照规定办理社会保险登记的，由社会保险行政部门责令限期改正；对直接负责的主管人员和其他直接责任人员处500元以上、3 000元以下的罚款。

（2）缴费单位违反有关财务、会计、统计的法律、行政法规和国家有关规定，伪造、变造、故意毁灭有关账册、材料，或者不设账册，致使社会保险费缴费基数无法确定的，除依照有关法律、行政法规的规定给予行政处罚、纪律处分、刑事处罚外，依照法律、法规的规定征缴；迟延缴纳的，由劳动保障行政部门或者税务机关责令限期缴纳；逾期仍不缴纳的，除补缴欠缴数额外，从欠缴之日起，按日加收万分之五的滞纳金。逾期仍不缴纳，由有关行政部门处欠缴额1倍以上、3倍以下罚款。

（3）用人单位逾期拒不缴纳社会保险费、滞纳金的，由劳动保障行政部门或者税务机关申请人民法院依法强制征缴。

（4）用人单位向社会保险经办机构申报应缴纳的社会保险费数额时，瞒报工资总额或者职工人数的，由劳动保障行政部门责令改正，并处瞒报工资数额1倍以上、3倍以下的罚款。

十三、用人单位无理违反劳动监察应承担的法律责任

用人单位无理抗拒、阻挠劳动保障行政部门依法实施劳动保障监察的；不按照劳动保障行政部门的要求报送书面材料，隐瞒事实真相，出具伪证或者隐匿、毁灭证据的；经劳动保障行政部门责令改正拒不改正，或者拒不履行劳动保障行政部门的行政处理决定的；打击报复举报人、投诉人的，由劳动保障行政部门责令其改正；对有前三项规定的行为的，处2 000元以上、2万元以下的罚款；违反以上规定，构成违反治安管理行为的，由公安机关依法给予治安管理处罚；构成犯罪的，依法追究刑事责任。

第三节　劳动者的法律责任

一、劳动者不与用人单位订立书面劳动合同应承担的法律责任

自用工之日起1个月内，经用人单位书面通知后，劳动者不与用人单位订立书面劳动合同的，用人单位应当书面通知劳动者终止劳动关系，无需向劳动者支付经济补偿，但是应当依法向劳动者支付其实际工作时间的劳动报酬。

自用工之日起超过1个月不满1年，劳动者不与用人单位订立书面劳动合同的，用人单位应当书面通知劳动者终止劳动关系，并依照《劳动合同法》第47条的规定支付经济补偿。

二、劳动者造成劳动合同无效应承担的法律责任

由于劳动者原因订立的无效合同,对用人单位造成损害的,应当承担赔偿责任。这是《劳动合同法》对劳动法律制度的一个新突破。我国《劳动法》及有关法规、规章只规定了由于用人单位的原因造成劳动合同无效所承担的赔偿责任,而对于因劳动者以欺诈等手段签订的劳动合同而导致的无效,则无相关法律责任规定。《劳动法》施行以来,劳动者因此规避法律的现象相当普遍,如果对劳动者不课以赔偿责任,既对用人单位不公平,也不能体现劳动法的诚实信用原则。因此,《劳动合同法》的规定既符合法理,也顺应劳动关系稳定的现实需要。

三、劳动者违法解除劳动合同应承担的法律责任

劳动者提前 30 日以书面形式通知用人单位(试用期内为提前 3 日,不要求书面形式),期满即自动发生劳动合同解除的效力,提前 30 日既是劳动合同解除程序,也是劳动合同解除的生效要件。劳动者提出的辞职书 30 日届满时,劳动合同解除,劳动者有权要求用人单位办理解除劳动合同的相关手续。但劳动者提出的书面辞职书如未届满 30 日即离职,则发生劳动合同法规定的违法解除的后果。违法解除如造成用人单位损失,劳动者应予赔偿。

四、劳动者违反服务期约定应承担的法律责任

用人单位为劳动者提供专项培训费用,对其进行专业技术培训的,可以与该劳动者订立协议,约定服务期。劳动者违反服务期约定的,应当按照约定向用人单位支付违约金,但劳动者以《劳动合同法》第 38 条规定解除劳动合同的除外。违约金的数额不得超过用人单位提供的培训费用。用人单位要求劳动者支付的违约金不得超过服务期尚未履行部分所应分摊的培训费用。

五、劳动者违反保密条款应承担的法律责任

用人单位与劳动者可以在劳动合同中约定保守用人单位的商业秘密和与知识产权相关的保密事项。劳动者违反劳动合同中约定的保密义务,给用人单位造成经济损失的,应当承担赔偿责任。关于违约泄露或未履行保护商业秘密职责所造成的损失计算,依我国《反不正当竞争法》第 20 条的规定进行。

六、劳动者违反竞业限制应承担的法律责任

劳动者违反竞业限制的法律责任,一是支付违约金(如果双方约定违约金),二是对造成用人单位的经济损失承担赔偿责任。对负有保密义务的劳动者,用人单位可以在劳动合同或者保密协议中与劳动者约定竞业限制条款,并约定在解除或者终止劳动合同后,在竞业限制期限内按月给予劳动者经济补偿。劳动者违反

竞业限制约定的,应当按照约定向用人单位支付违约金。劳动者违反劳动合同中约定的竞业限制义务,给用人单位造成经济损失的,应当承担赔偿责任。关于违反竞业限制义务所造成的损失计算,依我国《反不正当竞争法》第 20 条的规定进行。

七、劳动者尚未解除劳动合同而非法建立双重劳动关系应承担的法律责任

用人单位招用尚未解除劳动合同的劳动者,对原用人单位造成经济损失的,该劳动者承担直接赔偿责任。劳动者应向原用人单位赔偿下列损失:
(1)对生产、经营和工作造成的直接经济损失;
(2)因获取商业秘密给原用人单位造成的经济损失。
赔偿因获取商业秘密给原用人单位造成的经济损失,按《反不正当竞争法》第 20 条的规定执行。

八、劳动者骗取社会保险待遇或者骗取社会保险基金支出应承担的法律责任

劳动者骗取社会保险待遇或者骗取社会保险基金支出的,由劳动保障行政部门责令退还,并处骗取金额 1 倍以上、3 倍以下的罚款;构成犯罪的,依法追究刑事责任。

第四节　其他劳动法主体的法律责任

一、劳动就业服务机构违反劳动法应承担的法律责任

(一)《劳动保障监察条例》的规定

(1)职业介绍机构、职业技能培训机构或者职业技能考核鉴定机构违反国家有关职业介绍、职业技能培训或者职业技能考核鉴定规定的,由劳动保障行政部门责令改正,没收违法所得,并处 1 万元以上、5 万元以下的罚款;情节严重的,吊销许可证。

(2)未经劳动保障行政部门许可,从事职业介绍、职业技能培训或者职业技能考核鉴定的组织和个人,由劳动保障行政部门、工商行政管理部门依照国家有关无照经营查处取缔的规定查处取缔。

(二)《就业促进法》的规定

(1)违反本法规定,未经许可和登记,擅自从事职业中介活动的,由劳动行政部门或者其他主管部门依法予以关闭;有违法所得的,没收违法所得,并处 1 万元以上、5 万元以下的罚款。

(2)违反本法规定,职业中介机构提供虚假就业信息,为无合法件照的用人单位提供职业中介服务,伪造、涂改、转让职业中介许可证的,由劳动行政部门或者其他主管部门责令改正;有违法所得的,没收违法所得,并处 1 万元以上、5 万元以下的罚款;情节严重的,吊销职业中介许可证。

(3)违反本法规定,职业中介机构扣押劳动者身份证等证件的,由劳动行政部门责令限期退还劳动者,并按照有关法律规定给予处罚。

(4)违反本法规定,职业中介机构向劳动者收取押金的,由劳动行政部门责令限期退还劳动者,并按每人 500 元以上、2 000 元以下的标准处以罚款。

(5)违法本法规定,职业中介机构侵害劳动者合法权益,造成财产损失或者其他损害的,依法承担民事责任;构成犯罪的,依法追究刑事责任。

二、社会保险经办机构及其工作人员违反劳动法应承担的法律责任

社会保险经办机构及其工作人员有以下违纪或违法行为的:滥用职权、拘私舞弊、玩忽职守,致使社会保险费流失;截留、挤占、挪用、贪污基金;擅自增提、减免社会保险费;不按时、按规定标准支付社会保险待遇的有关款项;未按时将基金收入存入财政专户;未按时、足额将财政专户基金拨付到支出户;社会保险经办机构滥用管理权拒绝办理用人单位和被保险人的社会保险手续的;擅自更改被保险人保险档案或泄露被保险人缴费情况的;违反社会保险基金运营有关规定进行投资造成严重损失的;利用经办社会保险事务为本单位谋取私利的;其他违反法律、法规的行为,应按照《社会保险法》《行政处罚法》《社会保险费征缴暂行条例》等有关法律、法规,由社会保障行政部门责令改正;情节严重的,对领导人员和直接法律责任人员给予行政处分;构成犯罪的,依法追究刑事法律责任。

三、劳动行政部门和其他有关主管部门及其工作人员违反劳动法应承担的法律责任

《劳动法》及其他单行法律、法规对劳动行政部门和有关部门及其工作人员在进行劳动行政管理过程中违反劳动法的法律责任,做了原则性或具体性规定。

(一)《劳动法》的规定

劳动行政部门或者有关部门的工作人员滥用职权、玩忽职守、徇私舞弊,构成犯罪的,依法追究刑事责任;不构成犯罪的,给予行政处分。

(二)《劳动合同法》的规定

劳动行政部门和其他有关主管部门及其工作人员玩忽职守、不履行法定职责,或者违法行使职权,给劳动者或者用人单位造成损害的,应当承担赔偿责任;对直接负责的主管人员和其他直接责任人员,依法给予行政处分;构成犯罪的,依法追究刑事责任。

(三)《就业促进法》的规定

(1)违反本法规定,劳动行政等有关部门及其工作人员滥用职权、玩忽职守、徇私舞弊的,对直接负责的主管人员和其他直接责任人员依法给予处分。

(2)违反本法规定,地方各级人民政府和有关部门、公共就业服务机构举办经

营性的职业中介机构,从事经营性职业中介活动,向劳动者收取费用的,由上级主管机关责令限期改正,将违法收取的费用退还劳动者并对直接负责的主管人员和其他直接责任人员依法给予处分。

(3)(劳动行政等有关部门及其工作人员)违反《就业促进法》规定,侵害劳动者合法权益,造成财产损失或者其他损害的,依法承担民事责任;构成犯罪的,依法追究刑事责任。

(四)《安全生产法》的规定

负有安全生产监督管理职责的部门的工作人员,有下列行为之一的,给予降级或者撤职的处分;构成犯罪的,依照刑法追究刑事责任:

(1)对不符合法定安全生产条件的涉及安全生产的事项予以批准或者验收通过的;

(2)发现未依法取得批准、验收的单位擅自从事有关活动或者接到举报后不予取缔或者不依法予以处理的;

(3)对已经依法取得批准的单位不履行监督管理职责,发现其不再具有安全生产条件而不撤销原批准或者发现安全生产违法行为不予查处的。

(五)《职业病防治法》的规定

卫生行政部门、安全生产监督管理部门不按照规定报告职业病和职业病危害事故的,由上一级行政部门责令改正,通报批评,给予警告;虚报、瞒报的,对单位负责人、直接负责的主管人员和其他直接责任人员依法给予降级、撤职或者开除的处分;有关部门擅自批准建设项目或者发放施工许可的,对该部门直接负责的主管人员和其他直接责任人员,由监察机关或者上级机关依法给予记过直至开除的处分;县级以上地方人民政府在职业病防治工作中未按照本法履行职责,本行政区域出现重大职业病危害事故、造成严重社会影响的,依法对直接负责的主管人员和其他直接责任人员给予记大过直至开除的处分;县级以上人民政府职业卫生监督管理部门不履行本法规定的职责,滥用职权、玩忽职守、徇私舞弊,依法对直接负责的主管人员和其他直接责任人员给予记大过或者降级的处分;造成职业病危害事故或者其他严重后果的,依法给予撤职或者开除的处分,构成犯罪的,依法追究刑事责任。

(六)《劳动保障监察条例》的规定

劳动保障监察员滥用职权、玩忽职守、徇私舞弊或者泄露在履行职责过程中知悉的商业秘密的,依法给予行政处分;构成犯罪的,依法追究刑事责任。劳动保障行政部门和劳动保障监察员违法行使职权,侵犯用人单位或者劳动者的合法权益的,依法承担赔偿责任。

(七)其他法律、法规的规定

《工伤保险条例》《禁止使用童工规定》等法规中均有关于劳动行政部门和其他主管部门及其工作人员违反劳动法的行为及法律责任的规定。

相关知识链接

1. 林嘉.劳动法和社会保障法.3版.北京:中国人民大学,2014.
2. 谢增毅.劳动法的改革与完善.北京:社会科学文献出版社,2015.
3. 董保华."社会法"与"法社会".上海:上海人民出版社,2015.
4. 左祥琦.劳动合同管理与劳动争议处理.北京:中国劳动社会保障出版社,2009.

思考与分析

黄某系大学法律本科学历,考取了法律顾问资格证书,为某矿业公司员工,与公司签有5年期限的劳动合同,工作岗位为法律顾问。黄某非常喜爱该份工作。在劳动合同履行3年时,公司借口工作需要,未经黄某同意,即单方变更了黄某的工作岗位,并安排黄某从事统计员工作。黄某认为自己没有不胜任工作的表现,且公司的法律顾问岗位并未撤销,公司强行变更工作岗位是违法的,于是提起劳动争议仲裁,要求公司按劳动合同履行义务。

问:从劳动法基本原则的内容分析公司的做法侵犯了黄某哪些权利?对公司的这种行为,劳动争议仲裁委员会应如何处理?

社会保障法

● 下编

第十三章

社会保障法历史

■ 知识结构图

社会保障法历史
- 外国社会保障立法
  - 社会保障制度的萌芽——1601年英国《济贫法》
  - 社会保障法的发展——1935年美国《社会保障法》
  - 福利国家的建立——1942年英国《贝弗里奇报告》
  - 社会保障法的改革与调整
- 中国社会保障立法
  - 新中国成立前的社会保障法
  - 新中国成立初期的社会保障法
  - 改革开放以来的社会保障法
    - 1978年—1992年的社会保障改革起步阶段
    - 1993年—2003年的社会保障制度重构阶段
    - 2004年至今的社会保障全面深化阶段
- 《社会保障最低标准公约》
  - 公约的制定
  - 公约的主要内容
  - 公约的积极意义

■ 本章导读

外国社会保障立法的发展可以大致分成五个阶段：社会保障制度的萌芽——1601年英国《济贫法》、社会保障法的产生——19世纪末德国社会保险立法、社会保障法的发展——1935年美国社会保障法、福利国家的建立——1942年英国贝弗里奇报告、社会保障法的改革与调整。

中国社会保障立法的发展可以大致分成三个阶段：新中国成立前的社会保障法、新中国成立初期的社会保障法、改革开放以来的社会保障法。其中，改革开放以来的社会保障法又可以分成三个发展阶段：1978年—1992年的社会保障制度改革起步阶段，1993年—2003年的社会保障制度重构阶段，2004年至今的社会保障制度全面深化阶段。

《社会保障最低标准公约》是国际劳工组织于1952年通过的关于社会保障立法和政策的综合性文件，共十五部分八十一条，规定了医疗津贴、疾病津贴、失业津贴、老龄津贴、工伤津贴、家庭津贴、生育津贴、残疾津贴、遗属津贴等九个社会保险项目及每一项目的最低标准。

■ 司考重点

掌握中国社会保障立法的发展。

■ 问题导入

在前资本主义社会，社会成员的生活保障是个人和家庭的责任，国家和社会不承担责任。在市场经济条件下，以市场为基础进行资源配置，社会结构发生重大变化，产生了年老、疾病、失业、伤残、贫困、无依无靠等社会问题，必须借助国家干预的手段才能有效解决。社会保障这种国家干预手段对资源配置具有重要影响，也与收入分配、社会发展、社会公平与稳定、公民基本人权等联系密切。那么，社会保障法是如何产生、发展的？各国在进行社会保障的改革和调整时，需要进行哪些方面的基本考量？

第一节 外国社会保障立法

外国社会保障立法的发展可以大致分成五个阶段：社会保障制度的萌芽——1601年英国《济贫法》；社会保障法的产生——19世纪末德国社会保险立法；社会保障法的发展——1935年美国《社会保障法》；福利国家的建立——1942年英国《贝弗里奇报告》；社会保障法的改革与调整。

一、社会保障制度的萌芽

社会保障源于济贫的思想，世界上最早的社会保障立法可以追溯到1601年英国伊丽莎白女王颁布实施的《济贫法》。

英国中世纪末期，最早从工商业较发达的东南部农村开始的圈地运动规模越来越大，伴随着农奴制的逐步解体和封建人身依附关系的瓦解，成千上万的农民被迫离开赖以生存的土地，失去了基本的生活来源而流离失所、依靠乞讨度日，形成了城镇游民或乞丐阶层，而当时由世俗和宗教组织的慈善事业根本无法解决这种社会性的贫困及其引发的矛盾和冲突。为摆脱社会动荡、缓解社会矛盾、防止国家经济停滞，英国政府不得不进行干预，决定由政府承担救济贫民的责任。伊丽莎白女王于1601年颁布了《济贫法》，以法律的形式推动对贫困人口的救济，以社会保障的变革来缓和社会矛盾。《济贫法》规定的救济措施包括：①建立地方行政和征税机构，从比较富裕的地区征收济贫税用于补贴贫困地区；②为有劳动能力的贫民提供劳动场所，并强制他们进行劳动；③在全国普遍设立收容贫民的济贫院，对老人、盲人等丧失劳动能力的贫民进行救济;④建立贫民习艺所,组织穷人和儿童学艺。

《济贫法》实施的目的主要是通过强迫劳动来解决贫民流浪问题,在强迫劳动的同时进行福利救济,并以强迫为主、兼顾救济,强调对有劳动能力而不劳动者的惩罚,这种慈善与矫治并行的做法使该法在内容上具有明显的局限性。但是,该法把无劳动能力的贫民和无依无靠的孤儿作为法定的救济对象,在人类历史上第一次以专门法律的形式对社会保障进行规定,开始体现国家对社会成员承担保障责任的思想。《济贫法》的实施,对英国此后相当一段时期内缓解社会矛盾、保障社会稳定、促进资本主义经济发展起到了积极作用,该法也为后起的资本主义国家所效仿。例如瑞典在1763年制定了《济贫法》,规定政府征收济贫税并承担救济贫民的责任。

《济贫法》颁布实施后,政府以济贫税、自愿捐赠、罚款等为主要来源的救济费用却逐渐成为了封建主和商人的囊中之物,人民对此强烈反对。为此,英国国会于1834年通过《济贫法修正案》,通过改革济贫行政管理机构、改进济贫管理监督机制,将济贫权由分散改为集中,由地方改为中央,从而避免了地方济贫管理中的腐败现象。该修正案规定的改革措施主要有:地方贫民习艺所成为地方单位的行政管理中心,由临近若干教区合并而成的济贫协会取代各教区掌握济贫行政管理权,成立中央济贫法实施委员会实行中央督导。

二、社会保障法的产生

真正具有现代意义的社会保障法出现在19世纪末的德国。

19世纪中叶,德国开始了工业革命进程,工人阶级不断壮大,逐渐形成了能够与资本家进行对抗的力量。而下半叶国内经济萧条导致劳动群众生活贫困,工人运动和社会主义运动蓬勃兴起,劳工问题成为当时社会必须解决的主要问题。时任首相俾斯麦为此采取了胡萝卜加大棒的做法,一方面制定了《社会党镇压法》来压制当时社会民主党的革命运动,另一方面制定了社会政策和社会立法,实行包括社会保险、孤寡救济、劳资合作以及工厂监督在内的一系列社会政策措施,自上而下地实行各项改革以缓解劳资矛盾。德国先后于1883年颁布《疾病保险法》、1884年颁布《工伤事故保险法》、1889年颁布《老年残疾保险法》,由国家建立疾病保险、工伤事故保险、老年与残疾保险等三项保险制度,并确立了社会保险法的基本原则和指导思想,开创了社会保险立法之先河。1911年颁布《孤儿寡母保险法》,并将疾病保险、工伤事故保险、老年与残疾保险合并为单一的社会保险,从而形成《社会保险法典》。1923年又颁布了《矿工保险法》,1927年制定了《职业介绍和失业保险法》。德国通过立法不断扩大社会保险的适用范围,逐步形成了适应当时社会经济需求的社会保险制度。德国社会保险制度的特点主要有四个:①社会保险的对象开始仅限于工人及其家属,参加人数仅占全国人口的10%左右;②所支付的保险金主要来自税收;③国家总体立法和社会保险自治相结合;④保险种类多样化。

德国以社会保险为主要内容的社会保障制度与当时的工业化进程相吻合,因此欧洲各国纷纷效仿,先后以颁布社会保险法律的方式建立了国家统一的社会保险制度。在1890—1911年间实行老年残疾保险的国家有丹麦、英国等16个国家,实行疾病、生育保险的有比利时、瑞士等9个国家,实行工伤保险的有波兰、法国等37个国家,实行失业保险的有挪威、丹麦等9个国家。国家力图通过直接干预和调节社会再分配来消除社会问题、缓解社会矛盾,并在世界范围内大规模地将社会保障全面纳入国家立法范畴,这标志着社会保障法作为一项新兴的独立法律制度已经形成。

■ 司考真题

真正具有现代意义的社会保障法出现在19世纪末的( )。

A. 英国　　　　B. 德国　　　　C. 美国　　　　D. 丹麦

【答案】B

【解析】社会保障源于济贫的思想,世界上最早的社会保障立法可以追溯到1601年英国伊丽莎白女王颁布实施的《济贫法》,这是社会保障制度的萌芽。德国1883年颁布《疾病保险法》、1884年颁布《工伤事故保险法》、1889年颁布《老年残疾保险法》,由国家建立疾病保险、工伤事故保险、老年与残疾保险等三项保险制度,并确立了社会保险法的基本原则和指导思想,开创了社会保险立法之先河,这标志着现代意义上社会保障法的产生。在德国影响下,丹麦、英国等欧洲各国开始实行失业保险、老年残疾保险等。美国1935年的《社会保障法》是世界上第一部社会保障法,促进了社会保障法的极大发展。

三、社会保障法的发展

在20世纪30年代之前,美国一贯奉行自由经济主义,在经济政策方面极力维护个人自由和市场自由,认为通过市场经济的自由调节,社会成员即可得到最有效的发展,国家不需要以平等和福利为价值导向进行国民收入再分配。在国民保障方面,以个人和家庭自我保障为主,以私营机构帮助、个人自愿捐款的慈善事业为补充。但是,1929—1933年的经济危机造成了严重的经济社会后果,给劳动者带来了深重的灾难,全国1.2亿总人口中失业者及其家属在4000万人以上。为摆脱经济危机及解决由此引发的社会矛盾,美国总统罗斯福开始实行新政,强调国家干预社会经济生活。罗斯福新政在社会保障方面的内容主要有四项:①大机器生产的社会背景需要的不是家庭自我保障,而是国家主导的社会保障;②为消除经济危机给人们带来的普遍性心理恐惧,建立以国民普遍福利为核心的社会保障制度;③以家庭安全、生活保障、社会保险为目的设立失业补助、养老补助、生育补助等社会保障项目;④联邦政府承担养老金费用支出的一半,并保障保险资金取之于民用之于民。自此,资本主义国家陆续从自由经济发展到了国家干预时代,国家通过法律和行政手段对经济运行进行干预和调节,其范围不仅涵盖了社会生产和再生产的各个环节,而且扩大到了收入再分配领域,实行社会保障正是国家干预国民收入再分配的一种形式。

根据1934年成立的美国经济保障委员会提交的研究报告,1935年8月美国总统签发了《社会保障法》并获国会通过,其目的在于确保经济发展的稳定和公民社会生活的安全,其主要内容包括三项:①社会保险,包括老年、遗属、残疾、健康以及失业保险;②社会救助,包括老人、盲人、残疾人、孤儿以及疾病救助;③儿童福利服务,包括妇幼卫生、残疾儿童以及一般儿童福利服务。

美国1935年的《社会保障法》在社会保障立法史上具有重要的历史意义,该法是世界上第一个对社会保障进行全面系统规范的法律,第一次使用了社会保障的概念,第一次在一部法律中规定了社会保险、社会福利、社会救助等社会保障的主要内容,确立了社会保障的普遍性原则和社会性原则。西方国家纷纷效仿,并以该法确立的普遍性和社会性为社会保障立法的基本原则对原有立法进行修订。到1940年,世界上已有60多个国家设立了工伤保险、医疗保险、家属津贴等社会保障项目,社会保障在许多国家被确立为一项基本法律制度。

四、福利国家的建立

1936年凯恩斯发表了《就业、利息和货币通论》,提出政府应干预经济,通过经济政策特别是财政政策来刺激消费和增加投资,以实现充分就业,这为英国建立福利国家提供了理论基础。1941年英国约克郡大主教威廉·坦普尔在其《公民与教徒》一书中首次用福利国家的概念取代了权力国家的概念。福利国家,通常是指由国家通过立法来承担维护和增进全体国民的基本福利,其典型架构是以全体国民为对象的普遍的社会保障计划。

1942年11月,被称为"福利国家之父"的贝弗里奇教授提出了《社会保障及有关事务》报告,即《贝弗里奇报告》,主张政府通过国民收入再分配来实施社会保障、政府统一管理保障项目,提出国家对于每个公民"从摇篮到坟墓"的一切生活与危险都给予安全保障,建立以社会保险为核心的一整套全面广泛的社会福利计划。英国工党随后以贝弗里奇报告为依据通过了一系列社会保障立法:1945年《家庭津贴法》,1946年《国民保险法》《国民健康服务法》《工业伤害保险法》,1948年《国民救济法》等。1948年英国宣布建成了"福利国家",形成了包括失业、伤残、疾病、养老、死亡、家庭津贴等内容的社会保障体系。

福利国家在英国的诞生,是政治结构、社会意识和社会经济发展的必然结果,也是英国自1601年《济贫法》实施以来各种社会福利措施不断改革的结果。福利国家所提出的目标和服务内容,超越了以前传统的社会福利方式,使社会保障制度发生了巨大变化,引发了整个西方国家对社会政策的思考,许多欧洲、北美洲国家也宣布实施普遍福利政策,依照英国福利国家立法模式来建立社会保障制度。

司考真题

(　　)被称为"福利国家之父"。

A. 贝弗里奇　　　B. 凯恩斯　　　C. 俾斯麦　　　D. 罗斯福

【答案】A

【解析】1942年11月,被称为"福利国家之父"的贝弗里奇教授提出《社会保障及有关事务》报告,即《贝弗里奇报告》,主张政府通过国民收入再分配来实施社会保障、政府统一管理保障项目,提出国家对于每个公民"从摇篮到坟墓"的一切生活与危险都给予安全保障,建立以社会保险为核心的一整套全面广泛的社会福利计划。英国工党随后以贝弗里奇报告为依据通过了一系列社会保障立法。1948年英国宣布建成了"福利国家",形成了包括失业、伤残、疾病、养老、死亡、家庭津贴等内容的社会保障体系。

五、社会保障法的改革与调整

20世纪中叶,社会保障的思想在全球范围内得到了广泛认同,各发达国家先后采取立法手段建立了包括养老、工伤、失业、医疗、贫困救济、家庭津贴等项目的社会保障制度。此后,随着世界经济的高速发展,欧美国家用于社会保障的费用持续增长,70年代占国内生产总值的30%左右,社会保障制度发展到了鼎盛时期。但是自70年代中期以来,发达资本主义国家的经济发展陷入滞胀,国家无力继续承担庞大的社会保障开支,出现了"福利困境"现象,社会保障制度随之进入了改革与调整时期。

日本1982年制定了《老人保健法》,实行老人医疗收费制度,1984年修改了《健康保险法》,医疗费由本人负担10%。美国1987年通过了社会保障制度改革方案。法国、加拿大、荷兰等国也先后在立法中提高了保险费率。从总体上看,这些国家社会保障法的改革与调整主要在于通过增加社会保障费收入、减少社会保障金支出来缓解政府的财政压力,具体措施主要有:取消或提高交费上限、提高社会保险交费费率、征收社会保障所得税、减少社会保障金支出、构建多层次多元化的社会保障体系、将私有化部分引入社会保障领域、将社会保障措施向地方化和社区发展等。

至今,各国社会保障制度仍在不断地进行改革和调整,但是,这不是为了终结或削弱社会保障制度,而是为了使其更加完善,更能适应本国的经济和社会发展的需要。

第二节　中国社会保障立法

中国社会保障立法的发展可以大致分成三个阶段:新中国成立前的社会保障法、新中国成立初期的社会保障法、改革开放以来的社会保障法。其中,改革开放以来的社会保障法又可以分成三个发展阶段:1978—1992年的社会保障制度改革起步阶段,1993—2003年的社会保障制度重构阶段,2004年至今的社会保障制度全面深化阶段。

一、新中国成立前的社会保障法

新中国成立前的新民主主义革命时期,红色政权很早就提出了建立社会保障制度的主张,并相继制定了社会保障相关法律,这些立法活动为新中国社会保障立法奠定了坚实的基础。

1922年8月中国劳动组合书记部拟定的《劳动立法原则》规定了社会保险的基本事项,其中第17条规定:"一切保险事业规章之订立,均应合劳动者参加之……保险费完全由雇主或国家分担之,不得使被保险者担负。"1926年5月第三次全国劳动大会通过了《失业问题决议案》,提出失业保障是工人应有的权利,《劳动法大纲决议案》提出国家设立劳动保险,保险费用由雇主或国库支出。1927年6月第四次全国劳动大会通过了《产业工人经济斗争决议案》《救济失业工人决议案》《手工业工人经济斗争决议案》,其中提出对工人的生、老、病、死、残进行全面保障的社会保障要求。

1930年6月全国苏维埃区域代表大会通过了《劳动保护法》,规定了保障与抚恤、社会保险。1931年12月颁布的《中华苏维埃共和国劳动法》及其修正案,其中第十章规定了社会保险的对象、基金的来源、管理机构、保险项目、保险待遇等内容。

1948年7月第六次全国劳动大会通过了《关于中国职工运动当前任务的决议》,其中提出了有关社会保障的立法建议。同年公布的《东北公营企业战时暂行劳动保险条例》是我国第一部劳动保险方面的专门的单行法律,在我国社会保险立法史上具有重要地位。

二、新中国成立初期的社会保障法

新中国成立后,即着手建立与当时的计划经济体制相适应的社会保障基本制度,颁布了一些法律等规范性文件。1951年2月政务院颁布了《中华人民共和国劳动保险条例》,这标志着我国养老、工伤、疾病、生育、遗属等职工社会保险制度已初步建立。条例规定工会负责办理个人和集体劳动保险事业,保险经费由企业负担,职工个人不需交费。在救济失业工人方面,1950年5月政务院发布了《关于救济失业工人的指示》,劳动部发布了《救济失业工人暂行办法》,1952年政务院发布了《关于劳动就业问题的决定》,对解决失业工人的困难和促进再就业发挥了重要作用。同时,国家机关、事业单位工作人员的社会保险制度也以单行法规的形式逐步得以确立:1950年内务部颁布了《革命工作人员伤亡褒恤暂行规定》《革命烈士家属优待暂行条例》《革命残废军人优待抚恤暂行条例》《革命军人牺牲、病故褒恤暂行条例》《革命工作人员伤亡褒恤暂行条例》《民兵民工伤亡抚恤暂行条例》,政务院于 1952 年颁布了《关于各级人民政府、党派、团体及所属事业单位的国家工作人员实行公费医疗的指示》《各级人民政府工作人员在患病期间待遇暂行办法》，1954 年颁布了《关于女工作人员生育假期的规定》，1955 年颁布了《国家机关工作人员退休处理暂行规定》《国家机关工作人员退职暂行规定》，1957 年颁布了《关于职工生活方面若干问题的指示》等。

从 1958 年开始，国家根据经济形势的发展对社会保障制度进行了必要的改革和调整。国务院颁布了《关于工人、职员退休处理的暂行规定》及其《实施细则》、《关于工人、职员退职处理的暂行规定》及其《实施细则》、《关于精简职工安置办法的若干规定》，卫生部、全国总工会发布了《批准工人、职员病、伤、生育假期的试行办法》，卫生部制定了《职业病范围和职业病患者处理办法的规定》。在此期间，国家在城市开始兴建养老院、残疾人习艺所、精神病院等社会福利院，在农村开始建立农村合作医疗制度、集体五保户制度等。

"十年动乱"期间，我国社会保障制度遭到严重破坏，各级管理机构被撤销或者停止活动，各项法律法规实际被废止，社会保障变成了企业自我保障。

三、改革开放以来的社会保障法

改革开放以来，我国的社会保障法律制度进行了持续全面的改革，其发展历程可以划分为三个阶段：1978 年至 1992 年的社会保障制度改革起步阶段，1993 年至 2003 年的社会保障制度重构阶段，2004 年至今的社会保障制度全面深化阶段。

（一）1978 年至 1992 年的社会保障制度改革起步阶段

1978 年党的十一届三中全会确定了改革开放的基本方针，1984 年党的十二届三中全会通过了《中共中央关于经济体制改革的决定》，开始了以搞活国有企业为中心的经济体制改革。作为搞好国企改革的配套措施，我国社会保障制度也在关系国企改革的单项项目上进行了探索。

1983 年底，国家开始在一些省市实行医疗制度改革试点，1984 年开始实行退休基金社会统筹的试点。1985 年《中共中央关于制定国民经济和社会发展第七个五年计划的建议》中第一次明确提出了"社会保障"的概念，并将社会保险、社会福利、社会救助、社会优抚等制度统一到社会保障制度中。1986 年国务院颁布《国营企业实行劳动合同制暂行规定》，规定了对劳动合同制工人的退休养老基金实行社会统筹，颁布《国营企业职工待业保险暂行规定》，初步建立了失业保险制度。1993 年颁布的《国有企业职工待业保险规定》进一步扩大了失业保险的适用范围。1988 年颁布《军人抚恤优待条例》，1989 年发布《关于公费医疗保险的通知》开始了公费医疗改革，1990 年颁布《中华人民共和国残疾人保障法》。1991 年国务院发布《关于企业职工养老保险制度改革的决定》，明确了多层次养老保险的基本目标，养老保险费实行由市、县级统筹逐步过渡到省级统筹的社会统筹办法。1992 年发布《工伤与职业病致残程度鉴定标准》在全国范围内统一了各项标准。

这一时期,我国发布了一系列社会保障法律和规范性文件,社会保障制度改革取得了显著成就:确立了包含社会保险、社会福利、社会救助、社会优抚在内的统一的社会保障制度;社会保障基金初步实现了社会统筹,国家、单位、职工个人三方合理负担;养老、失业保险扩大到了非公有制企业,社会保障的覆盖面扩大;国家财政用于社会保障方面的支出增长迅速。这段时期农村的社会保障主要是开展了中央政府主导下的大规模扶贫运动,以缓解农村贫困现象。

(二)1993年至2003年的社会保障制度重构阶段

1993年党的十四届三中全会通过了《中共中央关于建立社会主义市场经济体制若干问题的决定》,明确提出"建立合理的个人收入分配和社会保障制度","建立多层次的社会保障制度,为城乡居民提供同我国国情相适应的社会保障,促进经济发展和社会稳定"。1995年1月1日开始实施的《劳动法》第九章对"社会保险和福利"做出了专门规定,明确提出:国家发展社会保险事业,建立社会保险制度,设立社会保险基金,使劳动者在年老、患病、工伤、失业、生育等情况下获得帮助和补偿;社会保险基金按照保险类型确定资金来源,逐步实行社会统筹;用人单位和劳动者必须依法参加社会保险,缴纳社会保险费;国家发展社会福利事业,兴建公共福利设施,为劳动者休息、休养和疗养提供条件,用人单位应当创造条件,改善集体福利,提高劳动者的福利待遇。并且原则规定了社会保险基金经办机构、社会保险基金监督机构的职能,规定了遗属津贴制度,规定了鼓励用人单位为劳动者建立补充保险、提倡劳动者个人进行储蓄性保险。

这一时期,国务院及各部委通过颁布一系列行政法规和规章,基本建立起了城镇职工养老、医疗、失业、工伤、生育等社会保险制度和城市居民最低生活保障制度:1994年发布《关于职工医疗保障制度改革扩大试点的意见》,在全国范围内进行了医疗保险制度改革试点,1994年颁布《企业职工生育保险试行办法》,1995年颁布《关于深化企业职工养老保险制度改革的通知》,确立了社会统筹和个人账户相结合的养老保险制度改革方案,1996年颁布《企业职工工伤保险试行办法》,1997年发布《关于建立统一的企业职工基本养老保险制度的决定》,1998年发布《关于建立城镇职工基本医疗保险制度的决定》,标志着城镇职工基本医疗保险制度的全面实施,1999年颁布《失业保险条例》《社会保险费征缴暂行条例》《城市居民最低生活保障条例》,2003年颁布《工伤保险条例》《非法用工单位伤亡人员一次性赔偿办法》等。

(三)2004年至今的社会保障制度全面深化阶段

2004年党的十六届四中全会提出了构建社会主义和谐社会的目标,社会保障成为国家的基本社会政策。国务院于2005年发布《关于完善企业职工基本养老保险制度的决定》,2006年发布《关于解决农民工问题的若干意见》《农村五保供养工作条例》,2007年发布《关于在全国建立农村最低生活保障制度的通知》《关于开展城镇居民基本医疗保险试点的指导意见》，2009 年发布《关于开展新型农村社会养老保险试点的指导意见》，分别对养老保险、农民工社会保障、农村五保户、农村低保、医疗保险等制度进行了改革。2009 年《中共中央、国务院关于深化医药卫生体制改革的意见》提出建立覆盖城乡居民的基本医疗保障体系。

2010 年通过的具有里程碑意义的《社会保险法》是新中国成立以来社会保险领域第一部综合性的基本法律，规定了社会保险制度坚持广覆盖、保基本、多层次、可持续的方针，社会保险水平应当与经济社会发展水平相适应，规定了国家建立基本养老保险、基本医疗保险、工伤保险、失业保险、生育保险等社会保险制度，保障公民在年老、疾病、工伤、失业、生育等情况下依法从国家和社会获得物质帮助的权利，规定了国家多渠道筹集社会保险资金，并对基本养老保险、基本医疗保险、工伤保险、失业保险、生育保险、社会保险费征缴、社会保险基金、社会保险经办、社会保险监督、法律责任等分章做出了具体规定。《社会保险法》极大地推动了我国建立城乡统筹、覆盖城乡居民的社会保障体系的进程。

之后的社会保障立法新发展主要包括：修订了《工伤保险条例》《工伤认定办法》《非法用工单位伤亡人员一次性赔偿办法》《兵役法》《老年人权益保障法》《军人抚恤优待条例》，制定了《军人保险法》《烈士褒扬条例》《退役士兵安置条例》，发布了《国务院关于开展城镇居民社会养老保险试点的指导意见》等，进一步完善了覆盖城乡居民的社会保障体系。

2015 年 1 月 14 日，国务院印发了《关于机关事业单位工作人员养老保险制度改革的决定》，决定从 2014 年 10 月 1 日起对机关事业单位工作人员养老保险制度进行改革。该决定适用于按照公务员法管理的单位、参照公务员法管理的机关（单位）、事业单位及其编制内的工作人员。改革的基本思路是"一个统一、五个同步"，"一个统一"是指机关事业单位与企业等城镇从业人员统一实行社会统筹和个人账户相结合的基本养老保险制度，都实行单位和个人缴费，都实行与缴费相挂钩的养老金待遇计发办法；"五个同步"是指机关与事业单位同步改革、职业年金与基本养老保险制度同步建立、养老保险制度改革与完善工资制度同步推进、待遇确定机制与调整机制同步完善、改革在全国范围同步实施。推进机关事业单位养老保险制度改革，是贯彻党中央全面深化改革、全面推进依法治国的决策在社会保障领域的具体实践，是我国养老保险体系建设的一项重大突破，是加快推进覆盖城乡居民的社会保障体系建设的重大举措，是奠定统筹城乡养老保障体系建设的"里程碑"。

第三节 《社会保障最低标准公约》

一、公约的制定

《社会保障最低标准公约》，又称《第 102 号公约》，是联合国主管劳动和社会事务的专门机构——国际劳工组织为积极促进各国社会保障事业的发展与合作，在总结过去有关社会保障立法的基础上，于1952年在日内瓦召开的国际劳工大会上通过的关于社会保障立法和政策的综合性文件，它对社会保障的核心问题——社会保障津贴的各个项目下了明确的定义，对社会保障对象最起码的范围、社会保险的内容和水平、投保者权利的保护以及其他有关社会保障管理的问题做出了规定。该公约已于1955年4月27日生效。

二、公约的主要内容

《社会保障最低标准公约》共十五部分，八十一条。公约要求，凡批准本公约的会员国应遵守第二至第十部分中的至少三个部分，并且要遵守第十一部分的有关规定。

公约第二部分规定了医疗津贴。公约规定，凡本公约本部分对其业已生效的会员国，应保证在受保护人需要进行预防或治疗性医疗时能享受应得的津贴。受保护人包括规定类别的雇员及他们的妻子和孩子、规定类别的经济活动人口及他们的妻子或孩子、规定类别的居民。医疗津贴应着眼于维持、恢复或改善受保护人的健康及其工作和个人生活自理的能力，掌管津贴的机构或政府部门应通过认为合适的手段，鼓励受保护人利用由公共当局或由经公共当局承认的其他机构为其提供的一般卫生设施。在发生覆盖范围内的意外事故时，自始至终均应发放医疗津贴，除非属病态问题时，每例期限为二十六周，但当疾病补助继续颁发时，该福利不得中断，并应就某些经医嘱需要延长护理期的疾病制订延长期限的规定。

公约第三部分规定了疾病津贴。公约规定，凡本公约本部分对其业已生效的会员国，应保证按照本部分向受保护人提供疾病津贴。覆盖范围内的意外事故应包括因病态造成的不能工作以根据国家法律或条例规定的停发工资。津贴应按照规定的方法计算，定期予以支付。在发生覆盖范围内的意外事故时，应保证津贴至少给予已具备为防止滥用津贴而认为必须具备的合格期限资格的受保护人。在发生意外事故的整个过程中，津贴均应予以发放，除非遇有疾病。

公约第四部分规定了失业津贴。公约规定，会员国应保证按照本部分向受保护人提供失业津贴。覆盖范围内的意外事故应包括受保护人有能力工作而且适宜于从事工作，但由于没有能力得到合适的就业机会而根据国家法律或条例停发工资。失业津贴应定期予以支付，并且在发生意外事故的整个过程中均应予以发放。

公约第五部分规定了老龄津贴。公约规定，会员国应保证按照本部分向受保护人提供老龄津贴。意外事故的覆盖范围应为规定年龄后的生存时期，规定年龄应不超过65岁。

公约第六部分规定了工伤津贴。公约规定，会员国应保证按照本部分向受保护人提供工伤津贴。覆盖范围内的意外事故应包括因工作造成的事故或疾病，掌管医疗的机构或政府部门应同一般职业康复服务设施进行合作，以便使残疾人恢复合适的工作,并向残疾人提供职业康复。工伤津贴应定期支付或一次付清。

公约第七部分规定了家庭津贴。公约规定,会员国应保证按照本部分向受保护人提供家庭津贴。覆盖范围内的意外事故应包括按规定抚养子女的责任。

公约第八部分规定了生育津贴。公约规定,会员国应保证按照本部分向受保护人提供生育津贴。覆盖范围内的意外事故应包括怀孕、分娩及其后果,以及根据本国的法律或条例规定的由于这些导致的停发工资。

公约第九部分规定了残疾津贴。公约规定,会员国应保证按照本部分向受保护人提供残疾津贴。覆盖范围内的意外事故应包括没有能力从事任何有收益的活动,这种没有能力已达到规定的程度,即很可能是永久性的或持续至疾病津贴用尽以后。残疾津贴在意外事故的整个过程中均应发给,或直至可支付老龄津贴时为止。

公约第十部分规定了遗属津贴。公约规定,会员国应保证按照本部分向受保护人提供遗属津贴。覆盖范围内的意外事故应包括由于供养人死亡使寡妇或孩子丧失依靠,寡妇享受津贴的权利可根据国家法律或条例估计其不能自立为条件。

公约第十一部分规定了定期支付应遵循的标准,并以附表形式明确了各个项目下标准受益人的定期支付标准。

三、公约的积极意义

1952年《社会保障最低标准公约》规定了医疗津贴、疾病津贴、失业津贴、老龄津贴、工伤津贴、家庭津贴、生育津贴、残疾津贴、遗属津贴等九个社会保险项目,并有三个方面的最低要求:凡批准该公约的会员国应遵守九个项目中的至少三个,每个保险项目最低限度的人员范围及比例,规定了每一项目最低限度的津贴标准。

该公约是国际社会保障发展的一个里程碑,首次规定了适用于各国的一般社会保障标准,可以适应不同发展程度国家的经济和社会条件,对于推动各国社会保障法律制度的建设,加强社会保障领域的国际合作具有积极的意义。

■ 相关知识链接

1. 郭捷.劳动法与社会保障法.北京:中国政法大学出版社,2012.
2. 黎建飞.社会保障法.北京:中国人民大学出版社,2006.
3. 林嘉.劳动法和社会保障法.北京:中国人民大学出版社,2014.
4. 郑尚元.劳动和社会保障法学.北京:中国政法大学出版社,2008.
5. 刘燕生.社会保障的起源、发展和道路选择.北京:法律出版社,2001.

■ 思考与分析

1. 社会保障法律制度的发展趋势是什么?
2. 我国机关事业单位工作人员养老保险制度改革的意义是什么?

3. 各国国内的社会保障立法如何适用《社会保障最低标准公约》?
4. 我国目前的社会保障处于什么阶段？应该如何发展？
5. 请谈谈英国 1601 年《济贫法》的积极意义和历史局限性。
6.《贝弗里奇报告》体现了哪些社会保障思想？

第十四章

社会保障法理论

知识结构图

社会保障法理论
- 社会保障法的概念和调整对象
- 社会保障法的地位和基本原则
  - 地位
    - 社会保障法是一个独立的法律部门
    - 社会保障法与劳动法的比较
    - 社会保障法与经济法的比较
  - 基本原则
    - 保障生存权原则
    - 普遍性原则
    - 平等性原则
    - 基本生活保障和提高生活质量相结合原则
- 社会保障法的渊源和体系结构
- 社会保障法律关系
  - 社会保障法律关系的概念
  - 社会保障法律关系的要素
  - 社会保障法律关系的设立、变更和终止

本章导读

本章主要介绍社会保障法的基本理论，主要内容包括社会保障法的概念、调整对象、地位、基本原则、法律渊源、体系结构及社会保障法律关系等基本知识，重点是社会保障法的概念、调整对象和基本和原则，难点是社会保障法律关系的要素。

司考重点

社会保障法的概念、调整对象，社会保障法的基本原则，社会保障法律关系的内容。

案例导入

2011年2月1日，经工商局批准，B公司正式成立。曹某被该企业聘用为部门经理，双方于2月15日签订了一年期的劳动合同。合同约定，曹某的年薪为3.6

万元。鉴于企业在创业阶段，经营艰难，故企业以高工资一并涵盖了国家规定的各类补助、住房基金、养老保险费、交通补助、工作午餐补助等，职工自行办理商业养老保险，企业不再负担为职工办理养老保险的费用。曹某对此未表示异议。2011年7月15日，曹某提前一个月向B公司提出解除劳动合同，8月15日，双方协商一致解除了劳动合同。事后，曹某得知还应办理养老保险基金转移手续，遂向B公司人事部询问。人事部经理称，双方在签订劳动合同时已明确约定，工资已包含了养老保险费，由曹某自己负责办理商业养老保险，企业不再负担养老保险费用，故曹某的要求不合理。曹某遂向当地劳动争议仲裁委员会申诉，要求B公司按规定补缴6个月的养老保险费。

  本案主要涉及社会保障法的特点、基本原则及社会保障法律关系等知识点的理解及应用，案件的焦点在于用人单位和职工能否约定不参加职工社会保险，这种约定的不利后果该由谁来承担。劳动领域属于社会法范畴，不完全适用当事人自由协商原则。考虑到劳动领域中用人单位和劳动者之间并不完全平等，用人单位利用经济上的优势往往占有主导地位，同时用人单位和劳动者之间又有很大的协商空间，因此国家对劳动关系作了一定的介入，通过法律、法规明确规定一些劳动基准，如工作时间、休息休假、最低工资等。这些劳动基准是最低要求，又是强制性标准，用人单位必须履行。用人单位为其职工参加社会保险，缴纳社会保险费，是对用人单位的基本要求，属于这类强制性规定约束的范畴。《社会保险法》第十条、第二十三条、第三十三条、第四十四条、第五十三条分别规定了用人单位应当缴纳基本养老保险费、基本医疗保险费、工伤保险费、失业保险费和生育保险费。《劳动法》第七十二条规定："用人单位和劳动者必须依法参加社会保险，缴纳社会保险费。"因此，职工社会保险不同于自由投保的商业保险，是法定的强制性保险，用人单位和职工都有参加职工社会保险的法定义务，必须无条件参加，依法缴纳社会保险费。按照一般法理，当事人约定不得违反强制性规定，一旦违反，约定无效。因此，用人单位和职工之间关于不参加社会保险的约定，与社会保险法、劳动法等法律、法规的强制性规定相抵触，属于无效约定，用人单位和职工应当依法参加社会保险。在本案中，根据劳动法的规定涉及用人单位与职工约定或者双方认可不参加职工社会保险的问题，这样的约定是无效的。在社会保险法正式实施之后，这样的约定仍是无效的。

  就约定无效的法律后果而言，由于用人单位和职工关于不参加职工社会保险的约定属于违反法律强制性规定，自始无效，因此该约定并不能成为在职工反悔时，用人单位不参加社会保险的抗辩理由。换言之，即使该约定是职工真实意思的表示，职工事后仍可反悔，其要求用人单位为其办理社会保险手续的请求仍能得到法律的支持。用人单位不得以职工同意不参加社会保险为由，主张不参加社会保险。这是从约定自始无效所得出的结论。同时，考虑到用人单位在劳动关系中处于主导地位，尽管在有关不参加社会保险的约定中，职工也有过错，但并不追究职工的法律责任，相应不利后果由用人单位承担。这与签订书面劳动合同的情形是类似的,劳动合同法规定了不签订书面劳动合同,相应不利后果由用人单位承担。通过这样的制度安排,与用人单位在劳动关系中所处优势地位相适应,强化用人单位的法制意识,以更好地发挥用人单位在劳动法制中的积极作用,从根本上推动劳动领域法律、法规的贯彻落实,促进和谐劳动关系的建立。①

第一节 社会保障法的概念和调整对象

一、社会保障法的概念

"社会保障"一词最早出现在美国1935年颁布的一项历史性法案即《社会保障法》中。此后,1941年英美签署的"大西洋宪章"、1944年国际劳工组织第26届大会通过的《费城宣言》及1948年联合国《人权宣言》中都先后使用了该词。1952年,第35届国际劳工大会专门通过了《社会保障公约》,其中规定了社会保障的基本准则,从此,"社会保障"为世界各国所普遍采用。伴随着市场经济的产生与发展,现代社会保障制度建立并完善起来,它为市场经济国家解决市场失灵、实现社会公平提供了有效途径。社会保障作为一项涉及全民、需要大量资金支持、要在全社会范围内实施的制度,必须借助法律制度,以法的强制性作为制度实施的基本保障。现实社会中,社会保障制度是一个涵盖社会、经济、法律和文化的多学科的综合体系,同时各国建立社会保障制度的前提,即政治制度、经济制度、文化背景、历史传统等也存在着诸多差异。因此,"社会保障"一词难以有统一的定义。但有两点是可以明确的:"其一,社会保障是以国家为主体,通过立法而实行的制度;其二,社会保障就其基本内容来说是对有困难社会成员的基本生活实行保障的制度。"②

总体而言,社会保障法是调整社会保障关系的法律规范的总称。具体而言,社会保障法是调整以国家、社会和全体社会成员为主体,为了保证社会成员的基本生活需要并不断提高其生活水平,以及解决某些特殊社会群体的生活困难而发生的经济扶助关系的法律规范的总和。其既包括以基本法律形式出现的社会保障法,也包括其他法律、法规中有关社会保障的规范,还包括具有法律效力的关于社会保障事项的地方性法规和规章等。从其基本定义可知,社会保障法具有以下四个基本特征③。

---

① 本案件参阅找法网:《用人单位与职工能否约定不缴纳社会保险费》,网址:http://china.findlaw.cn/info/baozhangfa/bzal/1101222.html,2016年4月21日访问。
② 张俊:《社会保障法之法律地位论》,载《法制与社会》2009年第11期,第5页。
③ 参见百度百科:《社会保障法》,网址:http://baike.baidu.com/link?url=LWmh3q62ggz9frEofpNHUGaxSXvfeIpkwbrgV3Z8OLdNtGwW0fILMl1p1OV0oWemuE0meoOOOXPXWsJbJWYUC - f8i _ cdz-KVWRx - uyzhta7u,2016年4月18日访问。

第一,社会保障法是典型的社会法,广泛的社会性是社会保障法的基本特征。自从古罗马著名法学家乌尔比安提出公法与私法的划分学说以来,近代学者普遍将法律体系分为公法与私法两大范畴。但20世纪以来,法律体系出现了所谓的"第三法域",其往往以社会整体宏观效益最佳为追求和实现的终极目标,进而与传统的个人本位法(例如民商法)及国家本位法(例如行政法以及刑法)等均有所不同,因而被称为"社会法"。社会保障法深刻包涵着社会法之"社会本位"思想,强烈表达社会法制度的法律性质,主要体现为立法目标在于通过保障社会成员的基本生活需要来达到社会稳定;享有社会保障权利的社会主体具有普遍性及可享受的社会保障项目的广泛性、社会保障责任与义务日趋社会化等。

第二,严格的法律规范性。社会保障法具有明显的国家干预法的特征,是国家为了保障公民的基本生活需要而强行规定的一系列法律制度的集合,对社会保障项目的确立、社会保障资金的筹集和缴纳到社会保障的享受人群范围,以及社会保障金的发放等内容都有明确的法律规定,任何单位和个人不能任意更改。

第三,实体法和程序法的统一性。社会保障法调整的是一个在社会保障领域中由各种社会关系、各个运行环节组成的系统,因而社会保障法就必须不仅有具体的权利义务的规定,还要有维持程序正常运转的程序性规定。例如社会救助法律制度,既有救助对象所享受的权利义务的实体规定,还涉及救助对象资格认定及发放手续的程序性规定等内容。

第四,社会保障法具有特定的立法技术,由于涉及社会保险,需要以数理计算为基础,适用"大数法则""平均数法则"等一些数理原理。

尽管世界各国的社会保障法律制度各有特点且涉及的内容也有差异,但总的来说,社会保障法主要由社会保险法、社会救助法、社会福利法三个子法体系组成。具体而言,社会救助是国家对无生活来源、无家庭依靠并失去工作能力的人及收入在最低生活标准以下的个人和家庭的一种无偿救助,其属于最低层次的社会保障,属于生活风险的事后解决。一般来说,这种保障对象的人数不多,且会随着经济的发展而日益减少。同时,社会救助也是一种无偿的社会保障,体现了国家和全体纳税人对弱者无私的社会救助,其资金来源多是各级政府的财政支出,其管理机构一般都是政府部门。社会保险法是社会保障法的基本组成部分,其适用范围涉及全体劳动者,属于生活风险的事前预防。通常劳动者在年老、失业、疾病、伤残以后,一般能通过社会保险制度获得一定的收入补偿以保障基本的生活需要。社会保险的资金来源一般采取个人和单位共同负担的办法,参加者得到的保险金给付水平与其过去所缴纳的保险金多少、时间长短相关,既体现出社会互助、又体现出按劳分配原则,其管理一般以社会组织为主。社会福利,有广义狭义之分,广义的社会福利泛指国家和社会采取的一切有关改善和提高人民生活水平的各种措施,不仅包括社会保障的内容,而且还包括公民免费教育、医疗卫生服务、住房福利和设施等等。狭义的社会福利是指国家和社会直接对处于特殊境况的社会成员提供生活照顾或给予生活方便,其对象限于因生理缺陷而部分或完全丧失劳动能力的社会成员,或者为国家和社会尽义务做贡献而需要特殊照顾的人员,因无依无靠或未成年等必须借助社会力量给予扶助的人员。我国的社会福利是狭义的,包括残疾人、孤儿、养老院等福利。因而,社会福利法是社会保障法的特殊内容,一般涉及社会福利设施和教育卫生等社会事业,其以提高全体公民的生活质量为目标、资金来源为各级政府的财政支出,管理机构多是政府部门。

二、社会保障法的调整对象

一般而言,社会保障法是以社会保障关系为其调整对象的,具体表现为国家、各类单位和社会成员在社会保障活动中所发生的各种社会经济关系。

作为社会保障法调整对象的社会保障关系,主要体现为参与社会保障过程的各种主体相互之间以供给和管理社会保障为内容的各种社会关系,且具有如下五个特征[1]:第一,社会保障关系是发生在社会保障过程中的社会关系,也即是只有构成社会保障运行系统中某种要素的社会保障关系,才属于社会保障关系;第二,社会保障关系是以实现公民的社会保障利益为目的的社会关系,各种社会保障关系都是围绕着如何使公民获得社会保障利益而展开和运行的;第三,社会保障关系是体现社会连带责任的社会关系,参与社会保障供给和管理的各种主体,特别是政府、社会保险事业单位和企业,共同对公民获得社会保障利益承担连带责任;第四,社会保障关系是以社会保障经办机构为轴心的社会关系整体,社会保障过程中的各种社会关系大多以社会保障经办机构为一方当事人,正是由于社会保障机构参与各种社会保障关系,才能够形成统一的社会保障供给系统和管理系统;第五,公民所参与的社会保障关系是兼有人身关系属性和财产关系属性的社会关系,即公民的社会保障利益一方面是与自身生存不可分离,具有人身利益属性,另一方面是以获得物质帮助为内容的财产利益。

社会保障关系从不同角度可以进行多种分类,如果从主体的角度来界定,社会保障关系包括下述八类。

(1)国家与全体社会成员之间的关系,即国家各级政府与全体社会成员之间的关系,通过法律需要明确政府在社会保障中的职责、社会成员享受社会保障的权利等。

(2)社会保障机构与政府之间的关系,即社会保障机构作为具体管理与实施社会保障项目的组织与政府之间的关系,一般通过立法明确社会保障机构的性质、任务、地位及其权利与义务等。

(3)社会保障机构与社会成员之间的关系,即社会保障的组织管理者与参加者、享受者之间的关系,通常通过立法明确社会保障机构对社会成员的职责和社会

---

[1] 参见王全兴、樊启荣:《社会保障法的若干基本问题探讨》,中顾法律网:http://news.9ask.cn/baoxianlipei/bxlp/201006/717961.html,2016年4月20日访问。

成员参加社会保障的权利与义务。

（4）社会保障机构与用人单位和乡村集体组织之间的关系，即社会保障组织管理者与社会保障参加义务人之间的关系，通过法律明确用人单位缴纳社会保障费的义务、乡村集体组织发放社会保障款项和物质的职责。

（5）用人单位与劳动者之间的关系，即用人单位在社会保障中对劳动者应负的责任和劳动者应有的社会保障权益。通过法律明确用人单位在社会保障中对劳动者应负的责任与劳动者应有的社会保障权益，明确用人单位对劳动者应当履行的保证责任及劳动者应在用人单位享受的社会保障待遇。

（6）社会保障运行过程中的关系，即社会保障管理机构与其他部门之间的关系。通过法律明确社会保障管理部门与其他政府部门之间、不同社会保障管理部门之间和社会保障各管理部门内部机构之间的分工、协调与配合。

（7）社会保障运行过程中的监督关系，即各种监督方式在对社会保障运行的监督中所形成的关系。通过法律明确有关监督组织的建立、各种监督机构的职责、权限划分及其监督程序等。

（8）社会保障基金运营过程中的关系，即社会保障基金的管理与运营中发生的各种关系。通过法律明确社会保障基金在运营中与国家财政、投资市场、有关经济实体之间的权利与义务等。

社会保障关系从不同角度还可以进行其他分类。从内容和性质的角度来界定，社会保障关系包括社会保障基金形成关系、社会保障待遇给付关系、社会保障基金投资关系、社会保障财务管理关系、社会保障管理及监督关系、社会保障争议处理关系等；依社会保障项目不同，可分为社会保险关系、社会福利关系、社会救助关系、社会优抚关系；依社会保障对象不同，可分为城镇社会保障关系、农村社会保障关系和军人社会保障关系等。

第二节　社会保障法的地位和基本原则

一、社会保障法的地位

19世纪末期，欧洲工业发达国家纷纷通过强制性立法建立起统一的社会保障法体系，至今已经走过了一百多年的历史，形成了一套相对完整的理论体系和制度。世界各国的经验表明，社会保障立法是社会保障制度建设的依据和起点，社会保障的建立与实施有赖于社会保障立法的不断发展与完善。具体到社会保障法的地位而言，可以从两方面予以认识：其一是社会保障法在法律体系中的地位如何，解决的问题是社会保障法是不是一个独立的法律部门问题；其二是如何认识社会保障法与其他法律部门间的联系与区别。实际的理论研究中，由于调整对象和调整方法的近似，往往容易把社会保障法与社会法、经济法相混淆。将社会保障法与社会法、经济法进行比较,在清晰认识社会保障法内涵的基础上可以凸显社会保障法的部门独立性。

(一)社会保障法是一个独立的法律部门

"社会保障法"这个概念在我国是 20 世纪 80 年代后期才提出来的,尤其是在 1992 年党的十四大召开以后,法学界在研究设计社会主义市场经济法律体系时更是不断地提到社会保障法,并认为它是一个新兴的法律部门。社会保障法作为我国法律体系中一个独立的法律部门,已经为我国多数学者所认可,同时其独立法的地位也在我国的立法实践中得以不断地贯彻。一般认为,社会保障法是一个独立的法律部门,主要是基于以下三点理由。

(1)社会保障法所调整的对象即社会保障关系具有独特的性质,而且领域广泛。与其他社会关系相比,社会保障关系有四个突出的特点:一是社会保障关系是发生在社会保障过程中的社会关系;二是社会保障关系是以实现公民的社会保障利益为目的的社会关系;三是社会保障关系具有人身关系和财产关系相结合的特点;四是社会保障关系既不是完全平等主体之间的关系,也不是完全的管理服从关系,它表现为一种社会权利和社会义务关系。同时,社会保障法所调整的社会关系,是伴随着现代工业的出现、市场经济的发展和社会文明的进步而产生的,今后它的范围不仅不会缩小,而且只会发展和扩大。

(2)从社会保障法规数量及内容看,涉及社会保障方面的法律、法规可形成一个独立的法律部门。随着社会的发展,社会保障项目越来越多,覆盖范围越来越广。从社会保障立法的状况看,现有的法律、法规已很可观,还有许多法律、法规亟待制定出台,而且现有的法律法规数量虽多但已经具有一定的层级性。就我国而言,社会保障体系已经包括社会保险、社会救助、社会福利、社会优抚、社会互助、个人储蓄积累保障等内容,符合法律部门产生的法律数量及内容衡量标准。

(3)社会保障法的调整方法即法律关系主体的权利、义务实现形式和对违法行为的制裁形式,也有它的特色。社会保障法权利、义务的实现,既包括自愿平等的民事方法,也包括强制命令的行政方法、刑事方法等。

(二)社会保障法与劳动法的关系

在我国,"社会保障法"是伴随着市场经济发展而提出的一个范畴。在相当长的时期内,我国并无严格意义上的社会保障法。长期以来,我国将保障福利内容纳入劳动关系进行调整,作为劳动法的组成部分,并不存社会保障法的范畴。目前来看,社会保障法与劳动法同属于社会法的范畴,两者是最为邻近的两大部门法,它们之间有密切的联系:从法的产生来看,两者都是资本主义发展的产物,是随着资本主义生产关系的发展而出现的两个独立法律部门,都是国家干预的结果;就法律属性来看,两者都属于社会法,以社会利益为本位,关注社会的弱者;社会保障法的核心内容社会保险法就是建立在劳动关系的基础上,在劳动法发展到一定程度上产生的。随着市场经济的发展，单位人转变为社会人，社会保障法应与劳动法合理界定。劳动法与社会保障法应当是相互独立、相互并列的两个法律部门。两个法律部门在一定阶段虽有交叉，但这并不是一种常态，它们之间的主要区别体现为如下两个方面。

首先，从法律部门产生与发展历程来看，社会保障法和劳动法是两个独立的法律部门，两者之间不具包容性[①]：在资本主义工业革命影响下，自由主义、重商主义成为社会的主流思想，形成了以都市为中心的工业社会。工业劳动客观上存在各种各样的劳动风险，劳动风险的客观存在迫使劳动者采取各种办法来抵御风险。由于自由资本主义阶段奉行的是自由放任主义，雇佣关系被视为纯粹的私的关系，国家采取不干预的态度，尽管法律规定雇佣关系双方地位平等，但双方经济地位的不平等，对于经济弱者的劳动者来说是难以实现真正的平等的。在自由原则之下订立的雇佣合同非但不能使劳动者的生存状况有所改观，反而是越来越恶劣，劳工问题日益突出。1802年英国国会通过的《学徒健康与道德法》成为英国历史上第一部限制资本家剥削工人的法律，被认为是现代劳工立法的开端。劳工立法很快从英国遍及欧洲各国，涉及的内容从工时扩展到工作场所、劳动条件、安全卫生等方面。对于劳动风险，国家鼓励设立各种共济团体。此外，立法也进一步扩大了雇主的责任，规定雇主对雇员的疾病有照顾的责任，并强制雇主对职业病、工伤等负损害赔偿责任。但当时的雇主责任主要以过失责任为前提，即使是后来无过失责任制度的建立，也无法从根本上解决劳工问题。随着工业的发展和科学技术的进步，劳工问题不仅仅是劳动者个人或某一雇主的问题，而是一个社会问题，必须在全社会范围内进行解决，这就需要借助于国家力量，通过国家立法建立一个全新的制度来解决劳动风险问题。19世纪80年代，德国的俾斯麦颁布了一系列社会保险法，从此开始了具有现代意义的社会保障法的历史。20世纪以来，特别是福利国家的出现，社会保障法作为一个独立法律部门得到迅速的发展，并赋予了其全新的内容，社会保障不再是传统社会局部的、有限的社会活动，而是一项面向全体国民的社会制度；它的内容不仅仅是满足国民因生存而需要的单纯的物质生活保障，而且涵盖了增进人们精神生活和个性发展的各个方面。可以说，社会保障法是在劳动法的基础上产生的，但其后的发展又大大突破了劳动法调整的劳动关系的界限，成为了市场经济的一项重要法律制度。

其次，从理论分析上看，作为两个独立的法律部门，社会保障法和劳动法在调整对象与调整模式方面存在着两个重要区别。

第一，调整对象上的区别。劳动法与社会保障法在调整对象有根本的差异。以社会保障中与劳动法较为接近的社会保险为例，可以概括出两者的区别有以下

[①] 参见林嘉：《论社会保障法的社会法本质——兼论劳动法与社会保障法的关系》，载《法学家》2002年第1期，第120—121页。

四点。一是性质不同。劳动关系与劳动过程相联系,社会保险关系与社会保障相联系;二是主体不同。劳动关系涉及的是劳动者与用人单位的双方关系,而社会保险关系涉及的关系则更为复杂。在养老保险中至少涉及国家、保险经办机构、用人单位、劳动者四方主体;在医疗保险中则更涉及医院、药店等一些主体。三是内容不同。随着市场经济的发展,劳动关系具有多重性,即一个劳动者可以建立多个劳动关系;基本的社会保险关系则具有单一性,一个劳动者只能建立一个社会保险关系。四是后果不同。劳动关系引发的劳动争议,由于具有某些私法关系的特点,主要适用民事程序来解决;社会保险争议引发的争议,由于具有较强的公法性,则主要采用行政复议和行政诉讼程序来解决。

  第二,调整模式上的区别。作为我国劳动法调整对象的劳动关系是兼有人身关系和财产关系性质,兼有平等关系和隶属关系特征的社会关系。劳动关系的特点决定劳动法是公法与私法相融合而产生的法律部门,也决定了劳动关系的调整适用基准制度、合同制度。随着法律制度的实施,劳动关系将纳入一种多层次的调整模式。社会保障法从调整模式上看则更强调国家的作用。社会保障主要包括三方面的内容,即社会救助、社会保险和社会福利,在此基础上再辅以就业保障、健康保障、养老保障、妇幼保障、最低生活保障等内容,从而形成以国家管理为中枢的完善的社会保障体系。

(三) 社会保障法与经济法的关系

  社会保障法和经济法是我国新兴的两个部门法,也是我国法律体系的两个重要分支。自产生起,社会保障法和经济法就面临着许多法律部门的挑战,至今,虽然经济法在我国的独立法律部门地位已经广为承认,但是社会保障法的独立法律部门地位问题,却由于社会保障法与经济法的关系问题还存在争议而未能得到一致认可。目前来看,社会保障法和经济法之间存在着共性:它们不同于民法的强调契约自由和个体平等,主要保护个体利益;也不同于行政法的着眼于国家管理,重点维护国家利益;它们重视的都是社会整体利益,通过对弱势群体的保护而实现社会的整体公平。但社会保障法和经济法之间也存在着诸多本质上的区别,决定了二者分属不同的法律部门,具体有以下三点。

  1. 调整对象方面的差异

  社会保障法和经济法在调整对象方面至少存在着诸多差异。首先,主体方面。与经济法强调国家职能不同,社会保障法更为重视的是社会在其中起的重要作用。国家社会保障制度产生与发展的实践表明,政府通过经济政策手段干预调节经济运行过程的作用是有限的,不可能完全负担起社会保障的责任。因而,在经济法法律关系中,一般只涉及管理主体与被管理主体的权利义务关系;在社会保障法律关系中,却要牵涉到包括国家、社会保障实施机构、企业和公民等多方责任。

  其次,内容方面。社会保障法只是关于公民社会保障权利的法律,企业和职工按照规定缴纳应缴的社会保险费,公民在符合法律规定的条件下可申请从国家得到应有的社会保障待遇。而经济法却更为广泛,包括反垄断法和限制竞争法、扶持中小企业法、消费者权利保护法等多方面的法律,具体行为亦具有多样性。

2.法律社会本位问题上的区别

社会保障法和经济法都是在"私法公法化"和"公法私法化"的过程中产生的,二者都是社会本位之法。这一共同点也是某些学者在社会保障法尚未完善之初,将其归列为经济法子部门法的重要原因。但二者在具体社会本位问题上也存在着诸多区别:经济法的社会本位是从社会经济整体运行和宏观经济效益角度出发,主要体现了国家干预经济并保证经济整体高效持续增长的期望;而社会保障法所指的社会本位,并非以经济利益的实现为目标,它更加侧重的是社会公平理念,而且从其实施的具体情况来看,在一些特定情况下还违背了经济效益优先之原则,导致与经济法的社会本位理念相冲突。[1]

3.法律规范组成部分上的区别

法律规范依照其规定的内容不同,可以分为实体法律规范和程序法律规范。民法、刑法、行政法等法律部门为传统上典型的实体法律部门,主要由实体法律规范构成。随着社会不断进步,实体法与程序法分割的界限有日渐模糊之势。虽然经济法中掺杂着部分程序法规范,但是其程序法规范相对实体法规范的数量来说还是非常微弱,故而学术界普遍认为经济法仍然属于实体法律部门。在社会保障法中,实体性法律规范与程序性法律规范并重,社会保障法律关系的当事人如果产生权利义务的纠纷,往往可以通过自身内部的解决机制进行调整,不需要再依靠现有的诉讼法律规范。社会保障法体系中实体法与程序法的一体性更为明显。

二、社会保障法的基本原则

所谓基本原则,是指对实现这个法的任务和作用一般地起指导作用的基本规范内容。例如民法通则、刑法、民事诉讼法、刑事诉讼法、行政诉讼法、婚姻法、环境保护法等都有关于基本原则的规定。社会保障法的基本原则,是指集中反映社会保障法的本质,贯穿社会保障法律规范体系及内容,并对整个社会保障法律规范体系起主导作用的根本准则。结合社会保障法的任务、作用、性质和特点,依据宪法以及国家经济、社会发展要求,并参照外国社会保障立法的经验以及国际劳工公约和国际人权公约的内容,社会保障法应该包括以下四个基本原则。

(一)保障生存权原则

社会保障法是权利保障法,而不是事务管理法。因为生存权是维护人的生存所必不可少的权利,是公民在社会中健康生活并享受经济权利和社会权利的基础,离开生存权的保障,其他权利都无从谈起。社会保障法的宗旨就在于当社会成员出现这

---

[1] 刘翠萍、刘鹏:《社会保障法部门独立性的法律基础分析》,《理论观察》2005年第2期,第57页。

些生活苦难时,国家和社会有义务对其进行物质帮助。因此,保障生存权是社会保障法的最基本原则。现代文明国家均由宪法规定,享受社会保障是公民的一项应有权利。我国《宪法》第45条规定:"中华人民共和国公民在年老、疾病或者丧失劳动能力的情况下,有从国家和社会获得物质帮助的权利。国家发展为公民享受这些权利所需要的社会保障、社会救济和医疗卫生事业。""国家和社会保障残废军人的生活,抚恤烈士家属,优待军人家属。""国家和社会帮助安排盲、聋、哑和其他有残疾的公民的劳动、生活和教育。"《经济、社会、文化权利国际公约》等人权公约和国际劳工组织的宣言、公约、建议书中,均规定要求各成员国保证公民享受社会保障的权利。社会保障权利已成为人权概念的重要构成内容,尊重人的价值及其基本需要的合理性是人道主义的基本要求内容,也是现代社会保障立法的起点和归宿。

(二) 普遍性原则

对公民实行普遍的社会保障,是各国社会保障立法共同奉行的一条基本原则。普遍性的含义,在于社会保障法的覆盖范围应包括所有社会成员,强调一切社会成员都有享受社会保障的权利。正因为社会保障范围的普遍性,社会保障法才具有稳定社会、保障社会成员生活安全的意义。《经济、社会、文化权利国际公约》中规定人人有权享受社会保障,我国宪法第45条所规定的物质帮助权利的享受自然是对全体公民而言。还要看到,普遍性原则作为社会保障法的基本原则,其实施需要强大的物质基础,它只能和一定时期的经济发展水平相适应。因此,普遍性原则的实现需要一个逐步的过程。

(三) 平等性原则

平等原则是当今商品经济规律的基本属性,也是现代法制的基本原则,这项原则包括两层含义:一是从社会保障权利享受来讲,必须是人人平等;二是社会保障待遇的确定,应力求遵循平衡原则。我国宪法第33条规定:"中华人民共和国公民在法律面前一律平等。""任何公民享有宪法和法律规定的权利,同时必须履行宪法和法律规定的义务。"《经济、社会、文化权利国际公约》第2条规定:"本公约缔约各国承担保证,本公约所宣布的权利应予普遍行使,而不得有例如种族、肤色、性别、语言、宗教、政治或其他见解、国籍或社会出身、财产、出生或其他身份等任何区分。"我国的社会保障立法必须贯彻宪法精神,反对和根除上述公约条文中指出的种种可能出现的歧视。

社会保障属于国民收入的再分配范畴,遵循平衡原则,有助于维护公平和缩小贫富差距。社会主义市场经济是效率经济,鼓励竞争,利益分配的差别性将不可避免,不公平分配是这种经济的前提和结果。为保持社会稳定,国家须通过宏观调控来防止不公平状况的过度发展,社会保障即是有效手段之一。社会保障法对各个项目待遇的享受资格必须作出规定,这与歧视存在着本质区别。规定资格条件是为了更好地执行保障制度,歧视性内容再不许存在于资格条件之中。

（四）基本生活保障和提高生活质量相结合原则

社会保障权利是一项经济权利,生活有困难的社会成员有权利从国家和社会获得具有经济物质内容的具体帮助。它又是一项社会权利,所有社会成员尤其是老人、妇女、儿童、残疾人等特殊群体成员,需要获得除经济物质内容以外的关心和帮助。另外,它还具有与公民的名誉权、荣誉权密切相关的人身权利的内容。因此,社会保障首先要使所有公民的基本生活得到保障。同时,社会保障还应努力促使各项待遇享受对象逐步提高生活质量。它的含义有三点：一是各项待遇标准除随物价上涨幅度适当调整外,还应随经济发展水平提高而逐步提高,使社会保障对象同样分享到发展成果;二是对保障对象除提供必需的物质待遇标准外,还应提供各种社会服务,使他们能同时满足物质方面和精神方面的各种需要;三是要使保障对象能过上体面的生活,应保证保障对象的人格尊严不受任何侵犯和损害。[①]

第三节　社会保障法的渊源和体系结构

一、社会保障法的渊源

法的渊源一般可分为实质渊源和形式渊源,实质渊源是指法律产生的根源,形式渊源则是指法律创制方式和外在表现形式。法律渊源一般是针对后一种意义而言的,因此,所谓社会保障法的渊源是指社会保障法创制方式和外在表现形式。在我国,社会保障法的渊源主要包括以下六类。

（一）宪法

宪法是国家最高立法机关制定的国家根本大法,具有最高的法律效力,也是社会保障法的最根本的渊源。我国宪法众多法律条文明确了社会保障法的有关内容,是制定具体社会保障法律制度的依据。

《宪法》第 45 条规定：中华人民共和国公民在年老、残疾或者丧失劳动能力的情况下,有从国家和社会获得物质帮助的权利。国家发展为公民享受这些权利所需要的社会保险、社会救济和医疗卫生事业。这为社会成员获得物质帮助权提供了最根本的法律依据。

第 42 条规定：中华人民共和国公民有劳动的权利和义务;国家通过各种途径,创造劳动就业条件,加强劳动保护,改善劳动条件,并在发展生产的基础上,提高劳动报酬和福利待遇。第 43 条规定：国家发展劳动者休息和休养的设施,规定职工的工作时间和休假制度。第 44 条规定：国家依照法律规定实行企业事业组织的职工和国家

---

① 参见找法网：《社会保障法的体系和基本原则》,网址：http://china.findlaw.cn/info/baozhangfa/shbzf/bzqw/92673_5.html#p5,2016 年 4 月 19 日访问。

机关工作人员的退休制度。退休人员的生活受到国家和社会的保障。这些规定为劳动者的养老保险、失业保险、劳动福利提供了根本保障,也为制定具体的养老保险法律制度、失业保险制度等提供了依据。第45条规定:国家和社会保障残废军人的生活,抚恤烈士家属,优待军人家属。这一规定为军人特殊的社会保障提供了基本的依据,也为军人社会保障立法提供了立法依据。

(二)法律

此处的法律是从狭义角度予以界定的,它仅指全国人民代表大会及其常务委员会制定的规范性文件,包括专门的社会保障法律和其他法律中有关社会保障的规定。我国目前涉及社会保障的法律主要有《中华人民共和国劳动法》《中华人民共和国兵役法》《中华人民共和国残疾人保护法》《中华人民共和国妇女权益保护法》《中华人民共和国未成年人保护法》《中华人民共和国老年人权益保护法》《中华人民共和国社会保险法》等。在社会保障法的法律形式中处于第二个层次,其效力仅次于宪法。

(三)行政法规和部门规章

行政法规和部门规章是一般由国家最高行政机关即国务院及其职能部门制定的有关社会保障的规范性文件,效力低于法律,不得于与法律相冲突。如我国《中华人民共和国劳动保险条例》《军人抚恤优待条例》《失业保险条例》《工伤保险条例》《城市居民最低生活保障条例》《社会救助暂行办法》《企业职工生育保险试行办法》等,是在社会保障法律体系指导下实施社会保障的具体依据。在我国目前社会保障法律不健全、尚无专门社会保障法律的情况下,大量有关社会保障的具体规定都是通过行政法规和部门规章来实施的,对于我国社会保障制度的实施发挥着特殊重要的作用。

(四)地方性法规和地方规章

地方性法规和地方规章是地方立法机关和行政机关制定的关于社会保障的规范性文件。我国各地区经济发展水平很不平衡,通过制定适应于地方经济的社会保障法规或规章,能够照顾到各地的实际情况,有助于因地制宜、有效实施社会保障制度。地方性法规或地方规章中涉及社会保障的内容也是社会保障法的渊源。

(五)国际劳工公约和建议书

第二次世界大战之后,社会保障发展史上的一个突出特点就是社会保障的国际化。国际劳工组织先后通过许多社会保障专项条约,如《社会保障(最低标准)公约》《工伤赔偿条约》《病残、老年、遗属补助公约》等,这些国际劳工公约和相关建议书构成了国际社会保障法的主体,并为许多国家批准适用。我国缔结或者参加的有关社会保障的国际劳工公约,也是我国社会保障法的渊源形式之一,对我国具有法律约束力。

(六) 习惯法或判例法

习惯法是指国家认可并赋予法律效力的习惯。在国外一些国家属于社会保障的法律形式之一,但习惯法在中国不是社会保障法的渊源。法院可以援引作为审理同类案件依据的判决,称为判例法。在英美法系国家,判例法是正式的法的渊源,上级法院的判决对下级法院有着约束力。在大陆法系国家,判例不是正式的法的渊源,在判决时仅作为参考,不具有普遍约束力。在中国,有关社会保障的判例虽然不是法的渊源,但最高人民法院判决的判例在审判实践中具有重要的参考价值。

二、社会保障法的体系结构

社会保障法体系,是指一国所有社会保障法律规范按照一定规律组合而形成的有机整体。探讨社会保障法的体系,旨在从宏观上指导社会保障立法,从而使社会保障法具有最佳的结构和效能。按照法的体系理论,无论是一个国家的所有现行法律规范,还是某一法律部门的所有现行规范,尽管其在形式上多种多样,具体内容上各有不同,法律效力上有强有弱,但它们总是相互联系、相互作用,并形成一个有机联系的统一整体,即体系。就社会保障法而言,也自应有其科学、合理的体系。当前各国社会保障法所规定的社会保障项目各异,覆盖范围也不一样。例如英国的社会福利制度,包括国民保险、国民保健、个人社会福利、住房和教育等五个方面,内容广泛,几乎涉及一个人从出生到死亡的一切需求环节。国际劳工大会1952年第35届大会通过的《社会保障最低标准公约》规定,社会保障包括9个项目:医疗照顾、疾病津贴、失业津贴、老龄津贴、工伤津贴、家庭津贴、生育津贴、残废津贴、遗属津贴;并要求,凡批准该公约的国家,至少应实行3个项目。

当前我国社会保障制度涉及内容较多,但总的来看,制度体系不够健全、完整,受到社会保障覆盖的人数在总人口数中所占比重不大。中国共产党十四届三中全会通过的《中共中央关于建立社会主义市场经济体制若干问题的决定》中,对我国社会保障制度改革和建设的方针、政策等做了规定,指出:"社会保障体系包括社会保险、社会救济、社会福利、优抚安置和社会互助、个人储蓄积累保障。"这是我国几十年实践经验的总结,是关于社会保障体系建设的权威性意见,也是社会保障法体系建设的重要依据和目标。

我国长期以来的社会保障立法系"分散立法"体例,至今还没有一部关于社会保障的综合性法律,只有就某种社会保障项目做出专门规定的少量法规和个别法律(如《残疾人保障法》),体系不完整,层次低,多以"暂行"性法规的面目出现,没有统一性、稳定性和权威性。目前我国社会保障制度改革正步入宏观设计和整体推进的关键阶段,亟需重构社会保障法规体系。根据法的体系构成理论和我国社会保障制度的发展目标,当前我国的社会保障法的体系应以社会保障法为统帅,以社会保险法、社会救助法、社会福利法、军人社会保障法为主干建立起来一个有机联系的统一整体。首先,社会保障法作为一个独立的法律部门,必须有一基本法为统领,以明确整个社会保障法的宗旨、调整对象、基本原则及主要内容等,以确保社会保障立法内部的协调与统一。在我国现阶段,从社会经济发展水平、人口分布结构尤其是农村人口占很大比重以及社会保障制度建设基础薄弱等情况看,我国还很难制定出一部在社会保障领域起综合性规范统率作用的基本法来。但就未来我国社会保障法整体发展趋势来看,具有基础性与综合性的社会保障基本法制定在所难免。其次,社会保险法、社会救助法、社会福利法和军人社会保障法应是社会保障法体系的主干。这些法律是社会保障法指导下的调整某一方面社会保障关系的基本法律,它们在社会保障法体系中处于重要地位并起着承上启下的作用。在我国目前综合性社会保障法还难以出台的情况下,应加紧这些法律的制定。再次,养老保险法、失业保险法、医疗保险法、工伤保险法、生育保险法、贫困救助法、自然灾害救助法等法律、法规及其实行细则,是社会保障法的实施法,它们调整的是某一类具体的社会保障关系,其规范一般比较明确具体,权利义务内容清楚,可操作性较强。如《退伍义务兵安置条例》(1987年)、《军人抚恤优待条例》(1988年)、《农村五保供养工作条例》(1994年)、《失业保险条例》(1999年)、《城市居民最低生活保障条例》(1999年)等。但应指出的是,这类法律的立法层次比较低,有待于在条件成熟时予以提高,制定出正式的法律。社会保障法体系的完善需要一个不断探索、不断创新的过程,既有赖于社会经济的不断发展,国家经济实力的不断增强,社会保障体制的不断完备,也有赖于社会保障法理论的不断深化和立法者对社会保障立法的积极探索。

第四节 社会保障法律关系

一、社会保障法律关系的概念

"法律关系"的概念由德国历史法学派法学家萨维尼在理论上首次使用,它是某一类社会关系经过某种特定法律部门的调整而在相关当事人之间产生的具有某种特点的权利义务关系,它是特定的社会关系在法律上的表现。同时它也是直接制约和保障特定社会关系按照立法者的意图,实现法律调整的基本宗旨的规范性社会关系。法律关系是法律为当事人进行某种社会活动所设定的行为模式,使特定的社会关系既受其保护又受其制约。当该社会关系纳入并遵循这一模式的轨道时,该法律部门就实现了它对该社会关系的调整功能。社会保障法律关系,简单说来是国家的社会保障法律规范在调整人们行为的过程中所形成的权利和义务关系,是社会保障主体之间依据社会保障法律规范而形成的一种权利义务关系。相比其他法律关系,社会保障法律关系具有以下五个特征。

其一,社会保障法律关系只有在保障基本生活需要和享受经济发展成果的活动中发生。如为保障退休职工的基本生活,就产生了养老方面的社会保障法律关系;为保障公民的健康需要就产生了医疗方面的社会保障法律关系;为享有社会发展成果,则会产生社会福利方面的社会保障法律关系等。

其二,社会保障法律关系具有强制性与广泛性。在社会保障法律关系中,强制性是主要的、任意性是次要的。无论是社会保险制度,还是社会救济制度、社会福利制度、优抚安置制度,凡属覆盖范围之内,所有单位和公民、职工个人均须无条件参加,不具有可参加可不参加的任意性。广泛性是指社会保障法律关系涉及面极其广泛,它涉及社会的各个区域、各个行业及各类社会主体。从广泛性来讲,除宪法、民法等少数法律以外,一般法律均难与社会保障法相比。

其三,社会保障法律关系是一种具有复杂性质的法律关系。与民法和行政法等法律关系相比,社会保障法律关系则更为复杂。社会保障法律关系包括的实体性法律关系根据主体间法律地位的平等与否可分为行政性法律关系和平等性法律关系。社会保障行政机关为了建立和完善社会保障制度,依据有关法律授予的职权,要求社会团体、企事业单位和公民参加社会保障项目并要求履行一定的义务,进而其依照社会保障法律规范给予各种待遇,从而形成行政性法律关系。所谓平等性法律关系是存在于法律地位平等的当事人之间的法律关系。社会保障中,这种性质的法律关系包括社会团体、企事业单位与公民之间的关系,这种关系或由于执行统一的社会保障制度而发生,或由于建立自愿参加性质的补充社会保障制度而发生。公民之间也会由于参与互助活动而发生平等性的关系。同时,当发生社会保障争议需要通过法律途径解决时,又会产生仲裁、诉讼等法律关系。

其四,给付关系是社会保障法律关系中的基本法律关系。虽然社会保障法律关系非常复杂,但其发生目的,最终都是为了形成一种给付关系,即社会保障管理机构能够履行给付义务,公民可以享有给付的权利。给付关系实质上是一种合同约定关系,即国家通过社会保障立法,约定给予符合法定要件的公民以各种社会保障给付,而社会保障管理机构只是代表国家履行约定的内容而已。

其五,社会保障法律关系是一种人身关系属性和财产关系属性相结合的法律关系。这一特点,在社会保险和社会福利法律关系等方面表现得尤为突出,劳动者向用人单位提供劳动力而与用人单位形成社会保障法律关系,体现为一种人身关系;另一方面,劳动者通过劳动换取生活资料,获得社会保险和社会福利待遇,又体现为一种财产关系。

讨论案例

2002年8月至2012年,张某在某公交公司从事司机工作,公交公司仅为其缴纳了2011年至2012年3月的养老保险费。2012年办理退休手续时,张某自己缴纳了2002年8月至2010年的养老保险费4万余元。张某享受养老保险待遇后要求公交公司返还该4万余元遭拒,遂诉至法院。

本案的焦点问题涉及张某是否应通过行政手段来维护自己的合法权益、该案

是否属法院受理范围、本案属劳动争议还是普通民事纠纷等问题,体现了社会保障法律关系的强制性与广泛性特点。具体解析如下①:

首先,本案职工无法用行政手段维护自己的合法权益。《社会保险法》第六十三条第一款规定:"用人单位未按时足额缴纳社会保险费的,由社会保险费征收机构责令其限期缴纳或者补足。"人社部《实施〈中华人民共和国社会保险法〉若干规定》第二十七条规定:"职工与所在用人单位发生社会保险争议的,可以依照《中华人民共和国劳动争议调解仲裁法》、《劳动人事争议仲裁办案规则》的规定,申请调解、仲裁,提起诉讼。职工认为用人单位有未按时足额为其缴纳社会保险费等侵害其社会保险权益行为的,也可以要求社会保险行政部门或者社会保险费征收机构依法处理。社会保险行政部门或者社会保险费征收机构应当按照社会保险法和《劳动保障监察条例》等相关规定处理。在处理过程中,用人单位对双方的劳动关系提出异议的,社会保险行政部门应当依法查明相关事实后继续处理。"由此规定可以看出,用人单位欠缴社会保险费用,职工可向社保行政部门或是保险费征收机构反映,通过行政手段救济自身的权益。本案中公交公司虽未按时足额缴纳社会保险费,但由于张某已经足额代缴,对于社会保险征收机构而言,已经无须再向公交公司追缴,故张某通过行政手段获得救济已无法实现。

其次,本案不属于劳动争议案件,无须经劳动仲裁前置程序。确定案件的性质和案由,主要应当依据当事人主张的法律关系和其诉讼请求来确定。从本案原告的诉请与事实理由来看,原告已经办理了退休手续并享受了养老保险待遇,其并未认为与用人单位发生了劳动争议,而仅仅是请求返还代被告缴纳的社会保险费,其行使的是一种基本的财产返还请求权。尽管 2008 年《劳动争议调解仲裁法》第二条规定,在中华人民共和国境内的用人单位与劳动者因社会保险发生的劳动争议,适用本法。但本案并非此种情况,从本案原告起诉理由、诉讼请求和法院查明的事实看,不是职工与用人单位之间发生了社会保险争议,双方并未对是否应为职工参保、缴费基准等问题存在争议,也不存在用人单位未为职工办理养老保险手续的情形,原告也不要求用人单位向社保机构补缴保险费。《最高人民法院关于审理劳动争议案件适用法律若干问题的解释(三)》第一条规定:"劳动者以用人单位未为其办理社会保险手续,且社会保险经办机构不能补办导致其无法享受社会保险待遇为由,要求用人单位赔偿损失而发生争议的,人民法院应予受理。"该条的适用需符合两个条件:第一,用人单位未为劳动者办理社会保险手续;第二,社会保险经办机构不能补办导致劳动者无法享受社会保险待遇。从本案事实来看,其亦不属于该司法解释所规定的情形,故本案不属于劳动争议案件。

再次,本案属一般的财产损害赔偿纠纷。用人单位负有为职工缴纳社会保险

---

① 参见刘建梓:《职工代单位缴纳保险费后要求返还纠纷的性质》,中国劳动与社会保障法律网:http://www.cnlsslaw.com/list.asp unid = 8251,2016 年 4 月 22 日访问。

费的法定义务。劳动法规定,用人单位和劳动者必须依法参加社会保险,缴纳社会保险费。用人单位无故不缴纳社会保险费的,由劳动行政部门责令其限期缴纳。社会保险法又进一步规定,用人单位未按时足额缴纳社会保险费的,由社会保险费征收机构责令其限期缴纳或者补足。由此可见,为职工缴纳社会保险费用是用人单位的法定义务。用人单位一切不缴纳或不足额缴纳社会保险费的行为均是违法行为,由此给劳动者造成损失的,应当承担相应的责任。本案中被告未为原告足额缴纳社会保险费用,对于即将退休的原告来说,可能将会面临退休后无法享受社会保险待遇的困境。或如原告所讲,如果自己不缴纳,被告就不给盖章办理退休手续,在这种情况下,原告自己缴纳本应由用人单位缴纳的社会保险费用,其实并非出于原告的自愿,更非放弃自身财产权益的意图。依民法通则对民事责任的一般规定,公民、法人违反合同或者不履行其他义务的,应当承担民事责任。本案被告负有为职工缴纳社会保险费的法定义务,被告违反法定义务,给原告造成损失,应当承担赔偿责任。

二、社会保障法律关系的要素

社会保障法律关系的要素,就是构成每一个具体的社会保障法律关系所必须具备的因素。任何一个具体的社会保障法律关系都必须同时包括主体、内容、客体三个要素,缺一不可。任何一个要素发生改变,就构成新的社会保障法律关系。

(一)社会保障法律关系的主体

社会保障法律关系的主体,是指参加社会保障法律关系、享受社会保障权利和承担社会保障义务的当事人。在各种具体的社会保障法律关系中,其主体构成呈现多样化状态,有的是两方当事人,有的是多方当事人;在两方或多方当事人中,享有社会保障权利的为权利主体,负有社会保障义务的为义务主体,而权利主体和义务主体的构成在各种具体的社会保障法律关系中也不尽相同。社会保障法律关系之所以具有如此的复杂性,主要原因即在于参与到社会保障法律关系中的主体较多,主体性质多样。社会保障法律关系的主体主要有社会保障行政机关、社会团体和企事业单位组织、公民,其具体权利义务实现方式也不相同,表现在以下三个方面[①]:

第一,社会保障行政机关属于社会保障法律关系中的社会保障行政主体。社会保障行政主体除具有作为行政主体的一般属性以外,还具有作为社会保障法调整对象的特殊属性。作为一般行政主体,社会保障行政机关要依法推进社会保障制度。除了在公共行政管理的范围内贯彻实施社会保障政策、法律和法规,还要参与国家社会保障政策的准备、施行、协调、检查和审议,并在自由裁量权限范围内,依据法律法规,针对实际存在的问题,提出解决办法。作为社会保障法所调整的法

---

① 参见朱海俊:《论社会保障法律关系的复杂性》,载《天水行政学院学报》2006年第3期,第96~97页。

律关系主体,行政机关又以维护社会利益、维护稳定的社会关系为价值取向,依据社会保障法的倾斜保护原则,通过公权力的介入,弥补市场机制的缺陷,维护社会利益。

第二,公民既是社会保障的权利主体,又是社会保障法律关系中的收益主体。作为权利主体,公民在享受社会保障待遇的同时,也需要履行一定的义务,例如缴纳社会保险费、接受失业救助时做社区义工等。作为收益主体,公民为了维护自己的利益,有权要求行政机关和企事业单位等社会组织履行义务以保障自己的利益。例如,劳动者在用人单位不履行缴纳保险费的义务时,可以请求劳动行政机关强制其缴纳。

第三,社会团体和企事业单位,属于社会保障法上的社会保障服务主体。这类主体中的企事业单位必须履行相应的义务,以保障作为其组织成员的社会保障利益。而作为社会保障机构的社会组织的职能是为劳动者和用人单位提供社会服务,包括筹集和发放社会保险金、进行职业介绍和就业培训等。

另外,结合不同的具体社会保障法律关系考察,其主体的构成也具有多样性,但就各主体之间发生的关系来看,可以概括为以下五种。

其一,国家和社会保障管理机构的授权关系。国家授予社会保障管理机构管理和施行社会保障的权力,社会保障管理机构必须通过国家授予的职权,履行国家承担的社会保障义务。社会保障管理机构内部的分工和职权分配关系及上级机关、社会公众对社会保障管理机构的监督关系等,都基于授权关系而成立。

其二,社会保障管理机构和公民间的给付关系。给付关系既然是社会保障法律关系中的最基本关系,社会保障管理机构和公民就也是最基本的主体。

其三,社会保障管理机构和用人单位之间的强制履行义务关系。用人单位承担的社会保障义务,是国家依据行政权力强制规定的,用人单位必须履行法定义务,否则将承担不履行义务的法律责任。用人单位和属下职工的社会保障法律关系,基于这种强制履行义务关系而成立。

其四,社会保障管理机构与受托单位之间的委托和管理关系。受托单位往往有独立的事业法人资格,在接受管理的同时,独立办理各种具体事务。

其五,社会保障争议关系。即上述主体间发生的关系,都可能在一方违法不履行义务时,转化为社会保障争议关系。

司考真题

下列关于社会保险基金的哪些表述符合《劳动法》的规定?

A. 国家设立社会保险基金,是为了使劳动者在年老、患病、工伤、失业、生育等情况下获得帮助和补偿

B. 用人单位和劳动者都必须缴纳社会保险费

C. 劳动者死亡后,其遗属依法享受社会保险基金支付的遗属津贴

D. 社会保险基金的经办机构负有使社会保险基金保值增值的责任

【答案】ABCD

【解析】《劳动法》第 70 条规定:"国家发展社会保险事业,建立社会保险制度,设立社会保险基金,使劳动者在年老、患病、工伤、失业、生育等情况下获得帮助和补偿。"故 A 正确;第 72 条规定:"用人单位和劳动者必须依法参加社会保险,缴纳社会保险费。"故 B 正确;第 73 条第 2 款规定:"劳动者死亡后,其遗属依法享受遗属津贴。"故 C 正确;第 74 条第 1 款规定:"社会保险基金经办机构依照法律规定收支、管理和运营社会保险基金,并负有使社会保险基金保值增值的责任。"故 D 正确。

(二)社会保障法律关系的客体

社会保障法律关系的客体是其主体权利与义务所指向的对象,具体而言就是社会保障待遇。所谓社会保障待遇是指社会保障经办机构、社会保障服务机构或政府有关部门依法向公民提供的物质帮助,其形式、内容和标准都由国家法律规定。社会保障待遇是一种物质帮助,其形式主要有货币给付、服务提供、实物发放和特殊保障等等。这些社会保障待遇的提供目的都是为了维护公民基本生存权等人权的实现和生活境遇的提高即社会保障立法宗旨的实现。但应指出的是社会保障待遇在各个国家都会根据本国实际情况确定,即使在同一国内,其政府也会根据不同时期的需要重新确定保障待遇的供给。① 从社会保障法的实践来看,其客体即社会保障待遇主要体现为以下三种形式②:

(1)物。物是法律关系最主要、最常见的客本。在社会保险法律关系中,相当一部分客体也是由物来承担的。如工伤保险、医疗保险等社会保障项目,要求受保障对象按规定缴纳保险费,等到法定事由出现时,有关社会保障实施机构要为其提供物质帮助。无论是缴纳保险费还是提供物质帮助,都是通过支付货币来实现的,也即双方权利义务指向的对象都是货币。货币虽然是衡量物或商品价值的尺度,但它本身又具有一般种类物的特征,因而也属物的范畴,可以成为法律关系的具体客体。

(2)行为。行为作为社会保险法律关系的客体,是指社会保障法律关系中权利人行使权利的活动及义务人履行义务的活动。如失业保险不仅要求其实施机构为因故失业的劳动者提供基本生活费、医疗费,还要为他们提供转业培训、职业介绍等服务。养老保险的受保障对象在参保以后,除了应缴纳保险费,还应参加劳动、工作等。诸如提供转业培训、职业介绍的服务行为及参加劳动、工作的行为,即为失业保险、养老保险法律关系的客体

(3)人格利益。按照现代民法学的理论,人格利益是人格权的保护对象,它主要

---

① 曹燕:《社会保障法律关系模式初探》,载《云南大学学报法学版》2004 年第 4 期,第 102 页。

② 张素凤:《简论我国社会保障法律关系》,载《安徽教育学院学报》2002 年第 4 期,第 38 页。

包括生命、健康、肖像、姓名(名称)和名誉等利益。社会保障法主要是保障社会成员的生存、生活和身体健康,因此,依据与此相关的规定所建立的法律关系,其客体本身即表现为人格利益。具体来说,其客体表现为两种人格利益。第一是生存(生命)利益。生存权是人的首要权利,是人赖以存在的前提,也是公民行使其它权利的基础。因此,社会保障法也以保护社会成员的生存权为其重要目的和宗旨,社会保险、社会救助、社会优抚、社会福利等法律制度的规定和建立都是这一目的和宗旨的具体体现。第二是健康利益。健康与人的生命紧密相连,健康权是自然人以其器官及至整体的功能利益为内容的人格权。社会保障法中工伤保险、医疗保险等法律制度,不仅保护了受保障对象的生存权,还直接保障了他们的身体健康,使他们在遭受意外伤害或疾病时,能够得到及时的医疗和救治,从而保证其各种生理机能的正常运转。

(三)社会保障法律关系的内容

社会保障法律关系的内容,是指社会保障主体享有的社会保障权利和承担的社会保障义务。在社会保障法的意义上,社会保障权利是指社会保障法律关系中的权利主体,依照法律规定享有的权利,一般包含以下三层含义:权利主体依照法律规定享有某种社会保障给付的权利;权利主体有权在法律规定的范围内,要求义务主体为一定行为或不为一定行为,以实现权利主体的某种利益;权利主体有权在自己的社会保障权利遭受侵害,或义务主体不履行义务时,通过调解、仲裁、诉讼程序,请求有关方面给予法律保护。社会保障义务是指社会保障法律关系中的义务主体,为了满足权利主体的某种利益而为一定行为或不为一定行为的必然性,一般也涉及三层含义:义务主体必须按照法律规定为一定行为,或不为一定行为,如国家必须根据法律规定,发展为公民享受社会保障权利所需要的社会保险、社会救济和医疗卫生事业;义务主体承担的义务,是在法律规定范围内为一定行为,或不为一定行为的义务,权利主体超过法定范围的要求,义务主体不承担责任。如用人单位已经为职工缴纳了全部养老保险费,职工退休后,再要求用人单位负担养老金,用人单位当然有权拒绝;义务主体对于自己承担的义务,应当自觉履行,否则,将承担相应的法律责任。①

知识链接
社会保障法律关系内容的复杂性②

在社会保障法律关系中,其权利与义务的关系,从整体上说是相一致相对应的,但与其他法律关系相比较,又显得比较复杂。这表现在以下两个方面。

---

① 参见百度百科:《社会保障法律关系》,网址:http://baike.baidu.com/link? url = ZVz9sgfZcUZS_0bo8tb4J7p4qwpQXCYLDR6YWJY1zjC - tkfUCiJEAh1Ngcg3Kf9OQq1PfAxMfreSaHyjYcv4sq#2,2016 年 4 月 21 日访问。

② 参见张素风:《简论我国社会保障法律关系》,载《安徽教育学院学报》2002 年第 4 期,第 37~38 页。

其一，两者之间有先后或者说有一个时间差。这主要体现在社会保险法律关系中，在这种法律关系中，权利义务的形成需要一个过程，表现为先义务后权利。不仅如此，法律还严格限定，只有在事先设定的法律事实出现后，权利人才能开始享受权利，即事实在先，权利在后。这正如一学者所说：当劳动者处于青壮年阶段，只要不出现疾病、伤残、失业、死亡等意外情况，其获得社会保障的权利就处于休眠状态，而当意外出现或年老退休时，其休眠的权利就会"苏醒"，而这种权利的享受又是以长时间持续不断地履行劳动和缴纳社会保险费等义务为前提的。

其二，权利与义务并非完全对应。这表现在两个方面。一是义务的多方履行与权利的单方享受。这是其义务主体多元化的体现。在社会保障法律关系中，履行义务的主体可以是国家、企事业单位、个体经济组织、劳动者，享受权利的主体往往只有一方即公民。以养老保险为例，当国家履行义务的时候，不存在任何直接的收益。首先，国家为履行自己的义务建立养老保险制度，其次，当国家为退休劳动者支付养老金时，只有资金的付出，而不可能有资金的回报。在养老保险金支付的过程中，企事业单位和个体经济组织也不存在直接的收益。因此，在为退休劳动者支付养老金的过程中，国家、企事业单位只存在义务的履行。而作为劳动者个人来说，其在养老保险制度中，以连续缴纳保险金的方式承担一部分义务，到需要社会为其养老时则无条件享受。二是只享有权利不承担义务。在社会救济、社会优抚、社会福利法律关系中，不存在先尽义务后享权利的问题。只要有设定的事实发生，符合条件的社会成员便可直接依据法律的规定享受国家提供的保障。

社会保障法律关系的权利义务，除了在对应性、一致性方面表现得较其他法律复杂，其权利还具有不可继承的特点。社会保障的对象主要是公民个体。从广义上讲，每个公民都有受保障的权利，社会保障法是用提供物质帮助的方式保护公民生命权、生存权等最基本权利，所以具有独有、独享和不可继承性质。例如有关社会抚恤的规定，从表现上看，领取抚恤金的人与死者有继承关系。但是，抚恤金不同于奖金，抚恤金是国家和社会发放给死者近亲属的物质补助，而不是死者遗留下来的财产，所以不存在继承。而且领取抚恤金也只是特定个人，对没有或不需要死者抚养的人，就不存在抚恤金问题。领取抚恤金，对受领者来说，是社会赋予他的权利。

三、社会保障法律关系的设立、变更和终止

社会保障法律关系和其他法律关系一样，并非自然发生、也非固定不变，它会因某种社会保障法律事实的存在而设立、变更和终止。

（一）社会保障法律事实

社会保障法律事实可以是自然现象，如自然灾害等，也可以是人们的行为，如经济结构调整引起的失业现象等。但是，并非任何自然现象和人们的行为都是社会保障法律事实，且都能引起社会保障法律关系的设立、变更和终止；只有当某种自然现象或人们的行为，被社会保障法律规范认定，能够成为社会保障法律关系的

设立、变更和终止的原因时,才属于法律事实。由此可见,社会保障法律规范是确定社会保障法律事实的法律依据,社会保障法律事实是引起社会保障法律关系设立、变更和终止的原因,社会保障法律关系则是社会保障法律事实引起的结果。

(二) 社会保障法律关系的设立、变更和终止

社会保障法律关系的设立,是指某种法律事实的存在使得社会保障主体取得某种社会保障权利或承担某项社会保障义务。如养老保险法律规定,凡是城镇范围内所有企事业法人单位的职工、个体工商户及其帮工,都必须参加养老保险社会统筹,某职工符合法律规定的范畴,这就使得该职工、用人单位承担了按期缴纳养老保险费的义务;社会保障管理机构承担了管理养老保险金,并且在该职工退休后保障其基本生活的义务;该职工便享有退休后定期领取养老金的权利。社会保障法律关系的变更,是指因某种法律事实的存在,使得业已存在的社会保障法律关系要素中的某个要素发生了变化。如正参加单位养老保险的职工中途调换工作,则会导致用人单位这一义务主体的变化而发生原社会保障法律关系的变更。社会保障法律关系的终止,是指因某种法律事实的存在,使现存的社会保障权利义务关系不再存在。如失业保险法律关系因当事人重新就职而终止;社会救助法律关系因当事人收入增加,摆脱了贫困状态而终止。

■ 讨论案例

①小张几年前进入本市一家外商合资企业,企业与小张签订了一年期的劳务协议,主要从事服装缝制工作。劳务协议期满后企业又与其续签了两年协议。2006年7月上旬,小张去社会保险事业管理中心查询个人社会保险费的缴纳情况时,发现企业几年来一直未为其缴纳社会保险费,于是,小张去找企业人事部门要求为其补缴社会保险费。企业回答小张说,你是劳务工,我们没有义务为你缴纳社会保险费,企业没有同意小张的要求。小张虽经多次与企业交涉但未果,只能求助于劳动仲裁,要求企业为其补缴在工作期间的社会保险费。劳动仲裁委员会予以受理。经过审查仲裁委员会依法追加了劳务中介公司为第三人。

劳动仲裁委员会在开庭审理时小张认为,本人一直在企业从事服装缝制工作,进去以后企业就与他签订了一份一年期的劳务协议,协议期满后企业又与其续签两年劳务协议,按照本市的有关规定,企业应该为他缴纳在工作期间的社会保险费,所以要求仲裁委员会支持他的仲裁请求。企业在答辩时则认为,小张确实在企业从事服装缝制工作,双方签订的是劳务协议,不是劳动合同关系,而是劳务关系。再说每月的工资是付给一家劳务中介公司,由该中介公司支付小张劳动报酬,小张与中介公司

---

① 参见找法网:《谁为小张缴纳保险费?》,网址:http://china.findlaw.cn/info/baozhangfa/bzal/81287_2.html,2016 年 4 月 21 日访问。

签订的是劳动合同,他的劳动关系在中介公司,按照规定,劳务人员所在企业是无须为其缴纳社会保险费的,所以企业对小张提出的要求不予同意。第三人中介公司则认为,小张是与公司签订的劳动合同,劳动关系确实在中介公司,是中介公司将小张派遣到用工企业从事服装缝制工作的,但是我们与用工企业有书面约定,企业除支付小张的工资外,还应承担小张的社会保险费用,企业一直未支付这笔费用,况且中介公司只收取企业一点管理费,如果要中介公司出资为小张缴费是不切合实际的,应该由用工企业承担社会保险费用,中介公司负责为小张缴纳社会保险费。

劳动仲裁委员会经过审理调查后认为,小张与中介公司签订了劳动合同,与其建立了劳动关系,由中介公司将其劳务派遣至用工企业工作,并且用工企业与小张也签订了劳务协议。另外中介公司与用工企业签订的协议中双方约定,由用工企业支付工资并承担小张社会保险费的费用。因此,企业应把小张的社会保险费用交给第三人中介公司,由中介公司为小张缴纳应缴的社会保险费。

本案争议的焦点是小张的社会保险费用应该由谁来承担,并且由谁为小张缴纳。也就是说由签订劳动合同的用人单位承担,还是由实际使用劳动者的单位来承担。

根据《上海市劳动合同条例》的规定,签订劳动合同的用人单位与实际使用劳动者的单位不一致的,用人单位可以与实际使用劳动者的单位约定,由实际使用劳动者的单位承担或者部分承担对劳动者的义务,现在中介公司与企业已有约定,显然,小张的社会保险费用应由用工企业承担。所以,仲裁委员会依法作出裁决,用工企业应将社会保险费的费用交于中介公司,中介公司在收到企业交来的费用后为小张缴纳社会保险费。

知识链接

当代世界各国的社会保障制度类型及特点[①]

现代的社会保障制度是伴随着人类社会从农业社会向工业社会的迈进而产生和发展起来的,它是社会进步的一种表现。在自然经济社会里,社会成员的生活保障是以自给自足的小农经济为基础的,体现为家庭自我保障,并未形成规范化、法制化的社会保障制度。市场经济开创了现代社会保障制度的先河。国家通过立法使社会保障成为政府管理的社会事务,并使之具有强制性、普遍性、互济性和社会性。起源于19世纪末叶欧洲工业社会的社会保障制度,经过100多年的历史发展,已经推进到世界上160多个国家和地区,成为带有国际性的一项制度,成为各国政府治国安邦的一项基本手段。在某种意义上可以说,社会保障制度的完善与否,是体现一个国家社会文明进步程度的标志之一。

---

① 参见中国劳动与社会保障法律网:《社会保障与法制建设》,http://www.cnlsslaw.com/list.asp?unid=8212,2016年4月22日访问。

一、当代世界各国的社会保障制度主要类型

由于世界各国的社会制度不同,经济发展水平不等,文化历史各异,建立社会保障制度的时间先后不一,因而形成了不同类型的社会保障制度。按照通常的分类标准,它主要分为四种类型。

第一种类型为"传统型"社会保障制度。美国、日本等许多发达资本主义国家实行该类制度。这类社会保障制度坚持"选择性"的保障原则,即对不同的社会成员适用不同的保障标准,社会保障费用由国家、雇主和劳动者三方负担,社会保障的待遇给付标准与劳动者的收入和社会保障交费相联系,强调劳动者个人在社会保障方面应承担的责任。

第二种类型为"福利型"社会保障制度。英国、瑞典、挪威等西欧和北欧部分国家实行该类制度。这类社会保障制度坚持"普遍性"的保障原则,社会保障基金主要来源于国家税收,社会保障的范围包括"从摇篮到坟墓"的各种生活需要,给付的待遇标准是统一的。这种制度下的社会保障待遇水平过高,国家负担过重,正在被迫进行调整。

第三种类型为"国家型"社会保障制度。前苏联以及东欧等国家都曾实行该类制度。这类社会保障制度坚持"国家统包"的保障原则,社会保障费用由国家和用人单位负担,职工个人不必缴纳保障费用,社会保障的范围包括了职工的基本生活需要,社会保障事务由国家统一设立的保险组织经办,职工参加管理。这种社会保障制度的弊病很大,保障费用完全由国家和用人单位包揽,造成企业负担过重,不利于企业参与市场竞争,不利于劳动力合理流动,不利于职工个人树立自我保障的意识。中国在计划经济条件下曾经实行的社会保障制度,也属于该种类型。

第四种类型为"储蓄型"社会保障制度。新加坡、马来西亚等新兴市场经济国家大都实行该类制度。这类社会保障制度实行"个人账户积累"的原则,社会保障费用由劳资双方按比例交纳,以职工个人名义存入个人账户,在职工退休或有其他生活需要时,将该费用连本带息发给职工个人。这种社会保障制度有利于树立自我保障意识,鼓励人们的劳动积极性,有利于保障劳动者的基本生活需要,但它也存在不能对保险基金进行必要的使用调剂和不能发挥社会保障的互助功能的缺陷。

二、当代世界各国保障制度的主要特点

尽管当代世界各国的社会保障制度类型不同,却显示出这四个共同特点。

其一,依法建立社会保障制度,发挥国家的主导作用。在现代社会里,社会保障是由政府管理的一项社会事务,政府本身就是社会保障法律关系的重要主体。社会保障法律所调整的是利益冲突关系,经营者为追求利润,降低人工成本,不会主动为社会保障基金增加投入,社会各种弱者群体为了分享社会发展成果,又要求

实现社会公平。国家应当而且也能够主动地利用对社会的干预手段,通过立法,调整利益冲突,推动建立符合社会公共利益的社会保障制度。社会保障从"家庭自我保障"和"慈善救济"发展到现代意义上的社会保障,正是各国政府运用法律手段强制推行的结果。

其二,社会保障制度的建立和发展,与社会发展阶段和经济发展水平相适应。世界各国的社会保障制度,都不是凭空建立起来的,立法所确定的社会保障对象、社会保障项目、社会保障待遇水平,无一不受到本国社会经济发展阶段和经济发展水平的制约与影响。各国的社会保障制度都随着本国经济的发展,呈现出社会保障对象的范围由窄到宽、社会保障项目由少到多、社会保障标准由低到高的共同特点。例如,德国于1883年建立社会保障制度时,其保障对象仅为工商业和手工业工人,直到1957年,农业工人才被纳入社会保障的范围。美国从1935年公布《社会保障法》以后,到1950年通过立法确定了养老保险待遇标准;从1950年到1998年,根据美国的社会经济发展水平,此标准先后被修改了32次,养老保险待遇水平不断提高。受亚洲金融危机的影响,新加坡经济衰退,1998年11月24日,新加坡政府宣布从1999年1月起的两年内,把雇主向国家交纳的养老抚恤基金的缴款数额由工人工资的20%下降到10%,工人和政府官员的薪水削减5%到8%。

其三,社会保障制度的内容和模式选择,具有鲜明的国情特点。纵观当今世界各国的社会保障制度,无一不是从本国的国情出发,进行社会保障立法和采取相应的社会保障措施。例如,美国根据联邦制这一国情,国会通过联邦统一立法所规定的保障项目和保障标准适用于全国,但允许各州通过立法增加保障内容。世界人口老龄化速度加快,日本的人口老龄化问题更加突出,日本政府率先做出反应,通过立法对原有的养老保险制度进行重大改革,增大养老保险基金的积累,应对养老保险的各种需求,同时延长退休年龄,推迟支付养老金期限。有些国家为了提高国民素质,把义务教育和就业培训列入社会保障项目之中。有的发展中国家为了鼓励就业,消除"养懒汉"现象,不搞失业保险制度。

其四,适应经济全球化的发展趋势,对社会保障制度进行必要的调整。经济全球化趋势使各国经济的相互依存、相互影响日益加深,要求各国积极参加国际经济合作,按照平等互利原则处理双边甚至多边的国际经济关系,各国的法律也应做出相应的调整。例如,劳动力的跨国流动,必然带来劳动者在就业、养老、失业、医疗等方面的社会保障问题,需要通过调整社会保障制度加以解决。近年来,许多国家如德国、法国、美国、意大利、瑞士等,已经采取了签订双边协议的办法,解决劳动者在其他国家从事工作遇到的社会保障问题。德国、美国和韩国也对中国提出了类似的问题,要求中国在这些国家设立的公司为其员工参加所在国的社会保险。还有的国家为了增强本国对劳动力成本较低的其他国家的经济竞争力,采取了削减本国职工工资和福利待遇的做法。

相关知识链接

1. 胡晓义. 走向和谐：中国社会保障发展60年. 北京：中国劳动社会保障出版社，2009.
2. 刘金章. 社会保障理论与实务. 北京：清华大学出版社，北京交通大学出版社，2010.
3. 张啸. 德国养老. 北京：中国社会出版社，2010.
4. 张琪. 社会保障概论. 北京：中国劳动社会保障出版社，2013.
5. 周沛，李静，梁德友. 现代社会福利. 北京：中国劳动社会保障出版社，2014.
6. 王伟. 日本社会保障制度. 北京：世界知识出版社，2014.
7. 贡森，葛延风，王雄军. 建立公平可持续的社会福利体系研究. 北京：社会科学文献出版社，2015.

思考与分析

1. 如何理解社会保障法律关系内容的复杂性？
2. 简述我国社会保障法是一个独立法律部门的理由？
3. 简述社会保障法与劳动法、经济法之间的区别？
4. 简述社会保障法律关系的要素及其内容？
5. 当代世界各国保障制度呈现哪些特点？

第十五章

社会保险制度

知识结构图

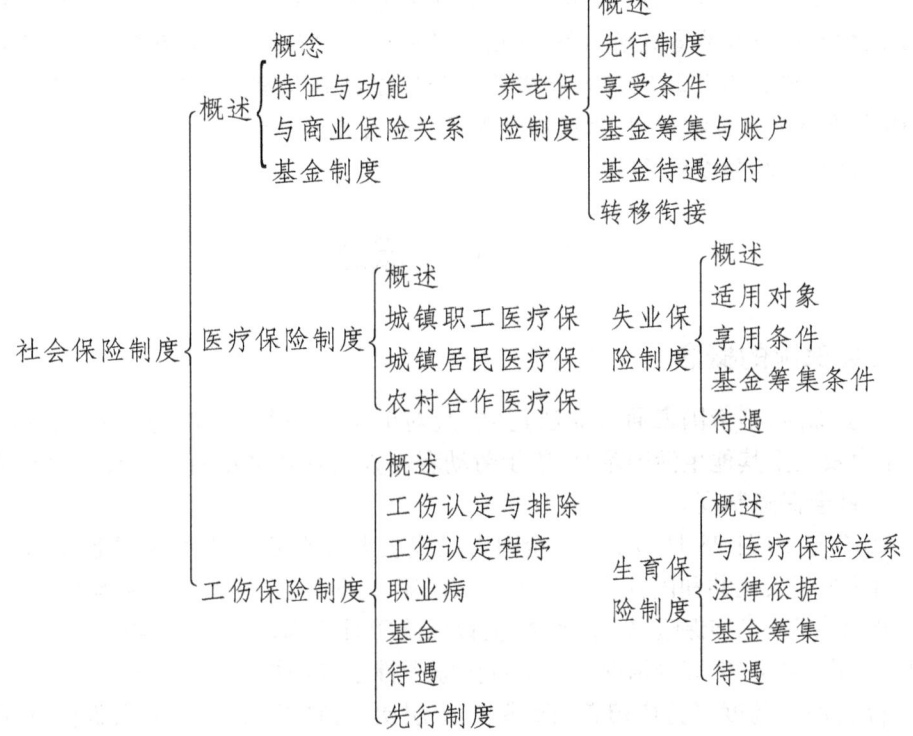

本章导读

社会保险是社会保障制度的重要内容,是国家对公民在患病、伤残、失业、年老、生育等情况下给予帮助的法律制度。本章阐述了社会保险的基本理论,比较了社会保险和商业保险的区别,介绍了我国的社会保险基金制度;根据适用对象的不同系统地阐述了目前我国的养老、医疗、工伤、失业、生育五大社会保险制度。

本章应重点掌握社会保险的基本理论;社会保险与商业保险的区别;职工养老保险和城乡居民养老保险制度;城镇职工医疗保险、城镇居民医疗保险和农村合作医疗制度;工伤保险的认定、排除和待遇;职业病分类和目录;生育保险的内容;失业保险的享受条件。

司考重点

社会保险制度基础理论,五种社会保险制度的缴费主体、缴费比例与账户的构成,五种社会保险待遇享受条件和项目内容,社会保险关系的转移。

案例导入

近年来,社保资金违法违规运用造成巨大损失的案件频发:2002年,海南某企业总经理因诈骗农村社会养老保险金2000万元被判处死刑;2004年,山西省太原市法院宣判的一起涉案数额7659万元社保基金挪用诈骗案;2006年,河北省电力公司基金管理员挪用3817万元社保基金炒股票被判处有期徒刑15年;广州社保案10亿多社保基金被挪用;上海社保弊案堪称有史以来最大的社保弊案。请思考如何防范社保基金管理风险?

第一节 概述

一、社会保险的概念

社会保险,是指国家通过立法建立的,对劳动者在其生、老、病、死、伤、残、失业、生育及发生其他生活困难时,给予劳动者本人或者其供养的直系亲属物质帮助的一种社会保障制度。

2010年10月28日第十一届全国人民代表大会常务委员会第17次会议审议通过了《中华人民共和国社会保险法》,该法第2条规定:国家建立基本养老保险、基本医疗保险、工伤保险、失业保险、生育保险等社会保险制度,保障公民在年老、疾病、工伤、失业、生育等情况下依法从国家和社会获得物质帮助的权利。

社会保险制度坚持广覆盖、保基本、多层次、可持续的方针,社会保险水平应当与经济社会发展水平相适应。

二、社会保险的特征和功能

(一)特征

(1)强制性。社会保险通过立法强制实施,凡属于法律规定范围内的成员都必须无条件地参加社会保险,并按规定履行缴纳保险费的义务,并受到保险保障。

(2)社会性。保障对象是全体的社会成员;社保经费的来源体现社会性,来源于用人单位、劳动者的缴费及政府对社保基金的补足;社保基金管理和运营体现了社会性,除了社保机构,还有一些医疗服务机构等辅助机构的参与。

(3)福利性。社会保险的主要目的是为了保障社会成员的基本生活,稳定社会、增进福利,而不是为获取利润。

(4) 社会公平性。社会保险中同等条件下的公民所得到的保障是相同的;使用保险基金的过程中,一般都是根据实际需要进行调剂,不是完全按照缴纳保险费的多少给付保险金,个人享有的权利与承担的义务并不严格对价,从而体现出一定程度的社会公平。

(5) 基本保障性。能够使保障对象的基本生活需要得到满足,保证人们的收入稳定、生活安定,发挥社会稳定器的作用。

(6) 互济性。社会保险通过法律的形式向全社会有缴纳义务的单位和个人收取社会保费建立社会保险基金,并在全社会统一用于帮助被保险对象,同时各项社会保险基金可以从统一基金中相互调节。

(二) 社会保险的功能

(1) 防范风险。社会保险将个人年老、疾病、工伤、生育、失业风险,转化为社会买单,避免个人遭遇风险时因难以应付而陷于困境,保障其生存尊严。

(2) 维稳功能。社会保险是社会稳定的"调节器",不仅可以使社会成员产生安全感,还能缓解社会矛盾。

(3) 利于实现社会公平。社会保险可以通过强制征收保险费,设立保险基金,对收入较低或失去收入来源的社会成员给予物质帮助,在一定程度上实现社会的公平分配。

三、社会保险与商业保险的关系

商业保险是指当事人自愿缔结保险合同,投保人根据合同约定,向保险公司支付保险费,保险公司根据合同的约定在保险事故发生时对其所遭受的财产损失给付赔偿金,或者当被保险人死亡、伤残、疾病或者达到约定的年龄、期限时承担给付保险金的责任。

社会保险与商业保险有着密切的联系,一方面,社会保险从商业保险制度中引进了诸多的保险技术与保险原理,二者都是基于风险预防而建立的责任分担机制;另一方面,商业保险可以作为社会保险的补充,完善社会保险体系。

商业保险与社会保险的主要区别包括有三点。①保险的目的和性质不同。社会保险是为了预防社会风险,实现社会的安定,具有社会性和国家强制性;商业保险的主要目的为实现被保险人和投保人自身的个体安全,不具有强制性,而是由投保者自主决定与保险机构订立合同。②保险的对象不一样。社会保险的主要对象是劳动者,其适用范围由法律强制规定;商业保险的对象则是根据保险合同的约定确定的。③营利性不同。社会保险具有非营利性,社会保险基金的利息以及投资所得都应纳入社会保险基金;而商业保险具有营利性,商业保险机构经营商业保险业务的目的在于营利,并且商业保险机构利用投保人保险费的投资收益,也有部分属于公司赢利。

另外,二者在保障水平、法律依据和管理体制方面也存在不同。

司考真题

关于社会保险制度,下列哪些说法是正确的?(2011年)

A. 国家建立社会保险制度,是为了使劳动者在年老、患病、工伤、失业、生育等情况下获得帮助和补偿

B. 国家设立社会保险基金,按照保险类型确定资金来源,实行社会统筹

C. 用人单位和职工都有缴纳社会保险费的义务

D. 劳动者死亡后,其社会保险待遇由遗属继承

【答案】ABC

【解析】本题考核社会保险制度。选项A正确。《社会保险法》第二条规定,国家建立基本养老保险、基本医疗保险、工伤保险、失业保险、生育保险等社会保险制度,保障公民在年老、疾病、工伤、失业、生育等情况下依法从国家和社会获得物质帮助的权利。选项B正确。国家设立社会保险基金,按照保险类型确定资金来源,实行社会统筹,多渠道筹集社会保险资金,包括用人单位和个人缴费及政府补贴等。选项C正确。《社会保险法》第十二条第一、二款规定,用人单位应当按照国家规定的本单位职工工资总额的比例缴纳基本养老保险费,记入基本养老保险统筹基金。职工应当按照国家规定的本人工资的比例缴纳基本养老保险费,记入个人账户。选项D错误。《社会保险法》第十七条规定,参加基本养老保险的个人,因病或者非因工死亡的,其遗属可以领取丧葬补助金和抚恤金;在未达到法定退休年龄时因病或者非因工致残完全丧失劳动能力的,可以领取病残津贴。所需资金从基本养老保险基金中支付。据此可知,劳动者死亡后,其社会保险待遇不能直接由遗属继承,其遗属只能领取丧葬补助金和抚恤金。

四、社会保险基金制度

(一)社会保险基金的概念

社会保险基金是指为了保障保险对象的社会保险待遇,按照国家法律法规,由缴费单位和个人分别按照缴费基数的一定比例缴纳及通过其他合法方式筹集的专项资金。社会保险基金包括基本养老保险基金、基本医疗保险基金、工伤保险基金、失业保险基金和生育保险基金。各项社会保险基金按照社会保险险种分别建账,分账核算,执行国家统一的会计制度。

(二)社会保险基金的筹资渠道

社会保险基金的筹资渠道,目前在我国实行的养老、失业、工伤、医疗和生育五项保险中,养老保险、医疗保险实行社会统筹和个人账户相结合,失业保险要求企业和职工都缴费,这三项最重要的社会保险项目是国家、用人单位和劳动者个人三

方负担的,工伤和生育两项保险劳动者个人不承担缴纳社会保险费的义务。

(三)社会保险基金的筹资模式

社会保险资金的筹资模式有现收现付模式、完全积累模式和部分积累模式。

现收现付筹资模式的筹资原则是近期横向收付平衡,这种筹资模式要求先做出当年或近几年内某项社会保险措施所需支付的费用预算,然后按照一定的比例分摊到参加社会保险的单位和个人,当年提取当年支付,一般不留余额,但是在实际执行时会有一定余额。

完全积累模式筹资原则是远期纵向收付平衡,实施的是个体一生中的代内收入再分配制度。

部分积累筹资模式是兼容近期横向平衡原则和远期纵向平衡原则的筹资模式,基金的筹集中,一部分采取现收现付方式,保证当前开支需要;另一部分采取积累方式,以满足未来支付需求的增长。

讨论案例

社会保险管理部门不作为案

张某于 2013 年向某市人力资源和社会保障局邮寄信函,要求社保局履行法定职责,对其社会保险缴费基数偏低和少缴、漏缴问题进行强制征缴。市社保局收到信函后,以所述问题不属于该局职责为由将信件转至该市社保基金中心办理。社保中心依据社保局审批结果及有关政策规定按时足额发放退休待遇为由答复了张某。张某将两单位作为共同被告诉至法院,请求确认市社保局向市社保基金中心转交信件行为违法,撤销市社保基金中心上述答复,判令二被告履行法定职责。法院遂判决:社保基金中心应对原告请求做出处理并将结果书面告知原告,驳回原告其他诉讼请求。本案典型意义在于:人民法院以行政裁判方式明确了行政主体在社保管理方面的相关职责,无论是社保机关还是经办机构都必须积极履责,方为责任政府应有之义,在行政主体相互推诿,均否认具有相应法定职责的情况下,可依法将相关行政主体都列为被告。

(四)社会保险基金的运营、监管和增值

社保基金的运营要遵守安全性原则、流动性原则、盈利性原则。其投资运行模式存在三种:集中垄断运营模式、分散竞争式运营模式和适度集中式。我国的社会保险基金采取政府主导运营模式,在发生挪用社会保险基金系列资金安全事件后,我国现行主导模式应当进行改革。

社会保险基金的监管是指国家行政监管机构、专职监督部门为防范和化解风险,根据国家法规和政策规定,对社会保险经办机构、运营机构或者其他中介机构的管理过程及结果进行的评审、认定和鉴定。目前我国已经初步形成了以劳动保

障部门行政监管为主,财政监管、审计监督、内部控制及法律监督、社会监督有机配合的社会保险基金监管体系。社会保险基金专款专用,任何组织和个人不得侵占或者挪用。

社会保险基金在保证安全的前提下,按照国务院规定投资运营以实现保值增值。社会保险基金不得违规投资运营,不得用于平衡其他政府预算,不得用于兴建、改建办公场所和支付人员经费、运行费用、管理费用,或者违反法律、行政法规规定挪作其他用途。

(五)全国社会保障基金

国家设立全国社会保障基金,由中央财政预算拨款及国务院批准的其他方式筹集的资金构成,用于社会保障支出的补充和调剂。全国社会保障基金由全国社会保障基金管理运营机构负责管理运营,在保证安全的前提下实现保值增值。全国社会保障基金应当定期向社会公布收支、管理和投资运营的情况。国务院财政部门、审计部门和社会保险行政部门对全国社会保障基金的收支、管理和投资运营情况实施监督。

知识链接

国家首次允许全国社保基金投资地方债

2015年4月1日,国务院召开常务会议,决定适当扩大全国社保基金投资范围,部署了四大举措扩大社保基金的投资范围:一是把社保基金债券投资范围扩展到地方政府债券,并将企业债和地方政府债券投资比例从10%提高到20%;二是将基金直接股权投资的范围,从中央管理企业的改制或改革试点项目,扩大到中央企业及其子公司,以及地方具有核心竞争力的行业龙头企业包括优质民营企业;三是将基金的信托贷款投资比例上限由5%提高到10%,加大对保障性住房、城市基础设施等项目的参与力度;四是允许基金按规定在全国银行间一级市场直接投资同业存单。社保基金首次被明确允许购买地方政府债券备受市场关注。

(资料来源于王子约、郭晋晖、陈益刊:《1.5万亿社保基金投资扩围:首次允许投地方债》,《第一财经日报》,2015年4月2日)

第二节 养老保险制度

一、养老保险概述

养老保险,是指劳动者因年老或者疾病丧失劳动能力而退出劳动岗位后,从国家和社会获得物质补偿和帮助的一种社会保险制度。养老保险是社会保险的重要组成部分,是一种最传统、最广泛的社会保险类型,属于国家的基本保险制度之一。

养老保险的体系由国家基本养老保险、企业补充养老保险和个人储蓄性养老保险构成。国家基本养老保险是按照国家统一政策规定强制实施的、为保障广大离退休人员基本生活需要而建立的一种养老保险制度。企业补充养老保险,国外称为企业年金,是指由企业根据自身经济实力,在国家规定的实施政策和实施条件下为本企业职工所建立的一种辅助性养老保险。它居于多层次养老保险体系中的第二层次,由国家宏观指导、企业内部决策执行。企业补充养老保险费可由企业完全承担,或者由企业和员工双方共同承担,承担比例由劳资双方协议确定。个人储蓄性养老保险是职工自愿参加、自愿选择经办机构的一种补充保险形式。

二、中国现行的基本养老保险制度

(一) 机关事业单位养老保险

20 世纪 90 年代初,中国开始推进企业养老保险制度改革,后来一些地方开展了机关事业单位养老金改革试点,但多数仅是在形式上缴纳社保费,体制机制没有根本改变。1992 年人事部下发了《关于机关事业单位养老保险制度改革有关问题的通知》,对机关事业单位职工养老保险制度改革提出了初步意见;1993 年,国务院颁发并实施了《国家公务员暂行条例》,第 69 条明确规定:"国家公务员按照国家规定享受保险和福利待遇。"从此,作为公务员制度的重要配套工程,公务员社会保障制度的改革被提上了政府的议事日程。同年,海南、上海、辽宁纷纷开展公务员养老保险制度改革。但是由于各方面的原因,大部分地方主要是将机关事业单位中的合同制工人、聘用制干部、自收自支事业单位职工纳入养老保险制度的改革范围。

由于全国统一的机关事业单位养老保险改革方案滞后,地方改革无法可依,出台的改革政策得不到较好的落实。2009 年 1 月,人力资源与社会保障部下发了《事业单位改革养老保险方案》,提出在广东、浙江、上海、山西、重庆 5 个省市开展事业单位养老保险改革试点,再次将公务员养老保险提上了日程。2010 年,我国出台的《社会保险法》将公务员和比照公务员管理的工作人员养老保险的实施办法授权给国务院,这些群体的养老保险制度改革步履维艰。

2015 年 1 月,国务院发布《机关事业单位工作人员养老保险制度改革的决定》(国发〔2015〕2 号),决定改革机关事业单位工作人员养老保险制度。这个决定的范围适用于按照公务员法管理的单位、参照公务员法管理的机关(单位)、事业单位及其编制内的工作人员。改革后,对这些人员实行社会统筹与个人账户相结合的基本养老保险制度。机关事业单位在参加基本养老保险的基础上,为其工作人员建立职业年金。紧接着,2015 年 4 月,国务院颁发《机关事业单位职业年金办法》(国办发〔2015〕18 号),机关事业单位及其工作人员在参加机关事业单位基本养老保险的基础上,建立补充养老保险制度。职业年金所需费用由单位和工作人员个人共同承担。该办法规定,单位缴纳职业年金费用的比例为本单位工资总额的8%,个人缴费比例为本人缴费工资的4%,由单位代扣。单位和个人缴费基数与机关事业单位工作人员基本养老保险缴费基数一致。根据经济社会发展状况,国家适时调整单位和个人职业年金缴费的比例。单位缴费按照个人缴费基数的8%计入本人职业年金个人账户;个人缴费直接计入本人职业年金个人账户。职业年金基金投资运营收益,按规定计入职业年金个人账户。工作人员变动工作单位时,职业年金个人账户资金可以随同转移。2015年改革方案的核心内容,是使党政机关、事业单位建立"与企业相同的基本养老保险制度",自此纷扰已久的企业、机关事业单位社保待遇双轨制问题,终于得到解决。

(二)城镇职工养老保险

职工养老保险主要适用于以下人员:国有企业、城镇集体企业、外商投资企业、城镇私营企业和其他城镇企业及其职工;实行企业化管理的事业单位及职工;城镇个体工商户;灵活就业人员。企业职工的养老保险在中国开始得最早,制度较为成熟。

(三)城乡居民养老保险

2009年,国务院开展新型农村社会养老保险(简称"新农保")试点,2011年启动城镇居民社会养老保险(简称"城居保")试点。此后,2012年,两项制度开始在全国全面实施。由于两项制度是分别建立运行的,存在着城乡相关政策不尽一致、标准高低错落、管理资源分散等矛盾。为此,2014年2月,国家将两项制度统一为城乡居民基本养老保险制度。

为做好不同养老保险制度的衔接,2014年国家出台了《城乡养老保险制度衔接暂行办法》,对企业职工与城乡居民基本养老保险关系转移和待遇衔接做了明确规定。参加城镇职工养老保险和城乡居民养老保险人员,达到城镇职工养老保险法定退休年龄后,城镇职工养老保险缴费年限满15年(含延长缴费至15年)的,可以申请从城乡居民养老保险转入城镇职工养老保险,按照城镇职工养老保险办法计发相应待遇;城镇职工养老保险缴费年限不足15年的,可以申请从城镇职工养老保险转入城乡居民养老保险,待达到城乡居民养老保险规定的领取条件时,按照城乡居民养老保险办法计发相应待遇。

三、享受养老保险的条件

(一)达到法定退休年龄

男职工退休年龄为年满60周岁,女干部为55周岁,女工人为50岁;从事井下、高空、高温、特别繁重体力劳动或者其他有害身体健康的工作,男年满55周岁、女年满45周岁,连续工龄满10年的;男年满50周岁,女年满40周岁,连续工龄满10年,经医院证明,并经劳动鉴定委员会确认,完全丧失劳动能力的;因工致残,经医疗证明,并经劳动鉴定委员会确认,完全丧失劳动能力的。

但是对于女干部和高级专家的退休,国家另有政策规定。《中共中央组织部、人力资源社会保障部关于机关事业单位县处级女干部和具有高级职称的女性专业技术人员退休年龄问题的通知》(组通字〔2015〕14号)中规定,为充分发挥女性领导干部和女性专业技术人员的作用,党政机关、人民团体中的正、副县处级及相应职务层次的女干部,事业单位中担任党务、行政管理工作的相当于正、副处级的女干部和具有高级职称的女性专业技术人员,年满六十周岁退休。这些女干部和具有高级职称的女性专业技术人员如本人申请,可以在年满五十五周岁时自愿退休。年满六十周岁的少数具有高级职称的女性专业技术人员,因工作需要延长退休年龄的,仍按照《国务院关于高级专家离休退休若干问题的暂行规定》(国发〔1983〕141号)、《人事部关于高级专家退(离)休有关问题的通知》(人退发〔1990〕5号)的有关规定执行。

《国务院关于高级专家离休退休若干问题的暂行规定》(国发〔1983〕141号)所称高级专家,系指正副教授、正副研究员、高级工程师、高级农艺师、正副主任医师、正副编审、正副译审、正副研究馆员、高级经济师、高级统计师、高级会计师、特级记者、高级记者、高级工艺美术师及文艺六级以上的专家。高级专家离休退休年龄,一般应按国家统一规定执行。对其中少数高级专家,确因工作需要,身体能够坚持正常工作,征得本人同意,经下述机关批准,其离休退休年龄可以适当延长:副教授、副研究员以及相当这一级职称的高级专家,经所在单位报请上一级主管机关批准,可以适当延长离休退休年龄,但最长不超过六十五周岁;教授、研究员以及相当这一级职称的高级专家,经所在单位报请省、市、自治区人民政府或中央、国家机关的部委批准,可以延长离休退休年龄,但最长不超过七十周岁;学术上造诣高深、在国内外有重大影响的杰出高级专家,经国务院批准,可以暂缓离休退休,继续从事研究或著述工作。

《人事部关于高级专家退(离)休有关问题的通知》(人退发〔1990〕5号)规定,女性高级专家,凡身体能坚持正常工作,本人自愿,可到六十周岁退(离)休。对年满六十周岁的少数女性高级专家,确因工作需要还可延长退(离)休年龄的。上述的"确因工作需要"延长退(离)休年龄,主要是指以下几种情况:已承担的重要工作(如重点攻关科研项目)和带博士研究生等任务尚未完成,退(离)休后将对工作带来较大影响的;特殊专业和新学科、重点学科急需的;技术力量薄弱的单位确系工作需要的;在业务上起把关作用或在学科中起带头作用、退(离)休后尚无人接替的。

(二)达到最低缴费年限

参加基本养老保险的个人,达到法定退休年龄时累计缴费满十五年的,按月领取基本养老金。职工缴费满十五年是享受基本养老保险待遇的"门槛",但并不代表缴满十五年就可以不缴费,只要职工与用人单位建立劳动关系,就应按规定缴费。职工达到法定退休年龄但缴费不足十五年的,可以在缴费至满十五年(一次性补缴或者继续缴费均可)后享受基本养老保险待遇;也可以采取转入城乡居民养老保险的方式。

对于城乡居民养老保险制度而言,参加城乡居民养老保险的个人,年满60周岁、累计缴费满15年,且未领取国家规定的基本养老保障待遇的,可以按月领取城乡居民养老保险待遇。"新农保"或"城居保"制度实施时已年满60周岁,未领取国家规定的基本养老保障待遇的,不用缴费,可以按月领取城乡居民养老保险基础养老金;距规定领取年龄不足15年的,应逐年缴费,也允许补缴,累计缴费不超过15年;距规定领取年龄超过15年的,应按年缴费,累计缴费不少于15年。

四、养老保险基金的筹集及账户

(一)机关事业单位

按照《机关事业单位工作人员养老保险制度改革的决定》,基本养老保险费由单位和个人共同负担。单位缴纳基本养老保险费比例为本单位工资总额的20%,个人缴纳基本养老保险费的比例为本人缴费工资的8%,由单位代扣。按本人缴费工资8%的数额建立基本养老保险个人账户,全部由个人缴费形成。个人工资超过当地上年度在岗职工平均工资300%以上的部分,不计入个人缴费工资基数;低于当地上年度在岗职工平均工资60%的,按当地在岗职工平均工资的60%计算个人缴费工资基数。个人账户储存额只用于工作人员养老,不得提前支取,每年按照国家统一公布的记账利率计算利息,免征利息税。参保人员死亡的,个人账户余额可以依法继承。

(二)城镇职工养老保险

根据《社会保险法》的规定,用人单位应当按照国家规定的本单位职工工资总额的比例缴纳基本养老保险费,记入基本养老保险统筹基金。职工应当按照国家规定的本人工资的比例缴纳基本养老保险费,记入个人账户。无雇工的个体工商户、未在用人单位参加基本养老保险的非全日制从业人员及其他灵活就业人员参加基本养老保险的,应当按照国家规定缴纳基本养老保险费,分别记入基本养老保险统筹基金和个人账户。

用人单位缴纳基本养老保险费的比例,一般不超过企业工资总额的20%,具体比例由省、自治区、直辖市人民政府确定。职工个人按照本人缴费工资的8%缴费,计入个人账户,缴费工资为本人上一年度月平均工资。月平均工资超过当地职工平均工资300%以上的部分,不计入个人缴费工资基数;低于当地职工平均工资60%的,按60%计算缴费工资基数。职工个人缴纳的养老保险费全部计入个人账户,形成个人账户基金,用于退休后个人账户养老金的发放。灵活就业人员参加基本养老保险的缴费基数为当地上年度职工月平均工资,缴费比例为20%,其中8%计入个人账户。

(三)城乡居民养老保险

根据2014年2月《国务院关于建立统一的城乡居民基本养老保险制度的意见》规定,城乡居民养老保险基金由个人缴费、集体补助、政府补贴构成。

个人缴费:参加城乡居民养老保险的人员应当按规定缴纳养老保险费。缴费标准目前设为每年100元、200元、300元、400元、500元、600元、700元、800元、900元、1 000元、1 500元、2 000元12个档次,省(区、市)人民政府可以根据实际情况增设缴费档次,最高缴费档次标准原则上不超过当地灵活就业人员参加职工基本养老保险的年缴费额,并报人力资源和社会保障部备案。人力资源和社会保障部会同财政部依据城乡居民收入增长等情况适时调整缴费档次标准。参保人自主选择档次缴费,多缴多得。国家为每个参保人员建立终身记录的养老保险个人账户,个人缴费、地方人民政府对参保人的缴费补贴、集体补助及其他社会经济组织、公益慈善组织、个人对参保人的缴费资助,全部记入个人账户。个人账户储存额按国家规定计息。

集体补助:有条件的村集体经济组织应当对参保人缴费给予补助,补助标准由村民委员会召开村民会议民主确定,鼓励有条件的社区将集体补助纳入社区公益事业资金筹集范围。鼓励其他社会经济组织、公益慈善组织、个人为参保人缴费提供资助。补助、资助金额不超过当地设定的最高缴费档次标准。

政府补贴:政府对符合领取城乡居民养老保险待遇条件的参保人全额支付基础养老金,其中,中央财政对中西部地区按中央确定的基础养老金标准给予全额补助,对东部地区给予50%的补助。地方人民政府应当对参保人缴费给予补贴,对选择最低档次标准缴费的,补贴标准不低于每人每年30元;对选择较高档次标准缴费的,适当增加补贴金额;对选择500元及以上档次标准缴费的,补贴标准不低于每人每年60元,具体标准和办法由省(区、市)人民政府确定。对重度残疾人等缴费困难群体,地方人民政府为其代缴部分或全部最低标准的养老保险费。

讨论案例

退休后的养老保险费由谁承担?

张某,男,55周岁,2009年在一家生产企业参保。到60周岁时,张某的养老保险缴费年限达到8年,还差7年才能达到15年。按原来的规定,到60周岁时缴费不满15年只能把个人账户退给本人,张某不能按月享受养老待遇。2010年的《社会保险法》则允许参保人缴费到满15年,再按规定办理退休手续,按月享受养老保险待遇。据此,张某认为,社会保险法具有强制性,法律既然规定可以缴费至15年,企业就应该负责缴费,直至办理退休手续。而企业则认为:国家对退休年龄有明确的规定,并且还对缓退进行了严格的规定,达到退休年龄后,企业不可能再负担缴费和补缴的责任。

问：张某的养老保险费该由谁来负担？

司考真题

关于基本养老保险的个人账户，下列哪些选项是正确的？（2012 年）

A. 职工个人缴纳的基本养老保险费全部记入个人账户

B. 用人单位缴纳的基本养老保险费按规定比例记入个人账户

C. 个人死亡的，个人账户余额可以继承

D. 个人账户不得提前支取

【答案】ACD

【解析】本题考核养老保险制度。选项 A 正确，选项 B 错误。《社会保险法》第十二条第一、二款规定，用人单位应当按照国家规定的本单位职工工资总额的比例缴纳基本养老保险费，记入基本养老保险统筹基金。职工应当按照国家规定的本人工资的比例缴纳基本养老保险费，记入个人账户。选项 C、D 正确。《社会保险法》第十四条规定，个人账户不得提前支取，记账利率不得低于银行定期存款利率，免征利息税。个人死亡的，个人账户余额可以继承。

五、养老保险基金待遇给付

（一）机关事业单位职工

根据《机关事业单位工作人员养老保险制度改革的决定》，参加工作、个人缴费年限累计满 15 年的人员，退休后按月发给基本养老金。基本养老金由基础养老金和个人账户养老金组成。退休时的基础养老金月标准以当地上年度在岗职工月平均工资和本人指数化月平均缴费工资的平均值为基数，缴费每满 1 年发给 1%。个人账户养老金月标准为个人账户储存额除以计发月数，计发月数根据本人退休时城镇人口平均预期寿命、本人退休年龄、利息等因素确定。决定实施前参加工作、实施后退休且缴费年限累计满 15 年的人员，按照合理衔接、平稳过渡的原则，在发给基础养老金和个人账户养老金的基础上，再依据视同缴费年限长短发给过渡性养老金。具体办法由人力资源和社会保障部会同有关部门制定并指导实施。决定实施后达到退休年龄但个人缴费年限累计不满 15 年的人员，其基本养老保险关系处理和基本养老金计发比照《实施〈中华人民共和国社会保险法〉若干规定》（人力资源和社会保障部令第 13 号）执行。实施前已经退休的人员，继续按照国家规定的原待遇标准发放基本养老金，同时执行基本养老金调整办法。机关事业单位离休人员仍按照国家统一规定发给离休费，并调整相关待遇。

根据职工工资增长和物价变动等情况，统筹安排机关事业单位和企业退休人员的基本养老金调整，逐步建立兼顾各类人员的养老保险待遇正常调整机制，分享经济社会发展成果,保障退休人员基本生活。

(二)城镇职工

参加基本养老保险的个人,达到法定退休年龄时累计缴费满十五年的,按月领取基本养老金。参加基本养老保险的个人,达到法定退休年龄时累计缴费不足十五年的,可以缴费至满十五年,按月领取基本养老金;也可以转入城乡居民养老保险,按照国务院规定享受相应的养老保险待遇。参加基本养老保险的个人,因病或者非因工死亡的,其遗属可以领取丧葬补助金和抚恤金;在未达到法定退休年龄时因病或者非因工致残完全丧失劳动能力的,可以领取病残津贴,所需资金从基本养老保险基金中支付。国家建立基本养老金正常调整机制。根据职工平均工资增长、物价上涨情况,适时提高基本养老保险待遇水平。

(三)城乡居民

参加城乡居民养老保险的个人,年满60周岁、累计缴费满15年,且未领取国家规定的基本养老保障待遇的,可以按月领取城乡居民养老保险待遇。新农保或城居保制度实施时已年满60周岁,在本意见印发之日前未领取国家规定的基本养老保障待遇的,不用缴费,自《国务院关于建立统一的城乡居民基本养老保险制度的意见》(国发〔2014〕8号)实施之月起,可以按月领取城乡居民养老保险基础养老金;距规定领取年龄不足15年的,应逐年缴费,也允许补缴,累计缴费不超过15年;距规定领取年龄超过15年的,应按年缴费,累计缴费不少于15年。

城乡居民养老保险待遇领取人员死亡的,从次月起停止支付其养老金。有条件的地方人民政府可以结合本地实际探索建立丧葬补助金制度。社会保险经办机构应每年对城乡居民养老保险待遇领取人员进行核对;村(居)民委员会要协助社会保险经办机构开展工作,在行政村(社区)范围内对参保人待遇领取资格进行公示,并与职工基本养老保险待遇等领取记录进行比对,确保不重、不漏、不错。

六、养老保险的转移衔接

(一)机关事业单位职工

参保人员在同一统筹范围内的机关事业单位之间流动,只转移养老保险关系,不转移基金。参保人员跨统筹范围流动或在机关事业单位与企业之间流动,在转移养老保险关系的同时,基本养老保险个人账户储存额随同转移,并以本人改革后各年度实际缴费工资为基数,按12%的总和转移基金,参保缴费不足1年的,按实际缴费月数计算转移基金。转移后基本养老保险缴费年限(含视同缴费年限)、个人账户储存额累计计算。

(二)城镇职工

《社会保险法》19条规定:个人跨统筹地区就业的,其基本养老保险关系随本人转移,缴费年限累计计算。个人达到法定退休年龄时,基本养老金分段计算、统一支付,具体办法由国务院规定。

(三)城乡居民

《国务院关于建立统一的城乡居民基本养老保险制度的意见》(国发〔2014〕8号)规定,参加城乡居民养老保险的人员,在缴费期间户籍迁移、需要跨地区转移城乡居民养老保险关系的,可在迁入地申请转移养老保险关系,一次性转移个人账户全部储存额,并按迁入地规定继续参保缴费,缴费年限累计计算;已经按规定领取城乡居民养老保险待遇的,无论户籍是否迁移,其养老保险关系均不转移。

《城乡养老保险制度衔接暂行办法》(人社部发〔2014〕17号)中规定,参保人员申请办理制度衔接手续时,从城乡居民养老保险转入城镇职工养老保险的,在城镇职工养老保险待遇领取地提出申请办理;从城镇职工养老保险转入城乡居民养老保险的,在转入城乡居民养老保险待遇领取地提出申请办理。参保人员从城乡居民养老保险转入城镇职工养老保险的,城乡居民养老保险个人账户全部储存额并入城镇职工养老保险个人账户,城乡居民养老保险缴费年限不合并计算或折算为城镇职工养老保险缴费年限。参保人员从城镇职工养老保险转入城乡居民养老保险的,城镇职工养老保险个人账户全部储存额并入城乡居民养老保险个人账户,参加城镇职工养老保险的缴费年限合并计算为城乡居民养老保险的缴费年限。参保人员若在同一年度内同时参加城镇职工养老保险和城乡居民养老保险的,其重复缴费时段(按月计算,下同)只计算城镇职工养老保险缴费年限,并将城乡居民养老保险重复缴费时段相应个人缴费和集体补助退还本人。

参保人员不得同时领取城镇职工养老保险和城乡居民养老保险待遇。对于同时领取城镇职工养老保险和城乡居民养老保险待遇的,终止并解除城乡居民养老保险关系,除政府补贴外的个人账户余额退还本人,已领取的城乡居民养老保险基础养老金应予以退还;本人不予退还的,由社会保险经办机构负责从城乡居民养老保险个人账户余额或者城镇职工养老保险基本养老金中抵扣。

■ 知识链接

我国是否要实施延迟退休制?

人保部等相关部门正在酝酿条件成熟时延长退休年龄。有专家测算,退休年龄每延迟一年,我国养老统筹基金可增长40亿元、减支160亿元,减缓基金缺口约200亿元。拥护派:中国的退休年龄和其他国家比起来算早的,欧美国家的退休年龄普遍为65岁,美国为67岁,日本为男65岁、女60岁;人们的寿命不断提高,所以延迟退休年龄是必然趋势;延长有助于弥补养老金亏空,缓解养老压力空账问题。反对派:延长会增加就业压力;对中低收入劳动者不公平;为数不少的下岗职工,就盼着能够到法定退休年龄可以拿退休金,假若将退休年龄推迟到65岁的话,拿养老金的年数减少,让许多人大呼不公平。

(参看《南方周末》:《延迟退休? 人保部表示暂时不会,晚退一年政府可省200亿》,2010年9月28日)

第三节 医疗保险制度

一、医疗保险概述

(一)医疗保险概念

医疗保险是指社会成员或者劳动者在患病或者非因公负伤需要治疗时,由社会提供必要的医疗服务和物质保障的一种制度。

(二)医疗保险类型

目前医疗保险的模式有四种:免费性国民医疗保险、混合型医疗保险、个人积累型医疗保险、现收现付型医疗保险。

免费型国民医疗保险国家有英国、瑞典。英国1946年颁布的《国民健康保健法》规定对全体国民实施免费医疗。国民保健服务以全民为对象,包括预防、医疗和康复服务,没有最低条件的限制。

现收现付型医疗保险如德国、日本。德国《医疗卫生改革法》规定了法定医疗保险制度,保险费由雇主和雇员来承担,保险费实施现收现付,被保险人的年龄、性别和健康状况与缴费水平无关,享受的医疗待遇也不受缴费多少的影响。

个人积累型医疗保险如新加坡。新加坡于1955年开始实施中央公积金计划,其中就包括医疗保险。该制度完全实行个人积累的模式,由雇主和雇员按月依工资的一定比例缴纳公积金,并存入不同的账户。公积金分别有三个不同账户:普通账户、医疗储蓄账户和特别账户,超出限额的缴费自动转入普通账户。

混合型医疗保险如美国。美国实施国家救助与医疗保险制度相结合的模式,对于在职的雇员实施医疗保险制度,而对于65岁以上的老年人、贫困者和严重的残疾人员,实施政府资助的国家医疗救助模式[1]。

(三)我国的医疗保险制度

1998年12月14日,国务院颁布了《关于建立城镇职工基本医疗保险制度的决定》,开始在全国建立城镇职工基本医疗保险制度,由此拉开了我国全面医疗保险制度改革的序幕。1999年出台了《关于加强城镇职工基本医疗保险费用结算管理的意见》,2000年出台了《城镇职工基本医疗保险业务管理规定》,2002年出台了

---

[1] 郭捷:《劳动法与社会保障法》(第三版),中国政法大学出版社,2009年版,第337页。

《关于加强城镇职工基本医疗保险个人账户管理的通知》,2003年出台了《关于建立新型农村合作医疗制度的意见》,2006年出台了《国务院关于解决农民工若干问题意见》,2007年出台了《国务院关于开展城镇居民基本医疗保险试点的指导意见》。与2010年出台的《社会保险法》共同组成了我国目前基本医疗保险法律制度体系,形成了城镇职工基本医疗保险、城镇居民基本医疗保险和新型农村合作医疗三大医疗体系,覆盖对象包含城镇职工、城镇居民和农村村民。

二、城镇职工医疗保险

(一)适用对象

根据《社会保险法》第23条规定,"职工应当参加职工基本医疗保险,由用人单位和职工按照国家规定共同缴纳基本医疗保险费。无雇工的个体工商户、未在用人单位参加职工基本医疗保险的非全日制从业人员以及其他灵活就业人员可以参加职工基本医疗保险,由个人按照国家规定缴纳基本医疗保险费",应当参保的对象为职工,可以参保的对象为无雇工的个体工商户、非全日制工作人员及其他的灵活就业人员。

这里的职工根据《国务院关于建立城镇职工基本医疗保险制度的决定》,包括城镇所有用人单位,即企业(国有企业、集体企业、外商投资企业、私营企业等)、机关、事业单位、社会团体、民办非企业单位及其职工,都要参加基本医疗保险。乡镇企业及其职工、城镇个体经济组织业主及其从业人员是否参加基本医疗保险,由各省、自治区、直辖市人民政府决定。职工也包括与城镇用人单位建立劳动关系的农民工。

(二)筹资原则及比例

根据《国务院关于建立城镇职工基本医疗保险制度的决定》,基本医疗保险原则上以地级以上行政区(包括地、市、州、盟)为统筹单位,也可以县(市)为统筹单位,北京、天津、上海3个直辖市原则上在全市范围内实行统筹(以下简称统筹地区)。所有用人单位及其职工都要按照属地管理原则参加所在统筹地区的基本医疗保险,执行统一政策,实行基本医疗保险基金的统一筹集、使用和管理。铁路、电力、远洋运输等跨地区、生产流动性较大的企业及其职工,可以相对集中的方式异地参加统筹地区的基本医疗保险。具体缴费比例如下。

城镇职工:基本医疗保险费由用人单位和职工共同缴纳。用人单位缴费率应控制在职工工资总额的6%左右,职工缴费率一般为本人工资收入的2%。随着经济发展,用人单位和职工缴费率可作相应调整。

灵活就业人员:《关于城镇灵活就业人员参加基本医疗保险的指导意见》(劳社厅发〔2003〕10号)规定,已与用人单位建立明确劳动关系的灵活就业人员,要按照用人单位参加基本医疗保险的方法缴费参保;其他灵活就业人员,要以个人身份缴费参保;灵活就业人员参加基本医疗保险的缴费率原则上按照当地的缴费率确定,从统筹基金起步的地区,可参照当地基本医疗保险建立统筹基金的缴费水平确定,缴费基数可参照当地上一年职工年平均工资核定,灵活就业人员缴纳的医疗保险费纳入统筹地区基本医疗保险基金统一管理。

农民工:2006年开始实施的《关于开展农民工参加医疗保险专项扩面行动的通知》以解决农民工大病医疗保障为重点,积极将农民工纳入医疗保险制度范围。按照"低费率、保大病、保当期、以用人单位缴费为主"的原则,制定和完善农民工参加医疗保险的办法。

知识链接

特殊人员的缴费筹资政策

离休人员、老红军的医疗待遇不变,医疗费用按原资金渠道解决,支付确有困难的,由同级人民政府帮助解决。离休人员、老红军的医疗管理办法由省、自治区、直辖市人民政府制定。二等乙级以上革命伤残军人的医疗待遇不变,医疗费用按原资金渠道解决,由社会保险经办机构单独列账管理,医疗费支付不足部分,由当地人民政府帮助解决。退休人员参加基本医疗保险,个人不缴纳基本医疗保险费。对退休人员个人帐户的计入金额和个人负担医疗费的比例给予适当照顾。国家公务员在参加基本医疗保险的基础上,享受医疗补助政策,具体办法另行制定。国有企业下岗职工的基本医疗保险费,包括单位缴费和个人缴费,均由再就业服务中心按照当地上年度职工平均工资的60%为基数缴纳。

参见《关于建立城镇职工基本医疗保险制度的决定》(国发〔1998〕44号)

(三)缴费的年限

《社会保险法》第27条规定,参加职工基本医疗保险的个人,达到法定退休年龄时累计缴费达到国家规定年限的,退休后不再缴纳基本医疗保险费,按照国家规定享受基本医疗保险待遇;未达到国家规定年限的,可以缴费至国家规定年限。参保职工达到退休年龄时累计缴费达到国家规定年限的,退休后仍可享受基本医疗保险待遇,但无需再继续缴纳基本医疗保险费。目前,国家对最低缴费年限尚无统一规定,由各统筹地区根据本地情况自行确定,经济较发达统筹地区规定的缴费年限比较短。参保职工退休时未达到国家规定的缴费年限的,可以缴费至国家规定的年限,补缴费用包括其实际缴费年限与国家规定的最低缴费年限相差的期间内,应当由用人单位和个人缴纳的全部医疗保险费用。

(四)医疗保险基金账户

我国城镇职工基本医疗保险待遇的支付由医疗保险基金支付。医疗保险基金由个人资金账户和社会统筹基金账户构成。职工基本医疗保险的统筹基金账户和个人账户按照各自的支付范围,分别核算,不得互相挤占。

个人账户：职工每个月工资的2%缴纳的费用全部划入职工个人账户，用人单位缴费的一部分（具体比例由统筹地区来确定）也划入个人账户共同构成职工个人资金账户。个人资金账户原则上不得提取现金，禁止用于医疗保障以外的其他消费支出。个人资金归个人使用，可以结转和继承，继承人未参加基本医疗保险的，个人账户储存额可以一次性支付给继承人；没有继承人的，个人账户储存额纳入基本医疗保险统筹基金。个人账户用于支付门诊费用、住院费用中个人自付部分以及在定点药店购物费用。

统筹基金账户：是指统筹地区所有用人单位按照职工工资总额的6%为职工缴纳的医疗保险费中，扣除划入个人账户后的剩余部分加上财政补贴、社会捐助、银行利息和滞纳金等形成的资金。这部分资金属于全体参保人员，实行专项存储、专款专用，任何单位和个人都不得挪用。此部分基金用于支付符合基本医疗保险药品目录、诊疗项目、医疗服务设施标准以及急诊、抢救的医疗费用。统筹基金支付有起付标准和最高支付限额，起付标准原则上控制在当地职工年平均工资的10%左右，最高支付限额原则上控制在当地职工年平均工资的4倍左右。起付标准以下的医疗费用，从个人账户中支付或由个人自付。起付标准以上、最高支付限额以下的医疗费用，主要从统筹基金中支付。

但是对于农民工和灵活就业人员而言，其医疗保险并非都是两个账户。《关于城镇灵活就业人员参加基本医疗保险的指导意见》（劳社厅发〔2003〕10号）规定：对于灵活就业人员，可从建立基本医疗保险统筹基金起步，首先解决灵活就业人员住院和门诊大额医疗费用的保障问题，也可为有条件的部分灵活就业人员同时建立个人帐户和实行大额医疗补助。《劳动和社会保障部关于贯彻两个条例扩大社会保险覆盖范围加强基金征缴工作的通知》（1999年）中规定，城镇异地就业的职工和农民合同制职工参加单位所在地的社会保险，社会保险经办机构为职工建立基本养老保险个人帐户和基本医疗保险个人帐户。城镇异地就业的职工在缴费单位所在地按规定享受社会保险待遇。农民合同制职工在终止或解除劳动合同后，社会保险经办机构可以将基本养老保险和基本医疗保险个人帐户储存额及失业保险生活补助一次性发给本人。受统筹级别的影响，并非所有的地区都为农民建立两个账户。

（五）医疗保险的待遇

1. 支付医药费

符合基本医疗保险药品目录、诊疗项目、医疗服务设施标准及急诊、抢救的医疗费用，按照国家规定从基本医疗保险基金中支付。

下列医疗费用不纳入基本医疗保险基金支付范围：应当从工伤保险基金中支付的；应当由第三人负担的；应当由公共卫生负担的；在境外就医的。

医疗费用依法应当由第三人负担，第三人不支付或者无法确定第三人的，由基本医疗保险基金先行支付。基本医疗保险基金先行支付后，有权向第三人追偿。

属于个人账户支付范围的医疗费用从个人账户中支付。个人账户不足的，自己支付。

2. 享受医疗期

1995年《企业职工患病或非因工负伤医疗期规定》中规定：企业职工因患病或非因工负伤，需要停止工作医疗时，根据本人实际参加工作年限和在本单位工作年限，给予三个月到二十四个月的医疗期：实际工作年限十年以下的，在本单位工作年限五年以下的为三个月；五年以上的为六个月。实际工作年限十年以上的，在本单位工作年限五年以下的为六个月；五年以上十年以下的九个月；十年以上十五年以下的为十二个月；十五年以上二十年以下的为十八个月；二十年以上的为二十四个月。在医疗期内，享受医疗保险待遇，超出部分，个人负担。医疗期工资停发，由用人单位支付疾病医疗津贴。

企业职工非因工致残和经医生或医疗机构认定患有难以治疗的疾病，在医疗期内医疗终结，不能从事工作，也不能从事用人单位另行安排的工作的，应当由劳动鉴定委员会参照工伤与职业病致残程度鉴定标准进行劳动能力的鉴定。被鉴定为一至四级的，应当退出劳动岗位，终止劳动关系，办理退休、退职手续，享受退休、退职待遇；被鉴定为五至十级的，医疗期内不得解除劳动合同。企业职工非因工致残和经医生或医疗机构认定患有难以治疗的疾病，医疗期满，应当由劳动鉴定委员会参照工伤与职业病致残程度鉴定标准进行劳动能力的鉴定。

■讨论案例

企业破产职工可否享受医疗保险待遇

鲁某70岁，1987年退休，以前工作过的单位几年前被破产拍卖。鲁爷爷如今患上急性粒细胞白血病，其家人到区劳动社会保障局去了解医疗费报销问题。得到的答复是事业单位的退休人员可以享受医疗保险，企业单位退休职工要享受基本医疗保险必须以企业已经参保为前提，因鲁爷爷原单位已经破产，要保险医药费可能比较困难。请思考：鲁某的医药费如何解决？

三、城镇居民医疗保险

（一）试点目标和原则

根据《国务院关于开展城镇居民基本医疗保险试点的指导意见》（2007年），国家2007年在有条件的省份选择2至3个城市启动试点，2008年扩大试点，争取2009年试点城市有80%以上，2010年在全国全面推开，逐步覆盖全体城镇非从业居民。要通过试点，探索和完善城镇居民基本医疗保险的政策体系，形成合理的筹资机制、健全的管理体制和规范的运行机制，逐步建立以大病统筹为主的城镇居民基本医疗保险制度。

试点原则：坚持低水平起步，根据经济发展水平和各方面承受能力，合理确定筹资水平和保障标准,重点保障城镇非从业居民的大病医疗需求,逐步提高保障水平;坚持自愿原则,充分尊重群众意愿;明确中央和地方政府的责任,中央确定基本原则和主要政策,地方制订具体办法,对参保居民实行属地管理;坚持统筹协调,做好各类医疗保障制度之间基本政策、标准和管理措施等的衔接。

(二) 参保范围

中小学阶段的学生(包括职业高中、中专、技校学生)、少年儿童和其他非从业城镇居民都可自愿参加城镇居民基本医疗保险。2010年人力资源和社会保障部发布的《关于做好2010年城镇居民医疗保险工作的通知》(人社部[2010]39号)扩大了城镇居民基本医疗保险的参保范围,决定将在校大学生纳入城镇居民医保,各地应逐步将在该地读书的农民工子女也纳入城镇居民基本医疗保险范围。

(三) 缴费和补助

城镇居民基本医疗保险以家庭缴费为主,政府给予适当补助。参保居民按规定缴纳基本医疗保险费,享受相应的医疗保险待遇,有条件的用人单位可以对职工家属参保缴费给予补助。国家对个人缴费和单位补助资金制定税收鼓励政策。

对试点城市的参保居民,政府每年按不低于人均40元给予补助,其中,中央财政从2007年起每年通过专项转移支付,对中西部地区按人均20元给予补助。在此基础上,对属于低保对象的或重度残疾的学生和儿童参保所需的家庭缴费部分,政府原则上每年再按不低于人均10元给予补助,其中,中央财政对中西部地区按人均5元给予补助;对其他低保对象、丧失劳动能力的重度残疾人、低收入家庭60周岁以上的老年人等困难居民参保所需家庭缴费部分,政府每年再按不低于人均60元给予补助,其中,中央财政对中西部地区按人均30元给予补助。中央财政对东部地区参照新型农村合作医疗的补助办法给予适当补助。财政补助的具体方案由财政部门、劳动保障、民政等部门研究确定,补助经费要纳入各级政府的财政预算,国家会根据经济发展情况做适当调整。

知识链接

《人力资源社会保障部、财政部关于做好2015年城镇居民基本医疗保险工作的通知》(人社部发〔2015〕11号)摘编

该通知规定:2015年各级财政对居民医保的补助标准在2014年的基础上提高60元,达到人均380元。其中,中央财政对120元基数部分按原有比例补助,对增加的260元按照西部地区80%和中部地区60%的比例给予补助,对东部地区各省份分别按一定比例给予补助。2015年居民个人缴费在2014年人均不低于90元的基础上提高30元,达到人均不低于120元。

该通知要求全面推进大病保险制度。2015年底所有地级以上统筹地区全面启动实施城乡居民大病保险,覆盖所有居民医保参保人员。科学合理确定筹资水

平,在确保居民医保基金收支平衡和待遇稳步提高的前提下,逐步提高大病保险筹资标准,建立多渠道筹集机制。进一步提高经基本医保报销后需个人负担的合规医疗费用支付水平,实际支付比例不低于50%。做好基本医保、大病保险与医疗救助等各项制度的政策衔接和费用结算服务。

(四)费用支付

城镇居民基本医疗保险基金重点用于参保居民的住院和门诊大病医疗支出,有条件的地区可以逐步试行门诊医疗费用统筹。

城镇居民基本医疗保险基金的使用要坚持以收定支、收支平衡、略有结余的原则。要合理制定城镇居民基本医疗保险基金起付标准、支付比例和最高支付限额,完善支付办法,合理控制医疗费用。探索适合困难城镇非从业居民经济承受能力的医疗服务和费用支付办法,减轻他们的医疗费用负担。城镇居民基本医疗保险基金用于支付规定范围内的医疗费用,其他费用可以通过补充医疗保险、商业健康保险、医疗救助和社会慈善捐助等方式解决。

四、农村合作医疗保险

(一)目标和原则

根据《国务院办公厅转发卫生部等部门关于建立新型农村合作医疗制度意见的通知》(国办发〔2003〕3号),新型农村合作医疗制度是由政府组织、引导、支持,农民自愿参加,个人、集体和政府多方筹资,以大病统筹为主的农民医疗互助共济制度。从2003年起,各省、自治区、直辖市至少要选择2—3个县(市)先行试点,取得经验后逐步推开。到2010年,实现在全国建立基本覆盖农村居民的新型农村合作医疗制度的目标,减轻农民因疾病带来的经济负担,提高农民健康水平。

(二)参加与筹资

自愿参加,多方筹资。农民以家庭为单位自愿参加新型农村合作医疗,遵守有关规章制度,按时足额缴纳合作医疗经费;乡(镇)、村集体要给予资金扶持;中央和地方各级财政每年要安排一定专项资金予以支持。新型农村合作医疗制度坚持以收定支、收支平衡的原则,既保证这项制度持续有效运行,又使农民能够享有最基本的医疗服务。

新型农村合作医疗制度实行个人缴费、集体扶持和政府资助相结合的筹资机制。农民个人每年的缴费标准不应低于10元,经济条件好的地区可相应提高缴费标准。乡镇企业职工(不含以农民家庭为单位参加新型农村合作医疗的人员)是否参加新型农村合作医疗由县级人民政府确定。

有条件的乡村集体经济组织应对本地新型农村合作医疗制度给予适当扶持。扶持新型农村合作医疗的乡村集体经济组织类型、出资标准由县级人民政府确定,但集体出资部分不得向农民摊派。鼓励社会团体和个人资助新型农村合作医疗制度。

地方财政每年对参加新型农村合作医疗农民的资助不低于人均10元,具体补助标准和分级负担比例由省级人民政府确定。经济较发达的东部地区,地方各级财政可适当增加投入。从2003年起,中央财政每年通过专项转移支付对中西部地区除市区以外的参加新型农村合作医疗的农民按人均10元安排补助资金。

(三)组织管理

新型农村合作医疗制度一般采取以县(市)为单位进行统筹。条件不具备的地方,在起步阶段也可采取以乡(镇)为单位进行统筹,逐步向县(市)统筹过渡。

要按照精简、效能的原则,建立新型农村合作医疗制度管理体制。省、地级人民政府成立由卫生、财政、农业、民政、审计、扶贫等部门组成的农村合作医疗协调小组。各级卫生行政部门内部应设立专门的农村合作医疗管理机构,原则上不增加编制。

县级人民政府成立由有关部门和参加合作医疗的农民代表组成的农村合作医疗管理委员会,负责有关组织、协调、管理和指导工作。委员会下设经办机构,负责具体业务工作,人员由县级人民政府调剂解决。根据需要在乡(镇)可设立派出机构(人员)或委托有关机构管理。经办机构的人员和工作经费列入同级财政预算,不得从农村合作医疗基金中提取。

(四)资金管理

农村合作医疗基金是由农民自愿缴纳、集体扶持、政府资助的民办公助社会性资金,要按照以收定支、收支平衡和公开、公平、公正的原则进行管理,必须专款专用,专户储存,不得挤占挪用。

农村合作医疗基金由农村合作医疗管理委员会及其经办机构进行管理。农村合作医疗经办机构应在管理委员会认定的国有商业银行设立农村合作医疗基金专用账户,确保基金的安全和完整,并建立健全农村合作医疗基金管理的规章制度,按照规定合理筹集、及时审核支付农村合作医疗基金。

农村合作医疗基金中农民个人缴费及乡村集体经济组织的扶持资金,原则上按年由农村合作医疗经办机构在乡(镇)设立的派出机构(人员)或委托有关机构收缴,存入农村合作医疗基金专用账户;地方财政支持资金,由地方各级财政部门根据参加新型农村合作医疗的实际人数,划拨到农村合作医疗基金专用账户;中央财政补助中西部地区新型农村合作医疗的专项资金,由财政部根据各地区参加新型农村合作医疗的实际人数和资金到位等情况核定,向省级财政划拨。中央和地方各级财政要确保补助资金及时、全额拨付到农村合作医疗基金专用账户,并通过新型农村合作医疗试点逐步完善补助资金的划拨办法,尽可能简化程序,易于操作。要结合财政国库管理制度改革和完善情况,逐步实现财政直接支付。关于新型农村合作医疗资金具体补助办法,由财政部会商有关部门研究制定。

农村合作医疗基金主要补助参加新型农村合作医疗农民的大额医疗费用或住院医疗费用。有条件的地方，可实行大额医疗费用补助与小额医疗费用补助结合的办法，既提高抗风险能力又兼顾农民受益面。对参加新型农村合作医疗的农民，年内没有动用农村合作医疗基金的，要安排进行一次常规性体检。各省、自治区、直辖市要制订农村合作医疗报销基本药物目录。各县(市)要根据筹资总额，结合当地实际，科学合理地确定农村合作医疗基金的支付范围、支付标准和额度，确定常规性体检的具体检查项目和方式，防止农村合作医疗基金超支或过多结余。

知识链接

《卫生部、财政部关于做好2007年新型农村合作医疗工作的通知》

通知调整并完善了中央财政补助政策。从2007年开始，将农业人口占总人口比例高于50%的市辖区纳入中央财政补助范围。农垦系统、华侨农场、林场、各类开发区中属于农业人口的居民，按照农民自愿和属地化原则纳入当地新型农村合作医疗制度。财政部、卫生部按照《关于调整中央财政新型农村合作医疗制度补助资金拨付办法有关问题的通知》(财社[2007]5号)的要求，实行"当年全额预拨、次年据实结算、差额多退少补"的拨付办法，加强申请材料审核，简化拨付方式，加快拨付进度。对于按时上报、材料齐备、符合新型农村合作医疗扩大覆盖面有关要求的省(区、市)，财政部、卫生部将及时、足额拨付中央财政补助资金。各地区要进一步规范、完善财政补助资金拨付办法，保证各级财政补助资金及时、足额拨付到合作医疗基金账户。

问：什么是国家基本医疗保险药品目录和诊疗项目目录？什么是国家基本药物目录？国家基本药物目录与国家医疗保险药品目录关系如何？地方医疗保险药品目录和与国家医疗保险药品目录区别是什么？

第四节　失业保险制度

一、失业保险概念

失业是指具有劳动能力并有劳动意愿的劳动者得不到劳动机会或者就业后又失去工作的状态。

关于失业的定义，各国有不同的界定。如美国将失业定义为年满16周岁、没有工作或正在寻找工作的人；国际劳工组织对失业做了如下界定：失业是指在调查期内达到一定年龄并满足以下条件者：①没有工作，即未被雇佣同时也未自谋职业者；②目前可以工作，即可被雇佣或自谋职业者；③正在寻找工作，即在最近特定时期已经采取明确步骤寻找工作或自谋职业者①。

我国关于失业的概念有以下三个特点:①失业人员仅指城镇非农业户口的劳动者,而不包括农村劳动者,因而,大量进城务工的民工并不在失业人员统计之列;②失业人员的年龄限于男 16~50 岁,女 16~45 岁,该年龄的上限比我国法定退休年龄,即男 60 岁、女 50 岁要低;③失业率的统计是以每一日历年的最后一天的失业人数来计算,而没有采用国际上通行的月度失业率统计方法。

失业保险是指国家通过建立失业保险基金,使因失业而暂时中断生活来源的劳动者在法定期间内获得失业保险待遇,以维持其基本生活水平的一项社会保险制度。它是社会保障体系的重要组成部分,是社会保险的主要项目之一。失业保险是为了保障有工资收入的劳动者失业后的基本生活而建立的,其覆盖范围包括劳动力队伍中的大部分成员。失业保险与其他社会保险制度一样,具有强制性、保障性和社会性等特点,但与其他社会保险制度相比,失业保险还具有以下特点:失业保险的对象为失业劳动者;享受失业保险待遇有一定期限;失业保险费由企业和劳动者缴纳。

二、失业保险的适用对象

《失业保险条例》将城镇所有企业、事业单位及其职工都纳入了失业保险的范围,并且规定各省级人民政府可以确定社会团体及其专职人员、民办非企业单位及其职工、城镇有雇工的个体工商户及其雇工可否纳入失业保险范围。目前,公务员和参照公务员法管理的工作人员未纳入失业保险范围。

三、享受失业保险的条件

(1)按照规定参加失业保险,所在单位和本人已按照规定履行缴费义务满 1 年的;
(2)非因本人意愿中断就业的;
(3)已办理失业登记,并有求职要求的;
(4)失业人员在领取失业保险金期间,按照规定同时享受其他失业保险待遇。

四、失业保险基金筹集的条件

失业保险基金由下列四项构成:
(1)城镇企业事业单位、城镇企业事业单位职工缴纳的失业保险费;
(2)失业保险基金的利息;
(3)财政补贴;
(4)依法纳入失业保险基金的其他资金。
城镇企业事业单位按照本单位工资总额的百分之二缴纳失业保险费。城镇企

---

① 黎建飞:《劳动法和社会保障法》(第二版),中国人民大学出版社,2007 年版,340~341 页。

业事业单位职工按照本人工资的百分之一缴纳失业保险费。

五、失业保险待遇

（一）失业保险基金的支出项目

失业保险基金支付的项目包括：失业保险金；领取失业保险金期间的医疗补助金；领取失业保险金期间死亡的失业人员的丧葬补助金和其供养的配偶、直系亲属的抚恤金；领取失业保险金期间接受职业培训、职业介绍的补贴；国家规定或者批准的与失业保险有关的其他费用。

（二）失业保险金的给付标准

根据《失业保险条例》的规定，失业保险金的标准应当按照低于当地最低工资标准、高于城市居民最低生活保障标准的水平，由省、自治区、直辖市人民政府确定。将失业保险金的发放标准与最低工资标准和城市居民最低生活保障标准挂钩，使失业保险金标准随着最低工资标准和城市居民最低生活保障标准的调整而调整，这是保证失业人员享受社会进步和经济发展成果的重要措施。考虑到各地社会经济发展水平存在较大差异，全国不宜规定一个统一的标准。为此，《失业保险条例》将具体发放标准授权省、自治区、直辖市人民政府根据当地的实际情况自行确定。

各国确定失业保险给付的原则，一是确保失业者及其赡养者的基本生活需要；二是给付标准应适当低于失业者原有的工资水平；三是失业保险权利和义务相对等的原则。

我国失业人员领取失业保险金的期限，根据失业人员失业前所在单位和其本人累计缴费时间长短的不同，划分为三个档次：①累计缴费时间满1年不足5年的，最长能够领取12个月的失业保险金；②累计缴费时间满5年不足10年的，最长能够领取18个月的失业保险金；③累计缴费时间满10年以上的，最长能够领取24个月的失业保险金。

司考真题

关于王某离开该公司后申请领取失业保险金的问题，下列说法正确的是：（2013年）

A. 王某及该公司累计缴纳失业保险费尚未满1年，无权领取失业保险金

B. 王某被解除劳动合同的原因与其能否领取失业保险金无关

C. 若王某依法能领取失业保险金，在此期间还想参加职工基本医疗保险，则其应缴纳的基本医疗保险费从失业保险基金中支付

D. 若王某选择跨统筹地区就业，可申请退还其个人缴纳的失业保险费

【答案】ABC

【解析】本题考核失业保险制度。选项 A、B 正确。《社会保险法》第 45 条规定,失业人员符合下列条件的,从失业保险基金中领取失业保险金:(1)失业前用人单位和本人已经缴纳失业保险费满一年的;(2)非因本人意愿中断就业的;(3)已经进行失业登记,并有求职要求的。本案中,王某累计缴纳失业保险未满 1 年,无权领取失业保险金。只要是非本人意愿中止就业的,就符合领取失业保险金的条件之一,与劳动者被用人单位解除劳动合同的具体原因没有关系。选项 C 正确。《社会保险法》第 48 条第 2 款规定,失业人员应当缴纳的基本医疗保险费从失业保险基金中支付,个人不缴纳基本医疗保险费。选项 D 错误。《社会保险法》第 52 条规定,职工跨统筹地区就业的,其失业保险关系随本人转移,缴费年限累计计算。据此可知,王某不能申请退还已缴纳的失业保险费。

讨论案例

大学生就业问题日趋严峻。全国人大代表吴江林曾建议,由财政拨款帮助大学生购买失业保险,失业大学生可到劳动就业机构进行失业登记,享受失业保险待遇;全国政协委员孙继业提出将大学生纳入失业保险序列,建立大学生失业保险制度。

针对农民工失业得不到社会保障的现象,全国人大代表杨晓霞提出加快修订《失业保险条例》,她认为 1999 年颁布实施的《失业保险条例》和 2011 年 7 月开始实施的《社会保险法》均存在对失业农民工不利的情形,农民合同制职工的缴费义务、享受权利与城镇职工不对等,存在较大的待遇落差,应尽快推进失业保险制度城乡一体化,实行农民合同制职工与城镇职工统一的失业保险制度。

问:针对大学生和农民工失业保险制度的构建,上述建议你是否认同?为什么?

第五节 工伤保险制度

一、工伤保险概述

(一)工伤保险概念

工伤保险,又称职业伤害赔偿保险,是指职工因工致伤、病、残、死亡,依法获得经济赔偿和物质帮助的一种社会保险制度。其特征在于:主要针对职工的职业危险所致伤害而设;用人单位承担全部缴费责任,职工个人不缴费;实行无过错责任原则;不仅在于受害者的事后救济,更注重事前的预防。

(二)工伤保险的适用对象

中华人民共和国境内的企业、事业单位、社会团体、民办非企业单位、基金会、律师事务所、会计师事务所等组织和有雇工的个体工商户应当依照本条例规定参加工伤保险,为本单位全部职工或者雇工(以下称职工)缴纳工伤保险费。

中华人民共和国境内的企业、事业单位、社会团体、民办非企业单位、基金会、律师事务所、会计师事务所等组织的职工和个体工商户的雇工,均有依照本条例的规定享受工伤保险待遇的权利。

知识链接

工伤适用对象的具体界定

1. 企业,指在中国境内的所有形式的企业,特征是以营利为目的,包括法人企业和非法人企业。

2. 事业单位,指依据《事业单位登记管理暂行条例》在机构编制管理机关登记为事业单位,且尚未改由工商行政管理部门登记为企业的事业单位。对于具有公共事务管理职能的事业单位,如证监会、银监会、保监会等,参照公务员法管理,不适用本条例。

3. 民办非企业单位,是指依据《民办非企业单位登记管理暂行条例》在民政部门登记的,由企业事业单位、社会团体和其他社会力量以及公民个人利用非国有资产举办的,从事非营利性社会服务活动的社会组织,如民办学校、民办医院等。

4. 社会团体,是指依据《社会团体登记管理条例》在民政部门登记的,中国公民自愿组成,为了实现会员的共同意愿,按照章程开展活动的非营利性社会组织,主要包括协会、学会、联合会、研究会、基金会、联谊会、促进会、商会等。社会团体中有两类是参照公务员法管理的,不适用本条例,一是参加中国人民政治协商会议的8个人民团体,包括全总、共青团、妇联、科协、侨联、台联、青联、工商联;二是由国务院机构编制管理机关核定,经国务院批准的团体,包括文联、作协、贸促会、残联、宋庆龄基金会、中国法学会、中国红十字总会等。

5. 基金会,是指依据《基金会管理条例》设立的,利用自然人、法人或者其他组织捐赠的财产、以从事公益事业为目的的非营利性法人。

6. 律师事务所。

7. 会计师事务所。

8. 个体工商户,是指雇佣2至7名学徒或者帮工、在工商行政管理部门登记的自然人。

(三)工伤保险的原则

在现代各国的工伤保险立法中,关于工伤赔偿责任的规定,都通行两项原则,即用人单位(雇主)单方责任原则和无过错责任原则。上述两项原则都是以现代劳动法理论和损害赔偿理论为理论依据的。

按照现代劳动法理论,用人单位作为劳动力的使用者和劳动条件的提供者,单方负有保护劳动者在劳动安全过程中安全和健康的法定义务,这既是对劳动者的义务也是对国家的义务。发生了工伤事故,就意味着用人单位违法了这一法定义务。因而,用人单位单方对受伤害者负有赔偿责任,这既不能在合同约定中减免,也不能以受伤害者有过失而推卸。

按照现代损害赔偿理论,当有高度危险来源的场合发生损害事故时,高度危险来源本身即高度危险来源拥有者,就该损害事故承担赔偿责任,而不必考虑赔偿责任者有无过错。因而,用人单位的工伤赔偿责任不应以过错为要件,即无论对工伤有无过错,都应当承担工伤赔偿责任。

二、工伤的认定和排除

(一) 工伤的构成要件

理论界关于工伤与非工伤的界限通常认为包括以下五个方面:

(1) 时间界限,即工伤一般只限于工作时间之内所发生的急性伤害。

(2) 空间界限。即工伤一般只限于生产、工作区域之内所发生的急性伤害。

(3) 职业界限,即工伤一般只限于执行职业而发生的急性伤害,即使这种伤害是在工作时间或者工作区域之外,也属于工作。

(4) 主观过错界限,即除了职工本人故意造成的急性伤害不应属于工伤外,发生在职工本人有过失或者无过错的主观心理状态下的伤害,只要符合其他工伤条件,都应属于工伤。

(5) 法定特殊界限,即立法上明确规定,在工伤的一般界限之外亦属于工伤的特殊情况,例如抢险救灾等。

(二) 工伤的认定

工伤范围的界定必须以立法中的明文规定为依据。《工伤保险条例》第14条和第15条对工伤情形的认定分为两种情况,即应当认定工伤和视同工伤情形。

1. 应当认定为工伤

(1) 在工作时间和工作场所内,因工作原因受到事故伤害的。

(2) 工作时间前后在工作场所内,从事与工作有关的预备性或者收尾性工作受到事故伤害的。

(3) 在工作时间和工作场所内,因履行工作职责受到暴力等意外伤害的。

(4) 患职业病的。

(5) 因工外出期间,由于工作原因受到伤害或者发生事故下落不明的。

(6) 在上下班途中,受到非本人主要责任的交通事故或者城市轨道交通、客运轮渡、火车事故伤害的。

(7) 法律、行政法规规定应当认定为工伤的其他情形。

上述第(5)项"因工外出期间"是指：①职工受用人单位指派或者因工作需要在工作场所以外从事与工作职责有关的活动期间；②职工受用人单位指派外出学习或者开会期间；③职工因工作需要的其他外出活动期间。职工因工外出期间从事与工作或者受用人单位指派外出学习、开会无关的个人活动受到伤害，社会保险行政部门不认定为工伤的，人民法院应予支持。

上述第(6)项"上下班途中"是指：①在合理时间内往返于工作地与住所地、经常居住地、单位宿舍的合理路线的上下班途中；②在合理时间内往返于工作地与配偶、父母、子女居住地的合理路线的上下班途中；③从事属于日常工作生活所需要的活动，且在合理时间和合理路线的上下班途中；④在合理时间内其他合理路线的上下班途中。

上述第(6)项"本人主要责任"，应当以有权机构出具的事故责任认定书、结论性意见和人民法院生效裁判等法律文书为依据，但有相反证据足以推翻事故责任认定书和结论性意见的除外。法律文书不存在或者内容不明确，社会保险行政部门就前款事实作出认定的，人民法院应当结合其提供的相关证据依法进行审查。

社会保险行政部门认定下列情形为工伤的，人民法院应予支持：①职工在工作时间和工作场所内受到伤害，用人单位或者社会保险行政部门没有证据证明是非工作原因导致的；②职工参加用人单位组织或者受用人单位指派参加其他单位组织的活动受到伤害的；③在工作时间内，职工来往于多个与其工作职责相关的工作场所之间的合理区域因工受到伤害的；④其他与履行工作职责相关，在工作时间及合理区域内受到伤害的。

2. 视同工伤情形

（1）在工作时间和工作岗位，突发疾病死亡或者在48小时之内经抢救无效死亡的。

（2）在抢险救灾等维护国家利益、公共利益活动中受到伤害的。

（3）职工原在军队服役，因战、因公负伤致残，已取得革命伤残军人证，到用人单位后旧伤复发的。

职工有前款第（1）项、第（2）项情形的，按照本条例的有关规定享受工伤保险待遇；职工有前款第（3）项情形的，按照本条例的有关规定享受除一次性伤残补助金以外的工伤保险待遇。

（三）工伤的排除

不得认定为工伤或者视同工伤：①故意犯罪的；②醉酒或者吸毒的；③自残或者自杀的。

第①项"故意犯罪"的认定，应当以刑事侦查机关、检察机关和审判机关的生效法律文书或者结论性意见为依据。第②项"醉酒或者吸毒"和第③项"自残或者自杀"等情形时，应当以有权机构出具的事故责任认定书、结论性意见和人民法院生效裁判等法律文书为依据，但有相反证据足以推翻事故责任认定书和结论性意见的除外。法律文书不存在或者内容不明确,社会保险行政部门就前款事实做出认定的,人民法院应当结合其提供的相关证据依法进行审查。

三、工伤认定程序

(一)申请的主体和时间

职工发生事故伤害或者按照职业病防治法规定被诊断、鉴定为职业病,所在单位应当自事故伤害发生之日或者被诊断、鉴定为职业病之日起30日内,向统筹地区社会保险行政部门提出工伤认定申请。遇有特殊情况,经报社会保险行政部门同意,申请时限可以适当延长。用人单位未按规定提出工伤认定申请的,工伤职工或者其近亲属、工会组织在事故伤害发生之日或者被诊断、鉴定为职业病之日起1年内,可以直接向用人单位所在地统筹地区社会保险行政部门提出工伤认定申请。

由于不属于职工或者其近亲属自身原因超过工伤认定申请期限的,被耽误的时间不计算在工伤认定申请期限内。有下列情形之一耽误申请时间的,应当认定为不属于职工或者其近亲属自身原因:①不可抗力;②人身自由受到限制;③属于用人单位原因;④社会保险行政部门登记制度不完善;⑤当事人对是否存在劳动关系申请仲裁、提起民事诉讼。

按照规定应当由省级社会保险行政部门进行工伤认定的事项,根据属地原则由用人单位所在地的设区的市级社会保险行政部门办理。用人单位未在规定的时限内提交工伤认定申请,在此期间发的工伤待遇等有关费用由该用人单位负担。

(二)第三人原因导致工伤的处理

职工因第三人的原因受到伤害,社会保险行政部门以职工或者其近亲属已经对第三人提起民事诉讼或者获得民事赔偿为由,做出不予受理工伤认定申请或者不予认定工伤决定的,人民法院不予支持。职工因第三人的原因受到伤害,社会保险行政部门已经做出工伤认定,职工或者其近亲属未对第三人提起民事诉讼或者尚未获得民事赔偿,起诉要求社会保险经办机构支付工伤保险待遇的,人民法院应予支持。职工因第三人的原因导致工伤,社会保险经办机构以职工或者其近亲属已经对第三人提起民事诉讼为由,拒绝支付工伤保险待遇的,人民法院不予支持,但第三人已经支付的医疗费用除外。

(三)需要准备的材料

申请工伤认定需要准备的材料有:①工伤认定申请表;②与用人单位存在劳动关系(包括事实劳动关系)的证明材料;③医疗诊断证明或者职业病诊断证明书(或者职业病诊断鉴定书)。

工伤认定申请人提供材料不完整的,社会保险行政部门应当一次性书面告知工伤认定申请人需要补正的全部材料。申请人按照书面告知要求补正材料后,社会保险行政部门应当受理。社会保险行政部门受理工伤认定申请后,根据审核需要可以对事故伤害进行调查核实,用人单位、职工、工会组织、医疗机构及有关部门应当予以协助。职业病诊断和诊断争议的鉴定,依照职业病防治法的有关规定执行。对依法取得职业病诊断证明书或者职业病诊断鉴定书的,社会保险行政部门不再进行调查核实。

职工或者其近亲属认为是工伤,用人单位不认为是工伤的,由用人单位承担举证责任。社会保险行政部门应当自受理工伤认定申请之日起60日内做出工伤认定的决定,并书面通知申请工伤认定的职工或者其近亲属和该职工所在单位。社会保险行政部门对受理的事实清楚、权利义务明确的工伤认定申请,应当在15日内做出工伤认定的决定。职工发生工伤,经治疗伤情相对稳定后存在残疾、影响劳动能力的,应当进行劳动能力鉴定。

因工伤认定申请人或者用人单位隐瞒有关情况或者提供虚假材料,导致工伤认定错误的,社会保险行政部门可以在诉讼中依法予以更正。工伤认定依法更正后,原告不申请撤诉,社会保险行政部门在做出原工伤认定时有过错的,人民法院应当判决确认违法;社会保险行政部门无过错的,人民法院可以驳回原告诉讼请求。

(四)特殊情形下工伤保险单位和工伤保险责任的认定

工伤责任认定存在以下十种特殊情形:

(1)用人单位分立、合并、转让的,承继单位应当承担原用人单位的工伤保险责任;原用人单位已经参加工伤保险的,承继单位应当到当地经办机构办理工伤保险变更登记;

(2)用人单位实行承包经营的,工伤保险责任由职工劳动关系所在单位承担;

(3)职工被借调期间受到工伤事故伤害的,由原用人单位承担工伤保险责任,但原用人单位与借调单位可以约定补偿办法;

(4)企业破产的,在破产清算时依法拨付应当由单位支付的工伤保险待遇费用;

(5)职工被派遣出境工作,依据前往国家或者地区的法律应当参加当地工伤保险的,参加当地工伤保险,其国内工伤保险关系中止;不能参加当地工伤保险的,其国内工伤保险关系不中止;

(6)职工与两个或两个以上单位建立劳动关系,工伤事故发生时,职工为之工作的单位为承担工伤保险责任的单位;

(7)劳务派遣单位派遣的职工在用工单位工作期间因工伤亡的,派遣单位为承担工伤保险责任的单位;

(8)单位指派到其他单位工作的职工因工伤亡的,指派单位为承担工伤保险责任的单位;

(9)用工单位违反法律、法规规定将承包业务转包给不具备用工主体资格的组织或者自然人,该组织或者自然人聘用的职工从事承包业务时因工伤亡的,用工单位为承担工伤保险责任的单位;

(10)个人挂靠其他单位对外经营,其聘用的人员因工伤亡的,被挂靠单位为承担工伤保险责任的单位。

第(9)、(10)项明确的承担工伤保险责任的单位承担赔偿责任或者社会保险经办机构从工伤保险基金支付工伤保险待遇后,有权向相关组织、单位和个人追偿。

四、职业病

(一)职业病概念

根据《中华人民共和国职业病防治法》(2012年)第2条规定,职业病是指企业、事业单位和个体经济组织等用人单位的劳动者在职业活动中,因接触粉尘、放射性物质和其他有毒、有害因素而引起的疾病。

(二)职业病范围

2013年,国家卫生计生委、人力资源社会保障部、安全监管总局、全国总工会4部门联合印发《职业病分类和目录》。该《分类和目录》将职业病分为职业性尘肺病及其他呼吸系统疾病、职业性皮肤病、职业性眼病、职业性耳鼻喉口腔疾病、职业性化学中毒、物理因素所致职业病、职业性放射性疾病、职业性传染病、职业性肿瘤、其他职业病共10类132种。在我国,只有被列入职业病分类和目录的疾病,才是法律上承认的职业病。

(三)职业病与工伤

职业病属于应当认定工伤情形中的一种,广义的工伤包括职业病,但是并不仅限于职业病。职业病是一种病,具有长期积累的慢性过程;狭义的工伤是一种伤,具有短暂性和突发性。

国家实行职业卫生监督制度。国务院安全生产监督管理部门、卫生行政部门、劳动保障行政部门依照本法和国务院确定的职责,负责全国职业病防治的监督管理工作。国务院有关部门在各自的职责范围内负责职业病防治的有关监督管理工作。县级以上地方人民政府安全生产监督管理部门、卫生行政部门、劳动保障行政部门依据各自职责,负责本行政区域内职业病防治的监督管理工作。县级以上地方人民政府有关部门在各自的职责范围内负责职业病防治的有关监督管理工作。县级以上人民政府安全生产监督管理部门、卫生行政部门、劳动保障行政部门应当加强沟通,密切配合,按照各自职责分工,依法行使职权,承担责任。

五、工伤保险基金

工伤保险基金由用人单位缴纳的工伤保险费、工伤保险基金的利息和依法纳入工伤保险基金的其他资金构成。工伤保险费根据以支定收、收支平衡的原则确定费率。国家根据不同行业的工伤风险程度确定行业的差别费率,并根据工伤保险费使用、工伤发生率等情况在每个行业内确定若干费率档次。行业差别费率及行业内费率档次由国务院社会保险行政部门制定,报国务院批准后公布施行。

统筹地区经办机构根据用人单位工伤保险费使用、工伤发生率等情况,适用所属行业内相应的费率档次确定单位缴费费率。国务院社会保险行政部门应当定期了解全国各统筹地区工伤保险基金收支情况,及时提出调整行业差别费率及行业内费率档次的方案,报国务院批准后公布施行。工伤保险基金逐步实行省级统筹,跨地区、生产流动性较大的行业,可以采取相对集中的方式异地参加统筹地区的工伤保险,具体办法由国务院社会保险行政部门会同有关行业的主管部门制定。

工伤保险基金存入社会保障基金财政专户,用于工伤保险待遇、劳动能力鉴定、工伤预防的宣传、培训等费用,以及法律、法规规定的用于工伤保险的其他费用的支付。工伤预防费用的提取比例、使用和管理的具体办法,由国务院社会保险行政部门会同国务院财政、卫生行政、安全生产监督管理等部门进行规定。任何单位或者个人不得将工伤保险基金用于投资运营、兴建或者改建办公场所、发放奖金,或者挪作其他用途。

用人单位应当按时缴纳工伤保险费。职工个人不缴纳工伤保险费。用人单位缴纳工伤保险费的数额为本单位职工工资总额乘以单位缴费费率之积。对难以按照工资总额缴纳工伤保险费的行业,其缴纳工伤保险费的具体方式,由国务院社会保险行政部门规定。

六、工伤待遇

(一)医疗待遇

工伤医疗待遇从工伤保险基金中支付,具体包括:

(1)工伤医疗费用。治疗工伤所需费用符合工伤保险诊疗项目目录、工伤保险药品目录、工伤保险住院服务标准的全部费用。

(2)职工住院治疗工伤的伙食补助费,以及经医疗机构出具证明,报经办机构同意,工伤职工到统筹地区以外就医所需的交通、食宿费用。

(3)工伤职工因日常生活或者就业需要,经劳动能力鉴定委员会确认,可以安装假肢、矫形器、假眼、假牙和配置轮椅等辅助器具所需费用。

(二)停工留薪待遇

职工因工作遭受事故伤害或者患职业病需要暂停工作接受工伤医疗的,在停工留薪期内,原工资福利待遇不变,由所在单位按月支付。停工留薪期一般不超过12个月。伤情严重或者情况特殊,经设区的市级劳动能力鉴定委员会确认,可以适当延长,但延长不得超过12个月。工伤职工评定伤残等级后,停发原待遇,按照有关规定享受伤残待遇。工伤职工在停工留薪期满后仍需治疗的,继续享受工伤医疗待遇。生活不能自理的工伤职工在停工留薪期需要护理的,由所在单位负责。

(三) 因工伤致残待遇

1. 职工因工致残被鉴定为一级至四级伤残的,保留劳动关系,退出工作岗位,享受以下待遇

(1) 从工伤保险基金中按伤残等级支付一次性伤残补助金,标准为一级伤残为27个月的本人工资,二级伤残为25个月的本人工资,三级伤残为23个月的本人工资,四级伤残为21个月的本人工资。

(2) 从工伤保险基金按月支付伤残津贴,标准为一级伤残为本人工资的90%,二级伤残为本人工资的85%,三级伤残为本人工资的80%,四级伤残为本人工资的75%。伤残津贴实际金额低于当地最低工资标准的,由工伤保险基金补足差额。

(3) 工伤职工达到退休年龄并办理退休手续后,停发伤残津贴,按照国家有关规定享受基本养老保险待遇。基本养老保险待遇低于伤残津贴的,由工伤保险基金补足差额。

2. 职工因工致残被鉴定为五级、六级伤残的,享受以下待遇

(1) 从工伤保险基金按伤残等级支付一次性伤残补助金,标准为五级伤残为18个月的本人工资,六级伤残为16个月的本人工资。

(2) 保留与用人单位的劳动关系,由用人单位安排适当工作。难以安排工作的,由用人单位按月发给伤残津贴,标准为五级伤残为本人工资的70%,六级伤残为本人工资的60%,并由用人单位按照规定为其缴纳应缴纳的各项社会保险费。伤残津贴实际金额低于当地最低工资标准的,由用人单位补足差额。经工伤职工本人提出,该职工可以与用人单位解除或者终止劳动关系,由工伤保险基金支付一次性工伤医疗补助金,由用人单位支付一次性伤残就业补助金。一次性工伤医疗补助金和一次性伤残就业补助金的具体标准由省、自治区、直辖市人民政府规定。

3. 职工因工致残被鉴定为七级至十级伤残的,享受以下待遇

(1) 从工伤保险基金中按伤残等级支付一次性伤残补助金,标准为七级伤残为13个月的本人工资,八级伤残为11个月的本人工资,九级伤残为9个月的本人工资,十级伤残为7个月的本人工资。

(2) 劳动、聘用合同期满终止,或者职工本人提出解除劳动、聘用合同的,由工伤保险基金支付一次性工伤医疗补助金,由用人单位支付一次性伤残就业补助金。一次性工伤医疗补助金和一次性伤残就业补助金的具体标准由省、自治区、直辖市人民政府规定。

工伤职工已经评定伤残等级并经劳动能力鉴定委员会确认需要生活护理的,从工伤保险基金中按月支付生活护理费。生活护理费按照生活完全不能自理、生活大部分不能自理或者生活部分不能自理3个不同等级支付,其标准分别为统筹地区上年度职工月平均工资的50%、40%或者30%。

（四）因工死亡待遇

职工因工死亡,其近亲属按照下列规定从工伤保险基金领取丧葬补助金、供养亲属抚恤金和一次性工亡补助金。

（1）丧葬补助金为6个月的统筹地区上年度职工月平均工资。

（2）供养亲属抚恤金按照职工本人工资的一定比例发给由因工死亡职工生前提供主要生活来源、无劳动能力的亲属。标准为:配偶每月40%,其他亲属每人每月30%,孤寡老人或者孤儿每人每月在上述标准的基础上增加10%。核定的各供养亲属的抚恤金之和不应高于因工死亡职工生前的工资。供养亲属的具体范围由国务院社会保险行政部门规定。

（3）一次性工亡补助金标准为上一年度全国城镇居民人均可支配收入的20倍。

伤残职工在停工留薪期内因工伤导致死亡的,其近亲属享受上述规定的待遇。一级至四级伤残职工在停工留薪期满后死亡的,其近亲属可以享受第(1)项、第(2)项规定的待遇。

此外,工伤保险条例中所称的工资总额,是指用人单位直接支付给本单位全部职工的劳动报酬总额。所称本人工资,是指工伤职工因工作遭受事故伤害或者患职业病前12个月平均月缴费工资。本人工资高于统筹地区职工平均工资300%的,按照统筹地区职工平均工资的300%计算;本人工资低于统筹地区职工平均工资60%的,按照统筹地区职工平均工资的60%计算。

（五）其他人群工伤待遇

公务员和参照公务员法管理的事业单位、社会团体的工作人员因工作遭受事故伤害或者患职业病的,由所在单位支付费用。具体办法由国务院社会保险行政部门会同国务院财政部门规定。

无营业执照或者未经依法登记、备案的单位及被依法吊销营业执照或者撤销登记、备案的单位的职工受到事故伤害或者患职业病的,由该单位向伤残职工或者死亡职工的近亲属给予一次性赔偿,赔偿标准不得低于本条例规定的工伤保险待遇;用人单位不得使用童工,用人单位使用童工造成童工伤残、死亡的,由该单位向童工或者童工的近亲属给予一次性赔偿,赔偿标准不得低于本条例规定的工伤保险待遇。具体办法由国务院社会保险行政部门规定。此种情形下的伤残职工或者死亡职工的近亲属就赔偿数额与单位发生争议的,以及童工或者童工的近亲属就赔偿数额与单位发生争议的,按照处理劳动争议的有关规定处理。

七、工伤保险先行制度

职工所在用人单位未依法缴纳工伤保险费,发生工伤事故的,由用人单位支付工伤保险待遇。用人单位不支付的,从工伤保险基金中先行支付。从工伤保险基金中先行支付的工伤保险待遇应当由用人单位偿还。用人单位不偿还的,社会保险经办机构可以依照《社会保险法》第63条的规定追偿。

由于第三人的原因造成工伤,第三人不支付工伤医疗费用或者无法确定第三人的,由工伤保险基金先行支付。工伤保险基金先行支付后,有权向第三人追偿。

讨论案例

交通事故赔偿与工伤待遇竞合可否"双赔"?

付某系某公司员工,下班骑摩托车回家时,与洪某驾驶的农用车相撞,付某当场死亡。经交警部门认定,洪某承担事故的全部责任。付某之妻童某向法院起诉,要求洪某赔偿丧葬费、死亡赔偿金、误工费等共计538 960元。法院判决洪某赔偿37 450元、保险公司赔偿358 759.47元给童某(已履行)。之后,童某又向人力资源和社会保障局提出工伤认定申请,工伤认定成立,童某向劳动人事争议委员会申请仲裁,要求裁决某公司支付丧葬补助金、一次性工亡补助金共计487 542.55元。仲裁委员会作出裁决,公司一次性向童某支付丧葬补助金、一次性工亡补助金共计463,520元。该公司以付某已经获取了人身损害赔偿为由,不服仲裁裁决,遂向法院提起诉讼。

问:交通事故人身损害赔偿与工伤赔偿竞合时,当事人能否获得双重赔偿?

第六节 生育保险

一、生育保险的概念

生育保险是向用人单位筹集生育保险基金,用以解决生育妇女孕、生产、哺乳期间的收入与生活保障问题的制度,其基本待遇是提供生育医疗保障、产假及产假工资等。

生育保险是对女职工专门建立的一项社会保险,其对女职工生育子女提供全方位的物质保障和全过程的社会保险,生育保险职工个人无须缴费,参保职工在产假期间享受生育津贴。

二、生育保险与医疗保险的关系

生育保险和医疗保险都对暂时丧失劳动能力的职工提供一定的资金保障和必要的医疗服务。生育保险的享受者在享受期内,如果出现特殊情况,可以同时享受两种待遇,即医疗保险待遇和生育保险待遇。两者的区别主要是以下五个方面。

1. 享受对象不同

生育保险待遇的享受者一般为女职工,医疗保险待遇的享受对象是全体职工。

2. 享受次数不同

根据我国计划生育政策,只有达到法定育龄等条件下的生育才能享受生育保险待遇,因此在正常情况下女职工一生只享受两次生育保险待遇,极少享受三次及以上。医疗保险没有年龄的限制,无论哪一个年龄段都可能发生,在享受次数上也没有限制。

3. 医疗服务内容不同

生育保险提供的医疗服务,基本上以保健和监测为主。正常的分娩无需进行治疗,只要求定期对产妇进行身体检查,以及对产妇和胎儿进行监护,以保证正常分娩。而医疗保险提供的医疗服务主要是对患者的疾病进行必要的检查,并通过药物、理疗和手术等方面的医疗手段达到使患者痊愈、早日走向工作岗位的目的。

4. 假期不同

生育保险规定的假期是根据产妇和婴儿的生理需要确定的,与工龄无关,所有人都是一样的。医疗保险提供的医疗期是根据工龄确定的,对不同工龄的人,医疗期的期限会有所不同。

5. 缴费和待遇不同

生育保险的待遇保障标准一般高于医疗保险待遇。我国医疗保险实行统筹基金和个人账户相结合的原则,职工个人要缴纳医疗保险费,建立个人账户,而生育保险职工个人不缴纳保险费,这是生育保险与医疗等其他社会保险显著不同的特点。

三、生育保险的法律依据和资金筹集

劳动部于1994年发布的《企业职工生育保险试行办法》(劳部发1994[504]号)标志着真正具有社会保险意义的新制度的初步形成。该办法规定,生育保险费用实施社会统筹,生育保险根据"以支定收""收支基本平衡"的原则筹集资金,由企业按照工资总额的一定比例向社会保险经办机构缴纳生育保险费,建立生育保险基金,生育保险费的提取比例由当地政府根据计划内生育人数和生育津贴、生育医疗费等项费用确定,并可根据费用支出情况适时调整,但最高不得超过工资总额的1%。企业缴纳的生育保险费作为期间费用处理,列入企业管理费用。2010年出台的《社会保险法》在第六章对生育保险做了总括性的规定,为女职工和职工未就业的配偶依法享有生育保险权益提供了法律保障。

四、生育保险待遇

用人单位已经缴纳生育保险费的,其职工享受生育保险待遇;职工未就业配偶按照国家规定享受生育医疗费用待遇,所需资金从生育保险基金中支付。这里需要注意的是,职工未就业配偶享受的只是生育医疗费用待遇,而不包括其他的生育津贴。生育保险待遇包括生育医疗费用、生育津贴和产假等。

(1)生育医疗费用。包括生育的医疗费用、计划生育的医疗费用、法律、法规规定的其他项目费用。

(2)生育津贴。女职工生育除享受产假、计划生育手术休假等以外,可以按照国家规定享受生育津贴,生育津贴按照职工所在用人单位上年度职工月平均工资计发。

(3)产假。2012年出台的《女职工劳动保护特别规定》(国务院令第619号)规定:女职工生育享受98天产假,其中产前可以休假15天;难产的,增加产假15天;生育多胞胎的,每多生育1个婴儿,增加产假15天。女职工怀孕未满4个月流产的,享受15天产假;怀孕满4个月流产的,享受42天产假。女职工产假期间的生育津贴,对已经参加生育保险的,按照用人单位上年度职工月平均工资的标准由生育保险基金支付;对未参加生育保险的,按照女职工产假前工资的标准由用人单位支付。女职工生育或者流产的医疗费用,按照生育保险规定的项目和标准,对已经参加生育保险的,由生育保险基金支付;对未参加生育保险的,由用人单位支付。

■ 讨论案例

今年26岁的张小姐系某公司职工。该公司自张小姐入职后就一直在为她缴纳生育保险费。张小姐和男朋友感情稳定,准备来年结婚,但婚前她发现自己怀孕了,想把孩子生下来,于是张小姐到遂川县社保局咨询是否可以享受生育保险的相关待遇。

问:未婚先孕能享受生育保险待遇吗?

■ 相关知识链接

1. 郑功成.关注民生.北京:人民出版社,2004.

2. 王振基.日本工资和社会保险概况.北京:三联书店,1980.

3. 余雪明.比较退休基金法.北京:中国政法大学出版社,2003.

4. 郑尚元.工伤保险法律制度研究.北京:北京大学出版社,2004.

5. 劳动与社会保障部社会保险研究所(译).贝弗里奇报告:社会保险和相关服务/(英)贝弗里奇著.北京:中国劳动社会保障出版社.2008.

6. 郑功成.中国社会保障改革与发展战略(养老保险卷、医疗保险卷).北京:人民出版社,2011.

7. 吕文洁(译).拯救社会保障:一种平衡方法/(美)戴蒙德、欧尔萨格著.上海:上海财经大学出版社,2012.

8. 郑功成.论中国特色的社会保障制度.北京:中国劳动社会保障出版社,2009.

9. 郑功成.中国社会保障30年.北京:人民出版社,2008.

10. 郑功成.从企业保障到社会保障:中国社会保障制度变迁与发展.北京:中国劳动社会保障出版社,2009.

11. 李曜,史丹丹.智利社会保障制度.上海:上海人民出版社,2012.

12. 白澎,叶正欣,王硕.法国社会保障制度.上海:上海人民出版社,2012.

13. 郑春荣.英国社会保障制度.上海：上海人民出版社，2012.
14. 吕学静.日本社会保障制度.北京：经济管理出版社，2000.
15. 金钟范.韩国社会保障制度.上海：上海人民出版社，2011.
16. 李超民.埃及社会保障制度.上海：上海人民出版社，2011.
17. 于洪.加拿大社会保障制度.上海：上海人民出版社，2011.
18. 李超民.美国社会保障制度.上海：上海人民出版社，2011.
19. 宋健敏.日本社会保障制度.上海：上海人民出版社，2012.
20. 杨翠迎，郭光芝.澳大利亚社会保障制度.上海：上海人民出版社，2012.

思考与分析

1. 2013年，郎咸平在中国企业文化国际论坛闭幕前发表的一篇题为"经济规律、企业文化和公司治理"的演讲中，再次提出了自己鲜明的个人观点，明确反对养老金等社保基金进入股市；全国政协经济委员会副主任、前中国证监会主席刘鸿儒认为，经过10多年的发展，我国资本市场无论从市场规模、投资品种上，还是从服务功能上、规范化水平看，已可以基本满足养老金在初始发展阶段实现安全运作和保值增值的需要。你认为养老保险等社会保险基金能不能通过入市实现安全运营和保值增值？是否还有其他实现保值增值的方式？

2. 是否推行延迟退休的问题目前引起社会热议：有的人支持延迟退休，认为可以解决养老保险金支付的缺口问题；而有的人则认为推行延迟退休制度，会加重就业的压力。你觉得延迟退休制度是否可行？为什么？

3. 请查阅资料，比较现行的退休制度与古代退休制度的异同，找出对现行退休制度有借鉴意义的规定。

4. 城镇居民医疗保险与新农村合作医疗在部分省份已经合并实施，二者合并后对于农村村民医疗待遇有何提高？与城镇职工医疗保险待遇还差多远？

5. 城乡居民养老保险合并实施后，对于已有的缴费档次而言，可得养老金待遇仍然不能满足他们的需要，与职工养老对比而言仍然较低，你有什么建议？

6. 目前我国工伤保险的对象是职工，缴费由单位承担。那么对于没有单位、不是职工的群体，工伤保险能否能够扩展适用？实验实训学生受伤能否享受工伤待遇？

第十六章

社会救助制度

知识结构图

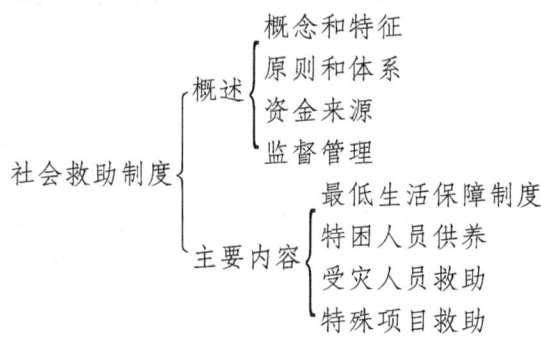

本章导读

我国的社会救助制度经历了不同历史时期的变革,在救助标准、救助范围、资金来源和救助方式与程序方面都比较完善。2014年国务院颁布了《社会救助暂行办法》,对社会救助制度进行了全面的规定。

司考重点

社会救助的主要内容。

案例导入

"袁厉害"事件

袁厉害是河南开封兰考县的一名村妇,20多年间收养的弃婴超过百名,在没有申请到低保时期,所有的支出都要靠袁厉害一个人摆地摊或捡破烂来负担。她收养的小孩,多数是患有脑瘫、白化病、小儿麻痹、聋哑等疾病,多数都是弃婴。2013年1月4日清晨8时许,袁厉害家中发生火灾,其收养的孩童中有7人不幸丧生,此次事故被称为"袁厉害事件"。

问:袁厉害事件折射出我国社会救助制度存在哪些问题?

第一节 社会救助概述

一、社会救助的概念

社会救助又叫社会救济,是指国家对于遭受灾害、失去劳动能力的公民及低收入公民给予物质救助,以维持其最低生活水平的一项社会保障法律制度。社会救助主要是国家的职责,救助的标准是最低层次的,救助的对象是低收入人群和困难人群,是社会保障的最后一道防护线和安全网。

二、社会救助的特征

社会救助不同于社会福利、社会保险,其特征有四点。
(1)社会救助的实质是保障生存权,满足人们最基本的衣、食、住、医的需要;
(2)社会救助的范围、标准及具体规定都由法律严格限定;
(3)社会救助是无对价的,救助的资金主要来源于国家财政和地方财政,列入国家总预算支出,社会成员无需缴纳费用;
(4)救助对象比较特殊,主要是处于最低生活保障线以下的人群及因为其他原因生活处于困境的社会成员。

三、社会救助的原则和体系

社会救助制度坚持托底线、救急难、可持续,与其他社会保障制度相衔接,社会救助水平与经济社会发展水平相适应。社会救助工作应当遵循公开、公平、公正、及时的原则。

国务院民政部门统筹全国社会救助体系建设。国务院民政、卫生计生、教育、住房城乡建设、人力资源社会保障等部门,按照各自职责负责相应的社会救助管理工作。县级以上地方人民政府民政、卫生计生、教育、住房城乡建设、人力资源社会保障等部门,按照各自职责负责本行政区域内相应的社会救助管理工作。乡镇人民政府、街道办事处负责有关社会救助的申请受理、调查审核,具体工作由社会救助经办机构或者经办人员承担。村民委员会、居民委员会协助做好有关社会救助工作。

四、社会救助的资金来源

社会救助资金来源包括:国家财政拨款、信贷扶贫、社会捐赠、国际援助和救助资金增值。县级以上人民政府应当将社会救助纳入国民经济和社会发展规划,建立健全政府领导、民政部门牵头、有关部门配合、社会力量参与的社会救助工作协调机制,完善社会救助资金、物资保障机制,将政府安排的社会救助资金和社会救助工作经费纳入财政预算。

社会救助资金实行专项管理,分账核算,专款专用,任何单位或者个人不得挤占挪用。社会救助资金的支付,按照财政国库管理的有关规定执行。

五、社会救助的监督管理

(一)政府监管

县级以上人民政府及其社会救助管理部门应当加强对社会救助工作的监督检查,完善相关监督管理制度。县级以上人民政府民政部门根据申请或者已获得社会救助家庭的请求、委托,可以通过户籍管理、税务、社会保险、不动产登记、工商登记、住房公积金管理、车船管理等单位和银行、保险、证券等金融机构,代为查询、核对其家庭收入状况、财产状况;有关单位和金融机构应当予以配合。

县级以上人民政府民政部门应当建立申请和已获得社会救助家庭经济状况信息核对平台,为审核认定社会救助对象提供依据。履行社会救助职责的工作人员对在社会救助工作中知悉的公民个人信息,除按照规定应当予以公示的以外,应当予以保密。

县级以上人民政府财政部门、审计机关依法对社会救助资金、物资的筹集、分配、管理和使用实施监督。

申请或者已获得社会救助的家庭,应当按照规定如实申报家庭收入状况、财产状况。县级以上人民政府社会救助管理部门和乡镇人民政府、街道办事处在履行社会救助职责过程中,可以查阅、记录、复制与社会救助事项有关的资料,询问与社会救助事项有关的单位、个人,要求其对相关情况作出说明,提供相关证明材料,有关单位、个人应当如实提供。

(二)便民措施

申请社会救助,应当按照《社会救助暂行办法》规定提出;申请人难以确定社会救助管理部门的,可以先向社会救助经办机构或者县级人民政府民政部门求助。社会救助经办机构或者县级人民政府民政部门接到求助后,应当及时办理或者转交其他社会救助管理部门办理。

乡镇人民政府、街道办事处应当建立统一受理社会救助申请的窗口,及时受理、转办申请事项。

县级以上人民政府及其社会救助管理部门应当通过报刊、广播、电视、互联网等媒体,宣传社会救助法律、法规和政策。县级人民政府及其社会救助管理部门应当通过公共查阅室、资料索取点、信息公告栏等便于公众知晓的途径,及时公开社会救助资金、物资的管理和使用等情况,接受社会监督。

(三)受助者维权救济

履行社会救助职责的工作人员行使职权,应当接受社会监督。任何单位、个人有权对履行社会救助职责的工作人员在社会救助工作中的违法行为进行举报、投诉。受理举报、投诉的机关应当及时核实、处理。

申请或者已获得社会救助的家庭或者人员,对社会救助管理部门做出的具体行政行为不服的,可以依法申请行政复议或者提起行政诉讼。

■知识链接

社会救助法搁置,降格为社会救助暂行办法

1993年八届全国人大常委会和2003年十届全国人大常委会,均曾将时称《社会救济法》的立法纳入五年立法规划。后将其更名为《社会救助法》,并于2005年开始起草。其间,历经8年仍未在全国人大通过。2013年,国务院召开常务会议,审议《社会救助暂行办法(草案)》,决定向社会公开征求意见,由此《社会救助法》立法进程暂停,以国务院制定的行政法规的形式出台。

社会救助法自20世纪90年代开始讨论,历经三次曲折,最终社会救助却由"法"降格为"暂行办法"。其原因在于有关教育、住房、就业等主管部门均希望把自己的救助内容纳入《社会救助法》,但是步调不一致,救助立法进程就会放慢。最低生活保障制度管理和运行有一套相对成熟的机制,但教育救助、住房救助等还没有。住房救助到底属于住房保障部门管理还是民政部门管理,各部门的分歧也很大。法律界一度曾主张把"法律援助"纳入《社会救助法》,社会救助用于实现贫弱群体的社会权利,而法律援助应帮助社会弱势群体实现"法律面前人人平等"。最终,法律援助未进入社会救助法的框架中。除对社会救助法涵盖内容有分歧外,一些专项救助并不成熟,如医疗救助等专项救助制度在实践中还在摸索,其管理与运行机构与最低生活保障制度存在着较大差异。南京大学政府管理学院副院长林闽钢曾受民政部委托,做出课题研究,将所有的社会救助内容全部纳入社会救助框架中,结果长达5万字的报告证实,如这样"兜底",社会救助根本无法实施。唐钧透露,结果是各方面都退了一步,《社会救助法》暂时搁置,而《草案》则是把各部门的"希望"融合其中,而暂行办法仅需要国务院通过。①

第二节 社会救助制度的主要内容

一、最低生活保障制度

最低生活保障制度是指政府对收入低于政府公告最低生活标准的公民,按照法定程序和标准提供现金或者实物救助,以保证公民基本生活所需的社会救助制度。

---

① 《社会救助法搁置,降格为暂行办法》,京华时报,http://www.kaixian.tv/gd/2014/0127/1454090_4.html,2014年1月27日。

(一) 保障对象

2014年出台的《社会救助暂行办法》规定,最低生活保障对象为共同生活的家庭成员人均收入低于当地最低生活保障标准,且符合当地最低生活保障家庭财产状况规定的家庭。与以前最低生活保障制度相比,增加了符合当地家庭财产状况规定的要求。对批准获得最低生活保障的家庭,按照共同生活的家庭成员人均收入低于当地最低生活保障标准的差额,按月发给最低生活保障金。与以前相比,为确保特殊人群的基本生活,《社会救助暂行办法》规定对获得最低生活保障后生活仍有困难的老年人、未成年人、重度残疾人和重病患者,县级以上地方人民政府应当采取必要措施给予生活保障。

(二) 保障的标准和家庭收入的认定

最低生活保障标准由省、自治区、直辖市或者设区的市级人民政府按照当地居民生活必需的费用确定、公布,并根据当地经济社会发展水平和物价变动情况适时调整。

最低生活保障家庭收入状况、财产状况的认定办法,由省、自治区、直辖市或者设区的市级人民政府按照国家有关规定制定。最低生活保障家庭的人口状况、收入状况、财产状况发生变化的,应当及时告知乡镇人民政府、街道办事处。县级人民政府民政部门及乡镇人民政府、街道办事处应当对获得最低生活保障家庭的人口状况、收入状况、财产状况定期核查。最低生活保障家庭的人口状况、收入状况、财产状况发生变化的,县级人民政府民政部门应当及时决定增发、减发或者停发最低生活保障金;决定停发最低生活保障金的,应当书面说明理由。

(三) 申请最低生活保障的程序

由共同生活的家庭成员向户籍所在地的乡镇人民政府、街道办事处提出书面申请;家庭成员申请有困难的,可以委托村民委员会、居民委员会代为提出申请。

乡镇人民政府、街道办事处应当通过入户调查、邻里访问、信函索证、群众评议、信息核查等方式,对申请人的家庭收入状况、财产状况进行调查核实,提出初审意见,在申请人所在村、社区公示后报县级人民政府民政部门审批。

县级人民政府民政部门经审查,对符合条件的申请予以批准,并在申请人所在村、社区公布;对不符合条件的申请不予批准,并书面向申请人说明理由。

二、特困人员供养

(一) 特困人员对象范围

《社会救助暂行办法》将农村五保供养和城市"三无"人员救助整合为特困人员供养制度,规定国家对无劳动能力、无生活来源且无法定赡养、抚养、扶养义务人,或者其法定赡养、抚养、扶养义务人无赡养、抚养、扶养能力的老年人、残疾人及未满16周岁的未成年人,给予特困人员供养。

（二）特困人员供养的内容

供养的内容包括：①提供基本生活条件；②对生活不能自理的给予照料；③提供疾病治疗；④办理丧葬事宜。

特困人员供养标准由省、自治区、直辖市或者设区的市级人民政府确定、公布。特困人员供养应当与城乡居民基本养老保险、基本医疗保障、最低生活保障、孤儿基本生活保障等制度相衔接。特困供养人员可以在当地的供养服务机构集中供养，也可以在家分散供养。特困供养人员可以自行选择供养形式。

（三）特困人员供养的申请、审批和退出程序

申请特困人员供养，由本人向户籍所在地的乡镇人民政府、街道办事处提出书面申请；本人申请有困难的，可以委托村民委员会、居民委员会代为提出申请。

特困人员供养的审批程序适用《社会救助暂行办法》第11条规定的最低生活保障制度的审批程序。

乡镇人民政府、街道办事处应当及时了解掌握居民的生活情况，发现符合特困供养条件的人员，应当主动为其依法办理供养。

特困供养人员不再符合供养条件的，村民委员会、居民委员会或者供养服务机构应当告知乡镇人民政府、街道办事处，由乡镇人民政府、街道办事处审核并报县级人民政府民政部门核准后，终止供养并予以公示。

三、受灾人员救助

（一）《自然灾害救助条例》

1. 自然灾害救助的原则和管理

《自然灾害救助条例》确立救助原则为"以人为本、政府主导、分级管理、社会互助、灾民自救"。

自然灾害救助工作实行各级人民政府行政领导负责制。国家减灾委员会负责组织、领导全国的自然灾害救助工作，协调开展重大自然灾害救助活动。国务院民政部门负责全国的自然灾害救助工作，承担国家减灾委员会的具体工作。国务院有关部门按照各自职责做好全国的自然灾害救助相关工作。县级以上地方人民政府或者人民政府的自然灾害救助应急综合协调机构，组织、协调本行政区域的自然灾害救助工作。县级以上地方人民政府民政部门负责本行政区域的自然灾害救助工作。县级以上地方人民政府有关部门按照各自职责做好本行政区域的自然灾害救助相关工作。县级以上地方人民政府应当根据当地居民人口数量和分布等情况，利用公园、广场、体育场馆等公共设施，统筹规划设立应急避难场所，并设置明显标志。启动自然灾害预警响应或者应急响应，需要告知居民前往应急避难场所的，县级以上地方人民政府或者人民政府的自然灾害救助应急综合协调机构应当通过广播、电视、手机短信、电子显示屏、互联网等方式，及时公告应急避难场所的具体地址和到达路径。

灾害救助工作实行分级管理。《国家自然灾害救助应急预案》规定了四个等级的应急响应，按照死亡人数、倒塌房间数量等指标，启动响应级别的应急响应。灾害损失达不到国家应急救助标准的灾害，由地方政府负责。

2. 救助款物申领和居民住房的恢复重建

自然灾害危险消除后，受灾地区人民政府应当统筹研究制订居民住房恢复重建规划和优惠政策，组织重建或者修缮因灾损毁的居民住房，对恢复重建确有困难的家庭予以重点帮扶。居民住房恢复重建应当因地制宜、经济实用，确保房屋建设质量符合防灾减灾要求。受灾地区人民政府民政等部门应当向经审核确认的居民住房恢复重建补助对象发放补助资金和物资，住房城乡建设等部门应当为受灾人员重建或者修缮因灾损毁的居民住房提供必要的技术支持。

补助对象由受灾人员本人申请或者由村民小组、居民小组提名。经村民委员会、居民委员会民主评议，符合救助条件的，在自然村、社区范围内公示；无异议或者经村民委员会、居民委员会民主评议异议不成立的，由村民委员会、居民委员会将评议意见和有关材料提交乡镇人民政府、街道办事处审核，报县级人民政府民政等部门审批。自然灾害发生后的当年冬季、次年春季，受灾地区人民政府应当为生活困难的受灾人员提供基本生活救助。受灾地区县级人民政府民政部门应当在每年10月底前统计、评估本行政区域受灾人员当年冬季、次年春季的基本生活困难和需求，核实救助对象，编制工作台账，制定救助工作方案，经本级人民政府批准后组织实施，并报上一级人民政府民政部门备案

3. 救助款物的管理和使用

县级以上人民政府财政部门、民政部门负责自然灾害救助资金的分配、管理并监督使用情况。县级以上人民政府民政部门负责调拨、分配、管理自然灾害救助物资。人民政府采购用于自然灾害救助准备和灾后恢复重建的货物、工程和服务，依照有关政府采购和招标投标的法律规定组织实施。自然灾害应急救助和灾后恢复重建中涉及紧急抢救、紧急转移安置和临时性救助的紧急采购活动，按照国家有关规定执行。

自然灾害救助款物专款（物）专用，无偿使用。定向捐赠的款物，应当按照捐赠人的意愿使用。政府部门接受的捐赠人无指定意向的款物，由县级以上人民政府民政部门统筹安排用于自然灾害救助；社会组织接受的捐赠人无指定意向的款物，由社会组织按照有关规定用于自然灾害救助。自然灾害救助款物应当用于受灾人员的紧急转移安置、基本生活救助、医疗救助，教育、医疗等公共服务设施和住房的恢复重建，自然灾害救助物资的采购、储存和运输，以及因灾遇难人员亲属的抚慰等项支出。受灾地区人民政府民政、财政等部门和有关社会组织应当通过报刊、广播、电视、互联网，主动向社会公开所接受的自然灾害救助款物和捐赠款物的来源、数量及其使用情况。受灾地区村民委员会、居民委员会应当公布救助对象及其接受救助款物数额和使用情况。各级人民政府应当建立健全自然灾害救助款物和捐赠款物的监督检查制度，并及时受理投诉和举报。

(二)《社会救助暂行办法》中的相关规定

国家建立健全自然灾害救助制度,对基本生活受到自然灾害严重影响的人员,提供生活救助。自然灾害救助实行属地管理,分级负责。设区的市级以上人民政府和自然灾害多发、易发地区的县级人民政府应当根据自然灾害特点、居民人口数量和分布等情况,设立自然灾害救助物资储备库,保障自然灾害发生后救助物资的紧急供应。

自然灾害发生后,县级以上人民政府或者人民政府的自然灾害救助应急综合协调机构应当根据情况紧急疏散、转移、安置受灾人员,及时为受灾人员提供必要的食品、饮用水、衣被、取暖、临时住所、医疗防疫等应急救助。灾情稳定后,受灾地区县级以上人民政府应当评估、核定并发布自然灾害损失情况。受灾地区人民政府应当在确保安全的前提下,对住房损毁严重的受灾人员进行过渡性安置。自然灾害危险消除后,受灾地区人民政府民政等部门应当及时核实本行政区域内居民住房恢复重建补助对象,并给予资金、物资等救助。自然灾害发生后,受灾地区人民政府应当为因当年冬寒或者次年春荒遇到生活困难的受灾人员提供基本生活救助。

(三)《救灾捐赠管理办法》中的相关规定

1. 救灾募捐主体

救灾募捐主体是指在县级以上人民政府民政部门登记的具有救灾宗旨的公募基金会。受赠人包括:①县级以上人民政府民政部门及其委托的社会捐助接收机构;②经县级以上人民政府民政部门认定的具有救灾宗旨的公益性民间组织;③法律、行政法规规定的其他组织。

2. 捐赠的原则

救灾捐赠应当是自愿和无偿的,禁止强行摊派或者变相摊派,不得以捐赠为名从事营利活动。

讨论案例

诈捐门

"诈捐"是指承诺捐款却借口种种原因不予兑现、不予完全兑现或者延迟兑现。某明星在2008年汶川大地震期间宣布捐款100万元,却仅到账84万元;2009年,香港某艺人探访北川中学承诺捐献新作部分票房援建北川中学,但截止日期到时该艺人承诺的捐款却未到位。汶川大地震发生后某市市委书记宣布市政府新办公楼将对外拍卖,所得款项全部捐献给地震灾区,但是该政府却一直未能兑现。

问:公益捐赠能否撤销?

3. 救灾款物的接受和使用

县级以上人民政府民政部门接受救灾捐赠款物,根据工作需要可以指定社会捐助接收机构、具有救灾宗旨的公益性民间组织组织实施。乡(镇)人民政府、城市街道办事处受县(县级市、市辖区)人民政府委托,可以组织代收本行政区域内村民、居民及驻在单位的救灾捐赠款物。代收的捐赠款物应当及时转交救灾捐赠受赠人。救灾捐赠受赠人应当向社会公布其名称、地址、联系人、联系电话、银行账号等。

救灾款物用来解决灾民衣、食、住、医等生活困难,紧急抢救、转移和安置灾民,灾民倒塌房屋的恢复重建,捐赠人指定的与救灾直接相关的用途,以及经同级人民政府批准的其他直接用于救灾方面的必要开支。

4. 救灾捐赠款物的管理

救灾捐赠受赠人应当对救灾捐赠款指定账户,专项管理;对救灾捐赠物资建立分类登记表册。具有救灾宗旨的公益性民间组织应当按照当地政府提供的灾区需求,提出分配、使用救灾捐赠款物方案,报同级人民政府民政部门备案,接受监督。在国务院民政部门组织开展的跨省(自治区、直辖市)或者全国性救灾捐赠活动中,国务院民政部门可以统一分配、调拨全国救灾捐赠款物。国务院民政部门负责调拨的救灾捐赠物资,属境外捐赠的,其运抵口岸后的运输等费用由受援地区负担;属境内捐赠的,由捐赠方负担。

县级以上地方人民政府民政部门负责调拨的救灾捐赠物资,运输、临时仓储等费用由地方同级财政负担。县级以上人民政府民政部门根据灾情和灾区实际需求,可以统筹平衡和统一调拨分配救灾捐赠款物,并报上一级人民政府民政部门统计。对捐赠人指定救灾捐赠款物用途或者受援地区的,应当按照捐赠人意愿使用。在捐赠款物过于集中同一地方的情况下,经捐赠人书面同意,省级以上人民政府民政部门可以调剂分配。发放救灾捐赠款物时,应当坚持民主评议、登记造册、张榜公布、公开发放等程序,做到制度健全、账目清楚,手续完备,并向社会公布。县级以上人民政府民政部门应当会同监察、审计等部门及时对救灾捐赠款物的使用发放情况进行监督检查。

捐赠人有权向救灾捐赠受赠人查询救灾捐赠财产的使用、管理情况,并提出意见和建议。对于捐赠人的查询,救灾捐赠受赠人应当如实答复。

对灾区不适用的境内救灾捐赠物资,经捐赠人书面同意,报县级以上地方人民政府民政部门批准后可以变卖。对灾区不适用的境外救灾捐赠物资,应当报省级人民政府民政部门批准后方可变卖。变卖救灾捐赠物资应当由县级以上地方人民政府民政部门统一组织实施,一般应当采取公开拍卖方式。变卖救灾捐赠物资所得款必须作为救灾捐赠款管理、使用,不得挪作他用。可重复使用的救灾捐赠物资,县级以上地方人民政府民政部门应当及时回收、妥善保管,作为地方救灾物资储备。接受的救灾捐赠款物,受赠人应当严格按照使用范围,在本年度内分配使用,不得滞留。如确需跨年度使用的,应当报上级人民政府民政部门审批。救灾捐赠款物的接受及分配、使用情况应当按照国务院民政部门规定的统计标准进行统计,并接受审计、监察等部门和社会的监督。

各级民政部门在组织救灾捐赠工作中,不得从捐赠款中列支费用。经民政部门授权的社会捐助接收机构、具有救灾宗旨的公益性民间组织,可以按照国家有关规定和自身组织章程,在捐赠款中列支必要的工作经费。捐赠人与救灾捐赠受赠人另有协议的除外。救灾捐赠、募捐活动及款物分配、使用情况由县级以上人民政府民政部门统一向社会公布,一般每年不少于两次。集中捐赠和募捐活动一般应在活动结束后一个月内向社会公布信息。

知识链接

"红十字会"信用危机

2011年,郭某某多次发布豪宅、名车、名包照片,并且身份还被认证成"中国红十字会商业总经理",引来网友们对中国红十字会产生了诸多非议。被拉进事件中的中国红十字会是中国慈善组织"失信"的标本。红十字会是免予登记的特殊团体,缺乏主管部门的监管。

问:谁来监管慈善失信?慈善组织到底应该如何运作?

中国接受国际援助的辛酸历程

三年困难时期拒绝美国政府粮食援助。1959—1961年间,中国发生了严重饥荒。此时,美国政府认为,中国国内的严峻形势及中苏两国日渐交恶的变化,给美国带来了调整对华政策的契机,决定尝试通过粮食援助,向中国伸出橄榄枝。中国表示,"中国人民绝不依靠别人的施舍而生活,更不会拿原则去做交易",由此拒绝了美国的粮食援助提议。

唐山大地震国际援助被挡在门外。1976年的大地震瞬间将唐山夷为平地。联合国为减少这场灾难给中国带来的不利影响而做出努力。同时,美、英、日等国也向中国政府公开表达了援助的意向,中国再次拒绝了国际援助。当时,《人民日报》发表社论,明确指出:"自力更生的救灾努力说明用马克思主义、列宁主义、毛泽东思想武装起来的、经过无产阶级文化大革命考验的人民是不可战胜的,说明我国无产阶级专政的社会主义制度具有极大的优越性。"

1980年"南涝北旱"谨慎接受外援。20世纪70年代末,改革开放极大地解放了中国人的思想,中国政府对于国际援助的态度也因此开始朝着更加理性、务实的方向转变。1980年"南涝北旱",中国政府首次决定向国际援助敞开大门。当年10月,国务院批准了外交部与民政部联合上报的《关于接受联合国救灾署援助的请示》,并指出,可以适当争取联合国救灾署的援助。尽管中国已表示了接受国际援助的意愿,却并没有更具体地提出进一步援助的要求。比如,在向联合国报告灾情时,中方只说明河北省因旱灾需要援助,而对山西、内蒙古、陕西、甘肃等地同样严重的旱情却没有进一步说明。在受援渠道方面，中国的决定也有很多谨慎——要求所有国家和国际组织的援助物资必须经由联合国救灾署发放给中国。然而，从拒绝到有限接受援助，中国毕竟还是向前迈出了具有重要意义的一步。

大兴安岭火灾主动请求国际援助。1987年大兴安岭发生特大森林火灾，导致5万多人无家可归，直接经济损失5亿元人民币。面对灾情，中国红十字会首次向国际社会提出受援请求。中国政府成立工作小组，统一领导接受捐赠工作。而国际社会对中国的这次灾难也给予了特别关注。20多个国家和国际组织捐赠了大量救灾资金、器材、药品和食品，为中国的抗灾赈灾起到了积极的作用。1988年，国务院出台新政策，明确规定如遇重大灾情时，可以主动接受各方面友好国家、地区、组织及个人的捐赠。

1991年华东水灾呼吁大规模国际援助。1991年，中国华东地区发生特大水灾。当年六七月间，各国驻华使馆纷纷打电话到外交部，询问是否需要帮助。外交部将此建议转到民政部。7月初，民政部综合意见后，将报告送到国务院。中国政府随即果断做出向国际社会呼吁紧急救灾援助的决策。这是中国政府第一次大规模直接呼吁国际社会加以救助。7月11日，"救灾紧急呼吁"新闻发布会在北京召开，民政部副部长陈虹向中外记者介绍灾情，并代表中国政府呼吁国际社会提供救灾援助。陈虹的呼吁很快得到响应。从1991年7月11日至12月31日，中国共接受境内外捐款捐物合计23亿元人民币。此后，中国每逢巨灾大难，向国际社会寻求援助便成了理所当然的事。①

四、特殊项目救助

（一）医疗救助

1. 救助对象

医疗救助对象为：最低生活保障家庭成员；特困供养人员；县级以上人民政府规定的其他特殊困难人员。

2. 救助方式

对救助对象参加城镇居民基本医疗保险或者新型农村合作医疗的个人缴费部分，给予补贴；对救助对象经基本医疗保险、大病保险和其他补充医疗保险支付后，个人及其家庭难以承担的符合规定的基本医疗自负费用，给予补助。医疗救助标准由县级以上人民政府按照经济社会发展水平和医疗救助资金情况确定、公布。

3. 救助程序

申请医疗救助的，应当向乡镇人民政府、街道办事处提出，经审核、公示后，由县级人民政府民政部门审批。最低生活保障家庭成员和特困供养人员的医疗救

---

① 资料来源于王硕、张旭：《新中国面对国际救援46年》《世界新闻报》，http://news.qq.com/a/20080526/002245.htm，2008年5月26日。

助,由县级人民政府民政部门直接办理。

县级以上人民政府应当建立健全医疗救助与基本医疗保险、大病保险相衔接的医疗费用结算机制,为医疗救助对象提供便捷服务。

4.疾病应急救助制度

国家建立疾病应急救助制度,对需要急救但身份不明或者无力支付急救费用的急重危伤病患者给予救助。符合规定的急救费用由疾病应急救助基金支付。疾病应急救助制度应当与其他医疗保障制度相衔接。

(二)教育救助

1.救助对象

国家对在义务教育阶段就学的最低生活保障家庭成员、特困供养人员,给予教育救助。对在高中教育(含中等职业教育)、普通高等教育阶段就学的最低生活保障家庭成员、特困供养人员,以及不能入学接受义务教育的残疾儿童,根据实际情况给予适当教育救助。

2.救助方式

教育救助根据不同教育阶段需求,采取减免相关费用、发放助学金、给予生活补助、安排勤工助学等方式实施,保障教育救助对象基本学习、生活需求。

3.救助标准与程序

教育救助标准由省、自治区、直辖市人民政府根据经济社会发展水平和教育救助对象的基本学习、生活需求确定、公布。

申请教育救助应当按照国家有关规定向就读学校提出,按规定程序审核、确认后,由学校按照国家有关规定实施

(三)住房救助

1.救助对象

国家对符合规定标准的住房困难的最低生活保障家庭、分散供养的特困人员,给予住房救助。

2.救助标准

住房救助通过配租公共租赁住房、发放住房租赁补贴、农村危房改造等方式实施。住房困难标准和救助标准,由县级以上地方人民政府根据本行政区域经济社会发展水平、住房价格水平等因素确定、公布。

3.救助程序

城镇家庭申请住房救助的,应当经由乡镇人民政府、街道办事处或者直接向县级人民政府住房保障部门提出,经县级人民政府民政部门审核家庭收入、财产状况和县级人民政府住房保障部门审核家庭住房状况并公示后,对符合申请条件的申请人,由县级人民政府住房保障部门优先给予保障。

农村家庭申请住房救助的,按照县级以上人民政府有关规定执行。各级人民

政府按照国家规定通过财政投入、用地供应等措施为实施住房救助提供保障。

(四)就业救助

1. 救助对象和方式

国家对最低生活保障家庭中有劳动能力并处于失业状态的成员,通过贷款贴息、社会保险补贴、岗位补贴、培训补贴、费用减免、公益性岗位安置等办法,给予就业救助。

最低生活保障家庭有劳动能力的成员均处于失业状态的,县级以上地方人民政府应当采取有针对性的措施,确保该家庭至少有一人就业。

2. 救助程序与条件

申请就业救助的,应当向住所地街道、社区公共就业服务机构提出,公共就业服务机构核实后予以登记,并免费提供就业岗位信息、职业介绍、职业指导等就业服务。

最低生活保障家庭中有劳动能力但未就业的成员,应当接受人力资源社会保障等有关部门介绍的工作;无正当理由,连续3次拒绝接受介绍的与其健康状况、劳动能力等相适应的工作的,县级人民政府民政部门应当决定减发或者停发其本人的最低生活保障金。

3. 吸纳救助对象政策

吸纳就业救助对象的用人单位,按照国家有关规定享受社会保险补贴、税收优惠、小额担保贷款等就业扶持政策。

(五)临时救助

1. 救助对象

国家对因火灾、交通事故等意外事件,家庭成员突发重大疾病等原因,导致基本生活暂时出现严重困难的家庭,或者因生活必需支出突然增加超出家庭承受能力,导致基本生活暂时出现严重困难的最低生活保障家庭,以及遭遇其他特殊困难的家庭,给予临时救助。

2. 救助程序

申请临时救助的,应当向乡镇人民政府、街道办事处提出,经审核、公示后,由县级人民政府民政部门审批;救助金额较小的,县级人民政府民政部门可以委托乡镇人民政府、街道办事处审批。情况紧急的,可以按照规定简化审批手续。临时救助的具体事项、标准,由县级以上地方人民政府确定、公布。

3. 特殊人群救助

国家对生活无着的流浪、乞讨人员提供临时食宿、急病救治、协助返回等救助。公安机关和其他有关行政机关的工作人员在执行公务时发现流浪、乞讨人员的,应当告知其向救助管理机构求助。对其中的残疾人、未成年人、老年人和行动不便的其他人员,应当引导、护送到救助管理机构;对突发急病人员,应当立即通知急救机构进行救治。

对城市生活无着的流浪乞讨人员救助遵循自愿受助、无偿救助原则,临时性救助原则,政府、社会、家庭责任有机结合的原则。对受助人员的五项基本救助内容包括五项:一是提供符合食品卫生要求的食物;二是提供符合基本条件的住处;三是对在站内突发急病的,及时送医院救治;四是帮助与其亲属或者所在单位联系;五是对没有交通费返回其住所地或者所在单位的提供乘车凭证。民政部门是负责临时救助工作的政府职能部门。救助站为受助人员提供的住处,应当按性别分室住宿,女性受助人员应当由女性工作人员管理。救助站应当保障受助人员在站内的人身安全和随身携带物品的安全,维护站内秩序。救助站不得向受助人员、其亲属或者所在单位收取费用,不得以任何借口组织受助人员从事生产劳动。救助站应当劝导受助人员返回其住所地或者所在单位,不得限制受助人员离开救助站。救助站对受助的残疾人、未成年人、老年人应当给予照顾;对查明住址的,及时通知其亲属或者所在单位领回;对无家可归的,由其户籍所在地人民政府妥善安置。受助人员住所地的县级人民政府应当采取措施,帮助受助人员解决生产、生活困难,教育遗弃残疾人、未成年人、老年人的近亲属或者其他监护人履行抚养、赡养义务。

我国坚持"儿童优先"原则,发展流浪儿童救助保护事业,预防流浪儿童违法犯罪,保护流浪儿童合法权益。流浪儿童是指年龄在18周岁以下,离开家庭,脱离监护人的保护,流浪街头连续超过24小时,基本生活失去保障的未成年人。流浪儿童救助保护中心是为流浪儿童提供救助保护,保护流浪儿童合法权益的专门机构。2006年3月民政部等十余个部委联合颁布实施了《关于加强孤儿救助工作的意见》,要求各级政府应当按照有利于孤儿成长的原则,区别不同情况,依据有关法律、法规,妥善做好孤儿安置工作:①孤儿的监护人应当依法履行监护职责,维护孤儿的合法权益;②由孤儿父母生前所在单位或孤儿住所地的村(居)民委员会担任监护人的,可以由监护人委托有抚养意愿和抚养能力的家庭养育孤儿;③由民政部门监护的孤儿,可以在社会(儿童)福利院、敬老院、孤儿学校、SOS儿童村和流浪未成年人救助保护中心等机构集中安置,并可以根据《家庭寄养管理暂行办法》的规定,开展家庭寄养;④要根据《中华人民共和国收养法》的规定,积极开展孤儿收养工作;⑤对于暂时查找不到家庭的流浪未成年人,可以根据具体情况延长其在流浪未成年人救助保护机构的救助和教育时间;⑥对因父母服刑或其他原因暂时失去生活依靠的未成年人,可以依据相关法律规定妥善安置。

经典案例

孙志刚事件与收容遣送制度的废止

2003年3月17日,27岁的武汉科技学院毕业生孙志刚在在广州街头被派出所民警当作"三无人员"收容。三天后,身患疾病的孙志刚遭到8名被收容人员的两度殴打,于当日上午休克死亡。事件引发社会各界对收容遣送制度的大讨论和深刻反思,并促成了该制度的废止。2003年实施的《城市生活无着的流浪乞讨人员救助管理办法》,要求对生活无着的流浪乞讨人员进行核实,对确属救助对象的实施生活救助,实施了21年的《城市流浪乞讨人员收容遣送办法》成为历史。

■ 相关知识链接

1. [英]罗伯特·伊斯特. 社会保障法. 北京:中国劳动社会保障出版社,2003.
2. 和春雷等. 当代德国社会保障制度. 北京:法律出版社,2001.
3. 林嘉. 社会保障法的理念、实践与创新. 北京:中国人民大学出版社,2002.
4. 郑功成. 慈善事业立法研究. 北京:人民出版社,2015.
5. 韩克庆等. 城市最低生活保障制度研究. 北京:中国社会科学出版社,2015.
6. 郭春宁. 人权视角下的中国残疾人社会保障. 北京:中国劳动社会保障出版社,2014.
7. 杨立雄,兰花. 中国残疾人社会保障制度. 北京:人民出版社,2011.
8. 高圆圆. 中国残疾儿童福利研究. 北京:中国劳动社会保障出版社,2014.
9. 杨立雄,于洋,金炳彻. 中日韩生活保护制度研究. 北京:中国经济出版社,2012.
10. 杨立雄,胡姝. 中国农村贫困线研究. 北京:中国经济出版社,2013.
11. 韩克庆. 中国城市低保访谈录. 济南:山东人民出版社,2012.
12. 王治坤,林闽钢. 中国社会救助:制度运行与理论探索. 北京:人民出版社,2015.
13. 邹文开,乔东平. 社会救助理论与实务. 天津:天津大学出版社,2011.
14. 王贤斌. 中国转型期农村社会救助问题研究. 北京:中国社会科学出版社,2016.

■ 思考与分析

1. 除本书列举的社会救助的基本内容外,哪些制度还可以纳入社会救助的范畴?
2. "轻松筹"链接几乎每天都会在朋友圈、聊天群组里出现,内容大多都是无力承担治疗费,希望通过众筹平台筹集相关费用,少至5元,多到千元,网友可根据自己的意愿进行爱心捐助。对于发起的每个项目,平台都要收取2%的手续费。"轻松筹"引发的争议也很多,有人认为这构成非法集资,有人认为它没有公开募捐的资格,有人认为爱心款进了私企的账户无法确保资金透明和安全。你怎么看待"轻松筹"的法律性质?
3. 《社会救助暂行办法》与已有其他社会救助法律法规如何衔接?《社会救助暂行办法》提升为《社会救助法》还需要做些什么?
4. 《城市生活无着的流浪乞讨人员救助管理办法》主要是为流浪儿童接受救助提供条件和坐等在机构内实施救助。这种对成年人适宜的救助办法,对未成年人使用是否有不足之处?如何弥补这一不足?
5. 《中华人民共和国慈善法》已经于2016年9月1日起正式实施。请谈谈其主要内容。

第十七章

社会福利制度

知识结构图

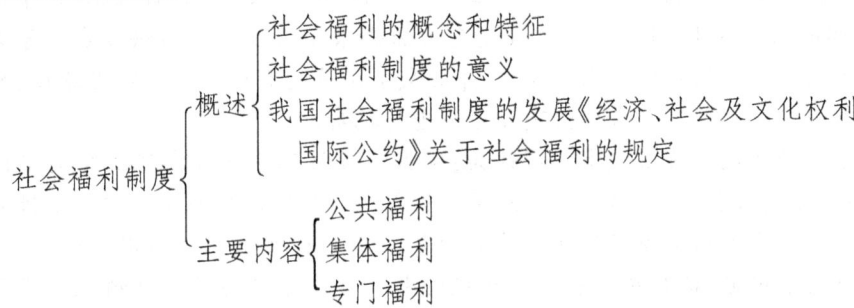

本章导读

社会福利是指国家和社会通过举办各种福利事业、采取各种福利措施,为社会成员提供基本生活保障并尽可能提高生活质量的一种社会保障制度,是社会保障体系的一部分。社会福利具有对象的普遍性、内容的广泛性、目的的公平性、资金来源的单向性、标准的不确定性等重要特征。《经济、社会及文化权利国际公约》第九条至第十五条是关于社会福利的规定。我国社会福利制度的内容既包括公共福利,即由国家和社会举办的以全体社会成员为对象的公益性事业,如住房、教育、文化、卫生等,也包括由国家和社会为职工举办的集体福利,还包括以老年人、妇女、儿童、残疾人等特定社会群体为对象的专门福利。

司考重点

了解我国社会福利制度的主要内容。

案例导入

原告杜某是被告某公司的退休职工,现年满60周岁,系北京市朝阳区某小区某房屋(公房)的承租人,该房屋使用面积46.59平方米,供暖费按建筑面积62.12平方米收取,每平方米24元。2012年3月20日,被告向职工内部通知,根据北京市供热采暖管理办法的规定,公司不再有义务为员工承担供暖费,作为过渡,公司在2010年至2011供暖季仍按北京市住宅锅炉供暖管理规定为退休员工报销了供暖费。自2011年起,公司将严格按北京市供热采暖管理办法规定,不再为员工承担供暖费,请退休员工直接向供热单位交纳供暖费。由于目前北京市没有明确规定何种情形属采暖费应由用户所在单位负担,在规定不明的情况下,作为过渡,2011至2012供暖季,公司将承担房改房的供暖费。下一季度的供暖费,公司将不再承担,除非北京市有明确规定。为此,凡退休员工所居住的房屋属于房改房(以房产证为准),退休员工可凭发票到公司报销。报销的金额以1800元为上限,不足1800元的实报实销,高于1800元的,报销1800元。房屋性质不属于房改房的,公司不承担任何费用。原告已向供热单位支付了2014年11月15日至2015年3月15日期间的供暖费1490.90元,被告没有为原告报销该供暖季的供暖费。原告遂起诉要求被告报销供暖费1490.90元,并提交了房屋所有权证、发票、退休证,被告以其内部规定不再为职工负担供暖费为由进行抗辩。

北京市西城区人民法院审理后认为:国家政策鼓励企业提高职工含离退休人员的福利待遇,为职工卫生保健、生活等发放或支付各项现金补贴和非货币性福利包括符合国家有关财务规定的供暖费补贴等。原告杜某是被告公司的退休职工,按照现有政策规定,被告应为原告负担采暖费。被告拒绝为原告报销采暖费所持理由,于法无据。遂判决被告给付原告2014年11月15日至2015年3月15日期间的供暖费1490.90元。

(案例来源:北京市西城区人民法院〔2015〕西民初字第03113号民事判决,http://www.court.gov.cn/zgcpwsw/bj/bjsdezjrmfy/bjsxcqrmfy/ms/201502/t20150227_6712089.htm,中国裁判文书网,2016年4月5日访问)

问题:
1. 请依据我国现行法律规定对本案进行评析。
2. 请思考我国集体福利的范围有哪些。

第一节 概述

一、社会福利的概念和特征

(一)社会福利的概念

社会福利是现代社会广泛使用的一个概念。人们根据他们各自的立场和目的给予这个概念不同的解释。广义的社会福利是指政府和社会为保障、提高广大社会成员物质、精神生活水平而采取的各种政策和所有社会服务,旨在解决广大社会成员在各个方面的福利待遇问题。此种概念等同于社会保障,甚至涵盖了社会保障,多为西方福利国家所采用。狭义的社会福利是指以提高社会成员的生活质量为目的,由国家和社会团体举办的,为社会全体成员所享有的各种福利事业和公共服务,是社会保障的组成部分。

我国社会福利的概念通常是从狭义来理解的。在我国,社会福利通常是指国家和社会通过举办各种福利事业、采取各种福利措施,为社会成员提供基本生活保障并尽可能提高生活质量的一种社会保障制度,是社会保障体系的一部分。

我国《劳动法》第76条规定:"国家发展社会福利事业,兴建公共福利设施,为劳动者休息、休养和疗养提供条件。用人单位应当创造条件,改善集体福利,提高劳动者的福利待遇。"以享受对象类别为标准,我国社会福利既包括为全体社会成员提供的公共福利,也包括为本单位、本行业从业人员及其家属提供的集体福利,还包括为老年人、儿童、妇女、残疾人等特殊群体提供的专门福利。

(二)社会福利的特征

(1)对象的普遍性。社会福利是国家和社会向所有社会成员提供的,任何人都可以享受社会福利,不需要附加任何条件,强调人人有份的普惠性,这在公共福利中体现得最为明显。集体福利和专门福利是针对特定社会群体的,但是只要是在该群体之内,所有人都可以享受福利待遇,就群体范围内的成员而言,社会福利也具有普遍性。

(2)内容的广泛性。社会福利所包括的内容十分广泛,社会福利项目不仅涉及教育、科学、文化、卫生、医疗、环境保护,还包括生活、娱乐、住房、交通、体育等,可以说涵盖了社会生活的各个方面。

(3)目的的公平性。通过对全体社会成员或特定群体社会成员提供各种福利待遇,为社会成员提供基本生活保障并尽可能提高生活质量,使社会成员共同分享经济和社会发展的成果,因此,社会福利是国民收入再分配的一种典型方式,通过对社会财富的调节,追求社会公平的目的。

(4)资金来源的单向性。社会福利是国家和社会向社会成员单向提供的,其资金来源于国家和社会,社会成员不需要缴纳任何费用即可享受社会福利。国家的社会福利资金主要来源于税收,体现为国家财政预算拨款;社会的社会福利资金主要来源于各单位的福利资金和各种社会捐助。

(5)标准的不确定性。社会福利水平通常是各国根据社会发展水平来调整的,其高低没有硬性规定。一般来说,国家的经济发展水平越高,社会福利水平就越高。

二、社会福利制度的意义

社会福利是市场经济中国家干预市场的一种形式,是国家利用政策对市场机制的矫正和补充,目的是在分配领域中减缓市场机制作用的范围和程度,矫正市场机制对无劳动能力者分配方面无能为力的缺陷,从而为一部分特殊的社会成员提供物质生活帮助,使社会成员可以均等地获得国家提供的各种设施和服务,共享发展成果。因此,社会福利制度具有重要意义。

(1)社会福利有利于满足社会成员的物质生活需要。国家通过财政税收的方式,将积累的财富通过举办各种社会福利事业,由国家发展社会公共福利设施和提供福利性补贴,使社会成员共同受益,满足社会成员的物质生活需要。

(2)社会福利有利于提高社会成员的精神生活水平。社会福利项目中包含教育、文化、体育、科学等内容,这些公益事业的发展,可以满足社会成员的精神生活需求,提高社会成员的精神生活水平。

(3)社会福利可以实现社会劳动力再生产的顺利进行。随着生产力的发展,生产社会化程度不断提高,国家和社会需要承担更多的责任,为劳动者提供诸如教育条件、职业培训、卫生保健、文化体育、娱乐休闲等方面的设施和服务,从而有利于实现社会劳动力再生产的顺利进行。

(4)社会福利有利于实现社会公平。社会福利使低收入者在生活、住房、医疗、教育、卫生等主要方面有了基本条件的保障,可以保护老年人、妇女、儿童、残疾人的基本权利,使弱势群体在一些基本的主要的方面和项目上获得来自于国家和社会的保障,能够在一定程度上共享经济和社会发展成果,从而有利于实现社会公平。

司考真题

关于社会福利制度的重要意义,下列说法中正确的有
A. 社会福利有利于满足社会成员的物质生活需要
B. 社会福利有利于提高社会成员的精神生活水平
C. 社会福利可以实现社会劳动力再生产的顺利进行
D. 社会福利有利于实现社会公平

【答案】ABCD
【解析】社会福利是市场经济中国家干预市场的一种形式,是国家利用政策对市场机制的矫正和补充,目的是在分配领域中,减缓市场机制作用的范围和程度,矫正市场机制对无劳动能力者分配方面无能为力的缺陷,从而为一部分特殊的社会成员提供物质生活帮助,使社会成员可以均等地获得国家提供的各种设施和服务,共享发展成果。因此该题正确答案为 ABCD。

三、我国社会福利制度的发展

我国历史上很早就存在与现代福利制度类似的慈幼院、施药局之类的官办或私立的福利机构。民国时期也曾经组织建立过一些福利设施,但规模小,受益对象很少。

在中国共产党领导的革命战争时期,社会福利工作主要为战争服务,表现为优待革命军人家属、烈属、残废军人。在中华人民共和国建立初期,为了医治战争创伤,根除贫困的根源,社会福利工作主要是以救济为主的救济性福利事业:国家接管和改造了国民党统治时期举办的"救济院"、封建性的"善堂""节妇堂"和接受外国津贴的各类慈善团体和救济机构;设立生产教养机构,改造妓女、游民、乞丐,收养无依无靠、丧失劳动能力、无法维持生活的孤老残幼;开展贫苦农民、城市贫民和

残疾人的生产自救工作。20世纪50年代中期以后,国家和社会通过兴办各种形式的福利工厂,为残疾人提供广泛的就业机会;制定一系列扶持政策,保护残疾人充分行使劳动的权利;通过兴办各类福利设施,为孤老残幼等提供社会救济和福利服务;通过兴办各项社会事业,发展公共福利和集体福利,满足全体社会成员在物质生活和精神生活上的福利需求。新中国成立初期的法律和规范性文件主要有两个,即1950年颁布的《工会法》对工会在改善职工集体福利方面的责任作了规定,1951年民政部发布的《关于城市救济福利报告》明确了社会福利以孤老残幼为主要对象。

1979年以后,中国的社会福利制度进一步完善、发展,逐步形成了中国特色的社会福利制度。在中国国民经济和社会发展第七个五年计划中明确提出,要有步骤地建立起具有中国特色的社会保障制度雏形。作为社会发展指标之一的社会福利工作,在保护和促进生产力的发展、缓解社会矛盾、稳定社会秩序、调节人际关系方面,越来越起到社会稳定机制的作用。中国制定社会福利政策的原则是:从国家的国情、国力出发,按照有利生产、保障生活的原则,有步骤地完善和发展。

20世纪90年代初期开始,我国加快了社会福利立法进程:1990年制定了《残疾人保障法》、1991年制定了《未成年人保护法》、1992年制定了《妇女权益保障法》、1994年制定了《母婴保健法》《劳动法》(其中第九章为社会保险和福利)、1996年制定了《老年人权益保障法》。进入21世纪之后,根据我国经济和社会发展状况与需要,进行了一系列法律修订工作:2005年修订了《妇女权益保障法》、2006年和2012年修订了《未成年人保护法》、2008年修订了《残疾人保障法》、2012年修订了《老年人权益保障法》。这些法律和民政部的一系列规章等文件将我国的社会福利事业逐步引向社会化,社会福利社会化是在社会主义市场经济条件下我国社会福利事业发展的必经之路,也是我国社会福利制度进一步改革和发展的方向。

四、《经济、社会及文化权利国际公约》中的相关规定

《经济、社会及文化权利国际公约》于1966年12月16日第二十一届联合国大会第2200A号决议通过并开放给各国签字、批准和加入,1976年1月3日生效。我国政府于1997年10月27日签署《经济、社会及文化权利国际公约》,2001年2月28日第九届全国人民代表大会常务委员会第二十次会议做出批准决定,该公约内容已对中国生效。该公约第九条至第十五条是关于社会福利的规定:

第九条规定了人人有权享受社会保障:"本公约缔约各国承认人人有权享受社会保障"。

第十条规定了妇女福利和儿童福利:"本公约缔约各国承认:(1)对作为社会的自然和基本的单元的家庭,特别是对于它的建立和当它负责照顾和教育未独立的儿童时,应给予尽可能广泛的保护和协助。缔婚必须经男女双方自由同意。(2)对母亲,在产前和产后的合理期间,应给以特别保护。在此期间,对有工作的母亲

应给以给薪休假或有适当社会保障福利金的休假。(3)应为一切儿童和少年采取特殊的保护和协助措施,不得因出身或其他条件而有任何歧视。儿童和少年应予保护免受经济和社会的剥削。雇佣他们做对他们的道德或健康有害或对生命有危险的工作或做足以妨害他们正常发育的工作,依法应受惩罚。各国亦应规定限定的年龄,凡雇佣这个年龄以下的童工,应予禁止和依法应受惩罚。"

第十一条规定了住房福利:"本公约缔约各国承认人人有权为他自己和家庭获得相当的生活水准,包括足够的食物、衣着和住房,并能不断改进生活条件。各缔约国将采取适当的步骤保证实现这一权利,并承认为此而实行基于自愿同意的国际合作的重要性。"

第十二条规定了卫生福利:"(1)本公约缔约各国承认人人有权享有能达到的最高的体质和心理健康的标准。(2)本公约缔约各国为充分实现这一权利而采取的步骤应包括为达到下列目标所需的步骤:(甲)减低死胎率和婴儿死亡率,和使儿童得到健康的发育;(乙)改善环境卫生和工业卫生的各个方面;(丙)预防、治疗和控制传染病、风土病、职业病以及其他的疾病;(丁)创造保证人人在患病时能得到医疗照顾的条件"。

第十三条规定了教育福利:"(1)本公约缔约各国承认,人人有受教育的权利。它们同意,教育应鼓励人的个性和尊严的充分发展,加强对人权和基本自由的尊重,并应使所有的人能有效地参加自由社会,促进各民族之间和各种族、人种或宗教团体之间的了解、容忍和友谊,和促进联合国维护和平的各项活动。(2)本公约缔约各国认为,为了充分实现这一权利起见:(甲)初等教育应属义务性质并一律免费;(乙)各种形式的中等教育,包括中等技术和职业教育,应以一切适当方法,普遍设立,并对一切人开放,特别要逐渐做到免费;(丙)高等教育应根据成绩,以一切适当方法,对一切人平等开放,特别要逐渐做到免费;(丁)对那些未受到或未完成初等教育的人的基础教育,应尽可能加以鼓励或推进;(戊)各级学校的制度,应积极加以发展;适当的奖学金制度,应予设置;教员的物质条件,应不断加以改善。(3)本公约缔约各国承担,尊重父母和(如适用时)法定监护人的下列自由:为他们的孩子选择非公立的但系符合于国家所可能规定或批准的最低教育标准的学校,并保证他们的孩子能按照他们自己的信仰接受宗教和道德教育。(4)本条的任何部分不得解释为干涉个人或团体设立及管理教育机构的自由,但以遵守本条第一款所述各项原则及此等机构实施的教育必须符合于国家所可能规定的最低标准为限。"

第十四条规定了教育福利的行动计划:"本公约任何缔约国在参加本公约时尚未能在其宗主领土或其他在其管辖下的领土实施免费的、义务性的初等教育者,承担在两年之内制定和采取一个逐步实行的详细的行动计划,其中规定在合理的年限内实现一切人均得受免费的义务性教育的原则。"

第十五条规定了文化福利:"(1)本公约缔约各国承认人人有权:(甲)参加文化生活;(乙)享受科学进步及其应用所产生的利益;(丙)对其本人的任何科学、文学或艺术作品所产生的精神上和物质上的利益,享受被保护之利。(2)本公约缔约各国为充分实现这一权利而采取的步骤应包括为保存、发展和传播科学和文化所必需的步骤。(3)本公约缔约各国承担尊重进行科学研究和创造性活动所不可缺少的自由。(4)本公约缔约各国认识到鼓励和发展科学与文化方面的国际接触和合作的好处。"

1985 年,联合国经济及社会理事会决定设立"经济、社会及文化权利委员会"作为《经济、社会及文化权利国际公约》的监督机构。该委员会为了帮助和促进缔约国更好地履行报告义务,根据《经济、社会及文化权利国际公约》的各条款和规定先后编写、发布了 19 项一般性意见(截止到 2007 年),其中第 4—7 号、第 11—15 号、第 17 号、第 19 号共计 11 项涉及社会福利。这些一般性意见有助于对《经济、社会及文化权利国际公约》相关规定内容的进一步理解和准确把握。

司考真题

《经济、社会及文化权利国际公约》对社会福利的(　　)等方面做出了规定。
　A. 文化福利　　　B. 妇女福利　　　C. 卫生福利　　　D. 教育福利

【答案】ABCD

【解析】《经济、社会及文化权利国际公约》第九条至第十五条是关于社会福利的规定。第九条规定了人人有权享受社会保障,第十条规定了妇女福利和儿童福利,第十一条规定了住房福利,第十二条规定了卫生福利,第十三条规定了教育福利,第十四条规定了教育福利的行动计划,第十五条规定了文化福利。

第二节　社会福利制度主要内容

我国社会福利制度的内容既包括公共福利,即由国家和社会举办的以全体社会成员为对象的公益性事业,如住房、教育、文化、卫生等,也包括由国家和社会为职工举办的集体福利,还包括以老年人、妇女、儿童、残疾人等特定社会群体为对象的专门福利。

一、公共福利

(一)含义

公共福利是国家和社会为满足全体社会成员的物质和精神生活基本需要而兴办的公益性设施和提供的相关服务。公共福利具有社会福利的典型特征,包括对象的普遍性、内容的广泛性、目的的公平性、资金来源的单向性、标准的不确定性等。

(二)主要内容

以涉及的项目为标准,公共福利的内容主要包括住房福利、教育福利、文化福利、卫生福利等。

1. 住房福利

《经济、社会及文化权利国际公约》第十一条第一款规定了住房福利,经济、社会及文化权利委员会第六届会议(1991年)《第4号一般性意见:适足住房权》和第十六届会议(1997年)《第7号一般性意见:适足住房权:强迫驱逐》进一步明确,不能把它视为仅是头上有一遮瓦的住处或把住所完全视为一商品而已,而是指适足的住房,适足的住所意味着适足的独处居室、适足的空间、适足的安全、适足的照明和通风、适足的基本基础设施和就业与基本设备的合适地点———一切费用合情合理,其考虑因素至少包括如下这些方面:使用权的法律保障,服务、材料、设备和基础设施的可提供性,可承受性,适居性,可获取性,地点,文化的适足性。

住房福利的主要目的是利用国家和社会的力量着重解决低收入家庭的住房问题,其措施主要有两种:一种是政府对住房提供的直接或间接补贴,包括房租补贴、土地成本补贴、税收优惠补贴等;另一种是国家做出政策性规定,要求住房建设机构必须划出一定数量的住房,以低于市场价格售给低收入家庭,或者政府直接兴建福利房屋定向出售给低收入家庭。

我国曾长期实行低租金和福利住房供给体制,后来在社会主义市场经济条件下进行了住房制度改革。我国目前住房福利的内容主要有:

(1)取消福利分房,实行住房福利的社会化。单位将原来用于建房、购房的资金以住房补贴的形式直接发放给职工个人,职工则通过市场交易来解决个人及家庭的住房问题。

(2)实行住房公积金制度。住房公积金采取个人存储、单位资助的方法,职工个人和用人单位分别按照一定比例缴纳,个人的住房公积金可以提取用于支付购房款、自建房屋费用、偿还公积金贷款、支付住房租金等。

(3)政府提供经济适用住房。经济适用住房,是指政府提供政策优惠,限定套型面积和销售价格,按照合理标准建设,面向城市低收入住房困难家庭供应,具有保障性质的政策性住房,具有经济性、保障性、实用性的特点。建设部等七部门于2007年12月1日联合发布的《经济适用住房管理办法》规定:经济适用住房建设用地以划拨方式供应,经济适用住房建设项目免收城市基础设施配套费等各种行政事业性收费和政府性基金,项目外基础设施建设费用由政府负担;确定经济适用住房的价格应当以保本微利为原则,其销售基准价格及浮动幅度,由政府有关部门确定,房地产开发企业实施的经济适用住房项目利润率按不高于3%核定,市、县人民政府直接组织建设的经济适用住房只能按成本价销售,不得有利润;经济适用住房购房人拥有有限产权,购买经济适用住房不满5年,不得直接上市交易,购房人因特殊原因确需转让经济适用住房的,由政府按照原价格并考虑折旧和物价水平等因素进行回购,购买经济适用住房满5年,购房人上市转让经济适用住房的,应按照届时同地段普通商品住房与经济适用住房差价的一定比例向政府交纳土地收益等相关价款,政府可优先回购,购房人也可以按照政府所定的标准向政府交纳土地收益等相关价款后取得完全产权。

(4)政府提供廉租房。廉租房是指政府以租金补贴或实物配租的方式,向符合城镇居民最低生活保障标准且住房困难的家庭提供社会保障性质的住房,是解决低收入家庭住房问题的一种制度。廉租房的分配形式以租金补贴为主,实物配租和租金减免为辅。与中国的另一项住房保障措施经济适用房相比,在经营方式、目标对象、房源等方面有明显不同:经济适用房房源为新建住房,而廉租房房源则多样化,包括新建住房、空置楼盘、改造危房、老旧公房等;廉租房只租不售,而经济适用房用于出售;廉租房面向城市特困人口出租,只收取象征性的房租,而经济适用房通过土地、税收政策扶持、控制建筑标准、限制利润等手段降低建筑成本,面向买不起商品房的城市居民以低于市场价格销售。根据住房和城乡建设部、财政部、国家发展和改革委员会联合印发的《关于公共租赁住房和廉租住房并轨运行的通知》(建保〔2013〕178号)的规定,从2014年起,各地公共租赁住房和廉租住房并轨运行,并轨后统称为公共租赁住房。

2. 教育福利

《经济、社会、文化权利国际公约》第十三条和第十四条规定了受教育的权利。经济、社会及文化权利委员会第二十届会议(1999年)《第11号一般性意见:初级教育行动计划》和第二十一届会议(1999年)《第13号一般性意见:受教育的权利》进一步明确:教育的目标和宗旨是发展人性的尊严、使人人切实参加自由社会、促进各族裔之间及各民族、种族和宗教团体之间的了解,其中最带根本性的一点可能是"教育应鼓励人的个性的充分发展";初等教育、中等教育、技术和职业教育、高等教育、基础教育等各种形式的各级教育均应该具有可提供性、可获取性、可接受性、可调适性等基本特征。

目前,我国关于教育福利的法律主要有《教育法》《义务教育法》《高等教育法》《职业教育法》等。我国已初步形成了基础教育、中等教育、高等教育、职业教育、成人教育相互沟通、协调发展的教育体系,教育经费由国家保障,形成了以财政拨款为主、多种渠道筹措为辅的体制。我国教育福利的内容主要有:①实行九年义务教育,保障所有适龄儿童接受教育,国家免收学费;②通过设立奖学金、助学金、捐助教育基金等多种形式资助贫困学生;③公共实施为受教育者接受教育提供便利,如图书馆、博物馆、科技馆、美术馆、体育馆等社会公共文化体育设施,历史文化古迹,革命纪念馆等对学生实行优待。

3. 文化福利

《经济、社会及文化权利国际公约》第十五条规定了文化福利,经济、社会及文化权利委员会第三十五届会议(2005年)《第17号一般性意见:人人有权享受对其本人的任何科学、文学和艺术作品所产生的精神和物质利益的保护》对其中的要素进行了解释,并提出了可提供性、可获取性、质量等适用要求。

文化福利是指国家和社会为满足社会成员的精神需要而兴办的具有福利性质的文体活动设施和提供的服务,包括公园、图书馆、博物馆、群众艺术馆等。作为公共福利的文化体育设施和服务,主要由国家出资兴办和管理,不以营利为目的,使社会成员能平等地享用。

4. 卫生福利

《经济、社会及文化权利国际公约》第十二条规定了卫生福利,经济、社会及文化权利委员会第二十二届会议(2000年)《第14号一般性意见:享有能达到的最高健康标准的权利》对健康权和缔约国的卫生保障义务等做了详细的解释。

卫生福利是国家和社会为保护和促进社会成员健康而提供的公共福利,是国家对公民健康权的保障。我国建立了遵循公益性原则、以人人享有基本医疗卫生服务为目标、把基本医疗卫生制度作为公共产品向全民提供的卫生福利制度。目前我国卫生福利的主要内容包括:

(1)国家和社会投资兴建卫生保健机构,为社会成员的保健、预防、医疗、康复等提供便利。表现为建立健全疾病预防控制、健康教育、妇幼保健、采供血、卫生监督和计划生育等专业公共卫生服务机构,完善基层医疗卫生机构体系。

(2)提供内容众多、形式多样的卫生保健服务。国家明确基本公共卫生服务项目,逐步增加服务内容,完善重大疾病防控体系和突发公共卫生事件应急机制,加强对严重威胁人民健康的传染病、慢性病、地方病、职业病和出生缺陷等疾病的检测和预防控制。

值得一提的是,我国卫生福利所关注的健康既包括身体健康,也包括精神健康。2012年10月26日通过的《精神卫生法》是我国首部保障精神障碍患者权益的法律,对于规范精神卫生服务、维护精神障碍患者的合法权益具有重要意义。

二、集体福利

集体福利,又称职工福利、职业福利,是指由国家和用人单位通过兴建集体福利设施,建立福利补贴制度,为职工提供生活上的便利,减轻职工经济上的负担,提高职工生活质量的一项生活福利。

与公共福利相比,集体福利具有以下五个特点。

(1)对象的特定性。集体福利以本单位的职工为对象,享受集体福利必须以履行劳动义务为前提。

(2)补充性。集体福利是劳动者劳动报酬的一种补充,是对按劳分配的补充。

(3)资金主要来源于用人单位。集体福利所需资金主要由用人单位负担,其来源主要包括用人单位根据规定设立的职工福利基金,从单位行政经费、企业管理费、事业单位的事业费中提取一部分用于集体福利,以及工会会费的一部分。

(4)差异性。由于行业差异,以及单位的性质、经营理念、效益等不同,集体福利的项目和水平在不同单位之间可能会有较大的差异,在同一用人单位的各个职工之间,某些项目上也会因劳动岗位、工龄、个人贡献不同而有所区别。

(5)功利性。集体福利的直接目的,在于保证职工一定生活水平和提高生活质量,但是,也包括单位保证职工的向心力、凝聚力,造就职工归属感和群体意识的目的。

集体福利的内容可以分为三类:①福利津贴,一般以现金形式提供,是职工工资收入以外的收入,主要有职工生活困难补贴、冬季取暖补贴、上下班交通补贴等;②福利设施,包括职工食堂、澡堂、幼儿园、医疗保健、文化、体育、娱乐设施等;③福利服务,包括与福利设施相关的各项服务,也包括诸如单位班车接送上下班、进行健康检查等服务。

三、专门福利

专门福利,也称特殊群体福利,是指国家和社会向老年人、妇女、儿童、残疾人等特定社会群体提供的福利。以追求社会公平为目标的社会福利制度应当对社会中的这些弱势群体提供更多的福利待遇和法律保护,以实现实质平等。

《经济、社会及文化权利国际公约》第十条规定了妇女福利和儿童福利,经济、社会及文化权利委员会第十一届会议(1994)《第5号一般性意见:残疾人》、第十三届会议(1995年)《第6号一般性意见:老龄人的经济、社会及文化权利》分别就残疾人、老年人的福利做出了详细的解释。我国也有对这些特殊群体提供保护的专门立法,包括《老年人权益保障法》《妇女权益保障法》《母婴保健法》《未成年人保护法》《残疾人保障法》等。

专门福利具有以下两个方面的典型特征。

(1)对象的特定性。专门福利的对象是特定的,仅限于老年人、妇女、儿童、残疾人等群体。在我国现阶段,老年人是指年满60周岁以上的公民,儿童是指未满18周岁的公民,残疾人是指在心理、生理、人体结构上,某种组织、功能丧失或不正常,全部或者部分丧失以正常方式从事某种活动能力的人。

(2)内容的广泛性。老年人福利包括老年福利津贴,老年保健,旅游景区对老年人实行优惠或者免收门票,以及兴办社会福利院、敬老院、老年公寓、老年活动中心、老年康复中心、老年文化体育活动中心等福利设施,为老年人提供免费或低收费的福利服务;妇女福利包括生育保险,母婴保健,女职工劳动保护特殊措施,以及妇幼保健院、妇女活动中心、健美中心等妇女卫生保健设施和服务;儿童福利包括普及义务教育,免费进行国家免疫规划项目的预防接种,爱国主义教育基地、图书馆、博物馆、纪念馆、科技馆、青少年宫、儿童活动中心等应当对儿童免费或者优惠开放;残疾人福利包括残疾人就业福利、教育福利、康复服务、文化体育福利、交通福利和通信福利、无障碍环境福利、残疾人福利补贴等。

> **相关知识链接**
>
> 1. 关怀,林嘉.劳动与社会保障法学.北京:法律出版社,2014.
> 2. 黎建飞.劳动与社会保障法教程.北京:中国人民大学出版社,2016.

3. 秦恩才. 劳动与社会保障法学. 郑州:郑州大学出版社,2009.
4. 王益英. 外国劳动法和社会保障法. 北京:中国人民大学出版社,2001.
5. 陈银娥. 社会福利. 北京:中国人民大学出版社,2009.

思考与分析

1. 我国社会福利制度需要如何进一步改革和完善?
2. 《经济、社会及文化权利国际公约》在促进社会福利方面起到了什么作用?
3. 社会福利是由国家和社会举办的,如何理解这里的"社会"?
4. 集体福利的对象只限于特定用人单位的劳动者,而不同用人单位的福利水平不同,不同用人单位的劳动者可以享受的集体福利可能会有较大差别,那么集体福利是否会影响社会公平?
5. 在我国,残疾人可以享有哪些福利?
6. 现实生活中,有一些单位在提供福利服务时采用了与提供有偿服务不同的服务内容和服务标准,请你谈谈对这种现象的看法。

第十八章

社会优抚制度

知识结构图

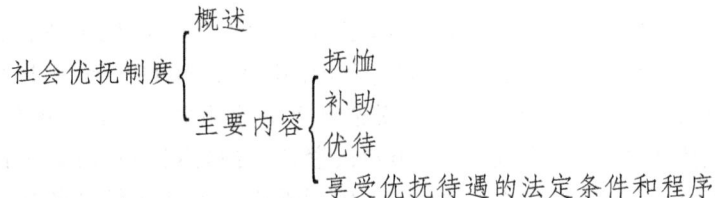

本章导读

社会优抚是国家对维护国家安全或社会秩序作出贡献和牺牲的人员及其家属在物质上给予优待、抚恤、养老和就业安置的制度。社会优抚制度包括社会优待、伤残抚恤和死亡抚恤等方面。本章以掌握社会优抚的概念和社会优抚的主要内容为学习目标,社会优待制度的内容、伤残抚恤和死亡抚恤的条件和标准是学习的重点。

司考重点

社会优抚制度的内容,社会优待制度的内容,军人伤残抚恤的条件和标准,军人死亡抚恤的待遇。

案例导入

优抚对象、革命伤残军人于老伯,随着年龄越来越大,经常患病,而且有严重的关节炎,特别是近几年,病情逐渐加重,行动非常困难。他家中又无其他亲人,要想上医院看病是难上加难,加之房屋常年失修,漏水情况严重,导致于老伯关节疼痛难忍。然而,于老伯为不给社区干部增加麻烦,一直没有就自己的困难提出任何要求,独自在恶劣环境中艰难地生活。民政部门该对于老伯进行怎样的帮助?

第一节 社会优抚制度概述

军队是国家政权的重要组成部分,支持军队建设,保障军人合法权益,是加强军民团结、维护国家稳定和社会发展的重要保证。优抚工作直接为军队建设服务,鼓励军人保卫国家,巩固国防。因此,只要有国家就有军队,只要有军队就离不开优抚工作。

一、社会优抚的概念

社会优抚制度是针对军人及其家庭设立的一项特殊的社会保障措施,是指国家和社会按照法律、政策的有关规定,对法定的优抚对象以提供津贴、服务和安置条件等方式,在就业、入学、救济、贷款、住房等方面给予优厚待遇,以确保其受人尊敬的社会地位和一定生活水平的社会保障制度。

社会优抚对象是社会上具有特殊贡献的人,包括有贡献者本人,也包括有贡献者的家属。这些对象是指为维护国家民族利益,保护国家和民族的安全,牺牲个人利益,影响个人需求或利益发展,为国家和民族做出贡献的那部分人。具体包括:①革命伤残人员,包括伤残军人、伤残民兵、伤残民警;②复员退伍军人;③革命烈士家属;④病故军人家属;⑤现役军人家属,具体包括现役军人和实行义务兵役制的人民警察(包括武装、边防、消防民警)的家属。另外,我国对家属的界定为军人(包括非军人的革命烈士)的父母、配偶、子女,依靠军人生活的18周岁以下的弟妹,军人曾依靠其抚养长大而后又依靠军人生活的其他亲属。建立并完善社会优抚制度,对鼓舞军队广大官兵士气及调动群众参军卫国的积极性,以及保障优抚对象的工作和生活都有巨大的积极作用。

二、社会优抚的特征

作为一种特殊的社会保障项目,社会优抚除具有社会保障的一些共同特点外,还有以下六个独特之处。

(一)优抚对象的法定性

我国《军人抚恤优待条例》第2条规定:"中国人民解放军现役军人(以下简称现役军人)、服现役或者退出现役的残疾军人及复员军人、退伍军人、烈士遗属、因公牺牲军人遗属、病故军人遗属、现役军人家属,是本条例规定的抚恤优待对象,依照本条例的规定享受抚恤优待。"同时,该条例第49条规定:"本条例适用于中国人民武装警察部队。"第50条规定:"军队离休、退休干部的抚恤优待,按照本条例有关现役军人抚恤优待的规定执行。因参战伤亡的民兵、民工的抚恤,因参加军事演习、军事训练和执行军事勤务伤亡的预备役人员、民兵、民工及其他人员的抚恤,参照本条例的有关规定办理。"由以上规定可以看出,社会优抚的对象是法律、法规明确规定的。根据民政部统计数据显示,截至2015年年底,国家抚恤、补助各类重点优抚对象897.0万人。

(二)责任主体的明确性

我国《宪法》第45条第2款明确规定:"国家和社会保障残废军人的生活,抚恤烈士家属,优待军人家属。"之所以由国家和社会承担社会优抚的责任,这是因为军人及其家属在长期革命战争中，不畏艰难困苦，不怕流血牺牲，为建立新中国立下了不朽功勋。在和平年代为保卫国家安全和社会稳定，他们也做出了巨大的贡献。因此，国家和社会应对他们的生活提供可靠的保障。《军人抚恤优待条例》也明确规定，军人的抚恤优待，实行国家和社会相结合的方针，国家和社会应当重视和加强军人抚恤优待工作。军人抚恤优待所需经费由国务院和地方各级人民政府分级负担。中央和地方财政安排的军人抚恤优待经费专款专用。

（三）优抚内容的综合性

与一般国民的社会保障制度不同，社会优抚制度既不是单纯的社会救助，也不是单纯的社会保险或社会福利，而是兼具三种制度的特点：

(1) 对军转干部提供的离退休待遇或就业安置，对革命烈士家属和伤残人员的抚恤等，具有社会保险的特征。

(2) 对有困难的农村籍退伍义务兵和现役军人家属提供的扶持生产、帮困济贫等政策措施，具有社会救助的特征。

(3) 为优抚对象提供的乘车、船、飞机等的优惠及优先解决其住房、就业、子女入托入学、医疗、工作调动等特殊待遇，又具有社会福利的性质。

所以说，社会优抚制度是一个以特殊社会群体为保障对象的综合社会保障体系。

（四）待遇标准的激励性

根据有关立法规定，对军人及其家属的保障待遇要高于普通国民的保障标准，军转干部的离退休待遇要高于地方同等级别的离退休人员的待遇水平，军人的抚恤标准也要高于一般劳动者的工伤抚恤标准。这与被保障对象为国家所做的牺牲和贡献是密切相关的。这样的待遇标准对保障对象来说，稳定可靠、吸引力大，对军队建设有强大的激励作用。

（五）实施措施的规范性

由于对军人及其家属的社会优抚制度自新中国成立时就开始建立，国家制定了专门的法律、法规对保障对象、保障范围、保障标准、保障形式、保障手段、管理体制等做出明确规定，各种规章制度相对健全，从而在具体实施中能够"有法可依，依法办事"。与中国现行社会福利、社会救助乃至社会保险相比，针对军人的社会优抚在实施中显然更具规范性。

（六）保障目标的双重性

社会优抚具有保障目标双重性的特点，具体表现在两个方面：

一方面，在经济上，社会优抚为军人及其家属提供基本生活保障，并使他们的生活水平不低于当地一般生活水平；

另一方面，在政治上，通过群众性的拥军优属活动的开展，达到稳定军心、巩固国防的目标，具有褒扬性，进而使我国的优抚制度有了"自下而上广泛"的群众基础，激励着军人为国家无私奉献。

三、社会优抚制度的历史沿革

早在第二次国内革命战争时期的1931年,中华苏维埃第一次代表大会就通过了《中国工农红军优待条例》《红军抚恤条例》,它们标志着我国最早的社会优抚制度的建立。新中国成立后,党和政府一直十分重视社会优抚工作。1949年《共同纲领》第25条规定:"革命烈士和革命军人的家属,其生活困难者应入国家和社会的优待。参加革命战争的残废军人和退伍军人,应由人民政府给以适当安置,使能谋生立业。"根据这一规定,政务院在1950年制定了《革命烈士家属优待暂行条例》《革命残废军人优待抚恤暂行条例》《革命军人牺牲病故褒恤暂行条例》《革命工作人员伤亡褒恤暂行条例》和《民兵民工伤亡抚恤暂行条例》,以法规形式对社会优抚的对象、方式、标准等均做了全面而明确的规定。这些条例的公布,统一了革命烈士条件和对革命军人家属的优待办法,统一了革命军人的评残条件和伤残等级区分,也统一了各类优抚抚恤标准及优抚证件。

"文化大革命"时期,由于极左错误的严重干扰,从中央到地方随着民政部门的撤销,优抚工作在许多方面处于停滞状态。多年行之有效的优抚政策和法规被歪曲批判,许多优抚对象遭到打击迫害,已经建立起来的优抚制度遭到破坏。

1978年十一届三中全会以来,党和政府在总结几十年优抚工作经验的基础上,在优抚制度改革方面做了大量工作,使之不断完善,逐步走上法制化、社会化的新型保障之路。1982年《宪法》第45条明确规定,国家和社会保障残废军人的生活,抚恤烈士家属,优待军人家属。1984年通过新的《兵役法》第10章对现役军人的优待和退役安置做了明确规定。同年,国务院、中央军委批转了民政部、总政治部《关于做好移交地方的军队离休退休干部安置管理工作的报告》,就部队离退休干部的待遇、住房、车辆和管理服务机构等都做出了具体规定。根据以上法律法规所确定的原则,国务院于1987、1988年分别颁布实施了《退伍义务兵安置条例》《军人抚恤优待条例》等,提出了建立国家、社会、群众三结合的抚恤优待制度,健全了优抚安置的法规体系。近年来,随着我国各项改革事业的进行,对《兵役法》《现役军官法》也做了相应修正,并颁布了《中国人民解放军士官退出现役安置暂行办法》(1999年)、《军队转业干部住房保障办法》(2000年)、《军队转业干部安置暂行办法》(2001年)等一系列新的法规,为我国社会优抚工作的进一步开展提供了全面、完善的法律依据。2004年,颁布实施了《优抚对象及其子女教育优待暂行办法》;2006年《一至六级残疾军人医疗保障办法》开始实施;2011年,国务院新修订的《军人抚恤优待条例》公布实施;2011年,民政部会同其他部委下发了新的《军人残疾等级评定标准(试行)》,并于2012年1月1日起实施。2007年8月1日开始施行《伤残抚恤管理办法》(1997年民政部颁布的《伤残抚恤管理暂行办法》同时废止),调整了残疾军人、伤残人民警察、伤残国家机关工作人员、伤残民兵民工残疾抚恤金标准、烈属、因公牺牲军人遗属、病故军人遗属定期抚恤金标准等。2015

年,民政部、财政部又发出通知,第 22 次提高优抚对象等人员抚恤和生活补助标准。为了弘扬烈士精神,抚恤优待烈士遗属,2011 年,国务院对《革命烈士褒扬条例》进行了修订,对烈士评定、烈士遗属抚恤待遇、烈士遗属的优待和烈士纪念设施的保护与管理等进行了详细规范。这些规范性文件的出台,对确立军人抚恤优待在国家政治、社会生活中的地位,进一步理顺军人抚恤优待与国民经济发展的关系,建立和完善适合我国国情的军人抚恤优待制度有着重要意义。

第二节 社会优抚制度的主要内容

现行《军人抚恤优待条例》由中华人民共和国国务院、中华人民共和国中央军事委员会于 2011 年修订。现行《革命烈士褒扬条例》由中华人民共和国国务院于 2011 年修订。按照《军人抚恤优待条例》《革命烈士褒扬条例》及其他相关优抚法规,对当前的优抚政策分为抚恤、补助、优待三部分分别介绍。

一、抚恤

优抚政策中的"抚恤",是指国家对符合条件的优抚对象依法给予的物质照顾和精神抚慰待遇。抚恤分两种,一是死亡抚恤,二是残疾抚恤。

1. 死亡抚恤

这项政策是国家对烈士遗属、因公牺牲军人遗属和病故军人遗属(以下简称"三属")所采取的精神抚慰和物质照顾。从人民军队创建初期到新中国成立,死亡抚恤经历了从帮耕帮种、实物补助到发放抚恤粮等形式。在新中国成立初期,国家实行的是对"三属"发给一次性抚恤粮,对个别生活极端困难的按规定标准定期发给补助粮。随着国家经济的发展和人民生活水平的提高,抚恤粮逐步为抚恤金所代替,相应地分为一次性抚恤金和定期抚恤金。

现阶段,享受死亡抚恤的对象是烈士遗属、因公牺牲军人遗属和病故军人遗属。

(1)一次性抚恤金。这项待遇是国家按照军人死亡性质,以货币形式给予其遗属的一次性物质抚慰。根据现役军人死亡性质和死亡时的月工资标准,由县级人民政府发给其遗属,其标准是:烈士和因公牺牲的,为上一年度全国城镇居民人均可支配收入的 20 倍加本人 40 个月的工资;病故的,为上一年度全国城镇居民人均可支配收入的 2 倍加本人 40 个月的工资。获得荣誉称号或者立功的烈士、因公牺牲军人、病故军人,其遗属在应当享受的一次性抚恤金的基础上,按比例增发一次性抚恤金,其标准是:获得中央军事委员会授予荣誉称号的,增发 35%;获得军队军区级单位授予荣誉称号的,增发 30%;立一等功的,增长发 25%;立二等功的,增发 15%;立三等功的,增发 5%。多次获得荣誉称号或者立功的烈士、因公牺牲军人、病故军人,其遗属按最高等级奖励的增发比例,增发一次性抚恤金。

一次性抚恤金的发放对象是烈士、因公牺牲军人、病故军人的父母(抚养人)、配偶、子女,这是享受一次性抚恤的第一顺序人,其中各自领取的具体数额由遗属协商确定。没有第一顺序人时,由第二顺序的亲属享受,即未满18周岁的兄弟姐妹和已满18周岁但无生活费来源且由该军人生前供养的兄弟姐妹。

(2)定期抚恤金。这项待遇是国家对符合规定条件的军人遗属按月给予的抚恤金,用于抚慰遗属、帮助解决生活困难,具体标准的确定与调整由国务院民政部门会同国务院财政部门参照全国城乡居民家庭人均收入水平确定。改革开放以来,国家先后25次提高"三属"的定期抚恤金标准,使"三属"的生活保障水平大幅度提高。截至2015年,居住在城镇的烈属定期抚恤金标准每人每年19 120元;居住在农村的烈属每人每年14 510元。在乡退伍红军老战士及在乡西路军红军老战士和红军失散人员生活补助标准,分别为每人每年41 750元、41 750元和18 840元。烈士遗属享受定期抚恤金后仍达不到当地居民平均生活水平的,由县级人民政府予以补助。

享受定期抚恤金的"三属"必须符合下列条件之一:①父母(抚养人)、配偶无劳动能力、无生活费来源或者收入水平低于当地居民平均生活水平的;②子女未满18周岁或者已满18周岁但因上学或者残疾无生活来源的;③兄弟姐妹未满18周岁或者已满18周岁但因上学无生活费来源且由该军人生前供养的。另外,烈士生前的配偶再婚后继续赡养烈士父母,继续抚养烈士未满18周岁或者已满18周岁但无劳动能力、无生活来源且由烈士生前供养的兄弟姐妹的,由其户口所在地的县级人民政府民政部门参照烈士遗属定期抚恤金的标准给予补助。

(3)丧葬补助。享受定期抚恤金的"三属"死亡后,增发6个月的定期抚恤金,作为丧葬补助费。

(4)烈士褒扬金。现役军人死亡被批准为烈士的,依照《烈士褒扬条例》的规定发给烈士遗属褒扬金。烈士褒扬金标准为烈士牺牲时上一年度全国城镇居民人均可支配收入的30倍。战时,参战牺牲的烈士褒扬金标准可以适当提高。需要强调的是,烈士褒扬金与烈士应享受的其他死亡抚恤待遇并不冲突。烈士遗属除享受烈士褒扬金外,属于《军人抚恤优待条例》及相关规定适用范围的,还享受因公牺牲一次性抚恤金;属于《工伤保险条例》及相关规定适用范围的,还享受一次性工亡补助金及相当于烈士本人40个月工资的烈士遗属特别补助金。

2. 残疾抚恤

这项政策是国家和社会对残疾军人采取的具有生活保障性质的抚慰形式。上世纪30年代国家最早颁布的《红军抚恤条例》,对残疾红军按照全残、半残两个等级,分别规定了医疗、抚恤内容。建国后,内务部公布了《革命残废军人优待暂行条例》,在总结战争年代评残工作经验的基础上,以外伤为出发点统一残疾军人的评残条件、等级及抚恤标准等,并相应建立了从军队到地方、从中央到基层的完整的伤残抚恤管理机构。《军人抚恤优待条例》从残疾性质的认定条件、残疾等级设置、残疾等级评定标准、补办评残手续、残疾抚恤标准、残疾军人供养等多个方面做了规定。

现阶段,享受残疾抚恤的优抚对象是被认定为因战致残、因公致残或者因病致残的现役军人和退出现役军人。

(1)享受残疾抚恤的条件:现役军人的残疾性质分为因战致残、因公致残和因病致残三种;残疾等级根据其功能障碍程度和生活自理障碍程度确定,由重到轻分为一级至十级。现役军人因战、因公致残,残疾等级被评定为一级至十级的;因病致残,残疾等级被评定为一级至六级的,享受抚恤。

(2)残疾抚恤金发放机关:因工作需要继续服现役的残疾军人,经军队军级以上单位批准,由所在部队按照规定发给残疾抚恤金;退出现役的残疾军人,由县级人民政府民政部门发给残疾抚恤金。

(3)残疾抚恤金的标准。残疾抚恤金标准参照全国职工平均工资水平确定,由民政部会同财政部规定。现行的残疾抚恤金标准按残疾的10个等级和因战、因公、因病不同的残疾性质分别确定,共24项(7至10级只分因战、因公两项)。改革开放以来,国家先后22次提高了残疾军人的残疾抚恤金标准。截至2015年,一级因战、因公、因病残疾军人抚恤金标准分别为每人每年60 210元、58 310元、56 400元。

(4)护理费。分散安置的一至四级残疾军人,发给护理费。其中退出现役的,由县级以上地方人民政府民政部门发给;未退出现役的经军队军级以上单位批准,由所在部队发给。护理费的标准是:因战、因公一级和二级残疾的,为当地职工月平均工资的50%;因战、因公三级和四级残疾的,为当地职工月平均工资的40%;因病一级至四级残疾的,为当地职工月平均工资的30%。

(5)残疾军人遗属的抚恤补助。退出现役的因战、因公致残的残疾军人因旧伤复发死亡的,由县级人民政府民政部门按照因公牺牲军人的抚恤金标准发给其遗属一次性抚恤金,其遗属享受因公牺牲军人遗属抚恤待遇。退出现役的因战、因公致残的残疾军人因病死亡的,对其遗属增发12个月的残疾抚恤金,作为丧葬补助费;其中,因战、因公致残的一至四级残疾军人因病死亡的,其遗属享受病故军人遗属抚恤待遇。

二、生活补助

对优抚对象通过补助以解决他们的生活困难,同样是我国优抚工作的一项传统政策。早在第二次国内革命战争时期,中央苏区根据地就对烈军属等优抚对象实行了补助政策,主要是粮食等实物补助。1979年民政部专门下发了《关于改进优抚对象定期定量补助工作的规定》,规定享受补助的重点是烈士父母、配偶和老复员军人,当时的补助标准较低,农村每人每月只有6—10元,大中城市的补助标准也只有每月15至20元。1988年国务院颁布的《军人抚恤优待条例》中,将烈属、因公牺牲军人遗属和病故军人遗属的生活补助改为定期抚恤金,把生活困难的在乡复员军人享受定期定量补助正式写入文件,使这项工作更加规范。

现阶段,享受生活补助的优抚对象是:在乡退伍红军老战士、红军失散人员、在乡西路军红军老战士、在乡复员军人、带病回乡退伍军人、参战退役人员、参加核试验军队退役人员,他们依法享受生活补助待遇。

1994年,民政部、财政部调整了经济补助标准:在乡退伍红军老战士每人每月补助251元;在乡西路军红军老战士每人每月补助135元;红军失散人员每人每月补助55元。在乡退伍红军老战士和西路军红军老战士,除享受定期定量补助外,另外享受公费医疗待遇;对他们中自理生活有困难的孤老,在本人自愿的情况下,可安排到光荣院供养,不愿去的由所在乡、村安排专人照顾,并给予适当的护理费。

退伍红军老战士本人的口粮、食油和副食品均由国家按当地机关干部的粮油标准供应。对在乡复原军人中的孤老,以及年老体弱、丧失劳动能力、生活困难的和带病回乡不能经常参加生产劳动、生活困难的人员实行定期定量补助。部分带病回乡的退伍军人也享受这一待遇。

1989年,民政部、财政部《关于调整部分优抚对象优抚补助标准的通知》中规定,在乡复员军人定补标准每人每月不低于25元,各地在制定具体标准时,对孤老对象应适当优厚;对在部队期间立功授奖、服役年限长、贡献较大的老复员军人的补助标准应适当提高。2015年,民政部、财政部再次调整了优抚对象抚恤补助标准,具体标准如下表所示。

表18-1 残疾军人、伤残人民警察、伤残国家机关人员、伤残民兵民工残疾抚恤金标准表

(单位:元/年)

残疾等级	残疾性质	抚恤金标准
一级	因战	60 210
	因公	58 310
	因病	56 400
二级	因战	54 490
	因公	51 620
	因病	49 690
三级	因战	47 810
	因公	44 930
	因病	42 080
四级	因战	39 180
	因公	35 370
	因病	32 500
五级	因战	30 610
	因公	26 760
	因病	24 850
六级	因战	23 920
	因公	22 630
	因病	19 120
七级	因战	18 170
	因公	16 260
八级	因战	11 470
	因公	10 500
九级	因战	9 530
	因公	7 650
十级	因战	6 690
	因公	5 730

表 18-2　烈属、因公牺牲、病故军人遗属定期抚恤金标准表　（单位:元/年）

类型	烈属	因公牺牲家人遗属	病故家人遗属
城镇	19 120	16 410	15 440
农村	14 510	13 850	13 270

表 18-3　在乡退伍红军老战士、在乡西路军红军老战士、红军失散人员生活补助标准表

（单位:元/年）

优抚对象	在乡退伍红军老战士	在乡西路军红军老战士	红军失散人员
生活补助标准	41750	41750	18840

民政部、财政部于 2015 年发出通知(民发〔2015〕179 号),从 2015 年 10 月 1 日起,伤残人员(残疾军人、伤残人民警察、伤残国家机关工作人员、伤残民兵民工)残疾抚恤金标准、城镇"三属"(烈士遗属、因公牺牲军人遗属、病故军人遗属)定期抚恤金标准、"三红"(在乡退伍红军老战士、在乡西路军红军老战士、红军失散人员)生活补助标准,在现行基础上提高 15%,农村"三属"定期抚恤金标准在现行基础上提高 30%;在乡老复员军人生活补助标准在现行基础上每人每年提高 2 400 元,烈士老年子女生活补助标准在现行基础上每人每年提高 1200 元,以上提高经费由中央财政承担。带病回乡退伍军人生活补助标准由现行每人每月 360 元提高至 410 元,参战参试人员生活补助标准由现行每人每月 360 元提高至 460 元,农村籍老义务兵每服一年义务兵役每月增加补助 5 元,以上提标经费由中央财政和地方财政按比例承担。调整后,一级因战、因公、因病残疾军人抚恤金标准为每人每年 60 210 元、58 310 元、56 400 元,分别比原来提高了 7 850 元、7 610 元、7 360 元。居住在城镇的烈属定期抚恤金标准提高到每人每年 19 120 元;居住在农村的烈属提高到每人每年 14 510 元。在乡退伍红军老战士及在乡西路军红军老战士和红军失散人员生活补助标准,分别提高到每人每年 41 750 元、41 750 元和 18 840 元。

这是自改革开放以来,国家第 22 次提高残疾军人残疾抚恤金标准,第 25 次提高烈属定期抚恤金标准和在乡退伍红军老战士生活补助标准,也是近年来优抚对象提标幅度较大的一次。2016 年中央财政继续加大资金支持力度,此次提高新增第四季度投入经费 19 亿元,全年共安排优抚对象抚恤和生活补助经费 337 亿元。

三、优待

优待是指现役军人、残疾军人及复员军人、退伍军人、烈士遗属、因公牺牲军人遗属、病故军人遗属、现役军人家属等优抚对象,依法享受国家和社会在经济、政治、社会等方面给予的物质照顾和优先优惠待遇。如果说近年来抚恤补助方面的显著变化是政府在保障优抚对象生活的主体地位逐步确立、国家投入逐年大幅度增加、优抚对象抚恤补助标准迅速提升,那么在优待工作方面的显著变化则是各项改革不断推出、优待领域不断拓宽、社会力量不断跟进、优待方式不断改善,与现阶段国情条件相适应、与市场经济体制相协调、与国家和军队各项改革相衔接的新的

优待方式逐步形成。

1. 物质优待

新的《军人抚恤优待条例》规定：义务兵服现役期间，其家庭由当地人民政府发给优待金或者给予其他优待，优待标准不低于当地平均生活水平。

优待金是优抚对象所享受的物质优待形式，最早的实现方式是群众优待。由于农村青年是我国人民军队的构成主体，为补偿农村烈军属因缺少劳力造成生活困难而依靠群众给予物质优待，曾经是优待工作的主要内容。1931年中共中央苏区颁布的《红军优待条例》中，明确规定了对红军及其家属实行分配土地、代耕代种、免交捐税、优惠购物等优待内容。随着农村生产关系的变化，群众优待的形式多次改变。战争年代和新中国成立初期，帮助军烈属代耕土地是群众优待工作的主要形式，农村实行合作化以后，建立在个体经济基础上的代耕制度已不能适应新的生产关系。1956年起，全国农村普遍推广了优待劳动日制度，即对农村无劳力或缺劳力的军烈属，由生产大队或农业合作社优待一部分劳动日，给予军烈属工分优待。党的十一届三中全会以后，农村普遍实行了家庭联产承包责任制，优待劳动日制度随之为发放优待金所取代，资金来源主要是群众统筹，即以县或乡为单位，根据民政部门提出的预算金额，按全县或全乡的农业人口或田亩数分摊。进入21世纪后，随着农村税费改革的推进和农业税的逐步取消，农村群众不再承担对军烈属物质优待的义务，优待金改为政府发给。自此，传统的群众优待完成了其历史使命，取而代之的是政府和社会优待。

《军人抚恤优待条例》规定：义务兵服现役期间，其家庭由当地人民政府发给优待金或者给予其他优待，优待标准不低于当地平均生活水平。同时规定：①义务兵和初级士官入伍前是国家机关、社会团体、企业事业单位职工（含合同制人员）的，退出现役后，允许复工复职，并享受不低于本单位同岗位（工种）、同工龄职工的各项待遇；服现役期间，其家属继续享受该单位职工家属的有关福利待遇；②义务兵和初级士官入伍前的承包地（山、林）等，应当保留；服现役期间，除依照国家有关规定和承包合同的约定缴纳有关税费外，免除其他负担。发放优待金、保留原待遇、减免其负担，这三个方面构成了完整的物质优待内容。

2. 医疗优待

医疗优待是继物质优待后又一项发生重大改革的优待工作。相对于物质优待，医疗优待涉及面更广、影响力更深。2004年颁布的《军人抚恤优待条例》除对七至十级残疾军人旧伤复发的医疗费用做出详细规定外，对其他方面的医疗待遇仅做了原则性规定和授权。《条例》颁布后，国家有关部门分别于2005年颁布了《一至六级残疾军人医疗保障办法》、2007年颁布了《优抚对象医疗保障办法》、2008年颁布了《关于进一步加强优抚对象医疗保障工作的通知》，就优抚对象的医疗待遇和保障政策做出具体规定。

（1）退出现役的一至六级残疾军人无论城、乡，都按照属地原则参加城镇职工基本医疗保险。有工作单位的随单位参保、按规定缴费,无工作单位和所在单位无力参保的,由统筹地区民政部门统一办理参保手续,其单位缴费部分由残疾军人所在地财政安排资金。规定范围内发生的医疗费,在城镇职工基本医疗保险按规定比例报销后,起付标准以下、最高支付限额以上及个人共付的医疗费用,由政府给予适当补助。

(2)退出现役的七至十级残疾军人、在乡复员军人、带病回乡退伍军人,以及享受国家抚恤和生活补助的烈士遗属、因公牺牲军人遗属、病故军人遗属、参战退役人员,按照属地原则,相应参加城镇职工基本医疗保险、城镇居民基本医疗保险和新型农村合作医疗等城乡基本医疗保障制度。参加城镇职工基本医疗保险单位确有困难的,以及农村参加新型农村合作医疗确有困难的,由政府帮助参保。未参加上述社会基本医疗保障制度,以及虽然参加上述制度但个人医疗费用负担较重的,享受城乡医疗救助和优抚对象医疗补助。

(3)七至十级残疾军人旧伤复发的医疗费用,已经参加工伤保险的,由工伤保险基金支付;未参加工伤保险的,有工作的由工作单位解决;所在单位无力支付和无工作单位的,由当地政府从优抚对象医疗补助资金中解决。

(4)优抚对象到医疗机构就医时凭证件优先挂号、优先就诊、优先取药、优先住院。

(5)优抚对象医疗费中非个人自付部分,在其医疗终结时同步结算。

(6)通过社会基本医疗保障体系报销、优抚对象医疗补助和医疗机构优惠减免等多种措施,保证优抚对象现有医疗待遇不降低,保证同属别优抚对象待遇大致相当,保障优抚对象医疗待遇水平与当地经济社会发展水平相适应。

国家上述优抚医疗保障政策的确立,有效地解决了多年来医疗保障资金难筹集、优抚对象医疗费自付部分难支付、医疗减免政策难落实、看病就医不便捷等难题,使困扰广大优抚对象多年的医疗难问题逐步从根本上得到保障。

3. 教育优待

2004年民政部、教育部、总政治部根据2004年颁布的《军人抚恤优待条例》授权,制定了《优抚对象及其子女教育优待暂行办法》,结合2011年新修订的《烈士褒扬条例》之规定,这方面的内容如下:

(1)退役士兵报考普通高等学校,在同等条件下优先录取;自谋职业的城镇退役士兵、在服役期间荣立三等功的退役士兵,可在其统考成绩总分的基础上增加10分投档;其中在服役期间荣立二等功以上或被大军区以上单位授予荣誉称号的,可在其统考成绩总分的基础上增加20分投档。自谋职业的城镇退役士兵报考成人高等学校可增加10分投档;在服役期间荣立三等功以上的退役士兵,可在考生考试成绩基础上增加20分投档。退役士兵报考研究生的,在同等条件下,可优先予以复试或录取。

(2)烈士子女接受学前教育和义务教育的,应当按照国家有关规定予以优待;在公办幼儿园接受学前教育的,免交保教费。烈士子女报考普通高中、中等职业学校、高等学校研究生的,在同等条件下优先录取;报考高等学校本、专科的,可以按照国家有关规定降低分数要求投档;在公办学校就读的,免交学费、杂费,并享受国家规定的各项助学政策。

(3)残疾军人、因公牺牲军人子女、一级至四级残疾军人子女报考普通高中、中等职业学校的,在同等条件下优先录取。残疾军人在校学习期间免交学杂费。

(4)残疾军人、因公牺牲军人子女、一级至四级残疾军人的子女,驻边疆国境的县(市)、沙漠区、国家确定的边远地区中的三类地区和军队确定的特、一、二类岛屿部队现役军人的子女报考普通高中、中等职业学校、高等学校,在录取时按照国家有关规定给予优待;接受学历教育的,在同等条件下优先享受国家规定的各项助学政策。

(5)现役军人子女的入学、入托,在同等条件下优先接收。具体办法由国务院民政部门会同国务院教育部门规定。

(6)凡是国家实施"西部开发助学工程"地区的优抚对象及其子女,在符合资助标准的前提下优先享受"西部开发助学工程"的相关政策。

(7)各类优抚对象在同等条件下优先享受国家设立的各类奖学金、学校自行设立的奖学金以及社会各界出资设立的奖学金,优先享受国家提供的各项助学贷款,优先享受学校提供的困难补助和社会捐助,同时学校应优先为他们提供勤工助学岗位。

4. **住房优待**

残疾军人、复员军人、带病回乡退伍军人、因公牺牲军人遗属、病故军人遗属承租、购买住房,依照有关规定享受优先、优惠待遇。居住农村的抚恤优待对象住房有困难的,由地方人民政府帮助解决,具体办法由省、自治区、直辖市人民政府规定。符合住房保障条件的烈士遗属承租廉租住房、购买经济适用住房的,县级以上地方人民政府有关部门应当给予优先、优惠照顾。家住农村的烈士遗属住房有困难的,由当地人民政府帮助解决。

5. **劳动优待**

在国家机关、社会团体、企业事业单位工作的残疾军人,享受与所在单位工伤人员同等的生活福利和医疗待遇。所在单位不得因其残疾将其辞退、解聘或者解除劳动关系。烈士遗属符合就业条件的,由当地人民政府人力资源社会保障部门优先提供就业服务。烈士遗属已经就业,用人单位经济性裁员时,应当优先留用。烈士遗属从事个体经营的,工商、税务等部门应当优先办理证照,烈士遗属在经营期间享受国家和当地人民政府规定的优惠政策。烈士的子女符合公务员考录条件的,在同等条件下优先录用为公务员。

6. **交通优待**

现役军人凭有效证件、残疾军人凭中华人民共和国残疾军人证优先购票乘坐境内运行的火车、轮船、长途公共汽车以及民航班机;残疾军人享受减收正常票价50%的优待。

现役军人凭有效证件乘坐市内公共汽车、电车和轨道交通工具享受优待,具体办法由有关城市人民政府规定。残疾军人凭中华人民共和国残疾军人证免费乘坐市内公共汽车、电车和轨道交通工具。

7. 游览优待

现役军人、残疾军人凭有效证件参观游览公园、博物馆、名胜古迹享受优待,具体办法由公园、博物馆、名胜古迹管理单位所在地的县级以上地方人民政府规定。

8. 应征入伍优待

因公牺牲军人、病故军人的子女、兄弟姐妹,本人自愿应征并且符合征兵条件的,优先批准服现役。烈士的子女、兄弟姐妹本人自愿,且符合征兵条件的,在同等条件下优先批准其服现役。

9. 随军家属安置优待

经军队师(旅)级以上单位政治机关批准随军的现役军官家属、文职干部家属、士官家属,由驻军所在地的公安机关办理落户手续。随军前是国家机关、社会团体、企业事业单位职工的,驻军所在地人民政府劳动保障部门、人事部门应当接收和妥善安置;随军前没有工作单位的,驻军所在地人民政府应当根据本人的实际情况作出相应安置;对自谋职业的,按照国家有关规定减免有关费用。

驻边疆国境的县(市)、沙漠区、国家确定的边远地区中的三类地区和军队确定的特、一、二类岛屿部队的现役军官、文职干部、士官,其符合随军条件无法随军的家属,所在地人民政府应当妥善安置,保障其生活不低于当地的平均生活水平。

10. 集中供养、医疗康复优待

国家兴办优抚医院、光荣院,治疗或者集中供养孤老和生活不能自理的抚恤优待对象。各类社会福利机构应当优先接收抚恤优待对象。残疾军人、复员军人、带病回乡退伍军人以及因公牺牲军人遗属、病故军人遗属享受医疗优惠待遇,具体办法由省、自治区、直辖市人民政府规定。男年满60周岁、女年满55周岁的孤老烈士遗属本人自愿的,可以在光荣院、敬老院集中供养。各类社会福利机构应当优先接收烈士遗属。

四、享受优抚待遇的法定条件和程序

抚恤优待是依照优抚对象的属别进行的,不同属别的优抚对象之间优抚待遇差别明显。以残疾军人的抚恤金标准为例,目前因战一级伤残年标准为60210元,因公十级伤残年标准为5730元,两者相差十多倍。因此,依照法定的条件和程序确认优抚对象的属别,是抚恤优待工作的前提。

(一)抚恤对象的认定条件

1. 烈士

烈士的评定,根据身份不同有两种方式,一种是现役军人牺牲,预备役人员、民兵、民工及其他人员因参战、参加军事演习和军事训练、执行军事勤务牺牲,符合下列情形之一的,批准为烈士:①对敌作战死亡,或者对敌作战负伤在医疗终结前因伤死亡的;②因执行任务遭敌人或者犯罪分子杀害,或者被俘、被捕后不屈遭敌人杀害或者被折磨致死的;③为抢救和保护国家财产、人民生命财产或者执行反恐怖任务和处置突发事件死亡的;④因执行军事演习、战备航行飞行、空降和导弹发射训练、试航试飞任务以参加武器装备科研试验死亡的;⑤在执行外交任务或者国家派遣的对外援助、维持国际和平任务中牺牲的;⑥其他死难情节特别突出,堪为后人楷模的。

另一种是公民牺牲符合下列情形之一的,评定为烈士:①在依法查处违法犯罪行为、执行国家安全工作任务、执行反恐怖任务和处置突发事件中牺牲的;②抢险救灾或者其他为了抢救、保护国家财产、集体财产、公民生命财产牺牲的;③在执行外交任务或者国家派遣的对外援助、维持国际和平任务中牺牲的;④在执行武器装备科研试验任务中牺牲的;⑤其他牺牲情节特别突出,堪为楷模的。

2. 因战致残

现役军人因上述"烈士"中规定情形之一导致残疾的,认定为因战致残。

3. 因公牺牲

现役军人死亡,符合下列情形之一的,确认为因公牺牲:

(1)在执行任务中或者在上下班途中,由于意外事件死亡的;

(2)被认定为因战、因公致残后因旧伤复发死亡的;

(3)因患职业病死亡的;

(4)在执行任务中或者在工作岗位上因病猝然死亡,或者因医疗事故死亡的;

(5)其他因公死亡的。

现役军人在执行对敌作战、边海防执勤或者抢险救灾以外的其他任务中失踪,经法定程序宣告死亡的,按照因公牺牲对待。

4. 因公致残

现役军人因上述"因公牺牲"中规定情形之一导致残疾的,认定为因公致残。

5. 病故军人

现役军人除上述"因公牺牲"中第3项、第4项规定情形以外,因其他疾病死亡的,确认为病故。现役军人非执行任务死亡或者失踪,经法定程序宣告死亡的,按照病故对待。

6. 因病致残

义务兵和初级士官因上述"因公牺牲"中第3项、第4项规定情形以外的疾病导致残疾的,认定为因病致残。

(二)抚恤对象的认定程序

1. 烈士遗属、因公牺牲军人遗属、病故军人遗属的确认程序

(1)批准烈士,属于因战死亡的,由军队团级以上单位政治机关批准;属于非因战死亡的,由军队军级以上单位政治机关批准;属于"其他死难情节特别突出,堪为后人楷模"情形的,由中国人民解放军总政治部批准。申报烈士的,由死者生前所在工作单位、死者遗属或者事件发生地的组织、公民向死者生前工作单位所在地、死者遗属户口所在地或者事件发生地的县级人民政府民政部门提供有关死者牺牲情节的材

料,由收到材料的县级人民政府民政部门调查核实后提出评定烈士的报告,报本级人民政府审核。

(2)根据现役军人死难情节,逐级报请相应的政治机关批准或确认,由批准或确认机关填发《烈士通知书》《军人因公牺牲通知书》《军人病故通知书》,寄给烈士遗属、因公牺牲军人遗属、病故军人遗属户籍所在地的县级人民政府;

(3)县级人民政府填写《中华人民共和国证明书》《中华人民共和国军人因公牺牲证明书》《中华人民共和国军人病故证明书》,代民政部颁发。

2.残疾军人残疾性质认定和等级评定程序,分为军队和地方两种

一是军队办理残疾性质认定和等级的评定程序。

(1)申报。现役军官、文职干部、士官、义务兵、学员因战因公致残,义务兵和初级士官因病(含精神病)致残,医疗期满后符合评定残疾等级条件的,由本人(精神病患者由其利害关系人)向所在团级以上单位卫生部门提出申请。申请主要提交以下材料:团级以上单位政治机关出具的致伤或致病性质、原因、经过等材料;门诊病历、住院病历、入院纪录、手术纪录、出院小结和相关检查等材料。团级以上单位卫生部门受理申请后,先进行初审,并填写军人残疾等级评定表,连同个人申请材料向上一级卫生部门申报。

(2)鉴定。师级以上单位卫生部门定期、集中组织申请人员进行残情医学鉴定。承担残情医学鉴定的医院设立残情医学鉴定办公室,抽组成立残情医学鉴定小组,依据《军人残疾等级评定标准》确定残疾等级。

(3)审批。义务兵和初级士官由军级以上单位卫生部门审批,现役军官、文职干部和中级以上士官由军区级以上单位卫生部门审批。军级以上单位卫生部门对通过残疾等级评定的人员,发给残疾军人证。

二是地方办理残疾性质认定和等级评定的程序。

(1)申请人向所在工作单位或街道办事处、乡镇人民政府提出书面申请,说明致残经过和残情等情况。

(2)申请人所在工作单位或街道办事处、乡镇人民政府审查后写出证明材料,连同申请人档案材料(包括原始证明、病历和现场证人提供的证明材料等)、书面申请等报送县级人民政府民政部门审查。

(3)县级人民政府民政部门经审查认为具备评残资格的,通过申请人到指定医院进行残情检查,由医疗卫生专家小组出具残疾等级医学鉴定意见。县级民政部门根据残情鉴定,写出综合报告,填写残疾等级审批表,连同本人申请、单位证明等有关材料,一并报送市级人民政府民政部门审查。

(4)市级人民政府民政部门经审查认为符合评残条件的,在上报的残疾等级审批表上签署审查意见,连同其他材料一并报省级人民政府民政部门审批。

(5)省级人民政府民政部门经审查认为符合评残条件的,在残疾等级审批表和残疾证上签署审批意见,加盖印章,并通过县级人民政府民政部门将残疾证件发给

申请人。不符合评残条件的,民政部门在残疾等级审批表上注明理由并加盖印章,连同其他材料退回申请人。

现役军人被评定残疾等级后,在服现役期间或者退出现役后残疾情况发生严重恶化,原定残疾等级与残疾情况明显不符,本人(精神病患者由其利害关系人)申请调整残疾等级的,可以重新评定残疾等级。

(三)享受补助、优待的优抚对象认定条件和程序

(1)复员军人。是指1954年10月31日国家试行义务兵役制前,参加中国工农红军、东北抗日联军、中国共产党领导的脱产游击队、八路军、新四军、解放军、中国人民志愿军等,后经批准从部队复员的人员,包括在乡退伍红军老战士、在乡西路军红军老战士、红军失散人员和其他复员军人。其中在乡退伍红军老战士是指1937年7月6日以前入伍参加中国工农红军的人员。

(2)带病回乡退伍军人。是指在服现役期间患病,尚未达到评定残疾等级条件并有军队医院证明,从部队退伍的人员。这里的"军队医院证明",是指退伍时档案记载的部队军以上单位指定医院作出的相关医疗结论或者原始病历。

(3)参战退役人员。是指1954年11月1日以后入伍并参加过为抵御外来侵略、完成祖国统一、捍卫国家领土和主权完整、保卫国家安全而进行的武力打击或抗击敌方的军事行动,迄今已经从军队退役的在农村的和城镇无工作单位且家庭生活困难的人员。

(4)现役军人家属。是指中国人民解放军现役军人的父母、配偶、子女、兄弟姐妹、军人自幼曾依靠其抚养长大现在又必须依靠军人生活的其他亲属。

享受补助、优待的优抚对象认定程序,由地方县级以上人民政府民政部门制定。

■ 相关知识链接

1. 林嘉.社会保障法学.北京:北京大学出版社,2012.
2. 林嘉.劳动法和社会保障法.3版.北京:中国人民大学出版社,2014.
3. 荀恒栋.退役士兵安置指引.北京:人民出版社,2010.
4. 民政部政策法规司.民政工作文件选编.北京:中国社会出版社,2009.

■ 思考与分析

某部中校营长郑某是三等甲级残废军人,一次回家探亲后乘坐长途汽车返回部队。长途汽车票价为60元,郑某掏出军人残废证和30元后说:"我是残废军人,可以享受半价。"车主胡某说:"不行,我们是私人承包的长途车,没有半价一说,票价60元一分不能少。"双方相持不下,车上乘客急着赶路,便劝郑某说:"再给他30元算了,何必为你一个人而浪费大家时间"。郑某无奈再掏出30元钱给了车主。请思考:残废军人乘坐私营车是否享受半价优惠?

参考文献

[1] 史尚宽.劳动法原论[M].台北:正大印书馆,1977年重刊.
[2] 黄越钦.劳动法新论[M].北京:中国政法大学出版社,2003.
[3] 王全兴.劳动法[M].北京:法律出版社,2008.
[4] 杨燕绥.劳动与社会保障立法国际比较研究[M].北京:中国劳动社会保障出版社,2001.
[5] 董保华.社会法原论[M].北京:中国政法大学出版社,2001.
[6] 董保华.劳动争议法律制度研究[M].北京:中国劳动与社会保障出版社,2008.
[7] 王益英.外国劳动法和社会保障法[M].北京:中国人民大学出版社,2001.
[8] 常凯.劳动关系·劳动者·劳权:当代中国的劳动问题[M].北京:中国劳动出版社,1995.
[9] 常凯.劳动权[M].北京:劳动与社会保障出版社,2004.
[10] 任扶善.世界劳动立法[M].北京:中国劳动出版社,1991.
[11] 郭捷.劳动法与社会保障法[M].2版.北京:法律出版社,2011.
[12] 郭玲惠.男女工作平等:法理与判决之研究[M].台北:五南图书出版公司,2000.
[13] 郑尚元.劳动和社会保障法学[M].北京:北京师范大学出版社,2010.
[14] 郑尚元.劳动法与社会保障法前沿问题[M].北京:清华大学出版社,2011.
[15] 周长征.劳动法原理[M].北京:科学出版社,2004.
[16] 王倩,朱军.德国联邦劳动法院典型判例研究[M].北京:法律出版社,2015.
[17] 吴红列.工资集体协商:理论、制度与实践[M].杭州:浙江大学出版社,2011.
[18] 王湘红.工资制度、劳动关系及收入:基于行为理论的研究[M].北京:中国人民大学出版社,2012.
[19] 胡玉浪.工资支付保障法律问题研[M].北京:中国法制出版社,2015.
[20] 黎建飞.劳动与社会保障法教程[M].3版.北京:中国人民大学出版社,2013.
[21] 黎建飞.劳动与社会保障法:原理、材料与案例[M].北京:北京大学出版社,2015.
[22] 关怀,林嘉.劳动与社会保障法学[M].北京:法律出版社,2013.
[23] 刘燕生.社会保障的起源、发展和道路选择[M].北京:法律出版社,2001.
[24] 胡晓义.走向和谐:中国社会保障发展60年[M].北京:中国劳动社会保障出版社,2009.
[25] 周沛,李静,梁德友.现代社会福利[M].北京:中国劳动社会保障出版社,2014.

[26] 贡森,葛延凤,王雄军.建立公平可持续的社会福利体系研究[M].北京:社会科学文献出版社,2015.

[27] 郑功成.中国社会保障改革与发展战略(养老保险卷、医疗保险卷)[M].北京:人民出版社,2011.

[28] 白澎,叶正欣,王硕.法国社会保障制度[M].上海:上海人民出版社,2012.

[29] 郑春荣.英国社会保障制度[M].上海:上海人民出版社,2012.

[30] 金钟范.韩国社会保障制度[M].上海:上海人民出版社,2011.

[31] 于洪.加拿大社会保障制度[M].上海:上海人民出版社,2011.

[32] 李超民.美国社会保障制度[M].上海:上海人民出版社,2011.

[33] 宋健敏.日本社会保障制度[M].上海:上海人民出版社,2012.

[34] 杨翠迎,郭光芝.澳大利亚社会保障制度[M].上海:上海人民出版社,2012.

[35] 和春雷.当代德国社会保障制度[M].北京:法律出版社,2001.

[36] 韩克庆.城市最低生活保障制度研究[M].北京:中国社会科学出版社,2015.

[37] 杨立雄,兰花.中国残疾人社会保障制度[M].北京:人民出版社,2011.

[38] 杨立雄,胡姝.中国农村贫困线研究[M].北京:中国经济出版社,2013.

[39] 王治坤,林闽钢.中国社会救助:制度运行与理论探索[M].北京:人民出版社,2015.

[40] 民政部政策法规司编.民政工作文件选编[M].北京:中国社会出版社,2009.

[41] 史蒂芬·哈迪.英国劳动法与劳资关系[M].陈融,译.北京:商务印书馆,2012.

[42] 曼弗雷德·魏斯,马琳·施米特.德国劳动法与劳资关系[M].倪斐,译.北京:商务印书馆,2012.

[43] 戴蒙德,欧尔萨格.拯救社会保障:一种平衡方法[M].吕文洁,译.上海:上海财经大学出版社,2012.

[44] 雷蒙德,瓦尔特曼,德国劳动法[M].沈建峰,译.北京:法律出版社,2014.